政府采购专业系列教材 ‖ 刘 慧 · 主编

RESEARCH ON
INTERNATIONAL RULES
OF PUBLIC PROCUREMENT

公共采购国际规则研究

孟 晔 / 编著

中国经济出版社
CHINA ECONOMIC PUBLISHING HOUSE
北 京

图书在版编目（CIP）数据

公共采购国际规则研究 / 孟晔编著.
—北京：中国经济出版社，2019.3
ISBN 978-7-5136-5525-5

Ⅰ.①公… Ⅱ.①孟… Ⅲ.①政府采购制度—研究—中国 Ⅳ.①F812.2

中国版本图书馆 CIP 数据核字（2019）第 014642 号

责任编辑 伏建全 孙喆浩
责任印制 马小宾
封面设计 华子图文工作室

出版发行 中国经济出版社
印 刷 者 北京科信印刷有限公司
经 销 者 各地新华书店
开 本 787mm×1092mm 1/16
印 张 23.5
字 数 417 千字
版 次 2019 年 3 月第 1 版
印 次 2019 年 3 月第 1 次
定 价 78.00 元
广告经营许可证 京西工商广字第 8179 号

中国经济出版社 **网址** www.economyph.com **社址** 北京市西城区百万庄北街 3 号 **邮编** 100037
本版图书如存在印装质量问题，请与本社发行中心联系调换（联系电话：010-68330607）

总序

政府采购（国际上也称公共采购），是利用财政或公共资金、按照规范获取货物、工程和服务的形式。现代国家制度要求政府采购在系统的法律、规章制度下，通过专门的机构或规范的形式运行。因而，广义的政府采购（制度）包括政府采购的法律、规章、程序和实际运行。2003年实施的《政府采购法》标志着我国现代政府采购制度的诞生。政府采购一方面是公共经济管理和公共财政制度的组成部分，通过规范运行保证公平和透明；另一方面，政府采购制度的政策功能在宏观经济和社会发展中发挥着十分重要的作用。《政府采购法》实施以来，我国政府采购规模从2002年的1000亿元迅速增长到2016年的3万亿元，在政府采购制度体系、体制机制、执行操作、政策功能、基础管理、监督检查及市场开放等方面实施了一系列具有里程碑意义的重要改革举措。在国内相关制度逐渐完善的基础上，我国于2007年底正式启动了加入世界贸易组织《政府采购协定》的谈判。2018年习近平主席在出席博鳌亚洲论坛年会开幕式并发表主旨演讲时宣布，中国将加快加入世界贸易组织《政府采购协定》进程。这标志着我国在政府采购市场对外开放方面迈出新的重大步伐，政府采购市场对外开放已经成为我国构建开放型经济新体制的重要组成部分。

与此同时，随着政府采购政策的实施和改革的深入及我国政府采购市场逐渐走向开放，实践中不断出现新情况、新问题，深层次的理论问题远比《政府采购法》出台时更加繁多也更加复杂，急需进行专门、系统地探索和研究，为中国特色社会主义政府采购制度的建设和完善提供理论支撑。此外，政府采购专业化管理和运行在我国已经形成了新的职业领域，专门人才培养不仅成为当前紧迫的任务，并且将随着制度建设和改革的发展而持续增加。特别是随着政府采购制度的不断发展，政府采购工作面临的内外部环境发生深刻变化，政府采购人员素质与采购专业化要求不相适应的矛盾更加突出。从全球范围看，各国政府采购都在向专业化采购转变。建设一支专业素质过硬、知识结构全面、满足职业化要求的高素质政府采购从业人员队伍，已经成为实现政府采购事业持续健康发展的迫切要求。

另外，政府采购研究是在经济、管理、法律等理论基础上开拓的新兴理论领域，是适应中国特色社会主义市场经济建设而创新的综合学科，非单独传统学科可以涵盖。国际关系学院前瞻时代发展需要，在理论探索和人才培养方面进行了20多年的艰苦尝试和不懈探索。早在1994年开始培养招标投标方向硕士研究生；2001年成立政府采购研究中心，2006年更名为公共市场与政府采购研究所；2008年设立政府采购本科专业，并分别于2009年和2012年获批取得高等院校本科特色专业建设点和国际公共采购学硕士专业点。经过20多年的不懈努力，国际关系学院在政府采购理论研究和学科专业建设方面取得了丰硕成果，初步摸索出政府采购专业人才培养模式，形成了一批政府采购教学科研实践基地。在持续多年专业建设的基础上，公共市场与政府采购研究所凝聚了一批跨学科的政府采购理论与实务研究的专家，积累形成了大量的教学研究成果，为课程和教材建设奠定了坚实的基础。

尤其值得称道的是，国际关系学院汇聚了一批长期关注并热心政府采购事业发展的专家、学者，他们舍弃在其他理论领域大展鸿图的机会，密切跟踪现实问题，勤于思考，静心传授，孜孜以求，朝夕不倦，为政府采购理论研究和人才培养倾注了多年的精力和心血，他们的这份执着令人钦佩。“政府采购专业系列教材”汇集了公共市场与政府采购研究所学者们理论研究和专业教学实践的精华，形成了政府采购理论、管理、实务、法规规章、国际规则、案例分析等方面研究的较为完整的体系模块，是国际关系学院多年以来坚持不懈探索和推动政府采购专业建设及教材建设丰硕成果的集中体现。

本套专业系列教材编写坚持理论前沿性和创新性原则，一方面考虑政府采购系统理论的布局，另一方面适应读者和专业学习的需要，以问题研究为导向，通过对大量实际问题的剖析，提炼原理、构建理论框架，构建起了政府采购专业系列教材全面完整的理论体系和丰富立体的知识内容。

出版在即，衷心希望这套专业系列教材能对政府采购人才培养发挥作用，对政府采购制度建设有所贡献！同时，愈是深入研究政府采购问题，愈加感到政府采购领域“海水难量”，一套系列教材难以盖全，每部著作也难以尽美。唯盼教材能够对读者有所启发，能够为政府采购理论研究和专业建设增砖添瓦。

刘 慧

于国际关系学院

公共市场与政府采购研究所

2018 年夏

前言

公共采购（Public Procurement），也称政府采购，是指公共部门为履行职能或实现公共利益的需要获取货物、工程和服务的行为。作为政府管理社会经济生活的工具，公共采购不仅在各国经济中发挥着重要作用，而且在国际贸易中也占有重要地位。随着经济全球化进程加快和采购规模不断扩大，公共采购成为促进国际贸易自由化的一个重要领域。世界贸易组织、联合国和世界银行等国际组织纷纷出台了公共采购国际规则，以规范各国公共采购行为，推动公共采购国际化，促进国际贸易的发展。世界贸易组织制定的《政府采购协议》确立了政府采购贸易权利与义务的国际性法律框架，降低和消除了政府采购贸易壁垒，对推动政府采购贸易自由化和扩大化具有重要意义。联合国国际贸易法委员会制定的《公共采购示范法》作为协调和统一公共采购规则的示范性法律文件，为各国和地区制定和完善公共采购法律提供了良好示范，促进了公共采购国际立法的统一。世界银行制定的《贷款采购规则》强化了对招标采购的严密监管，促进了公共资金的有效利用，在成员方范围内推动了公共采购的实践工作。这些“公共采购国际规则”既有共同特点，又有独特之处，在各自的适用范围内推动着公共采购国际化的发展。

在中国经济进一步融入全球化的进程中，公共采购市场的逐步开放和公共采购活动的国际化将构成我国经济改革与发展的一大宏观趋势，主要涉及我国公共采购市场与国际采购市场的融合以及公共采购制度与国际采购制度的接轨。这意味着“公共采购国际规则”将对我国公共采购制度和实践产生广泛而深远的影响。在国际市场融合方面，我国正在进行加入《政府采购协议》的谈判，准备开放政府采购市场。《政府采购协议》作为谈判规则的重要性和加入后受其约束的必然性要求我们深入研究其内容。在国际制度接轨方面，我国规范公共采购的《政府采购法》和《招标投标法》在很大程度上借鉴和融合了《公共采购示范法》《贷款采购规则》等国际规则的内容。尽管《公共采购示范法》从本质上看不完全具备法律性质，但其提供了一种综合和示范性的立法理念和制度模式，为包括中国在内的许多国家所借鉴和吸收。《贷款采购规则》虽然主要规范借款人利用世界银行投资项目贷款进行采购的行为，不具有完全意义上的公共采购国际规范性质，但其对规范公共资金的有效使用具有极强的启示意义。近年来，国际组织对"公共采购国际规则"进行了大规模的现代化改革，代表了公共采购立法的先进理念和发展趋势，也为我国公共采购法律改革提供了有益的经验和启示。

2013 年 11 月，中共十八届三中全会通过的《中共中央关于全面深化改革若干重大问题的决定》提出适应经济全球化新形势，构建开放型经济新体制。2015 年 5 月，中共中央、国务院发布《关于构建开放型经济新体制的若干意见》提出要推动我国加入《政府采购协议》谈判，加快自由贸易区的政府采购议题谈判。2017 年 10 月，党的十九大报告明确提出要"推动形成全面开放新格局"，支持多边贸易体制，积极参与《政府采购协议》等谈判。2018 年 4 月，习近平主席在博鳌亚洲论坛年会开幕式上提出"主动扩大进口"的四项重大举措之一就是加快加入《政府采购协议》进程。从我国深化改革、构建开放型经济新体制的总体要求来看，政府采购已经成为我国经济战略布局的重要组成部分，政府采购市场开放和国内改革是重要举措之一。随着我国政府采购国际化进程的加快，上述"公共采购国际规则"对我国公共采购理论研究和实践操作的重要性日益凸显，我们非常有必要对这些公共采购国际规则进行科学梳理和系统研究。

为了便于我国公共采购领域的从业人员全面了解和掌握公共采购国际规则，同时为了满足公共采购教学和科研工作的需要，作者编写了《公共采购国际规则研究》一书，全面系统地梳理了与我国密切相关的公共采购国际规则，以适应政府采购国际化的新形势和新要求。《公共采购国际规则研究》一书以《政府采购协议》《公共采购示范法》和《贷款采购规则》等公共采购国际规则最新修订版本为基础，重点讲述了公共采购国际规则的历史沿革、目标和原则、采购方式和程序、救济机制等内容，完整呈现了国际组织对公共采购的改革理念以及公共采购国际规则的最新发展。

本书体系新颖完善，内容深入浅出，语言通俗易懂，适合于高等院校政府采购专业、经贸类、管理类本科生及研究生使用，也可以作为政府管理部门和公共采购业务部门工作者的参考用书。我们衷心希望本书的出版对于我国公共采购法律研究和实践具有一定的理论价值和参考作用。

在本书的写作过程中，参考并借鉴了国际组织对公共采购国际规则的说明以及国内外专家学者的研究成果，在此表示诚挚的谢意！由于水平有限，书中难免存在诸多不足，恳请读者批评指正。

孟 晔

2019 年 3 月 1 日

目 录

第一部分　世界贸易组织《政府采购协议》

第二部分　联合国《公共采购示范法》

第三部分　世界银行《贷款采购规则》

第一部分
世界贸易组织《政府采购协议》

政府采购市场规模相当庞大，不仅在各国（地区）经济中占有重要地位，而且在国际贸易中也占有重要份额。各国（地区）政府为了保护国内产业，实现经济和社会发展目标，在政府采购领域普遍实行歧视性政策，严重阻碍了国际贸易的发展。随着经济全球化的深入和政府采购规模的日趋扩大，关税与贸易总协定致力于研究和推进政府采购贸易自由化，达成了第一个有关政府采购贸易权利与义务的国际性法律框架——《政府采购协议》（*the Agreement Government Procurement*，GPA）。

《政府采购协议》在世界贸易组织框架下建立了规则统一的政府采购大市场，打破了国家（地区）间的歧视性采购政策，提高了政府采购透明度，逐步降低了各国（地区）保护国家或地区的产品和供应商的程度，对推动政府采购贸易自由化和扩大化具有重要意义。通过对《政府采购协议》的历史沿革、性质和原则、采购程序以及救济机制等内容的介绍和分析，可以系统了解采购协议的背景和性质，全面掌握采购协议的规则内容。

第一章 《政府采购协议》历史沿革

《政府采购协议》是世界贸易组织法律框架下的一个诸边协议，受其管理和约束。了解世界贸易组织的基本内容，以及《政府采购协议》的建立背景和发展历程，可以为进一步掌握采购协议的内容打下坚实基础。

第一节 世界贸易组织概述

世界贸易组织（World Trade Organization，WTO）作为专门协调和管理世界贸易问题的国际经济组织，不仅是综合表现各国贸易权利和义务的法律体系，也是涉及多个国家、地区和区域组织谈判和关系的协调场所，对世界贸易发展起着不可替代的作用。世界贸易组织负责实施管理的贸易协定与协议是指导世界各国从事国际经济与贸易的规范，是各国制定国内经济贸易政策、从事国内立法的重要参照原则，在国际经济贸易领域起着至关重要的作用。世界贸易组织的立法宗旨、管辖范围、组织机构、职能和运作等内容，是我们学习和研究《政府采购协议》的背景和基础。

一、世界贸易组织建立

（一）关税与贸易总协定概述

世界贸易组织的前身是关税与贸易总协定（General Agreement on Tariffs and Trade，GATT），简称“关贸总协定”。关贸总协定是一项“临时适用”的关税和贸易规则多边国际协定，其宗旨是通过削减关税和其他贸易壁垒，消除国际贸易中的差别待遇，促进国际贸易自由化，以充分利用世界资源、扩大商品的生产与流通。《政府采购协议》的产生和建立与关贸总协定密不可分，是关贸总协定多次谈判成果的结晶。因此，追溯世界贸易组织和《政府采购协议》的历史背景，必先要了解关贸总协定的产生和发展。

1. 产生背景

第二次世界大战之后，国际经济严重萧条，国际贸易秩序混乱，1944 年 7 月在美国布雷顿森林召开的国际货币与金融会议上，与会各国建议在成立国际货币基金组织、国际复兴开发银行的同时，成立一个国际贸易组织（International Trade Organization，ITO），使它们共同成为支撑世界经济的三大支柱。1946 年 2 月，联合国经济和社会理事会成立了筹备委员会着手筹建国际贸易组织。同年 10 月，筹备委员会召开第一次会议，讨论美国提出的国际贸易组织宪章草案，并决定成立起草委员会对草案进行修改。1947 年 4—8 月，美国、英国、法国和中国等 23 个国家召开了第二次筹委会会议。会议期间，缔约方通过了宪章草案，还就具体产品的关税减让进行了谈判，并达成了协议。这次谈判后来被称为关贸总协定第一轮多边贸易谈判。1947 年 11 月—1948 年 3 月在哈瓦那举行的联合国贸易和就业会议上审议并通过了《国际贸易组织宪章》，又称《哈瓦那宪章》。《哈瓦那宪章》共九章和一个附件，其目标是建立一个全面处理国际贸易和经济合作事宜的国际组织，主要内容包括宗旨与目标、就业和经济活动、经济发展与复兴、一般商业政策、限制性贸易措施、政府间商品协议、国际贸易组织的建立、争端解决和一般规定。由于美国国会认为《哈瓦那宪章》限制了美国的立法主权，因不符合美国利益而不予批准。受其影响，绝大多数国家没有批准《哈瓦那宪章》，国际贸易组织最终未能建立。

第二次世界大战给世界经济造成了很多困难，大多数国家希望尽快排除战争时期产生的贸易障碍，早一点实施 1947 年谈判达成的关税减让协议。起草委员会将《哈瓦那宪章》中的贸易政策条款和达成的关税减让协议加以合并，形成了单一的《关税与贸易总协定》文本。1947 年 11 月 15 日，美国联合英国、法国、比利时、荷兰、卢森堡、澳大利亚和加拿大，签署了关贸总协定《临时适用议定书》，于 1948 年 1 月 1 日起开始实施。关贸总协定一直以临时适用的多边协定形式存在，到世界贸易组织 1995 年 1 月 1 日正式运行，共存在和延续了 47 年。截至 1994 年底，关贸总协定共有 128 个缔约方。

2. 贸易谈判

关贸总协定的主要活动是进行多边贸易谈判和协调缔约方贸易事宜。1947—1995 年，关贸总协定共进行了八轮多边贸易谈判，取得了一定成果。

（1）前七轮多边贸易谈判。

① 第一轮（回合）。

第一轮多边贸易谈判于 1947 年 4—10 月在瑞士日内瓦举行，有 23 个创始国参加。这一轮谈判的主要成果是达成 123 项双边关税减让协议，关税水平平均降低 35%，影响世界贸易额 100 亿美元。关贸总协定也作为第一轮谈判成果而产生。

② 第二轮（回合）。

第二轮多边贸易谈判于 1949 年 4—10 月在法国安纳西举行，谈判目的是给处于创始阶段的欧洲经济合作组织成员提供进入多边贸易体制的机会，丹麦和意大利等 10 个国家进行了加入谈判。这轮谈判共有 33 个国家参加，主要成果是达成了 147 项关税减让协议，关税水平平均降低 35%。

③ 第三轮（回合）。

第三轮多边贸易谈判于 1950 年 9 月—1951 年 4 月在英国托奎举行，重要议题是讨论奥地利和韩国等 6 个国家的加入问题。这轮谈判共有 39 个国家参加，主要成果是达成了 150 项关税减让协议，关税水平平均降低 26%。

④ 第四轮（回合）。

第四轮多边贸易谈判于 1956 年 1—5 月在瑞士日内瓦举行，参加国 28 个。由于美国国会对其政府谈判权限进行了限制，使谈判成效受到影响，关税水平平均降低 15%，涉及 25 亿美元贸易额。

⑤ 第五轮（回合）。

第五轮多边贸易谈判于 1960 年 9 月—1962 年 7 月在瑞士日内瓦举行，主要议题是美国与欧洲经济共同体国家间的关税减让谈判。这轮谈判共有 45 个国家参加，主要成果是关税水平平均降低 20%，涉及 49 亿美元贸易额。

⑥ 第六轮（回合）。

第六轮多边贸易谈判于 1964 年 5 月—1967 年 6 月在瑞士日内瓦举行，参加国 54 个，使关税水平平均降低 35%，涉及 400 亿美元贸易额。这轮谈判首次涉及非关税壁垒，美国、英国和日本等 21 个国家签署了实施关贸总协定第六条有关反倾销的协议，该协议于 1968 年 7 月 1 日生效。为使发展中国家承担与其经济发展水平相适应的义务，关贸总协定新增了第四部分“贸易与发展”，规定了对发展中缔约方的特殊优惠待遇。

⑦ 第七轮（回合）。

第七轮多边贸易谈判于 1973 年 9 月—1979 年 4 月在日内瓦举行，因发动这轮谈判的贸易部长会议在日本东京举行，又称“东京回合”（Tokyo Round）。这轮谈判共有 73 个缔约方和 29 个非缔约方参加，谈判成果是将全部工业品和部分农产品关税削减 25% ~33%，涉及 3000 多亿美元贸易额，产生了只对签字方生效的技术性贸易壁垒、进口许可程序、政府采购和海关估价等一系列非关税措施协议，通过了对发展中缔约方的授权条款，允许发达缔约方给予发展中缔约方普遍优惠制待遇。

(2) 第八轮多边贸易谈判。

关贸总协定前七轮谈判，大大降低了各缔约方的关税，促进了国际贸易的发展。但进入20世纪80年代，以政府补贴、双边数量限制、市场瓜分等非关税措施为特征的贸易保护主义重新抬头。为了遏制贸易保护主义、避免全面的贸易战发生，1986年9月关贸总协定缔约方在乌拉圭埃斯特角举行部长级会议，正式启动第八轮多边贸易谈判，也称“乌拉圭回合”（Uruguay Round）。

“乌拉圭回合”是关贸总协定的最后一轮谈判，参加谈判的国家和地区从最初的103个，增至谈判结束时的128个。谈判的主要成果：一是强化了多边贸易体制的法律框架，并加强了争端解决机制。二是进一步降低关税，达成内容更广泛的货物贸易市场开放协议，改善了市场准入条件，将农产品和纺织品纳入贸易自由化的轨道。同时就服务贸易和与贸易有关的知识产权达成协议。三是建立世界贸易组织，取代关贸总协定。根据国际贸易发展需要，突破原有谈判议题达成《建立世界贸易组织协定》，成立世界贸易组织。

（二）世界贸易组织建立

关贸总协定在降低关税及非关税壁垒，消除国际贸易障碍和解决国际贸易争端等方面都做出了巨大的贡献，有力地推动了国际经贸关系的发展。但由于关贸总协定产生背景的特殊性，在其发展过程中不可避免地存在着一些局限性，最终导致被世界贸易组织所取代，这是历史发展的必然。

1. 组织地位不高

关贸总协定是根据《临时适用议定书》生效的临时协议，并不是正式生效的国际公约。从传统的法律和组织来看，关贸总协定是众多国际机构中级别较低的一个，没有自己的组织基础，不是一个正式的国际组织。

2. 法律约束力不强

关贸总协定是各缔约方在经贸利益关系调整过程中妥协的产物。一方面，《临时适用议定书》规定，缔约方在不违背国内现行立法的最大限度内临时适用关贸总协定的第二部分。也就是说，如果缔约方国内立法规定与关贸总协定规定产生抵触时，国内立法优先。这个规定直接导致缔约方在自己的贸易立法中常常偏离关贸总协定的基本原则，反映在国际贸易实践中就体现为各国非关税壁垒的泛滥。另一方面，关贸总协定包含大量例外原则，对许多重要问题也缺乏严格定义，致使许多原则不能得到很好的贯彻实施，助长了缔约方对关贸总协定基本原则的背弃。

3. 管辖范围过窄

伴随经济全球化进程的展开，服务贸易快速增长并在经济发展中呈现更积极的作用，而知识产权转移在国际经济发展中的作用也大大加强，关贸总协定已不能适应经济全球化和知识经济发展的要求。关贸总协定在协调关税、管辖货物贸易方面取得了一定成绩，但在旧有的框架内很难就服务贸易和知识产权保护这些非货物贸易的新问题继续谈判，这就有必要创立一个正式的国际贸易组织来解决这些新问题。

4. 争端解决机制低效

关贸总协定的争端解决机制在做出决策时要求所有缔约方“完全协商一致”，即只要有一个缔约方不同意争端解决专家组的裁决结果，则该专家组报告不能通过。因此，缔约方有可能会采取实用主义的做法操作或控制争端解决结果，使关贸总协定很难在公正客观的基础上就缔约方之间的贸易争端做出裁决。而且关贸总协定解决国际经济贸易纠纷的主要手段是协商，最后是缔约方的联合行动，缺乏具有法律约束性的强制手段，容易使争端久拖不决。这些都极大地降低了关贸总协定的权威性，削弱了其解决贸易争端的能力。

鉴于关贸总协定的局限性，欧洲共同体于 1990 年初提出建立一个多边贸易组织的倡议，12 月在“乌拉圭回合”布鲁塞尔部长会议上，贸易谈判委员会同意就建立多边贸易组织进行协商，并于 1991 年 12 月形成了一份关于建立多边贸易组织协定的草案。时任关贸总协定总干事的阿瑟·邓克尔将该草案和其他议题的案文汇总，形成“邓克尔最后案文”。1993 年 11 月，各方原则上形成了“建立多边贸易组织协定”。在美国代表的提议下，将“多边贸易组织”易名为“世界贸易组织”。1994 年 4 月 15 日，“乌拉圭回合”缔约方在摩洛哥马拉喀什通过了《建立世界贸易组织协定》。1995 年 1 月 1 日，世界贸易组织成立，并于 1996 年 1 月 1 日正式取代关贸总协定临时机构。

（三）世界贸易组织和关税贸易总协定

1. 联系

世界贸易组织和关贸总协定有着内在的历史继承性。世界贸易组织继承了关贸总协定的合理内核，包括其宗旨、职能、基本原则及规则等。《1947 年关税与贸易总协定》条款是世界贸易组织《1994 年关税与贸易总协定》的基础，已成为规范各成员间货物贸易关系的准则。

2. 主要区别

（1）法律地位。

从法律意义上说，关贸总协定作为一个临时适用的多边贸易协定，其实质是缔约方达成的法律性文件，而不是一个正式的国际组织。世界贸易组织是一个永久性的国际组织，具有独立的国际法人资格。作为正式的国际组织，世界贸易组织不仅拥有成员方（地区），还建立了完善的组织机构以保证运行。

（2）管辖范围。

关贸总协定只处理货物贸易问题；世界贸易组织不仅要处理货物贸易问题，还要处理服务贸易和与贸易有关的知识产权问题，其协调与监督的范围远大于关贸总协定。

（3）争端解决。

关贸总协定的争端解决机制采用“协商一致”原则，也没有规定争端解决的时限，导致争端解决结果无法有效实施。世界贸易组织的争端解决机制采用“反向协商一致”原则，这意味着只有所有成员的一致反对才可推翻专家组的结论，并严格规定争端解决的时限。因此，世界贸易组织争端裁决的实施更容易得到保证，争端解决机制的效率更高。

二、世界贸易组织机能

《建立世界贸易组织协定》确立了世界贸易组织本身的机能，体现在世界贸易组织的宗旨、法律地位、职能和组织机构等方面。

（一）世界贸易组织的宗旨

《建立世界贸易组织协定》的前言部分表达了世界贸易组织的宗旨，包括以下几个：

1. 提高生活水平，保证充分就业

世界贸易组织致力于推动国际经济贸易的发展，终极目的是提高人民的生活水平，符合各国经济发展所追求的利益，能为各成员所接受。

2. 扩大货物、服务的生产和贸易

世界贸易组织成员“认识到服务贸易对世界经济增长和发展具有日益增长的重要性”，将服务贸易与货物贸易并列对待，从而极大地扩展了国际贸易的内涵，有利于服务贸易的进一步发展。

3. 坚持走可持续发展之路

世界贸易组织提出坚持走可持续发展之路，各成员应促进对世界资源的最优利用、保护和维护环境，并以符合不同经济发展水平下各成员需要的方式，加强采取各种相应的措施。

4. 保证发展中国家贸易和经济的发展

世界贸易组织成员“进一步认识到需要做出积极努力，以保证发展中国家、特别是其中的最不发达国家，在国际贸易增长中获得与其经济发展需要相当的份额”。

5. 建立更加完善的多边贸易体制

世界贸易组织明确的一个宗旨是要巩固和发展关贸总协定项下47年贸易自由化和“乌拉圭回合”多边谈判的所有成果，从而建立完整的、更具有活力和永久性的多边贸易体系。

（二）世界贸易组织的法律地位

国际组织是介于国家之间的组织，权利来自该组织的成员方，其法律地位由建立国际组织的协议所决定。根据《建立世界贸易组织协定》，世界贸易组织是一个具有国际法人资格的国际组织。

1. 国际法人主体资格

世界贸易组织具有法人资格，其成员应当赋予世界贸易组织履行其职能时必需的法定资格。这是世界贸易组织依据国际法采取行动，享有特权和豁免权的基础。这意味着世界贸易组织在国际上可以缔结条约、提起国际损害赔偿诉讼，可以在成员范围内订立契约、取得和处置财产、提起诉讼等。

2. 国际法特权和豁免

世界贸易组织成员应给予世界贸易组织履行其职能所必需的特权与豁免，也应给予世界贸易组织官员和各成员代表独立履行有关职能所必需的特权与豁免。世界贸易组织适用联合国大会批准的《专门机构特权与豁免公约》，可以享有如下特权和豁免：任何形式的法律程序豁免，财产、金融及货币管制豁免，所有的直接税、关税豁免及公务用品和出版物的进出口限制豁免等。

（三）世界贸易组织职能

根据《建立世界贸易组织协定》，世界贸易组织具有以下职能：

1. 管理和实施协议

世界贸易组织最主要的职能是促进《建立世界贸易组织协定》及各项多边贸易协议和诸边贸易协议的实施、管理和运作，以促进各自目标的实现。

2. 提供多边贸易谈判场所

世界贸易组织为各成员间进行多边贸易关系谈判提供场所。谈判包括成员方就实施世界贸易组织附属协定有关事项所进行的多边贸易关系谈判，也包括根据部长级会议可能做出的决定，就新议题和新一轮多边贸易关系进行谈判。

3. 解决成员方之间的贸易争端

争端解决机制适用于各成员方根据世界贸易组织各项协定和协议所引起的争端。

争端解决机制的法律基础是《关于争端解决规则与程序的谅解》，包括 27 个条款、4 个附件。

4. 定期审议成员的贸易政策

世界贸易组织建立贸易政策审议机制，对各成员的贸易政策和做法及其对多边贸易体制运行的影响进行定期评估。贸易政策审议机制本质上是一个针对各成员贸易政策及其实践的监督机制，其目的是促使成员提高贸易政策和措施的透明度，履行所做的承诺，更好地遵守世界贸易组织规则，从而有助于多边贸易体制平稳运行。

5. 与国际有关机构合作

承认自由化在实现全球经济决策更为一致性方面所起的作用，世界贸易组织与国际货币基金组织、世界银行、联合国贸易与发展委员会以及其他国际机构进行合作，使其在全球经济政策的制定上更趋协调。

6. 对发展中国家成员提供技术支持及培训

世界贸易组织对发展中国家成员，尤其是最不发达国家成员提供技术支持和培训。

（四）世界贸易组织机构

按照《建立世界贸易组织协定》的架构，世界贸易组织包括以下机构：

1. 部长级会议

部长级会议是世界贸易组织的最高决策机构，由所有成员主管外经贸的部长、副部长级官员或其全权代表组成。部长级会议至少每两年召开一次，讨论和决定涉及世界贸易组织职能的所有重要问题，并采取行动。如任命总干事并制定有关规则；对《建立世界贸易组织协定》及其附件做出解释和修改；决定将某个贸易协议补充进诸边贸易协议等。

2. 总理事会及其附属机构

总理事会由世界贸易组织全体成员代表组成，在部长级会议休会期间履行部长会议的各项职能。总理事会是常设机构，可根据需要适时召开会议，自行拟订议事规则及议程，履行其解决贸易争端和审议各成员贸易政策的职责。为此，设立争端解决机构负责处理成员间基于有关协定和协议产生的贸易争端，设立贸易政策审议机构定期审议各成员方的贸易政策、法律和实践。

总理事会下设三个专门理事会，负责监督不同领域谈判和协定的执行。其中，货物贸易理事会负责《1994 年关税与贸易总协定》和各项货物贸易协议的贯彻执行，服务贸易理事会监督《服务贸易总协定》的贯彻执行，知识产权理事会监督《与贸易有关的知识产权协定》的贯彻执行。此外，总理事会下设政府采购委员会和民用航空器贸易委员会等诸边协议委员会，其职责由诸边协议赋予，在世界贸易组织体制下运作，向总理事会通知其活动。

3. 委员会及其附属机构

部长级会议下设立专门委员会以处理特定的贸易及其他有关事宜，包括贸易与发展委员会，贸易与环境委员会，国际收支限制委员会，预算、财务与行政委员会和区域贸易协议委员会等委员会及其附属机构。

4. 秘书处及总干事

总干事领导的秘书处是日常办事机构，主要任务是为世界贸易组织机构谈判或协定服务。总干事是世界贸易组织的最高行政长官，其权力、职责、服务条件和任期由部长级会议决定。总干事任命秘书处工作人员，并按部长会议通过的规则决定其职责和服务条件。总干事及秘书处工作人员属于国际性质，在履行职责时不得寻求或接受世界贸易组织之外任何政府或其他机构的指示，应避免任何有损其国际职员身份的行为。各成员方应尊重总干事和秘书处职员在其职责方面的国际性质，不应对其履行职责施加影响。

三、世界贸易组织协定与协议

《建立世界贸易组织协定》由一个协定和四个附件组成。协定对世界贸易组织的宗旨、职能、组织结构、决策机制、成员资格、加入和生效等做了规定，并未涉及规范和管理多边贸易关系的实质性原则。四个附件：附件一是货物贸易多边协定，即《1994 年关税与贸易总协定》及其 12 个协议，《服务贸易总协定》《与贸易有关的知识产权协定》；附件二是《关于争端解决规则与程序的谅解》；附件三是《贸易政策审议机制》；附件四是诸边贸易协议。

（一）基本原则

在世界贸易组织负责实施管理的众多贸易协定和协议中，贯穿了一些基本原则，成为世界贸易组织运作的基础和保证。其中，与《政府采购协议》密切相关，并得到了继承和发展的基本原则主要包括以下几个：

1. 非歧视

非歧视（Non－Discrimination）待遇，又称无差别待遇，是世界贸易组织的核心和基本原则。其基本含义是指某成员方在实施某种优惠和限制措施时不得对其他成员方采取差别待遇、实施歧视。非歧视原则通过最惠国待遇原则和国民待遇原则来实现。

（1）最惠国待遇。

最惠国待遇（Most－Favored－Nation Treatment，MFN），是指某成员方将在货物贸易、服务贸易和知识产权领域给予任何其他国家的优惠待遇，立即无条件地给予其他各成员方。在国际贸易中，最惠国待遇的实质是保证市场竞争机会均等，具有以下特点：

① 自动性。

自动性是最惠国待遇的内在机制，体现在“立即和无条件”的要求上。

② 同一性。

同一性是指当某成员给予其他国家的某种优惠，自动转给其他成员方时，受惠标的必须相同。

③ 相互性。

任何成员既是给惠方，又是受惠方，即在承担最惠国待遇义务的同时，也享受最惠国待遇权利。

④ 普遍性。

普遍性是指最惠国待遇适用于全部进出口产品、服务贸易的各个部门和所有种类的知识产权所有者和持有者。

（2）国民待遇。

国民待遇（National Treatment，NT），是指对其他成员方的产品、服务或服务提供者及知识产权所有者和持有者所提供的待遇，不低于本国同类产品、服务或服务提供者及知识产权所有者和持有者所享有的待遇。国民待遇原则的特点如下：

① 使用存在差异。

因产品、服务和知识产权领域具体受惠对象不同，国民待遇条款的适用范围、具体规则和重要性有所不同。

② 在境内享有。

国民待遇原则只涉及其他成员方的产品、服务或服务提供者及知识产权所有者和持有者，在进口成员方境内所享有的待遇。

③“不低于”是基本点。

国民待遇定义中“不低于”一词的含义是指，其他成员方的产品、服务或服务提供者及知识产权所有者和持有者，应与进口成员方同类产品、相同服务或服务提供者及知识产权所有者和持有者享有同等基础上的待遇，若进口成员方给予前者更高的待遇，并不违背国民待遇原则。

2. 互惠原则

互惠原则（Reciprocity Principle），指在国际贸易中双方相互给予对方以贸易上的优惠待遇，是建立世界贸易组织共同行为规范、准则过程中的基本要求。这种优惠待遇原则上应该是对等的，也允许成员方因经济发展水平差异具有适当的灵活性。互惠原则主要通过以下方式体现出来：

（1）多边贸易谈判。

通过举行多边贸易谈判进行关税或非关税措施的削减，对等地向其他成员开放本国市场，以获得本国产品或服务进入其他成员市场的机会。

（2）新成员缴纳“入门费”。

当一国或地区申请加入世界贸易组织时，由于新成员可以享有所有老成员过去已达成的开放市场的优惠待遇，老成员就会一致地要求新成员必须按照世界贸易组织现行协定、协议的规定缴纳“入门费”。

（3）经贸合作的工具。

互惠贸易是多边贸易谈判及个别成员贸易自由化过程中与其他成员实现经贸合作的主要工具。在世界贸易组织体制下，由于成员的贸易自由化是在获得现有成员开放市场承诺范围内进行的，不像单边或双边贸易自由化利益那么不确定，因此，多边贸易自由化要优于单边贸易自由化。

3. 透明度原则

透明度原则（Transparency Principle），是指各成员方应公布所制定和实施的贸易政策、法规等措施及其变化的情况（如修改、增补或废除等），不公布的不得执行，同时还应将这些贸易措施及其变化情况通知世界贸易组织。透明度原则是世界贸易组织的重要原则，目的在于保证贸易环境的稳定性和可预见性。透明度原则包括以下主要内容：

（1）贸易措施的公布。

贸易措施公布的主要内容包括：有关海关法规及关税税率等；有关产品进出口管理的措施与要求等；有关进出口支付转账所设立的措施；有关服务贸易的法律、法规、政策和措施；有关知识产权的法律、法规、司法判决和行政裁定等。世界贸易组织要求成员方应及时公布和公开贸易措施，最迟应在生效之时公布或公开。

（2）贸易措施的通知。

贸易措施通知的基本情况是：在成员方公布贸易措施的同时，还要及时通知世界贸易组织。世界贸易组织对成员方需要通知的事项和程序都有明确的规定，以确保其他成员能够及时获得有关成员在贸易措施方面的信息。

4. 鼓励发展和经济改革

为了鼓励发展中国家和经济转型国家经济发展和改革，从而带动整个世界贸易和经济的健康发展，因此，在世界贸易组织各项协定和协议中，允许在相关贸易领域给予发展中成员一些鼓励措施，包括设置特殊和差别待遇条款、设置贸易与发展委员会和提供技术合作与援助等。

（二）贸易协议分类和构成

1. 贸易协议分类

按世界贸易组织成员和非成员接受的程度，贸易协议分为多边、诸边和展边三种。

（1）多边贸易协议。

多边贸易协议是指世界贸易组织成员必须全部接受的贸易协议，如《1994年关税与贸易总协定》及其附属协议《服务贸易总协定》和《与贸易有关的知识产权协定》。

（2）诸边贸易协议。

诸边贸易协议是指世界贸易组织成员自愿接受的贸易协议，只有接受者才受该协议的约束。主要包括附件四的《民用航空器贸易协议》以及《政府采购协议》《国际奶制品协议》和《国际牛肉协议》①。

（3）展边贸易协议。

展边贸易协议是指世界贸易组织成员和申请加入世界贸易组织的国家和地区均可自愿加入的贸易协议，参加者才受该协议的约束，如《信息技术协议》。

2. 贸易协议构成

贸易协议一般由正文和附件两部分构成：

（1）协议正文。

协议正文包括序言、协议构成部分和条款。序言放在贸易协议的开始，表明贸易协议的意义、宗旨和实现目标的途径。协议主体部分构成包括简式和复式两种。简式构成，主要指协议内容比较简单，只列条款，不分部分，如《政府采购协议》等。这些协议通过条款顺次列出总则、成员权利和义务，争端解决和管理等。复式构成，主要指协议内容比较复杂，则分出部分，再纳入相关的条款。

（2）协议附件。

协议附件在协议文本后单独列出，主要是对贸易协议文本内容的补充和细化。附件内容包括对贸易协议文本的注释、清单以及解释性说明等。

---

① 《国际奶制品协定》和《国际牛肉协定》已于1997年到期废止。

第二节　《政府采购协议》的诞生和发展

1979年4月关贸总协定达成了《政府采购协议》，其后历经三次修改和完善，《政府采购协议》已成为推动政府采购贸易自由化的重要国际规则。

一、采购协议的诞生

开放政府采购市场的讨论始于20世纪40年代，但当时政府采购的规模及市场份额都很小，对国际贸易的影响不明显，所以1947年的《关税与贸易总协定》将政府采购作为例外，排除在国民待遇和非歧视待遇义务之外。随着政府采购规模的扩大，歧视性政府采购已发展成为国际贸易中的严重障碍。关贸总协定经过努力，最终形成了推动政府采购市场开放的《政府采购协议》。

（一）历史背景

20世纪60年代，政府采购中存在的高度保护主义和国内优惠政策再次成为各国关注的问题，有些国家对美国国防采购中采取“购买美国货”的做法表示不满，政府采购首次进入经济合作与发展组织（以下简称“经合组织”）[①]的讨论议题。1964年经合组织贸易委员会下设立采购工作组，为讨论和研究政府采购提供了一个论坛。经过几年讨论，采购工作组形成了“政府采购政策、程序和规则草案”（Draft Instrument on Government Purchasing Policies、Procedures and Practices）。这个草案表达了世界主要国家的一个意向，即要为政府采购走向公开的国际竞争并取消对外国供应商的歧视提出一个具体解决办法。虽然经合组织在政府采购方面做出了贡献，但由于各方利益冲突导致谈判未取得实质性结果，所以经合组织便将该文件移交关贸总协定，由各国在此基础上继续协商谈判。

关贸总协定“东京回合”谈判主要围绕非关税贸易壁垒问题进行，歧视性政府采购政策是讨论议题之一。1976年7月，关贸总协定建立政府采购工作组负责该领域的研究和协议起草工作。在分析相关政府采购数据后，政府采购工作组认为世界

---

① 经济合作与发展组织（the Organization for Economic Cooperation and Development，OECD），成立于1961年，是由30个市场经济国家或地区组成的政府间国际经济组织，旨在共同应对全球化带来的经济、社会和政府治理等方面的挑战，并把握全球化带来的机遇。与世界银行和国际货币基金组织不同，经合组织并不提供基金援助。它是在政策和分析的基础上，提供一个思考和讨论问题的场所，以帮助各国政府制定政策。这些政策可能导致成员方政府间达成正式协议，在国内或其他国际场合实施。

各国政府采购已占全世界国民生产总值（Gross National Product，GNP）①的15%左右，如果把它排除在国际贸易之外，很可能是一个较大的失误。另外，由于政府采购不受关贸总协定国民待遇和非歧视待遇义务的限制，导致大量国际贸易活动背离关贸总协定的规则，歧视性政府采购已日益发展成为国际贸易中的一个严重障碍。政府采购工作组的论证政府采购市场开放的意义如下：

1. 促进国际贸易增长

政府采购平均占全世界国民生产总值的10%～15%，对世界贸易的扩大存在着巨大的潜能。如果政府采购市场全部开放的话，将会极大地促进世界贸易的发展。

2. 对国家税收的更有效利用

开放政府采购市场至少可以提高10%的经济效益，使财政赤字下降1%～1.5%。这意味着开放政府采购市场可促进政府采购对国家税收的更有效利用。

3. 保证更大范围的国际竞争

开放政府采购市场可保证政府采购在更大范围的国际竞争。通过政府采购国际竞争，购买国可以获得更优惠的价格。

4. 有利于政府政治和经济管理

政府采购的竞争为抑制通货膨胀提供了一个新的补充手段，从而有利于政府政治管理的科学化和政府经济管理的廉洁程度。

5. 为发展中国家提供特殊与差别待遇的新领域

由于各国政府把采购政策作为保护本国工业的一种手段，所以政府采购成为多边贸易谈判、讨价还价的重要工具。对于发展中国家来说，政府采购市场开放协议中特别订立的特殊与差别待遇条款，使得关贸总协定的协议中增加了一项对发展中国家的优惠政策。

通过分析，关贸总协定最后达成共识：应该形成一个政府采购的国际行为准则，给予国外供应商非歧视待遇，推动政府采购市场的开放。

（二）采购协议起草

关贸总协定秘书处将上述要点和提议进行归纳和总结，于1977年12月形成了“政府采购条文草案”。关贸总协定就以下实质性问题进行了讨论：

1. 适用的起点金额

适用的起点金额，是指要确定政府采购合同金额为多少时，缔约方的政府采购

① 国民生产总值指一个国家或地区所有国民在一定时期内新生产的产品和服务价值的总和，为最重要的宏观经济指标，数据反映了一个国家的产量和经济实力。国民生产总值是按国民原则核算的，只要是本国或地区居民，无论是否在本国境内或地区内居住，其生产和经营活动新创造的增加值都应该计算在内。

活动将受采购协议的管辖和约束。政府采购合同起点金额过低，会加重采购部门管理的负担。因为各国的小额政府采购活动几乎天天发生，如果所有的政府采购都按照规定实行公开程序的话，会无谓地增加采购的时间和成本。反之，政府采购合同起点金额过高，就会把很多重要的政府采购活动排除在采购协议管辖范围之外，使本应规范的政府采购不能按照非歧视、透明度原则得到有效的执行，达不到关贸总协定的既定目标。经过讨论，确定的政府采购合同起点金额为 15 万特别提款权①（Special Drawing Rights，SDR），高于此金额的政府采购合同将受到采购协议的管辖。

2. 适用的政府采购主体

适用的政府采购主体，是指确定缔约方的哪些采购部门或机构将受采购协议的约束。这个范围的划定关系到未来的政府采购国际协议将在多大范围内有效，也涉及关贸总协定对政府经济的管辖范围。采购协议管辖的政府采购部门或机构在进行采购时要按照规定的目标、原则和程序进行，其采购行为要受到采购协议的约束和监督。

各缔约方在磋商适用采购协议的政府采购实体时，采用了关贸总协定的常用做法——“出价与要价”方式。即愿意加入采购协议的缔约方首先提出本国的“出价”，列出将遵守采购协议各项条款的采购部门或机构，也可以向其他缔约方提出“要价”，列出对方应受采购协议管辖的采购部门或机构。按照政府采购工作组的初衷，采购协议应把所有中央和地方政府部门或机构都纳入管辖范围，以实现政府采购领域的贸易自由化，增进缔约方的整体利益。但实际谈判时，很多缔约方把本国的出价范围限制在中央政府部门及其直属机构的范围内，使最终达成的采购协议把范围确定在中央政府部门和机构的层面上。

由于政府采购问题是关贸总协定谈判的一个新领域，有些谈判代表认为在采购协议付诸实施后应尽快重新审查，进行补充和修改。各缔约方代表决定，将在采购协议生效后第三年末及其后定期继续进行谈判，以便在互惠的基础上扩大和改进采购协议。同时决定，在适当的时机还要把政府采购服务纳入采购协议的管辖范围。随着上述实质性问题的解决，关贸总协定于 1979 年 4 月 12 日达成了《政府采购协

---

① 特别提款权是国际货币基金组织创设的一种储备资产和记账单位，亦称“纸黄金”。会员国在发生国际收支逆差时，可用它向 IMF 指定的其他会员国换取外汇，以偿付国际收支逆差或偿还 IMF 的贷款，还可与黄金、自由兑换货币一样充当国际储备。但由于特别提款权只是一种记账单位而不是真正的货币，使用时必须先换成其他货币，不能直接用于贸易或非贸易的支付。特别提款权最初由 15 种货币组成，人民币于 2016 年 10 月 1 日正式加入 SDR 货币篮子。目前 SDR 的价值由美元、欧元、人民币、日元和英镑组成的一篮子货币的当期汇率确定。

议》[①]，1981年1月1日正式生效，为监督缔约方执行采购协议和改进协议谈判，设立了“政府采购委员会”。

二、采购协议发展

《政府采购协议》生效后，进行了三次修改，适用范围不断扩大，协议内容进一步完善，运作程序更加具体。采购协议的发展增加了政府采购透明度，减少了歧视性政策，对推动政府采购国际贸易具有重要意义。

（一）第一次修改

1983年11月，缔约方根据《政府采购协议》“审查和谈判”条款开始协议修改事宜，并于1985年成立工作组从事这项工作。1986年11月，工作组拟定了“政府采购协议修改草案”。1987年2月通过了修改后的《政府采购协议》[②]，并于1988年2月14日生效。这次修改的主要内容包括：

1. 降低起点金额，对“采购”进行扩大解释

将受《政府采购协议》管辖的政府采购合同起点金额由15万SDR降低为13万SDR。同时，采购协议从广义的角度理解“采购”，对“采购”的解释由原来的“买断”扩大到“租赁、承包、租借”的范围。

2. 提高政府采购透明度

为了提高政府采购透明度，《政府采购协议》要求政府采购人提供政府采购的相关信息和资料，增加了对政府采购人保证透明度的要求。同时，采购协议要求招标采购结束后，要公布合同授予结果。

3. 延长投标期限

《政府采购协议》延长了投标期限，将投标截止时间由自招标公告发布之日起30天改为40天。

（二）第二次修改

关贸总协定“乌拉圭回合”谈判过程中完成了对《政府采购协议》的第二次修改，鉴于修改后的内容有了实质性变动，缔约方于1994年4月15日在马拉喀什重新签署《政府采购协议》（也称1994年协议）[③]。关贸总协定转为世界贸易组织后，

① “Tokyo Round Code on Government Procurement”(1979), https://www.wto.org/english/docs_e/legal_e/tokyo_gpr_e.pdf。

② Revised “Tokyo Round Code on Government Procurement” (1987), https://www.wto.org/english/tratop_e/gproc_e/gpa_rev_text_1988_e.pdf。

③ Agreement on Government Procurement (1994), https://www.wto.org/english/docs_e/legal_e/gpr-94_01_e.htm。

《政府采购协议》作为协议谈判结果的组成部分一起转入新的国际组织文本中，于1996年1月1日正式生效。这次修改的主要内容包括：

1. 扩大适用范围

这次修改在适用范围上取得了突破性进展，全面扩大了采购协议管辖的范围，推动了政府采购市场的开放范围。在采购主体方面，将采购实体范围由原来的中央政府部门扩展至次中央政府部门和“受政府控制或影响”的公用企业等其他实体；在采购对象方面，将采购项目范围由原来的货物扩展至服务和工程；在起点金额方面，规定了合同估价条款，以避免采购实体为逃避采购协议的约束而分割采购合同或选择特殊的估价方法。

2. 完善招标程序

在招标程序方面进行了细化和完善，如对投标截止期限进行了细化规定，对采购过程中的谈判进行了规范，禁止了抵偿交易，增加了限制性招标的适用条件等。通过完善招标程序，可以增强政府采购透明度，规范政府采购行为，减少政府采购国际贸易中的歧视行为。

3. 建立协议执行的监督机制

通过“质疑程序”和“争端解决程序”建立了采购协议执行的监督机制。采购协议增设了法律救济机制，其核心内容是“质疑程序”，要求参加方建立一套非歧视、及时、透明和有效的程序，以使供应商能对采购活动中因违反采购协议、有损其利益的行为提出质疑，并由所在国法院或独立审查机构进行审理。虽然关贸总协定《政府采购协议》也制定了解决争端的办法，但其所使用的争端解决办法基本停留在原则上的“调解”，执行力度不足。而世界贸易组织争端机制更具有权威性，可以更有效地解决成员方之间的争议。《政府采购协议》明确规定世界贸易组织争端解决机制适用采购协议，有利于保障协议的有效实施。

（三）第三次修改

随着国际贸易的迅猛增长及政府采购的实践发展，政府采购委员会于1997年2月开始审议和修改采购协议的工作，期望能够推广使用信息技术、扩展协议适用范围和消除政府采购中的歧视性措施和做法。“多哈回合”①进一步推动了相关工作。2004年10月，政府采购委员会确定了“政府采购协议修改草案”。2006年12月，

① 2001年11月，在卡塔尔首都多哈举行的世界贸易组织第四次部长级会议启动了新一轮多边贸易谈判，名为“多哈发展议程”或“多哈回合”(Doha Round)，参与国家达147个。“多哈回合”是1995年世界贸易组织取代关贸总协定后举行的首轮多边贸易谈判，也是到目前为止目标最宏伟、参与方最多的一轮多边贸易谈判。

政府采购委员会暂行通过对采购协议的全面修订，形成了临时协议文本，其正式生效还需参加方在扩大协议适用范围谈判中达成最终结果。2011 年 12 月，参加方形成了“关于《政府采购协议》第 24 条第 7 款谈判成果的决定”，就采购协议适用范围谈判达成一致。2012 年 3 月 30 日，政府采购委员会正式通过“关于修正《政府采购协议》的议定书”①（以下简称 2012 年采购协议），于 2014 年 4 月 6 日生效。

1. 主要修改内容

这次修改使得《政府采购协议》文本更易理解和适用，并体现了政府采购实践发展的新成果，修改内容包括②：

（1）澄清适用范围和定义。

2012 年采购协议澄清了适用范围，明确采购协议涵盖的采购是指因政府目的而不是出于商业性销售或转售目的进行的货物或服务采购，并将参加方各自附录一附件中所列的适用例外和排除情形合并在“协议例外”和“适用范围”的条款中。此外，采购协议完善了适用范围修改程序，根据仲裁程序和客观标准做出公正的裁决，有利于解决参加方因修改适用范围产生的争议。此外，采购协议中列出了具体的定义，对政府采购中一系列常用专门术语进行了标准化解释，有利于参加方统一认识，建立共同标准。

（2）突出采购透明度的重要性。

2012 年采购协议在序言中不仅强调了政府采购制度可预期性的重要性，也强调了政府采购透明度措施和以公正透明的方式实施采购的重要性，并将上述精神体现在具体的条款中。

（3）明确发展中国家的优惠措施。

2012 年采购协议澄清了发展中国家可享有的特殊与差别待遇，以确保发展中国家合理使用优惠措施。2012 年采购协议要求所有参加方给予申请加入协议的发展中国家最惠国待遇，允许发展中国家根据特定需要采取四项过渡性措施，或在规定期限内推迟履行除最惠国待遇之外的义务。但是发展中国家的特殊和优惠待遇不是自动和无条件适用的，取决于和现有参加方谈判的结果。

（4）完善招标规则与程序。

2012 年采购协议对招标规则和相关程序做了调整和修改，使其在措辞上更加严谨，结构上更加合理，内容上更加充实。一方面，采购协议根据法律文件的逻辑结

① Revised Agreement on Government Procurement (2012), https://www.wto.org/english/docs_e/legal_e/rev-gpr-94_01_e.htm。

② 孟晔. WTO《政府采购协议》新发展[J]. WTO 经济导刊,2008(3).

构和采购程序的操作顺序，重排了条款顺序，使其与政府采购实际操作流程相一致；另一方面，采购协议对招标规则的内容进行了调整和修改，包括采购公告、参加条件和供应商资格、常用清单、技术规格、招标文件、期限和谈判等内容。

（5）新增采购电子化。

2012 年采购协议体现了与时俱进的特点，充分考虑了信息技术在政府采购中的广泛应用，序言中明确指出在协议涵盖的采购中使用和鼓励使用电子化手段的重要性。采购协议列举了可以使用电子化手段的情形，包括发布采购制度的信息、发布采购公告、发布常用清单、获得招标文件、接标、电子拍卖、发布合同授予结果、提交政府采购年度统计资料等。采购协议特别对电子拍卖进行了规范。

《政府采购协议》是世界贸易组织推动政府采购贸易自由化的主要工具，采购协议的发展和完善进一步推动了政府采购市场开放的进程。从发展趋势来看，采购协议的适用范围越来越广，程序也越来越严格和科学，体现了政府采购实践发展的需要，是一个对开放度和透明度要求更高的政府采购国际协议。

2. 采购协议构成

2012 年《政府采购协议》[①] 由协议正文和附录两部分组成。

（1）协议正文。

《政府采购协议》正文包括序言和 22 项条款，具体内容见表 1－1[②]。

表 1－1 《政府采购协议》正文

	序言
第 1 条	定义
第 2 条	适用范围
第 3 条	安全和一般例外
第 4 条	基本原则
第 5 条	发展中国家
第 6 条	采购制度的信息
第 7 条	公告
第 8 条	参加条件
第 9 条	供应商资格
第 10 条	技术规格和招标文件
第 11 条	时限

① 下面有关《政府采购协议》主要内容的介绍和分析都是根据 2012 年最新的采购协议文本展开。

② 根据政府采购委员会 2012 年 4 月 2 日发布的 GPA/113 文件整理。

续表

	序言
第12条	谈判
第13条	限制性招标
第14条	电子拍卖
第15条	投标处理和合同授予
第16条	采购信息的透明度
第17条	信息披露
第18条	国内审查程序
第19条	适用范围的修改和更正
第20条	磋商和争端解决
第21条	机构
第22条	最后条款

（2）协议附录。

《政府采购协议》共有4个附录，也是采购协议的组成部分。采购协议附录一般以活页形式构成，以便进行必要的更新。采购协议附录见表1-2①。

表1-2 《政府采购协议》附录

附录一 出价清单	参加方承诺本国受协议约束和管辖的政府采购范围，包括下列7个附件： 附件1：适用协议的中央政府采购实体； 附件2：适用协议的次中央政府采购实体； 附件3：适用协议的其他采购实体； 附件4：适用协议的政府采购货物项目； 附件5：适用协议的政府采购服务项目； 附件6：适用协议的政府采购工程项目； 附件7：不适用协议的“总注释”
附录二 政府采购制度 信息公布媒介	参加方发布政府采购制度信息所使用的电子或纸质媒介，包括政府采购法律、法规、司法判决、普遍适用的行政决定、标准合同条款及协议涵盖的政府采购程序等信息
附录三 采购信息公布媒介	参加方发布采购信息所使用的电子或纸质媒介，包括意向采购公告、简要公告和计划采购公告，供应商常用清单以及合同授予信息
附录四 统计资料公布媒介	参加方发布统计资料和合同授予公告的网址或地址，包括政府采购合同统计数据和合同授予公告等信息

① 根据政府采购委员会2012年4月2日发布的GPA/113文件整理。

第二章 《政府采购协议》的性质和原则

《政府采购协议》是世界贸易组织法律框架下的诸边协议，以世界贸易组织倡导的国际贸易自由化为立法宗旨，全面体现了非歧视待遇、公平竞争和透明度等基本原则。在了解《政府采购协议》特殊性质的基础上，对立法目标、基本原则和约束对象进行研究，可以把握《政府采购协议》的特点和价值取向，有助于理解《政府采购协议》的具体内容。

第一节 诸边性质

诸边贸易协议（Plurilateral Trade Agreement）是世界贸易组织中的特殊协议，与多边贸易协议相对应，有其独有的特点。由于约束对象的特殊性质，《政府采购协议》至今仍是世界贸易组织中的一项诸边贸易协议，有其特殊性。

一、诸边性质

关贸总协定“东京回合”共达成9个诸边协议，包括海关估价、补贴与反补贴、技术性贸易壁垒、反倾销、进口许可证程序、政府采购、民用航空器、牛肉和奶制品。第八轮“乌拉圭回合”谈判结束时，上述9个协议中的5个经过修订或补充被纳入“一揽子协议”成为多边贸易协议，余下4个协议虽然经过修改补充，其“诸边”的性质仍旧未变，也被共同纳入世界贸易组织协议框架下，成为特殊协议。

作为诸边贸易协议，《政府采购协议》属于世界贸易组织管理对象范围，但并非强制接受的“一揽子协议”，尚未纳入多边权利与义务的法律框架中。相对于多边贸易协议来说，《政府采购协议》不是所有世界贸易组织成员必须加入的协议，其内容和规则只适用于加入的成员方。因此，《政府采购协议》的诸边性质最终造成了协议参加方数量的有限性和适用范围的局限性。具体而言，《政府采购协议》在世界贸易组织协议框架中的特殊性主要表现在加入原则、协议效力和法律地位三方面。

（一）自愿加入原则

无论是关贸总协定还是世界贸易组织，都将《政府采购协议》作为自愿加入的协议，符合加入条件的成员方都有权自主选择加入或者不加入。但是关贸总协定和世界贸易组织对加入《政府采购协议》的资格要求不同，关贸总协定对加入该协议的条件定得比较宽泛，不管是否为关贸总协定的缔约方，任何政府只要愿意执行《政府采购协议》的各项条件，有效实施协议的权利和义务就可以成为关贸总协定《政府采购协议》的参加方。也就是说，关贸总协定《政府采购协议》的加入范围不但放宽到准备加入关贸总协定的各国政府，甚至包括没有成为关贸总协定缔约方的政府。在世界贸易组织建立后，对加入《政府采购协议》的资格条件提出了限定，只有关贸总协定缔约方和世界贸易组织正式成员方可申请加入世界贸易组织《政府采购协议》。

（二）仅对参加方发生效力

诸边贸易协议是在《建立世界贸易组织协定》的规范下，参照世界贸易组织的宗旨、原则达成的某个领域的国际规范，协议中的各项条款更加深入和具体，要求更加严格。世界贸易组织成员只有承诺实施各项条款规定，与其他各参加方达成一致，才能成为诸边贸易协议的参加方。而诸边贸易协议也只对协议参加方有效，实行“付费上车”的制度供给模式，参加方共同承担协议运行的成本，分享相互开放市场所带来的收益，用“承担义务—享受权利”的限定排除了其他成员方“免费搭车”。对于那些未接受诸边贸易协议的世界贸易组织成员而言，诸边贸易协议对它们没有增加任何义务，不产生任何约束和影响，也没有增加任何权利，不能享受参加方之间相互给予的优惠政策和市场开放收益。

《政府采购协议》严格执行诸边协议这种“付费上车”的制度供给模式，只对参加方发生效力，参加方之间相互开放政府采购市场。如《政府采购协议》参加方包括其采购实体应向政府采购市场中其他参加方的货物、服务和供应商提供非歧视待遇，参加方之间相互给予的这些待遇不会扩散到其他世界贸易组织成员中。换句话说，要想享受他国政府采购市场开放的好处，必须先成为承担《政府采购协议》义务的参加方。

（三）相对独立的法律地位

从法律地位上看，《政府采购协议》在最初形成时，具有构成国际条约的基本条件：它有独立的组织机构，独特的争端解决机制和最后条款。政府采购委员会是负责《政府采购协议》执行和管理的机构，具有相对独立的法律地位。按照《建立世界贸易组织协定》规定："各诸边协议的内设机构行使协议赋予它们的职权，并在世界贸易组织机构框架内运作"，即政府采购委员会运作是相对独立自主的，其权利由《政府采购协议》赋予。这一点与世界贸易组织对多边贸易协议的管理稍有不同，多边贸易协议的货物、服务贸易、知识产权理事会应在总理事会指导下进行工作，职责也是由《建立世界贸易组织协定》规定的。《政府采购协议》还设有争端解决机制，在适用范围和交叉报复等方面有其特殊规定。而最后条款包括加入、退出以及对条款的修改程序等。

在关贸总协定时期，《政府采购协议》的独立性较为明显。除允许关贸总协定缔约方加入外，也允许非关贸总协定缔约方加入。因此，可以认为《政府采购协议》是独立于关贸总协定的国际协议。而世界贸易组织时期，则只有关贸总协定缔约方和世界贸易组织成员方可加入协议。因此，从总体发展趋势上看，世界贸易组织框架下的《政府采购协议》独立性被淡化，必须在世界贸易组织的体系内运作，接受总理事会的管理，需要定期将其活动通知总理事会。所以，诸边协议与世界贸易组织之间的关系比关贸总协定时期更为密切，其组织与运作机制实际上已纳入了世界贸易组织体系。

二、成员问题

虽然《政府采购协议》的"诸边性质"赋予了世界贸易组织成员加入协议的自主性和灵活性，但随之而来的就是《政府采购协议》成员有限的问题。

（一）基本情况

截至目前，《政府采购协议》由19个参加方组成。如表2-1所示[①]，虽然欧盟是采购协议的一个参加方，但欧盟及其28个成员方都受到协议的管辖，因此，《政府采购协议》实际涵盖了47个世界贸易组织成员。

表2-1　《政府采购协议》参加方

参加方	生效/加入日期	
	1994 GPA	2012 GPA
美国	1996年1月1日	2014年4月6日
加拿大	1996年1月1日	2014年4月6日
瑞士	1996年1月1日	待定

① https://www.wto.org/english/tratop_e/gproc_e/memobs_e.htm.

续表

参加方	生效/加入日期	
	1994 GPA	2012 GPA
挪威	1996 年 1 月 1 日	2014 年 4 月 6 日
日本	1996 年 1 月 1 日	2014 年 4 月 16 日
欧盟及其 28 个成员方		2014 年 4 月 6 日
—奥地利、比利时、丹麦、芬兰、法国、德国、希腊、爱尔兰、意大利、卢森堡、荷兰、葡萄牙、西班牙、瑞典和英国[1]	1996 年 1 月 1 日	
—塞浦路斯、捷克、斯洛伐克、爱沙尼亚、匈牙利、拉脱维亚、立陶宛、马耳他、波兰、斯洛文尼亚	2004 年 5 月 1 日	
—保加利亚和罗马尼亚	2007 年 1 月 1 日	
—克罗地亚	2013 年 7 月 1 日	
以色列	1996 年 1 月 1 日	2014 年 4 月 6 日
荷属阿鲁巴岛	1996 年 10 月 25 日	2014 年 8 月 21 日
韩国	1997 年 1 月 1 日	2016 年 1 月 14 日
中国香港	1997 年 6 月 19 日	2014 年 4 月 6 日
列支敦士登	1997 年 9 月 18 日	2014 年 4 月 6 日
新加坡	1997 年 10 月 20 日	2014 年 4 月 6 日
冰岛	2001 年 4 月 28 日	2014 年 4 月 6 日
中国台北	2009 年 7 月 15 日	2014 年 4 月 6 日
亚美尼亚	2011 年 9 月 15 日	2015 年 6 月 6 日
黑山共和国	2015 年 7 月 15 日	2015 年 7 月 15 日
新西兰	2015 年 8 月 12 日	2015 年 8 月 12 日
乌克兰	2016 年 5 月 18 日	2016 年 5 月 18 日
摩尔多瓦共和国	2016 年 7 月 14 日	2016 年 7 月 14 日

目前，阿尔巴尼亚、澳大利亚、中国、格鲁吉亚、约旦、吉尔吉斯斯坦共和国、阿曼、俄罗斯联邦、塔吉克斯坦和前南斯拉夫马其顿共和国 10 个世界贸易组织成员正在加入《政府采购协议》的进程中。阿富汗、哈萨克斯坦、蒙古、沙特阿拉伯和塞舌尔 5 个世界贸易组织成员在各自加入世界贸易组织议定书中已经承诺启动加入《政府采购协议》。

阿富汗、阿尔巴尼亚、阿根廷、澳大利亚、巴林、巴西、喀麦隆、智利、中国、哥伦比亚、哥斯达黎加、格鲁吉亚、印度、印度尼西亚、约旦、哈萨克斯坦、吉尔吉斯斯坦共和国、马来西亚、蒙古、阿曼、巴拿马、巴基斯坦、俄罗斯联邦、沙特

① 英国加入 GPA 时是以欧盟成员身份。

阿拉伯、塞舌尔、斯里兰卡、塔吉克斯坦、泰国、前南斯拉夫马其顿共和国、土耳其和越南31个世界贸易组织成员拥有政府采购委员会观察员地位。此外，国际货币基金组织、经济合作与发展组织、联合国贸易和发展会议、国际贸易中心4个国际组织也拥有观察员地位。①

（二）成员有限

《政府采购协议》成员问题主要表现为参加方的数量有限。

1. 成员总数有限

从世界贸易组织整体角度而言，《政府采购协议》所涵盖的47个世界贸易组织成员约占164个成员总数的28.7%，所占的比重较小，体现出《政府采购协议》成员总数的有限性。

诸边协议遵循“自愿加入”原则，导致世界贸易组织成员加入《政府采购协议》进程缓慢，长时间处于停滞状态。如表2－1所示，美国、加拿大、欧共体及其成员方、韩国和新加坡等27个世界贸易组织成员于1996年《政府采购协议》生效时或稍后加入协议，成为《政府采购协议》的主力军。随着欧盟的扩大，塞浦路斯、保加利亚和克罗地亚等13个国家分别于2004年、2007年和2013年因成为欧盟成员方而加入《政府采购协议》。经过长时间的空白期，近年来才有少数世界贸易组织成员加入《政府采购协议》。从加入进程来看，参加方加入《政府采购协议》主要集中在世界贸易组织《政府采购协议》生效时期。其后，很多参加方往往不是自主选择加入《政府采购协议》，更多的是现有参加方对其施压后的一种被动行为，要么是协议参加方与加入世界贸易组织申请国谈判达成的条件，要求其在加入世界贸易组织议定书中承诺启动加入《政府采购协议》，要么是欧盟委员会对加入欧盟申请国附加的条件。②总体而言，加入《政府采购协议》的参加方数量非常有限。因此，《政府采购协议》及其参加方面临的重要挑战之一，就是推动更多世界贸易组织成员加入。

2. 发展中成员有限

从国际组织来看，无论联合国还是世界贸易组织，都没有明确提出过“发展中国家”的概念，并在法律上予以确定。只有联合国制定了衡量“最不发达国家”的经济和社会标准，并发布了“最不发达国家名单”。判断是否属于发展中国家除参

① “agreement on government procurement parties, observers and accessions”, https://www.wto.org/english/tratop_e/gproc_e/memobs_e.htm, 2018－4－5。

② 孟晔．中国加入WTO《政府采购协议》谈判分析[J]．世界贸易组织动态与研究，2013(5)．

考非成员方运用的客观标准之外，至少应得到相关国家的自我认定，同时还有集团内部其他成员的认可。[①]在世界贸易组织谈判和协议执行中，主要由每个世界贸易组织成员自行申报确立发展中国家的地位，并由该国与受该决定影响的成员方协商确定。在《政府采购协议》有限的参加方中，主要是经济发达的国家或地区，发展中国家寥寥无几，因此《政府采购协议》也被形象地称为“富国俱乐部”。迄今为止，参加方中唯一明确要求在《政府采购协议》下提供发展中国家灵活性的国家是以色列。这种灵活性取决于申请方在加入协议过程中与现有参加方的谈判。而亚美尼亚、中国香港、韩国、黑山共和国和中国台北等其他参加方，是否为发展中国家或转型经济体则不是很明确[②]。

从绝对数量看，世界贸易组织成员方多数没有加入《政府采购协议》，协议涵盖的国家和地区比较有限，政府采购领域仍然是贸易自由化的巨大空白。而且，世界贸易组织从来都是受发达国家的思潮和行为所左右，《政府采购协议》也不例外[③]。欧美等发达国家主导了协议规则的制定和发展方向，代表和体现了发达国家的根本利益和诉求。所以，政府采购市场的开放目前还主要停留在以发达国家为主的阶段，发展中国家不太情愿加入。从理论角度看，虽然政府采购自由化能给所有参与国带来利益，但是存在着市场收益分配不均的问题，发达国家所具有的竞争优势将使其从政府采购市场开放中获得比发展中国家更多的收益。

政府采购委员会和参加方非常重视协议成员有限的问题，在《政府采购协议》序言中明确提出要推动世界贸易组织成员接受并加入协议。2012 年《政府采购协议》不仅对原有协议进行修改和完善以便于世界贸易组织成员的加入，也做出积极努力向多边协议靠拢。可以预见，随着经济全球化和贸易自由化的深入，政府采购贸易自由化不会停滞不前，也会不断地深入和发展，世界贸易组织框架下的政府采购市场开放范围将会更广泛，开放程度将会更高。

第二节　目标和原则

《政府采购协议》在序言中阐明了立法宗旨，体现了协议所追求的法律精神和价值取向。作为法律精神最集中的体现，基本原则决定了政府采购法律制度的基本

---

① Amrita Narlikar. 权力、政治与 WTO[M]. 陈泰锋，薛荣久，译. 北京：外语教学与研究出版社，2007.

② 世界贸易组织对发展中国家没有明确的概念，因此《政府采购协议》也没有正式确认发展中成员。经向世界贸易组织秘书处知识产权司咨询，由负责政府采购的法律事务官提供了上述发展中成员资料。

③ 刘慧. 世界贸易组织《政府采购协议》导论[M]. 北京：中国社会科学出版社，2003：60.

性质和内容，体现了协议所适用的基础性原理。通过研究立法目标和基本原则，我们可以把握《政府采购协议》的价值取向和规则基础。

一、立法目标

《政府采购协议》的立法目标是建立一个有效的多边机制，实现国际贸易更大程度的自由化和扩大化，将政府采购市场纳入整个世界贸易体制之中，降低和消除政府采购造成的贸易壁垒。因此，《政府采购协议》关注的焦点是世界贸易组织框架下政府采购市场的开放程度、采购过程的透明性以及给予国内外供应商平等的竞争机会等方面。

（一）促进贸易自由化

政府采购市场开放必须建立在对等的基础之上，而各国政府采购体制状况、法律基础以及采购实践不同，导致各国采购规制的内容差异较大，这就需要建立一个有效的多边框架以协调各国政府采购法制，规范和监督政府采购活动。因此，《政府采购协议》在序言中提出“认识到政府采购需要建立一个有效的多边机制，以期实现国际贸易更大程度的自由化和扩大化，并改善国际贸易行为框架”。

《政府采购协议》就是各参加方为推动政府采购市场开放而建立的一个有效的政府采购法律、规则、程序和做法等方面权利与义务的多边框架。而“实现国际贸易更大程度自由化，改善国际贸易行为”这一宗旨与《政府采购协议》的立法背景密切相关，在政府采购领域，贸易保护主义支配下的歧视性采购政策造成了严重的贸易壁垒，阻碍了贸易自由化的发展。关贸总协定缔约方、世界贸易组织成员正是为了改善国际贸易运行环境，消除政府采购贸易的歧视和壁垒而创制了《政府采购协议》。因此，提高政府采购国际贸易的自由化程度，扩大政府采购市场的开放范围，自然成为《政府采购协议》的首要目标。

（二）对国内外供应商的非歧视性待遇

贸易自由化目标的实现需要通过确定国内外供应商在一国的法律地位及待遇来实现。因此，《政府采购协议》序言中提出“认识到有关政府采购各种措施的制定、采用或实施不应对国内供应商、货物或服务提供保护，或对国外供应商、货物或服务造成歧视”。该项规定主要是对国内外供应商的非歧视性待遇，各国关于政府采购的法律、法规、程序、行政指南或做法，或采购实体的任何行动等均不得对国内供应商、货物或服务提供保护，从而在国内外供应商、货物或服务之间形成差别待遇。

（三）健全政府采购制度

完善的政府采购制度不仅有助于高效管理国内公共资源和经济运行，也有助于便利国际贸易。就国内层面而言，政府采购制度对于公共资金的使用效率、公众对政府的信任度、推动经济发展以及良性治理都具有重要影响。就国际层面而言，政府采购制度的透明度、非歧视性和有效竞争的原则对于消除贸易壁垒，推动政府采购贸易自由化方面也发挥了重要作用。因此，《政府采购协议》在序言中提出“认识到政府采购制度的健全性和可预期性对于公共资源、各参加方的经济运行，以及多边贸易体系功能进行有效和高效的管理都是必不可少的”。实现物有所值、确保公众可以获取政府合同信息以及为供应商提供公平竞争机会，都是高效的政府采购体制的核心要求。根据《政府采购协议》，完善的政府采购制度应满足健全性和可预期性的基本要求。

1. 政府采购制度的健全性

健全性，是指政府采购制度的规则完善，可以实现对政府采购的良性管理。完善的政府采购制度通过健全的政府采购运行机制，可以有效地规范政府采购行为，创造公平竞争的市场环境，充分发挥政府采购在公共资源管理、经济运行以及国际贸易等方面的重要作用。

2. 政府采购制度的可预期性

可预期性，是指政府采购制度的公开透明。各国政府采购法律规则不同，导致国际经济交往有很大风险，相关法规政策的可预见性和稳定性就显得尤为重要，其不仅是一个运转良好的政府采购制度不可或缺的部分，也是保证制度的信誉度、可接受性和有效性的关键。只有让供应商充分地了解一国的政府采购法制与政策，才可以就是否参与该国政府采购活动做出理性的判断和决策，也将有助于了解一国政府采购法制对国内外供应商、货物或服务之间是否构成歧视，有效地监督参加方以公正和透明的方式执行采购协议，推动贸易自由化。

为了使各参加方及其供应商了解采购方适用的政府采购制度，《政府采购协议》规定，每一参加方应在官方指定的可广泛传播并使公众容易获得的电子或纸质媒介上，及时公布任何法律、法规、司法判决、普遍适用的行政规定、根据法律或法规强制执行并在公告或招标文件中提及的标准合同条款、有关涵盖采购的程序，以及上述各项内容的修改。如果其他参加方提出请求，则发布政府采购制度信息的参加方有义务对上述信息进行说明。

（四）提高政府采购程序义务的灵活性

政府采购程序是政府采购的行为准则，《政府采购协议》通过制定政府采购步骤及程序，规范参加方及其采购实体的采购行为，有效地贯彻和落实协议。因每个参加方的具体国情和政府采购体制不同，《政府采购协议》在制定采购程序时考虑到参加方采购制度之间的差异性，没有制定详尽无遗的程序细则，而是提出“认识到本协议下的程序义务应充分灵活以适应每一参加方的具体情况”。因此，《政府采购协议》只为保障参加方及其采购实体有效执行协议而规定了基本的程序要求，在程序义务方面为参加方预留了一定的空间。

（五）考虑发展中国家的需要

《政府采购协议》的参加方以发达国家为主，广大的发展中国家基于现实的考虑仍然徘徊在协议之外。参加方认识到发展中国家政府采购市场的发达程度、采购制度的完善程度与发达国家有较大差异，如果将贸易自由化价值目标绝对化的话，必然会使得一些国家尤其是发展中国家因考虑到其失去的现实利益远远大于从协议中获取的潜在利益而置协议于双边或多边谈判之外。正是这些因素，促使《政府采购协议》充分考虑发展中国家，尤其是最不发达国家的发展、财政和贸易需求等特殊情况，在政府采购程序义务方面赋予发展中国家一定的灵活性，给予发展中成员有别于发达成员的特殊和差别待遇，以鼓励发展中国家加入《政府采购协议》。

（六）明确政府采购透明度的重要性

透明度是世界贸易组织多边贸易体制的一项基本要求，普遍适用于国际贸易的各个领域。透明度不仅为成员法规政策的可预见性和稳定性提供重要保证，也是监督成员遵守世界贸易组织义务的一种基本方式。政府采购是以政府部门为主体进行的采购活动，政府部门既作为公共资金托管人进行采购活动，又是市场规则和政府采购法规政策的制定者。因此，信息的披露和程序的公开也就成为政府采购的必然要求，使得透明度对政府采购贸易尤为重要。关贸总协定时期达成的《政府采购协议》没有关于透明度的规定，1994 年《政府采购协议》只是在具体条款中体现了透明度要求。而 2012 年《政府采购协议》在序言中明确并突出了透明度在政府采购中的重要性，主要体现在两个方面：

1. 政府采购透明度措施

《政府采购协议》首先明确了政府采购透明度措施的重要性，这是实现透明度的制度保障。从协议的内容来看，有关政府采购透明度的措施涵盖范围非常广，包括发布采购制度信息、采购信息的透明、信息披露义务、审查程序的透明等内容，既有对采购制度透明度的要求，也有对具体采购信息透明度的要求。其中，参加方负有的信息披露义务，是确保参加方及其采购实体有效执行《政府采购协议》的重要透明度措施。《政府采购协议》规定，“应任何其他参加方要求，参加方应当及时提供对于判断采购是否公平、公正和遵照协议进行所必要的任何信息，包括中标的投标文件的特点和相对优势的信息”。该项措施要求受到质疑的参加方向提出要求的其他参加方提供必要的信息，以证明其采购遵循了非歧视和公平竞争的原则且没有违反《政府采购协议》的规定，既有助于规范参加方的采购行为、切实遵守协议的规定，也为其他参加方实施监督提供了有力的保障。如果信息的发布将对未来投标竞争造成损害的，则接收该信息的参加方应谨慎地行使这种权利，除非经与提供信息的参加方协商并获得其同意，否则不得向任何供应商泄露该信息。

为了保证供应商之间的公平竞争，《政府采购协议》规定，“参加方包括其采购实体不得向任何特定供应商提供可能会损害供应商之间公平竞争的信息”。也就是说，参加方及其采购实体在披露信息时应对供应商一视同仁，不得将影响公平竞争的有关信息透露给特定供应商。政府采购透明度措施要求信息的公开和披露，不可避免地会涉及保密信息的问题。对此，《政府采购协议》也规定了“保密信息”豁免条款，即“不能将采购协议的任何条款解释为要求参加方，包括其采购实体、主管机关及审查机构，披露将产生以下后果的保密信息：妨碍法律的执行；损害供应商之间的公平竞争；损害特定个人的合法商业利益，包括对知识产权的保护；或在其他方面违背公共利益”。根据上述规定，参加方及其相关机构在法定条件下可不披露保密信息，既实现了对保密信息的保护，也对不披露信息进行了规范，实现了保密信息安全与透明度要求的平衡。

2. *以透明方式执行政府采购*

透明度在政府采购中的重要性，不仅体现在为保障透明度所制定的政府采购措施上，也体现在实施政府采购的方式上，其直接关系到协议的运作和执行。因此，《政府采购协议》在序言中明确提出：一是以透明和公正的方式实施政府采购的重要性；二是按照《联合国反腐败公约》等适用的国际文件避免利益冲突和腐败行为的重要性。在《联合国反腐败公约》预防腐败措施中，要求建立以透明、竞争、客观为标准的公共采购制度，并应根据本国法律制度的基本原则采取适当措施，促进公共财政管理的透明度和问责制。因此，《政府采购协议》也力求与《联合国反腐败公约》等国际文件保持一致，加强与国际组织的合作，共同防治腐败，避免利益冲突。

（七）鼓励使用电子化手段

近年来信息技术迅猛发展，特别是互联网技术的普及应用，使电子政务的发展成为信息化发展的重要领域之一。信息技术在政府采购领域得到了广泛应用，已经成为各国政府采购普遍使用的技术手段和管理模式。

考虑到信息技术在采购实践中的应用和发展，也认识到电子化采购是政府采购未来发展的必然趋势，《政府采购协议》在序言中提出“认识到在协议涵盖的采购中，使用和鼓励使用电子化手段的重要性”。《政府采购协议》不仅鼓励在政府采购中使用电子化手段，也在采购规则中对如何应用电子化手段进行了规范。

（八）鼓励世界贸易组织成员加入协议

目前，只有47个世界贸易组织成员是《政府采购协议》的参加方，在164个世界贸易组织成员总数中所占比例较小。多年来，政府采购委员会及协议参加方致力于鼓励和推动更多世界贸易组织成员加入协议，但收效甚微，任重道远。因此，《政府采购协议》努力的目标之一就是增加参加方，提出“期望鼓励尚不是本协议参加方的世界贸易组织成员接受并加入本协议”。

二、基本原则

法律原则处于法律目标以及法律规范之间的中间地带，具有承上启下的作用，是体现制度目标的具体纲领①，也为法律主体提供基本行为模式。作为世界贸易组织的协议之一，《政府采购协议》基本原则在很大程度上受世界贸易组织协定原则所统摄，因此，其基本原则在很大程度上是世界贸易组织原则在政府采购中的具体化。随着政府采购实践的发展，《政府采购协议》的基本原则也与时俱进，有所发展。

（一）基本原则的内容

2012年《政府采购协议》根据采购实践新情况对协议原则进行了扩展，并将散落于各处的原则进行汇总放入“基本原则”中，使得协议的原则更有条理也更清晰。

1. 非歧视待遇原则

非歧视待遇原则是《政府采购协议》奉行的重要原则，协议中许多条款都围绕着这一主题制定规范。

（1）非歧视待遇的内容。

《政府采购协议》规定，“每一参加方包括其采购实体对于与协议涵盖采购有关的措施应立即无条件地给予来自任何其他参加方的货物、服务以及供应商不低于以下条件的待遇，按照：第一，向本国货物、服务及供应商提供的待遇；第二，向任

① 史际春，邓峰．经济法总论［M］．北京：法律出版社，1998.

何其他参加方的货物、服务及供应商提供的待遇”。根据上述规定，采购协议要求各参加方包括其采购实体应遵守非歧视待遇原则，对于与协议涵盖采购有关的措施要立即无条件地向其他参加方的货物、服务以及供应商提供国民待遇和最惠国待遇。所谓的“措施”涵盖范围很广，既包括与协议涵盖采购有关的任何法律、法规、程序、行政指南或者做法，也包括采购实体的任何行为。

除此之外，《政府采购协议》进一步对国民待遇原则进行了细化规定，体现在对外国供应商在参加方当地设立企业以及外国货物或服务的待遇上。每一参加方包括其采购实体对于与协议涵盖采购有关的措施，不得因与外国联营或所有权程度而给予某当地设立供应商低于给予另一当地设立供应商的待遇，也不得因当地设立供应商为某项采购提供的是任何其他参加方的货物或服务而对该当地设立供应商进行歧视。上述规定说明，《政府采购协议》要求参加方及其采购实体对在当地设立的供应商不得以外资所占比例或所有权差别给予不同待遇，也不得因当地设立供应商提供其他参加方的货物或服务而受到歧视。

（2）非歧视待遇的特点。

非歧视待遇原则是世界贸易组织普遍适用的原则，即所有世界贸易组织成员方均应遵守，是广义的非歧视待遇。但《政府采购协议》中规定的非歧视待遇与世界贸易组织不完全相同，是狭义的非歧视待遇，有其独特性。

① 有限的适用范围。

《政府采购协议》的非歧视待遇原则只适用于各参加方之间，不对未加入协议的其他世界贸易组织成员适用。而且，非歧视待遇原则仅对政府采购的货物、服务和供应商适用《政府采购协议》针对涵盖采购制定的措施，并不适用于非专门针对采购的其他措施。《政府采购协议》规定，非歧视待遇原则“不适用于任何进口关税及任何对进口征收的或与进口有关的费用、征收这些税费的方法、其他进口法规和手续，以及除管辖协议涵盖采购之外的影响服务贸易的措施”。也就是说，在关税、收费和进口手续等不属于《政府采购协议》管辖的方面，其待遇的给予仍按世界贸易组织的规则执行，不适用协议的非歧视待遇原则。

② 有条件的执行方式。

尽管《政府采购协议》条款明确参加方之间应给予非歧视待遇，并以最惠国待遇原则作为参加方之间政府采购市场开放谈判的基础。但在实际谈判过程中，协议参加方采用的是出价和要价的谈判方式，起决定性作用的却是互惠原则，在《政府采购协议》附录一中形成了每一参加方都有各自的出价条件，市场开放范围和程度有大有小的现状。互惠原则是双方相互给予对方以政府采购贸易上的优惠待遇，也就是说两个参加方之间达成的优惠，第三方必须提供同样的补偿才能享受这种优惠。《政府采购协议》在市场开放谈判中奉行的就是参加方之间的相互给惠，而不是所有参加方通过最惠国待遇均享利益。一个典型的例子，就是欧盟与美国在政府采购服务方面达成的相互开放条件不适用于协议其他参加方，除非第三方也给予美国或欧盟相同的优惠条件。《政府采购协议》在谈判中所遵循的互惠原则结果形成协议中对最惠国待遇的执行是一种有条件的执行，这一点与世界贸易组织的无条件最惠国待遇原则是不一致的。

上述矛盾现象之所以存在，主要是因为《政府采购协议》特别强调“权利与义务的平衡”，即各参加方所享受的权利与其在谈判中所承诺的义务相匹配，不能只享受权利而不承担责任和义务，即“免费搭车”。而且，政府采购的特殊性使协议参加方把主要注意力都集中在本国市场的保护上，对在他国市场争取平等权利未敢问津。加之，以互惠而排除最惠国待遇的做法并非《政府采购协议》首创。《服务贸易总协定》也用相同的做法排除了最惠国待遇，所以该问题并不显得比世界贸易组织其他问题更突出①。

2. 电子手段使用原则

信息技术的快速发展以及在采购实践中的广泛应用，使得政府采购电子化手段的规范问题成为公共采购国际规则关注的重点内容。2012 年《政府采购协议》考虑到电子化手段在政府采购中的广泛应用和快速发展，确立了在采购中使用电子化手段的基本原则，对采购中使用的信息技术提出了要求。

（1）确保便利性。

《政府采购协议》规定，“采购实体使用电子化手段进行协议涵盖的采购，应当确保采购进行中使用的信息技术系统和软件，包括与信息认证和信息加密有关的系统和软件，是可普遍获得并且与其他可普遍获得的信息技术系统和软件相兼容”。该原则主要对电子手段的便利性提出了要求，即采购实体在采购中使用的信息技术系统和软件应可普遍获得，并具有兼容性，为参与采购的供应商提供便利。

（2）确保安全性。

《政府采购协议》规定，“采购实体使用电子化手段进行协议涵盖的采购，应当维护确保参与和投标请求完整性的机制，包括设立接收时间和防止不当访问”。该原则主要对电子手段的安全性提出了要求，即采购实体在采购中使用电子手段时应为确保参与采购或投标请求的完整性和安全性提供必要的技术性保障。

---

① 刘慧．世界贸易组织《政府采购协议》导论[M]．北京：中国社会科学出版社，2003：78.

3. 采购执行透明度原则

2012 年《政府采购协议》不仅在序言中明确了以透明方式执行政府采购的重要性，还将其贯彻在基本原则中，提出了采购执行透明度原则。采购实体在执行采购的过程中，应遵守以下要求：

（1）以透明和公正的方式执行采购。

《政府采购协议》规定，“采购实体应以透明和公正的方式进行协议涵盖的采购，在采购中应使用与协议一致的公开招标、选择性招标或限制性招标等方法”。《政府采购协议》主要规定了公开招标、选择性招标和限制性招标等采购方式，其中，公开招标程序是确保实现协议目标的主要采购程序，不仅贯彻了非歧视待遇原则，也体现了公开透明和公正竞争的要求。采购实体按照这些采购程序进行采购，不仅可以规范采购行为，也可以确保《政府采购协议》既定目标的实现。

（2）避免利益冲突，防止腐败行为。

基于透明度、竞争和客观标准建立的采购系统是防止腐败并解决利益冲突的有效手段。采购实体在采购的执行中也要做到公开透明，避免利益冲突，防止腐败行为。利益冲突，是指国家公职人员在履行职责过程中，由于受到其私人利益因素的干扰，所发生的私人利益与公共利益相冲突的情境和行为。从政府采购角度分析，当政府采购公共利益与采购相关人员个体动机在一定的环境下存在明显差异时，这种动机差异必然导致整体与个体之间形成矛盾，采购相关人员会消极地对待政府采购制度，直接或间接地将个体的目的或倾向施加于采购过程，使采购方向甚至采购的结果发生变化，导致政府采购活动的目的和公共消费过程被异化，产生利益冲突。而实行政府采购过程的透明化管理是一个有效的解决办法，通过对采购执行的监督管理，可以及时发现问题，采取更正措施，避免各种现实或潜在的冲突，对权力腐败进行事前遏制，有效地防止政府采购中的腐败行为。

4. 原产地规则

货物的原产地是指生产或制造货物的国家或地区，被称为国际贸易中货物的“经济国籍”，每件货物原则上只能有一个原产地。原产地规则（Rules of Origin），是指一国根据国家法令或国际协定确定的原则制定并实施用以确定生产或制造货物的国家或地区的具体规定。为了实施关税的优惠或差别待遇、数量限制或与贸易有关的其他措施，海关必须根据原产地规则的标准来确定进口货物的原产国，给以相应的海关待遇。

（1）原产地规则的作用。

原产地规则的产生起源于国际贸易领域对国别贸易统计的需要，伴随着国际贸易中关税壁垒与非关税壁垒的产生与发展，原产地规则的应用范围也随之扩展，涉及关税计征、最惠国待遇、国别配额、反倾销、反补贴、保障措施和政府采购等诸多范畴。因此，许多国家都制定了烦琐、苛刻的原产地规则，从而使原产地规则带有浓厚的保护主义色彩，并逐渐演变为一种非关税壁垒。可以说，原产地规则已经从单纯的海关技术性问题演变为各国实施贸易政策的重要工具①。

为了建立公正和统一的原产地规则，关贸总协定与海关合作理事会曾做过长期的努力。但直到关贸总协定“乌拉圭回合”多边贸易谈判，非关税措施谈判组才将原产地规则问题列入重要议题，于1993年通过了《原产地规则协议》(*Agreement on Rules of Origin*)。该协议所指的原产地规则应包括在非优惠商业政策文件中使用的所有原产地规则，保证以非歧视、透明、可预见、一致和公正的方式制定和实施原产地规则，对简化、协调、统一国际的原产地规则起到积极的推动作用。

（2）政府采购适用的原产地规则。

对政府采购而言，原产地规则不仅涉及国外产品的认定问题，还牵扯到最惠国待遇、发展中国家和最不发达国家的优惠待遇问题，但这些问题最终都要落脚于判定某一商品的国籍。《政府采购协议》对这一问题做了专门的规定，“为涵盖采购的目的，任何参加方对从其他参加方进口或供应的货物或服务所适用的原产地规则，不得有别于在正常贸易过程中同时从同一参加方进口或供应相同货物或服务所适用的原产地规则”。《政府采购协议》强调任何参加方在进行具体的政府采购活动中不得利用原产地规则设立贸易壁垒，其采用的原产地规则应与正常贸易过程中采用的原产地规则相一致。

5. 禁止抵偿交易原则

抵偿交易（Offset），是指鼓励当地发展或改善参加方收支平衡的任何条件或保证。例如，使用本国成分、技术许可、投资要求、反向贸易和其他类似行为或要求。其本质上是在政府采购交易中“买方要求卖方提供额外的经济利益作为购买其产品或服务的条件”②。

（1）抵偿交易的内容。

作为一种互惠性的贸易保护手段，抵偿交易最早起源于军事采购领域，20世纪80年代已经成为政府采购中普遍使用的工具，是国际上保护国内产业的一种有效方式。抵偿交易最常见的做法包括：

---

① 姚瑶．简析WTO《原产地规则协议》[J]．法制与社会，2006(12)．

② Travis Taylor. Modeling Offset Policy in Government Procurement[J]. *Journal of Policy Modeling*, 2003(25), 986.

① 购买国内产品。

要求中标的外国供应商按照合同金额的一定比例采购本国产品或国内提供的服务。如美国《1991 年道路运输效率法》规定，各州接受联邦运输部补助采购包括轨道车辆等大众运输机械时，在其采购成本中必须有 60% 以上的美国产品，而且车辆最后须在美国国内组装；以色列政府要求国际采购必须至少有 35% 在国内购买等。

② 技术许可。

要求中标的外国供应商向采购国转移所需的技术，一般采取共同研发、技术帮助和培训等形式。

③ 国内投资。

要求中标的外国供应商在国内进行资本投资、设立分公司或建立合资企业。

④ 反向贸易。

采购国以货物或劳务作为偿付货款手段的一种贸易方式。交易双方都有进有出，并求得各自的收支基本平衡。反向贸易有多种形式，但基本形式有易货贸易、互购和补偿贸易三种。易货贸易，一般是买卖双方各以等值的货物进行交换，不涉及货币的支付，双方签订一份包括相互交换抵偿货物的合同；互购，又称平行贸易或回购，是指出口方向进口方承担购买相当于出口货值一定比例的产品，涉及两个既独立而又相互联系的合同，不是单纯的以货换货，而是现汇交易；补偿贸易，是指在信贷基础上进口设备，然后以回销产品或劳务所得价款，分期偿还进口设备的价款及利息。它既是一种贸易方式，也是一种利用外资的形式。

（2）政府采购禁止抵偿交易。

采购国对抵偿交易的要求，可以使本国企业获得更多的商业机会，即使外国供应商获得政府采购合同，国内企业也可以从中得到利益。而对外国供应商来说，抵偿交易是不公平的政府采购贸易措施，是其参与政府采购的一种壁垒。为了推动政府采购贸易自由化，执行非歧视待遇原则，《政府采购协议》基本主张是禁止抵偿交易，“对于采购协议涵盖的采购，参加方包括其采购实体不得寻求、考虑、强制性规定或实施任何抵偿交易”。考虑到发展中国家的特定需要，《政府采购协议》对发展中国家做出了例外安排，允许发展中国家在过渡期内按照规定实施抵偿交易。

（二）例外条款

《政府采购协议》规定了参加方都应遵守的基本原则，也考虑到发展中国家的需要，规定了例外条款。

1. 采购协议中发展中成员较少

发展中国家，又称开发中国家或欠发达国家，一般是指在经济、社会方面发展程度较低的国家，其所处的发展阶段需要政府对经济发展进行引导和扶持，政府采购作为一种政策工具可以发挥重要作用。在世界贸易组织协议限制使用其他政策工具时，保护性的政府采购措施对于发展中国家支持国内工业目标，促进经济发展具有重要作用。因此，发展中国家不愿意加入《政府采购协议》，不仅因为协议的成员资格将只能为它们带来少量的出口收益，也因为大部分收益将由发达国家的制造业和服务业获得，反而会使发展中国家有义务取消保护国内产业或促进经济发展的政府采购政策，从而最终影响其国内产业的发展和经济社会目标的实现①。

目前加入《政府采购协议》的参加方主要是发达国家，占世界贸易组织大多数的发展中国家都不是该协议的参加方。鉴于发展中国家对开放公共市场并不积极的现实情况，为了吸引发展中国家加入协议并消除它们开放政府采购市场的顾虑，《政府采购协议》为发展中国家提供了特殊和优惠条件。除扩大政府采购市场份额的考虑外，《政府采购协议》对发展中国家敞开大门的一个根本原因是发展中国家在很长一段时间内都不会对发达国家的政府采购市场开放构成威胁。首先在企业实力方面，发展中国家无论在技术、资金还是经营水平上，都难以在大额的政府采购合同竞争上与发达国家企业匹敌；其次，在市场开放的准备上，发达国家不仅主导了政府采购国际规则的制定，其完善的法律制度和长期的实践经验也为市场开放做好了充足的准备，没有对该国政府采购法律、政策和程序的把握是无法轻易进入的。因此，发达国家可以在政府采购开放方面不严格强调“对等开放”的问题。②

2. 发展中国家的特殊与差别待遇

在世界贸易组织多边贸易体制内，发展中国家特殊和差别待遇，是指发展中国家可基于特殊情况和需要，在一定的范围和条件下背离各协定所规定的一般权利和义务而享有较优惠的待遇。③ 即在市场开放和自由化的标准上，对发达国家和不发达国家实行不同标准和差别待遇，实际就是歧视待遇。非歧视待遇原则是世界贸易组织的最基本原则，并且作为制定一切规则、协议的标准和出发点。从表面上看，对发展中国家的特殊待遇是与世界贸易组织的基本原则相悖。但是事实上，发展中国家的经济基础薄弱，技术水平落后，资金实力以及贸易条件都不能与发达国家同日而语。如果对发展中国家和发达国家一视同仁，都实行同样的市场开放标准，就造成了表面上的“平等”而事实上的“不平等”。如果从公正的立场出发，发展中国家的特殊和差别待遇虽在表面上不符合世界贸易组织协定所遵循的非歧视待遇和

---

① 张照东．政府采购制度比较研究[M]．南昌：江西人民出版社，2007：298.

② 刘慧．世界贸易组织《政府采购协议》导论[M]．北京：中国社会科学出版社，2003：84.

③ 蔡连增．世界贸易组织协定中的特殊和差别待遇[J]．厦门大学学报（哲学社会科学版），2001（2）.

互惠对等原则，但实现了对实质不平等的矫正，达到了新的公平和正义。

《政府采购协议》在“发展中国家”条款规定了特殊与差别待遇，具体包括以下内容：

（1）实行差别待遇的目标。

实行特殊与差别待遇的目标就是满足发展中国家的特殊需要，因此《政府采购协议》规定，“在加入本协议谈判以及执行和管理协议的过程中，参加方应对发展中国家和最不发达国家的发展、财政、贸易需要及其实际状况给予特别考虑，并承认这些需要因不同国家而可能存在巨大差异。根据本条规定并应请求，各参加方应给予最不发达国家，以及任何其他发展中国家特殊和差别待遇，如果这种特殊和差别待遇符合其发展需要”。

发展中国家不仅在公共财政和经济贸易方面与发达国家存在差距，其企业在经济、技术实力和竞争水平上也难以与发达国家企业相抗衡。为此，《政府采购协议》要求参加方在加入协议谈判和执行协议时，对发展中国家实行特殊和差别待遇，以考虑发展中国家的发展、财政、贸易需要及其实际状况。1994 年《政府采购协议》对此有明确表述，其中“发展需要”是指促进国内工业的建立与发展，包括促进农村或落后地区的小型工业和家庭手工业的发展及其他经济部门的发展，扶持那些完全依赖或基本上依赖政府采购的工业单位，在向世界贸易组织部长会议提出并征得同意的情况下，鼓励发展中国家通过区域或全球安排来发展经济；“财政需要”是指保证有足够的外汇储备来执行经济发展方案；“贸易需要”是指保障国际收支平衡。

（2）给予的差别待遇内容。

2012 年《政府采购协议》明确规定了发展中国家可在一定条件下采用的特殊与差别待遇，具体包括以下几方面：

① 适用范围的最惠国待遇。

《政府采购协议》要求参加方向加入协议的发展中国家提供适用范围的最惠国待遇，“发展中国家一旦加入本协议，每一参加方应立即向该国的货物、服务和供应商提供该参加方附录一附件项下向协议任何其他参加方提供的最优惠的适用范围，但需遵守该参加方与发展中国家之间为保持本协议项下机会的适当平衡而谈判达成的任何条款”。根据加入《政府采购协议》的实践，参加方在协议适用范围谈判中遵循的是互惠对等原则，形成了有条件的最惠国待遇原则。从表面上看，参加方应立即向加入《政府采购协议》的发展中国家在适用范围上提供最惠国待遇，但实际上提供的是有条件的最惠国待遇，主要取决于发展中国家与参加方的实际谈判，并且应维持协议内市场机会的适当平衡。因此，发展中国家与现有参加方一样，需要谈判才能真正获得适用范围的最惠国待遇，而不是无条件自动适用。

② 过渡性措施。

《政府采购协议》考虑到发展中国家的特定需要，明确了发展中国家可以在过渡期内采取的优惠措施，主要包括两类：

第一类，采取过渡性措施。《政府采购协议》明确了发展中国家可根据其发展需要并经参加方同意，在过渡期内以不在各参加方之间造成歧视的方式采取或保留下列过渡性措施中的一项或多项：一是价格优惠计划。应满足两个条件：首先，价格优惠仅给予投标中包含源自适用优惠的发展中国家的货物或服务，或给予适用优惠的发展中国家根据优惠协议有义务向其提供国民待遇的其他发展中参加方的货物或服务。其次，价格优惠计划是透明的，且在意向采购公告中对优惠及其在采购中的适用做出明确表述。二是抵偿交易。条件是在意向采购公告中明确说明实行抵偿交易的要求或考虑。三是分阶段增加特定的采购实体或者部门。四是比其永久性门槛金额更高的门槛金额。《政府采购协议》明确了发展中国家可在过渡期内采取的价格优惠、抵偿交易、特定实体或者部门的分阶段开放以及暂时提高门槛金额等优惠措施。发展中国家适用这些优惠措施不是自动和无条件的，需要与参加方谈判，并按照协议规定的条件适用。

第二类，推迟履行义务。发展中国家可以在过渡期内免除某些义务的履行。根据《政府采购协议》，“在加入本协议的谈判中，各参加方可以同意申请加入的发展中国家在履行协议义务过程中，推迟履行除最惠国待遇以外的任何协议具体义务。执行期应当是：对最不发达国家，在其加入本协议后 5 年；对任何其他发展中国家，仅为执行具体义务所必需的期间，且不得超过 3 年”。根据上述规定，发展中国家在加入谈判时，经参加方允许可以在规定的过渡期内暂时不履行除最惠国待遇外的所有义务。《政府采购协议》也规定了保障措施，如果发展中国家为某项义务谈判达成了一个执行期，应在其附录一的附件 7 中列明议定的执行期，适用执行期的具体义务及其同意在执行期中遵守的任何临时义务。

就过渡性措施和推迟履行义务等优惠措施而言，一方面，《政府采购协议》赋予了发展中成员一定的灵活性，可以申请延长过渡期和增加过渡性措施。在《政府采购协议》对某发展中国家生效后，应发展中国家的请求，政府采购委员会可以延长发展中国家采用过渡性措施的过渡期或根据谈判达成的任何执行期，或者出现加入过程中没有预见的特殊情况，批准采用新的过渡性措施。另一方面，为了推动发展中成员在确定的期限内履行义务，《政府采购协议》规定了保障措施。根据规定谈判达成过渡性措施、执行期或进行延期的发展中国家，应在过渡期或者执行期内采取必要步骤以确保其在这些期限结束时可遵守《政府采购协议》。发展中国家应及时将每一步骤通知政府采购委员会。2012 年《政府采购协议》既考虑到不同发展中国家的需要，可以适当延长过渡期或执行期，增加过渡措施，也考虑到协议的贯彻和执行，制定了保障措施防止发展中国家滥用特殊和差别待遇。

③ 技术援助。

对于发展中国家来说，政府采购的现代化管理可能代表着政府采购成本的增加和财政开支的大幅度增加。为了解决发展中国家技术方面的困难，也为了激励发展中国家建设一个规范的政府采购制度，《政府采购协议》提倡发达国家对发展中国家在政府采购制度建设、采购技术和管理手段等方面给予援助。1994 年《政府采购协议》对此做出了规定，要求发达国家成员应按发展中成员请求，向其提供适当的技术援助，以解决这些国家在政府采购领域遇到的问题。技术援助主要包括采购合同授予中的特定技术问题和约定的其他问题，还包括把发展中成员供应商的资格文件和投标文件翻译成采购实体指定的世界贸易组织官方语言。在发展中成员向发达成员或其采购实体提出请求时，如果发达成员无法负担翻译工作，应对此做出解释。此外，发达国家应单独或联合建立信息中心以响应发展中国家取得有关资料的合理要求，尤其是有关政府采购的法律、规章、程序和做法，已公布的意向采购公告，协议管辖的实体地址和已购或拟购产品或服务的性质和数量，包括有关未来投标的现有资料等。

2012 年《政府采购协议》对此做出了修改，简化为“参加方应适当考虑发展中国家与该国加入或执行本协议有关的任何技术合作和能力建设请求”。与 1994 年《政府采购协议》相比，一方面，现有协议的规定更为宽泛，有关技术合作和能力建设的范围要更广，涉及的领域更多，赋予了发展中国家更多的灵活性；另一方面，现有协议规定参加方适当考虑发展中国家的请求，将技术援助由原来的强制性义务弱化为道德性义务，赋予了发达成员更多的自由裁量权。由于没有明确具体的义务要求和规定，也造成了执行中的困难。

3. 政府采购委员会的职能

为了推动和监督发展中成员遵守和履行义务，《政府采购协议》要求政府采购委员会履行监督职能，并安排了相关任务。即政府采购委员会应每 5 年对“发展中国家”条款的实施情况和效果进行审议。《政府采购协议》通过建立监督机制，在一定程度上对“发展中国家”条款的运行和落实情况进行了约束，防止发展中国家不当或滥用特殊和差别待遇。此外，政府采购委员会可以制定执行“发展中国家”

条款的程序，包括对发展中国家提出的延期请求进行投票决定的这类程序。

关贸总协定的历次谈判直至“乌拉圭回合”之前，基本都有对发展中国家特殊与差别待遇的规定。“乌拉圭回合”作为一个转折点，世界贸易组织开始对这一问题弱化，多半局限在给予发展中国家执行协议的过渡期或提供技术支持，其最终目的是推行对发展中国家的“毕业”制度。即要求发展中国家一旦经济发展到更高阶段就要回归多边互惠，要进一步参与到多边贸易体制中并为之做出贡献。1994 年《政府采购协议》对发展中成员制定了较宽松的政策，2012 年《政府采购协议》对“发展中国家”条款进行了修订，一方面通过澄清发展中国家可用的过渡性措施等方式为加入协议的新成员提供便利，鼓励发展中国家加入《政府采购协议》；另一方面严格限制发展中国家条款的适用，如发展中国家在过渡期内采取的优惠措施需经参加方同意，并符合其发展需要等。主要是因为协议参加方反对发展中国家无限期地实施或滥用优惠措施，认为这只是促进发展中国家加入《政府采购协议》的临时措施，目的是使发展中国家获得良好的改善，最终符合协议的要求和执行协议的规则。因此，2012 年《政府采购协议》制定了较为严格的限制政策，发展中国家获得特殊待遇不是自动和无条件的，主要取决于发展中国家的谈判实力以及其他领域的市场让渡，而且对发展中国家的要求越来越严格并推行“毕业”制度，体现出与世界贸易组织的一致性。从本质上讲，《政府采购协议》提供发展中国家特殊待遇的目的在于吸引发展中国家加入政府采购贸易全球化的进程中，规则设计上仍然缺乏对发展中国家发展现状、发展意愿和发展需求的切实关怀[①]。

第三节　适用范围

《政府采购协议》适用范围明确了协议调整和约束的范围，直接涉及协议的管辖范围和管理力度，主要由协议文本的规定和参加方的出价清单共同构成。为了减少和解决参加方修改适用范围产生的争议，2012 年《政府采购协议》明确规定了对适用范围修改和更正的程序。

一、适用范围构成要素

就《政府采购协议》而言，涵盖的采购是指为政府目的进行的采购，其适用范

① 宋雅琴．中国加入 WTO《政府采购协议》问题研究[M]．北京：经济科学出版社，2011：87.

围是由采购主体、采购对象、门槛金额、采购形式以及例外事项5个要素组成。在确定《政府采购协议》管辖范围时，必须综合考虑这些构成要素，缺一不可。

（一）采购主体

《政府采购协议》适用的主体范围表明采购协议对哪些采购部门和机构有效，这是国际采购规则生效的核心问题。

1. 采购实体范围

《政府采购协议》在“适用范围”条款中规定，“协议涵盖的采购是指采购实体为了政府目的进行的采购”。上述原则性规定不足以确定协议涵盖的采购主体范围，具体要看参加方的采购实体出价清单。按照《政府采购协议》的规定，参加方在加入协议时均应提供一份出价清单，只有被列入出价清单的采购实体才受到协议的管辖和约束。采购实体清单以附录一的附件形式分别列出：附件1为《政府采购协议》涵盖的中央政府实体，主要是中央层级的立法、司法和行政等政府部门或机构；附件2为《政府采购协议》涵盖的次中央政府实体，主要是中央层级以下的区域性政府实体，包括单一制国家的地方政府，联邦制国家的州政府和地方政府等；附件3为《政府采购协议》涵盖的所有其他实体，是指除中央政府实体和次中央政府实体以外的实体，主要指受政府控制或影响，履行公共职能的采购实体，如公用事业部门或国有企业等。

协议参加方在认定中央政府实体和次中央政府实体等传统意义上的政府部门时比较统一，容易产生分歧的是其他实体的界定标准。随着政府组织和结构的形式多样化，出现了很多非政府部门承担政府职能或公共服务功能的情况，这些部门和机构并不属于传统意义上的政府部门，但其采购也属于政府采购的管辖范围，各国对如何认定这些其他实体有不同的标准。虽然2012年《政府采购协议》对“采购实体”没有明确的界定标准，但相关条款从反向提出了“政府目的”和“政府控制或影响”的认定标准。《政府采购协议》规定，适用的采购主体范围是为“政府目的”而进行的采购活动。“政府目的”是一个相对主观的标准，无论采购活动的资金来源、是否存在政府代理关系以及决定权归属等因素，只要是有“政府目的”的采购，就不是商业行为而是政府采购，相应的主体应纳入政府采购的实体范围[①]。《政府采购协议》进一步在“适用范围的修改或更正”条款中规定，参加方将采购实体从附录一撤出的标准是，“政府对该实体的采购活动的控制或影响已经得到有效消除”。上述规定从反向证明，无论采购实体的具体形式如何，只要该实体的采购活

① 翁燕珍，牛楠，刘晨光．GPA参加方国有企业出价对中国的借鉴[J]．国际经济合作，2014(3)．

动受“政府的控制或影响”都应纳入《政府采购协议》的管辖范围。

2. 采购措施和手段

各国政府采购法律基础以及采购规则内容不同，而政府采购国际规则要发挥实效在很大程度上取决于参加方的相关立法和措施，协调具有差异的各国政府采购法制也就成为《政府采购协议》的必然要求。因此，《政府采购协议》规定，“协议适用于有关涵盖采购的任何措施，无论该项采购是否全部或部分通过电子手段进行”。

根据上述规定，《政府采购协议》不仅对受协议管辖的采购实体具有约束力，对于采购实体适用或实施的采购措施也具有约束力。这些措施是指与涵盖采购有关的任何法律、法规、程序、行政指南或做法，或采购实体的任何行为。参加方的这些采购措施应与《政府采购协议》的采购规则保持一致，如果采购措施的内容与协议规则有矛盾，就应修改本国的规定使之与协议规则相符。同时，《政府采购协议》也考虑到采购实体在政府采购中广泛应用电子化手段的情况，将使用电子采购手段也及时纳入了协议的管辖范围。

（二）采购对象

采购对象是指采购主体权利和义务所指向的对象，也就是采购实体所采购的具体项目，2012 年《政府采购协议》对管辖的采购对象范围进行了规定。

1. 采购项目范围

《政府采购协议》规定，“协议涵盖的采购是指为政府目的而进行的货物、服务，以及货物和服务任何组合的采购”，其中，服务包括建筑服务。政府目的是指不以商业销售或转售为目的的采购，或不用于以商业销售或转售的货物或服务的生产或供应为目的而进行的采购。

虽然《政府采购协议》对涵盖的采购对象进行了原则性的规定，但在确定采购对象的范围时还要结合各参加方的采购项目出价清单。按照《政府采购协议》的规定，参加方只有被列入出价清单的采购项目才受到协议的管辖和约束。采购项目清单以附录一的附件形式分别列出：附件 4 为《政府采购协议》涵盖的货物项目，通常涵盖所有货物；附件 5 为《政府采购协议》涵盖的服务项目，参加方根据联合国《临时中央产品分类》（*the Central Product Classification*，CPC）①列出了开放的服务项目；附件 6 为《政府采购协议》涵盖的建筑服务项目。建筑服务是指以任何土木或

① 联合国中央产品分类(the Central Product Classification,CPC)是一种涵盖货物和服务的完整产品分类,意在充当一种国际标准,用以汇集和以表格列出各种要求给出产品细目的数据,其中包括工业生产、国民账户、服务业、国内外商品贸易、国际服务贸易、国际收支、消费及物价统计。

者建筑工程手段实现其目的的服务。参加方根据 CPC 第 51 类列出了开放的建筑服务。

2. 采购项目的排除

2012 年《政府采购协议》将散见于各参加方附录一中不适用协议的事项进行了归纳和总结，明确排除了不适用于协议的采购项目：

（1）土地、现存建筑物或者其他不动产或其权利的获得或租赁；

（2）受控制金融机构的财务代理或储蓄服务、清算和管理服务，或与包括贷款、政府债券、票据和其他有价证券在内的公债销售、回购和发行有关服务的采购或获得；

（3）下列采购：为提供国际援助的特定目的而进行的采购，包括发展援助；根据与部队驻扎或某项目签署国联合执行有关的国际协定的特别程序或条件进行的采购；根据国际组织的特别程序或条件进行的采购，或由国际赠款、贷款或其他援助资助进行的采购，其适用程序或条件与本协议不一致。

（三）门槛金额

门槛金额，也称为门槛价，是指参加方承诺受《政府采购协议》管辖和约束的政府采购合同金额应达到的最低标准，也是确定协议适用范围的实质性要素之一。

1. 门槛金额

《政府采购协议》适用范围的确定，除了要明确协议涵盖的采购实体和采购项目，还要结合政府采购合同的门槛金额。因此，《政府采购协议》规定，“被涵盖采购是指依据估价条款，在发布公告时达到或者超过参加方在附录一各附件中列明的有关门槛金额的采购”。参加方出价清单中列出的采购实体，只有在采购项目的合同金额达到谈判议定的门槛金额时才受采购协议的管辖。总体而言，中央政府实体、次中央政府实体和其他实体的门槛金额逐步递增，灵活性也随之增大。由于采购项目的特点，建筑服务采购合同的门槛金额远高于货物和服务采购合同的门槛金额。

（1）普遍出价水平。

《政府采购协议》在条款中没有规定统一的门槛金额，但参加方在实践中形成了普遍的出价水平。一般而言，中央政府实体、次中央政府实体和其他实体采购货物项目或服务项目的门槛金额分别为 13 万 SDR、20 万 SDR 和 40 万 SDR，建筑服务项目的门槛金额统一为 500 万 SDR。参加方在普遍出价水平的基础上，可根据谈判结果对门槛金额进行上下浮动。

（2）较高门槛金额的情形。

采购合同门槛金额越高，实际上就减少了受《政府采购协议》约束的政府采购范围，削减了本国执行协议的义务。目前参加方中采取较高门槛金额的，主要有两种情况：

① 保护特定行业。

为了保护本国的特定行业，但要付出相应的代价。如日本和韩国为了保护建筑行业，将次中央政府实体和其他实体建筑服务项目门槛金额都提高至1500万SDR，其他参加方基于互惠原则也不对其开放相应的市场。

② 发展中国家的优惠措施。

发展中国家在过渡期内可采取的一项优惠措施。《政府采购协议》允许发展中国家根据需要，通过谈判设定比其永久性门槛金额更高的门槛价。需要注意的是，设定较高的采购合同门槛金额只是在过渡期内适用的临时措施，最终还是要回归到普遍的出价水平。

2. 合同估价

为了避免采购实体规避协议，保障门槛金额标准的正确适用，《政府采购协议》规定了合同估价的基本规则，主要对估价原则和估价方法进行了规范。

（1）估价原则。

《政府采购协议》确立了估价的基本原则，要求采购实体不得为逃避协议的约束而分割采购合同或选择特殊的估价方法。其具体要求是，为确定某个采购是否属于协议涵盖的采购而计算采购价值时，采购实体不得将一项采购分割为几项采购，也不得选择或使用特殊估价方法对采购的价值进行估计，从而全部或者部分地将其排除在《政府采购协议》适用范围之外。

（2）估价方法。

根据政府采购合同的不同情况，《政府采购协议》对估价方法进行了规范，主要包括以下方法：

① 基本估价方法。

对于一般合同而言，采购实体应采用的基本估价方法是总体估价方法。《政府采购协议》规定，"无论将采购合同授予一个或一个以上供应商，估计的采购最高总价值应当覆盖采购全部期限，并将所有形式的报酬计算在内，包括奖金、费用、佣金和利息，以及对于可能的期权采购，应包括期权采购的总价值"。《政府采购协议》确定的合同基本估价方法，就是将采购期限内的所有报酬都计算在内。所谓期权（Option），是一种选择权，主要指在未来一定时期可以买卖的权利，是买方向卖方支付一定数额的权利金后拥有的在一定时间内以事先规定好的价格向卖方购买或出售一定数量的标的物的权利。期权的持有者可以在该项期权规定的时间内选择，但不负有必须买进或卖出的义务，而期权的出卖者则只负有期权合约规定的义务。

② 特殊合同估价方法。

《政府采购协议》针对续签合同和租赁合同等特殊合同，也规定了应采用的估价方法。

一是续签合同估价方法，主要是对分批合同或分部分合同估价的方法。《政府采购协议》规定，“当某单项采购因特殊要求而授予一个以上合同，或使合同分几部分授予，则最高总价值的估算应依据：前12个月中或采购实体前一财政年度中授予相同类型货物或服务的续签合同价值，如可能，根据在其后12个月中采购货物或服务数量或金额的预期变化进行调整；或在首次授予合同之后的财政年度或12个月中授予的相同类型货物或服务续签合同的估算价值”。续签合同涉及将一项采购根据需要分签几个合同，对其进行估价时应以一个财政年度为单位将其所有合同汇总视为一个整体确定其合同价款，可以根据以前签订的合同价值进行计算和调整，或者对首次合同后12个月的预期价值进行估计。

二是租赁合同估价方法，主要是对租赁、租购、分期付款购买或未列明总价合同估价的方法。《政府采购协议》规定，“对于货物或服务的租赁、租购、分期付款购买，或未列明总价的采购，估价依据应为：对于定期合同，如果合同期等于或少于12个月则为合同有效期内其估计的最高总价值，合同期超过12个月则为包括估计的剩余估价在内的最高总价值；对于不定期合同，或不能确定合同是否为定期合同的，应为估算的每月摊付额乘以48”。上述规定主要是对租赁和未规定总价等合同依据履行期限确定统一的估价基础。对于有固定期限的，在合同有效期内计算总价；如果没有履行期限，其总价估价基础应为月摊付额与48的乘积，即以4年为一个计算单位，此项数字的规定可能是出于政府任期的考虑[①]。

（四）采购形式

采购形式是指政府采购行为所采用的形式，《政府采购协议》对采购形式提出了以下要求：

1. 必须采取契约形式

《政府采购协议》规定，“被涵盖采购是指为了政府目的通过任何契约形式所进行的采购”。契约，也称合同，是指双方或多方共同协议订立的有关买卖、抵押、租赁等关系的文书。《政府采购协议》要求采购实体进行采购时，必须以签订的合同形式来体现双方的权利和义务。政府采购合同既是采购实体与供应商之间设立、

---

① 何红峰，焦洪宝．WTO《政府采购协议》合同估价制度[J]．中国政府采购，2003(1).

变更、终止政府采购权利和义务关系的协议，也是处理具体交易以及纠纷的主要依据。为了进一步明确采购形式，《政府采购协议》再次重申“本协议不适用于非契约协议”。

2. 采购契约类型多样

政府采购是广义的采购，是通过各种途径获取资源以满足需求的活动。因此，政府采购合同的类型灵活多样，可根据采购项目的需求特点采取购买、租赁、委托、雇用等各种合同方式。《政府采购协议》规定，“被涵盖采购是指为了政府目的通过任何契约形式所进行的采购”。也就是说，协议对于采购合同的类型没有限定，可包括获得标的所有权的购买合同，也可包括取得标的使用权的租赁合同等。在列举的合同类型中，主要包括以下类型：

（1）购买。

购买，是指由买方支付对等的代价向卖方换取商品所有权的行为。

（2）租赁。

租赁，是指出租人在一定时期内向承租人转移一项物品的使用权与收益权，同时获得相应租金收入的交易行为。

（3）租购。

主要指无论是否享有期权的租购。租购，是指在约定的租赁期限内，卖方向买方出租标的物，买方作为承租人依约定向卖方支付租金，待租赁期届满且付清所有租金时，买方可自动获取或以名义价格取得租赁物的所有权。

（4）分期付款购买。

主要指无论是否享有期权的分期付款购买。分期付款购买，是指买方将其应付的总价款按照一定期限分批支付给出卖人获得标的物所有权的交易行为，这也是一种购买行为。

需要注意的是，参加方提供的合作协议、赠款、贷款、股份权益注入、担保和财政激励等任何形式的援助，以及公务人员雇佣合同不适用于《政府采购协议》。

（五）例外事项

世界贸易组织“例外条款”，也称“免责条款”，是指在世界贸易组织协议中准许各成员政府在特定情况下撤销或停止履行其协议规定的正常义务，以保护某种更重要的利益[①]，包括安全例外和一般例外。例外条款为世界贸易组织成员方提供了

① 伯纳德·霍克受，迈克尔·考斯泰基．世界贸易体制的政治经济学——从关贸总协定到世界贸易组织[M]．刘平等，译．北京：法律出版社，1999：159.

在必要时保护国家安全和公共利益而减损或免除多边贸易体制义务和责任的手段，也使成员方的例外实践不至于偏离多边贸易体制的方向太远，并将其负面影响降至最低。《政府采购协议》也规定了协议“例外条款”，允许参加方在规定的情形下排除对协议的适用，免除应承担的协议义务。

1. 安全例外

安全例外（Security Exceptions），是指世界贸易组织成员方为了维护国家安全，可以在一定程度上偏离其本应遵守的国际义务或规范，而这种偏离并不构成对条约义务的违反。从性质上讲，安全例外条款下的“安全”不是涵盖了诸如经济安全、环境安全或社会安全等广义的安全，而是特指国家安全和国防安全。安全例外条款旨在克服自由贸易给国家安全带来的消极影响，是世界范围内维护贸易自由和保护国家安全的平衡条款，在世界贸易组织体制中有着不可或缺的地位。安全例外条款分布广泛，涉及货物贸易、服务贸易以及政府采购等诸多领域，主要是以《关税与贸易总协定》第21条“国家安全例外”为基础形成的。

《政府采购协议》在“例外条款”中规定，“协议各项规定不得解释为禁止参加方为保护其基本安全利益，对武器、弹药或战争物资采购，或为国家安全或国防目的所进行的必要采购，采取其认为必要的任何行动或不披露任何信息”。根据上述规定，参加方可在满足以下条件时援引“安全例外”条款排除对《政府采购协议》的适用：

（1）采取措施的目的。

参加方采取行动或不披露信息等措施，必须是以“其认为保护基本安全利益所必要”作为前提条件。参加方采取措施的目的在于保护其“基本安全利益”，而且从内在角度对参加方提出了要求，即采取的措施必须是其“认为”有必要的。按照《政府采购协议》的这种表述，援引方是判断基本安全利益是否受到威胁以及所采取的措施是否为保护基本安全利益所必需的唯一裁决者。换言之，国家安全利益是否要求采取行动或不披露信息，只有援引方自己有决定权，其他参加方的干预能力有限，除非当事方所采取的措施明显与国家安全无关。由于世界贸易组织没有对“基本安全利益”做出明确的限定，“安全例外”条款就成为最为宽泛、争议性最强的例外条款[①]。

---

① Lindsay, Peter. Note: The Ambiguity of GATT Article XXI: Subtle Success or Rampant Failure[J]. *Duke Law Journal*, 2013(52): 1277-1313.

（2）措施需符合特定情形。

参加方采取行动或不披露信息必须是与特定情形有关，这些特别规定的情形包括对武器、弹药或战争物资采购，或为国家安全、国防目的所进行的必要采购。因为《政府采购协议》规范的是政府采购领域，所以参加方采取措施都与特定采购相关，包括武器、军需品或战争物资的采购，或涉及国家安全、国防目的不可或缺的采购。

2. 一般例外

"一般例外"（General Exceptions），是指世界贸易组织协议中允许成员方为维护特定的国内公共政策目标或社会公共利益而采取减损或者免除其义务的措施。一般例外条款涉及货物贸易、服务贸易以及政府采购等诸多领域，主要是以《关税与贸易总协定》第20条"一般例外"为基础形成的。

《政府采购协议》在"例外条款"中规定，"在遵守关于此类措施的实施方式不构成对具有相同条件的参加方造成任意或不合理歧视的手段或国际贸易变相限制的前提下，本协议各项规定不得解释为禁止任何参加方采取或实施下列措施：为保护公共道德、秩序或安全所必需的措施；为保护人类和动植物的生命或健康所必需的措施；为保护知识产权所必需的措施；与残疾人、慈善机构或监狱犯人所生产的货物或服务有关的措施"。根据上述规定，参加方可在满足以下条件时援引"一般例外"条款排除对《政府采购协议》的适用：

（1）实施措施的目的。

参加方实施措施的目的是保护公共道德、秩序或安全，保护生命或健康，保护知识产权或特殊人群生产的货物或服务等政策目标所必需的。根据世界贸易组织协议援引一般例外条款的法律实践和判例，专家组认为应给予各成员一定的政策空间，根据其各自的价值体系和标准来界定和适用其本国领土内的公共道德和公共秩序。公共道德，是指一个社会或国家的行为是非标准；公共秩序，是指在公共政策和法律中反映的对社会根本利益的保护，且这些根本利益与法律、安全和道德的标准相关①。

为了确定一项措施是否属于保护上述政策目标所必需的，专家组必须依次审查下列问题：一是相关措施旨在保护的利益或价值的重要性；二是相关措施有助于所追求目标的实现程度；三是有关措施对国际贸易产生的限制作用，是否存在与世界贸易组织相一致的可合理获得的替代措施。

① 彭树文. GATS一般例外条款研究[D]. 长沙：湖南师范大学，2006.

（2）实施措施的方式。

《政府采购协议》要求参加方以合法正当的方式实施措施，不得构成任意或不合理的歧视，或对国际贸易的变相限制，其根本目的是防止参加方滥用一般例外条款。实行措施的原则是在确保协议参加方适当行使援引单项例外权利的同时，不致损害其他成员在《政府采购协议》下的实体性权利。援引方为了证明其措施不构成对国际贸易的变相限制，除要证明有关法律法规及适用措施是否及时公布之外，最重要的是提出初步证据证明其措施并非旨在掩盖限制贸易的非法目的①。

二、适用范围修改程序

为了提高工作效率，解决参加方修改协议适用范围时出现的分歧，2012 年《政府采购协议》规定了参加方修改和更正协议适用范围的相关步骤和仲裁程序。当参加方希望修改或更正其附录一的出价清单时，应按照适用范围修改程序进行操作。

（一）修改提议的通知

参加方更正或修改其受《政府采购协议》管辖的范围时，应首先向政府采购委员会提交修改提议的通知。参加方适用《政府采购协议》的范围主要体现在其附录一的各附件中，因此，参加方修改适用范围主要是指对其附录一各附件的更正，将某个采购实体从一个附件转入另一个附件，撤出某个采购实体，或其他修改。《政府采购协议》将适用范围修改分为撤出采购实体和其他修改两类，并要求参加方根据修改内容提交不同的修改提议通知。

1. 撤出采购实体

参加方可根据出现的变化，提议将某个采购实体从附录一的附件中撤出。对此，《政府采购协议》要求参加方在修改提议通知中应提供：

（1）修改提议的理由。

参加方从附件中撤出采购实体所依据的理由是政府对该实体涵盖采购的控制或影响已有效消除。根据《政府采购协议》，“政府对采购实体涵盖采购的控制或影响”既是参加方能否从附件中撤出采购实体的判定标准，也从反向提出了判定采购实体是否受《政府采购协议》管辖的标准。

（2）修改提议的证据。

参加方从附件中撤出采购实体不仅要符合《政府采购协议》规定的理由，还需

① 何旦喜. WTO 一般例外条款研究[D]. 长沙：湖南师范大学，2003.

提供政府对采购实体涵盖采购的控制或影响已有效消除的证据。

2. 其他修改

针对参加方对附录一的其他修改提议，《政府采购协议》要求参加方在通知中提供这种修改对之前互相议定的适用范围产生可能后果的信息，其关注点是这种变化对于参加方根据协议谈判达成的适用范围会产生何种后果，是否涉及或影响到其他参加方的权利和利益。

当参加方按照上述规定提出修改协议适用范围时，如果其他参加方在修改提议通知散发之日起45天内，没有以书面形式就修改提议向政府采购委员会提出反对或不同意见，也就意味着其他参加方同意该项修改提议，则该项修改提议可以生效。

（二）对通知提出异议

《政府采购协议》赋予了其他参加方对修改提议通知提出异议的权利，但应遵守以下条件和要求：

1. 提出异议的主体

对于参加方修改协议适用范围的提议通知，其他参加方有权提出反对或不同意见，但仅限于在《政府采购协议》项下权利可能受到上述修改提议影响的参加方才有权提出异议。

2. 提出异议的要求

在其他参加方对修改提议通知提出异议时，应遵守以下要求：

（1）提出异议的期限。

对修改提议通知有不同或反对意见的其他参加方应在规定的时限内提出异议，否则修改提议可以生效。根据《政府采购协议》，其他参加方应在修改提议通知散发之日起45天内提出异议。

（2）提出异议的形式。

其他参加方应将其对修改提议通知的异议，以书面形式通知政府采购委员会，并说明提出异议的理由。

（三）争议解决程序

如果其他参加方认为修改提议对其在协议项下的权利造成了影响，就修改提议向政府采购委员会提出异议时，参加方之间就需要按照《政府采购协议》规定的程序解决争议。

1. 磋商

参加方之间就修改协议适用范围产生争议时，《政府采购协议》要求修改方和异议方应尽力通过磋商解决该争议和分歧。

（1）遵守客观标准。

为了促进争议的解决，《政府采购协议》规定修改方和异议方在对修改提议进行磋商时应依据政府采购委员会所制定的客观标准。

① 撤出采购实体。

对于参加方从附件中撤出采购实体的修改提议，应根据《政府采购协议》采用的表明政府对该采购实体涵盖采购的控制或影响有效消除的指示性标准。

② 其他修改。

针对参加方对附录一的其他修改提议，应根据《政府采购协议》采用的有关对修改而提出的补偿性调整水平的标准，以期保持权利和义务的平衡和协议中相互议定的适用范围的可比水平。

（2）修改提议生效

修改方和异议方就修改适用范围的争议磋商后，可在两种情形下产生修改提议生效的结果。

① 双方达成共识。

修改方和异议方进行磋商后达成共识，修改提议可在解决争议的基础上生效。

一是经过磋商后，所有异议方同意了修改提议的事项，并通知政府采购委员会撤销对修改提议的异议，则修改提议可以生效；

二是修改方和异议方通过磋商解决了异议。作为协商结果，修改方对其提议进行了修订，并按照提交修改提议通知的相关要求通知政府采购委员会。履行上述要求后，经过修订的修改提议也可以生效。

② 双方未解决争议。

为了防止争议久拖不决，鼓励争议双方援引仲裁程序解决问题，《政府采购协议》也规定了在争议没有解决时修改提议得以生效的情形。

如果在规定期限内没有参加方援引仲裁程序，修改方可将其实施修改的意向书面通知政府采购委员会，则修改提议可在通知散发之日起 130 天后生效，任何异议方不得撤回实质相等的适用范围。也就是说，修改方和异议方经过磋商后没有解决争议，如果异议方不在规定的时限内通过援引仲裁程序解决争议，就只能接受修改方修改提议生效的后果。异议方既不能通过拖延时间来阻止修改提议生效，也不能援引其他救济手段。

2. 仲裁程序

如果经过磋商没有解决异议，修改方或异议方可在规定期限内援引仲裁程序以解决异议。《政府采购协议》要求政府采购委员会制定便利解决异议的仲裁程序，为参加方之间解决修改适用范围争议提供客观和有效的解决办法。如果政府采购委员会通过了仲裁程序，修改方或任何异议方可自修改提议通知散发之日起120天内援引仲裁程序。为了保障仲裁程序的适用和效力，《政府采购协议》要求修改方或异议方援引仲裁程序时应遵守以下规定：

（1）修改提议在仲裁程序完成前不得生效。

《政府采购协议》要求进入仲裁程序的修改方应遵守相关规定，在仲裁程序完成以前，修改提议不得生效。作为修改提议生效的条件之一，《政府采购协议》规定修改方已按规定将其执行修改的意向书面通知政府采购委员会，则修改提议可在通知散发之日起150天后生效。但为了维护仲裁程序的权威性，《政府采购协议》主张该项规定不得对抗争议解决的仲裁程序，只有仲裁程序完成，修改提议才能生效。否则，修改方即使满足上述时限内生效的条件，其修改提议也不具有效力。

（2）异议方参加仲裁程序才能采取救济措施。

修改方的修改提议生效，可能会对异议方的权益产生影响，权益受损的异议方可根据规定采取相应的救济措施。

① 异议方可采取的救济措施

一是行使补偿权利。修改方的修改提议生效，意味着对之前议定的适用范围的改变，权益受损的异议方可根据规定行使补偿权利，以保持权利和义务的平衡。

二是实施报复措施。如果修改方根据上述“150天生效”条款使修改提议生效时未遵守仲裁程序的结果，则任何异议方可撤回实质相等的适用范围。也就是说，如果修改方不执行仲裁决定而使修改提议强行生效时，异议方可根据规定采取报复措施。异议方根据规定撤回实质相等的适用范围时，尽管有最惠国待遇的规定，但仅对修改方实施。同时异议方也应遵守程序性要求，即任何异议方的撤回应与政府采购委员会采用的补偿性调整水平有关的标准相一致，并且应在撤回生效前至少30天将此类撤回书面通知政府采购委员会。

② 异议方参加仲裁程序才可实施救济。

为了公正客观地解决争议，《政府采购协议》要求任何有意行使补偿权利或撤回实质相等适用范围的异议方，都应参加仲裁程序。对于异议方来说，与修改方经过磋商没有解决争议时，如果不参加仲裁程序，就不能行使补偿权利或撤回实质相等适用范围等救济手段。

《政府采购协议》主张争议双方通过客观和公正的仲裁程序解决修改适用范围

的异议，而不是根据参加方主观意愿各自采取有利于自身的措施。因此，异议方只有通过援引仲裁程序，才能采取救济措施以维护自身权益。

（3）遵守仲裁程序的结果。

为了保证仲裁程序的权威性和争议解决的公正性，《政府采购协议》要求进入仲裁程序的修改方和异议方都应遵守仲裁程序的结果。

① 修改方生效的修改提议应遵守仲裁决定。

修改方在根据上述“150 天生效”条款使修改提议生效时，应遵守仲裁程序的结果。为了保证仲裁决定的有效执行，《政府采购协议》要求即使修改方的修改提议满足“150 天生效”的条件，也必须遵守仲裁程序的结果。

② 异议方采取救济措施应遵守仲裁决定。

根据《政府采购协议》，在修改方不遵守仲裁程序的结果使修改提议生效时，异议方可撤回实质相等的适用范围，但条件是这种措施也应符合仲裁程序的结果。

《政府采购协议》规定了参加方更正和修改适用范围的程序，还规定了政府采购委员会所承担的职责。具体而言，政府采购委员会应通过：便利异议解决的仲裁程序；表明政府对采购实体涵盖采购的控制或影响有效消除的指示性标准；确定对适用范围其他修改而提出的补偿性调整水平的标准，以及异议方根据规定撤回实质相等适用范围的标准。政府采购委员会在适用范围修改程序中发挥着重要作用，负责制定解决异议的仲裁程序以及修改程序的相关标准，直接关系到适用范围修改程序能否有效实行并公正地发挥作用。

第三章　《政府采购协议》采购方式和程序

为了实现开放、竞争和透明的宗旨，《政府采购协议》确立了非歧视待遇、采购执行透明度以及电子手段使用等基本原则，而采购方式和程序是协议基本原则得以实现的关键步骤，通过参加方及其采购实体在采购过程中的具体行为体现出来。作为一个国际性框架协议，《政府采购协议》关注于影响国际利益的大额采购，为确保公开和公平的国际竞争制定了最低限度的程序要求，而实施细则和具体程序可由参加方国内政府采购制度进行规范。

第一节　采购方法

2012 年《政府采购协议》要求采购实体以透明公平的方式进行采购，采取与协议相一致的公开招标、选择性招标和限制性招标等采购方式。除上述三种正式的招标方式外，《政府采购协议》也规定了可选择的谈判和电子拍卖两种非正式的采购安排。

一、采购方式

根据招标过程的公开程度，《政府采购协议》规定了公开招标、选择性招标和限制性招标三种正式的招标方式。

（一）公开招标

公开招标（Open Tendering），是指所有感兴趣的供应商均可提交投标书的采购方式。采购实体通过在指定媒介发布采购公告的方式公开采购信息，协议参加方的供应商都可以参加投标竞争。在政府采购活动中，公开招标提供了最大程度的透明，并向最大数量的供应商开放竞争。因此，《政府采购协议》规定的程序性要求完全适用于公开招标。

考虑到透明度和竞争性的最大化，很多国际和国内政府采购制度或规则表达了对公开招标方式的偏好，将其作为主要或默认的采购方式，而《政府采购协议》没有做出这样的硬性规定，允许参加方国内政府或采购实体根据情况在公开招标和选择性招标中选择最适合的方式。

（二）选择性招标

选择性招标（Selected Tendering），是指采购实体仅邀请合格供应商提交投标书的采购方式。采购实体根据政府采购项目的需要，向已符合参加条件的供应商发出投标邀请，收到邀请的供应商参加投标竞争。选择性招标在一定程度上有的放矢，可以节约采购时间和成本。但由于有邀请范围的限制，所以其竞争性是有限的，因而它在许多国际采购规则中仅作为公开招标的一种补充方式，只在法律规定的条件下才能适用。《政府采购协议》没有限制采购实体采用选择性招标方式，而是从国际自由化角度对选择性招标内在的滥用风险进行了防范。就选择性招标方式而言，容易出问题的环节就是采购实体如何选择参与采购的合格供应商。根据《政府采购协议》，采购实体选择合格供应商主要有两种方式：

1. 通过资格预审方式

通常而言，采购实体可以采取资格预审的方式确定合格供应商。为了确保有效的国际竞争，采购实体发布意向采购公告邀请感兴趣的供应商参加采购，并按照公平和非歧视的方式进行资格审查以确定合格供应商。

2. 建立供应商常用清单

采购实体将符合参加条件的合格供应商列入常用清单中。在选择性招标程序中，采购实体可以从常用清单中选择邀请参加投标的合格供应商。在采用这种方式邀请供应商参与投标时，应该使清单中的供应商获得公平的机会，并在时间允许的情况下向申请加入该清单的供应商提供资格审查的机会。

为了确保选择性招标下最有效的国际竞争，《政府采购协议》要求采购实体应允许所有合格供应商参加特定采购，除非采购实体在意向采购公告中说明了对允许参加投标供应商的数量限制和选择有限数量供应商的标准。如果在邀请公告发布之日起不能公开获得招标文件的，采购实体应确保依据上述规定选择的所有合格供应商可同时获得这些文件。

（三）限制性招标

限制性招标（Limited Tendering），是指采购实体与其选择的一个或多个供应商进行联系，并直接谈判合同条款的采购方式。在限制性招标中，不存在竞争和价格机制，是竞争程度最弱的招标方式。作为单一来源采购，限制性招标不适用公开招标和选择性招标的程序性规定。因此，《政府采购协议》严格限制采购实体使用限制性招标，只有在满足以下特定条件时才可以使用这种招标方式。

1. 公开招标或选择性招标不可行

如果采购实体没有对招标文件的要求做实质性修改，可在以下情形下使用限制性招标方式：

（1）无人参加采购。

主要指没有潜在供应商申请参加采购，或没有供应商提交投标书。

（2）投标不符合要求。

虽然有供应商提交投标书，但这些投标书均不符合招标文件的基本要求。

（3）没有满足参加条件的供应商。

主要指没有供应商符合参加采购的资格条件。

（4）串通投标。

采购实体提交的投标书属于串通性质。

上述情形主要指公开招标或选择性招标后无人投标，或没有满足采购实体要求的投标或供应商，导致公开招标或选择性招标无法进行。

2. 唯一供应商提供

货物或服务只能由一个特定供应商提供，并且由于以下任一原因不存在货物或者服务的合理选择或替代：

（1）有关要求针对的是艺术作品；

（2）保护专利、版权或其他专有权；

（3）由于技术原因而缺乏竞争。

上述情形主要指由于艺术、专利和技术等原因导致该货物或服务没有竞争，只能由唯一供应商提供，而没有其他供应商可以提供。

3. 补充采购

采购实体向原供应商补充采购未包括在最初采购的货物或服务，如果更换此类补充货物或服务的供应商：

（1）由于经济或技术原因，如与原采购所取得的现有设备、软件、服务或安装的互换性或共用性要求方面不可行；

（2）将对采购实体造成严重不便，或造成采购实体成本大幅增加。

上述情形主要指采购实体为已购货物或设施更换配件，或因扩大现有货物或服务的需要进行补充采购，但由于经济、技术或对采购实体的影响等原因只能向原供应商采购。

4. 不可预见的紧急状态

在绝对必要的情况下，如由于采购实体无法预见的事件所造成的极端紧急状况，使用公开招标或者选择性招标不能及时获得货物或服务。

上述情形主要指由于不可预见的极端紧急状况，采购实体用公开招标或选择性招标不能及时采购货物或服务。

5. 商品市场采购

采购实体在商品市场上采购的货物，主要指价值较低、价格和供货稳定、采用公开招标程序造成采购成本过高的货物。

6. 研究开发

采购实体采购应研究、实验、探索或原始开发的特定合同及其执行过程中要求开发的原型或首次制造的产品或服务。首件产品或服务的原始开发可包括限量的生产或供应，以便取得现场测试结果并证明该产品或服务达到可接受的质量标准，适宜大量生产或供应，但并不包括为形成商业发展能力或收回研究开发成本而进行的大量生产或供应。

上述情形指的是采购实体为研究、实验、探索或原始开发目的，采购特定原形或首次制造的产品或服务。

7. 资产特殊处理

采购实体在短期极为有利条件下进行的采购，如由于供应商财产清算、破产在管或破产等所产生的非常规资产处理，而不是向一般供应商的正常采购。

上述情形主要指供应商因清算、清偿或破产等原因对资产进行的非常规处理，只有迅速采购才能取得通常难以得到的优势。

8. 设计比赛

采购实体将合同授予设计竞赛获胜者，需要满足以下条件：

（1）组织竞赛的方式与《政府采购协议》的原则相一致，特别是在有关意向采购公告的发布方面；

（2）由一个独立的评判委员会对参加者进行评判以便将设计合同授予比赛获胜者。

上述情形指在公开举行的设计比赛中，通过发布公告邀请合格供应商参加竞争，并由独立的评判委员会裁定将合同授予比赛获胜者。

除上述适用条件外，《政府采购协议》对限制性招标的规范主要包括：一是使用方式。采购实体不得以避免供应商之间的竞争为目的，也不得以歧视其他参加方供应商或保护本国供应商的方式使用限制性招标。协议要求采购实体不得以规避竞争或歧视的方式使用限制性招标。二是书面报告。采购实体根据规定的适用条件使用限制性招标授予合同后，应为每个合同准备书面报告。报告应包括：采购实体的名称，采购货物或服务的价值和种类，以及说明按规定适用限制性招标的情形和条件，以证明使用限制性招标是合理的。采购实体在书面报告中应说明合理使用限制性招标的情形，在必要时供本国上级主管机关按照信息披露、国内审查程序以及争端解决的规定使用。

二、采购安排

《政府采购协议》也规定了谈判和电子拍卖两种非正式的采购安排，它们可以适用于招标方式，但不是正式的采购方式。采购实体可根据采购情况决定是否在公开招标或选择性招标中使用谈判或电子拍卖。

（一）谈判

招标程序的实践中经常有这样的情况，即招标人和投标人需要就某些问题进行磋商，而磋商的结果往往造成对原来约定条件的改变，从而形成对其他投标人的不公平。这就涉及公开招标和选择性招标过程中是否允许谈判的问题。通常而言，因谈判会产生不公平待遇和歧视的可能性，在招标程序中一般不允许谈判。但在“乌拉圭回合”谈判中，《政府采购协议》引入了谈判的可能性，并一直延续至今。谈判本身不是一种招标程序，但在规定的条件下，参加方可允许采购实体在公开招标或选择性招标程序中同时采用这种安排。具体而言，采购实体在进行谈判时应符合协议规定的前提条件和具体要求。

1. 前提条件

参加方可以规定其采购实体在以下情形下开展谈判：

（1）提前表明谈判意向。

采购实体在协议要求的意向采购公告中事先声明将在采购中进行谈判，即通过公告形式已提前表明开展谈判的意向。

（2）确定最具优势投标。

采购实体根据意向采购公告或招标文件中规定的具体评审标准进行评标后，没有发现最具明显优势的投标。采购实体与供应商开展谈判的目的是确定投标者的优势和劣势，并从中选择最具优势的投标。

2. 具体要求

《政府采购协议》对采购实体开展谈判提出了非歧视要求，要求在以下方面做到一视同仁：

（1）选择谈判供应商。

采购实体应确保依照意向采购公告或招标文件中规定的评审标准来选择参加谈判的供应商。无论是排除供应商参加谈判，还是选定供应商参加谈判，采购实体都应根据事先发布的评审标准来进行。

（2）确定投标截止期限。

采购实体在谈判结束后，应为仍然参加的供应商规定一个统一的截止期限以提交新的或修改的投标书。

（二）电子拍卖

伴随着信息技术在政府采购实践的广泛应用，电子拍卖已在许多国家和地区得到推广。电子拍卖（Electronic Auction），也称电子竞标或电子逆向拍卖，是一种通过电子手段展示供应商的新报价或可量化的非价格评标因素折算的新价值，或两者兼有，从而产生投标排序或重新排序的迭代过程。具体而言，在电子拍卖中，供应商通过互联网在规定的时间内不断提交价格更低的投标而相互开展竞争以赢得合同，采购实体按照其报价及其他事先确定的标准确定最终排名，并进而依据该拍卖结果授予合同[①]。由于电子拍卖的特点是电子采购系统以价格为基础进行供应商排序和再排序，国际上趋向于将其应用于标准化货物和服务的采购。

2012 年《政府采购协议》提及了在招标过程中使用电子拍卖的可能性，采购实体可以根据情况选择是否采用电子拍卖，但协议并未明确其适用条件，只对电子拍卖的程序进行了规范。如果采购实体在进行协议管辖的采购时有意使用电子拍卖，则该实体在电子拍卖开始前应向每个参加者提供：

（1）基于招标文件中所列评审标准并将在拍卖过程中所使用的自动排序或重新排序的自动评审方法，包括数学公式；

（2）在合同依据最具优势投标授予的情况下，对竞标要素的最初评审结果；

（3）有关拍卖活动的其他相关信息。

《政府采购协议》并未明确电子拍卖是独立的采购方式，而是将其作为采购实体可在招标程序中选用的采购安排，其基本要求是采购实体在拍卖前应披露包括自动评审方法和竞标要素的初评结果等必要信息。

---

① 曹富国，周芬．电子反向拍卖与公共采购法的现代化——基于欧盟视角的观察[J]．中国政府采购，2010(5)．

第二节 采购程序

为了规范参加方及其采购实体的采购行为，确保协议既定目标的实现，《政府采购协议》主要对招标程序进行了规范，在招标、接标和授标等环节的关键问题上都提出了明确要求。具体而言，参加方及其采购实体在进行公开招标或选择性招标时，应按照《政府采购协议》的程序要求进行操作。

一、招标

在招标环节，《政府采购协议》主要对采购公告、供应商资格、招标文件和投标截止期限等内容进行了规范。

（一）发布采购公告

在公开招标的采购项目中，采购实体应发布采购公告，以便所有感兴趣的供应商及时获取采购信息并参加采购活动。根据政府采购国际贸易的特点，《政府采购协议》要求发布的采购公告包括意向采购公告、简要公告和计划采购公告三种形式，并根据公告的作用提出了不同的要求。

1. 意向采购公告

意向采购公告（Notice of Intended Procurement），是指采购实体邀请感兴趣的供应商提交参与申请、投标或两者兼有所发布的公告。意向采购公告是一种基本和通用的招标信息发布形式，除了限制性招标，采购实体不管是进行公开招标还是进行选择性招标，均应采用意向采购公告的形式发布采购信息。

（1）公告发布。

《政府采购协议》要求采购实体公开发布意向采购公告，并对发布公告的方式进行了规范。对于《政府采购协议》涵盖的采购，采购实体首先应在指定的媒介上发布公告。指定的媒介是指各参加方在附录三中列出的特定媒介，包括可广泛传播的纸质或电子媒介。其次，采购实体应保证在规定的时限内使公众容易获得其发布的采购公告。在采购公告中规定的期限届满之前，采购实体都应保证公众可方便地获得公告，不会因发布方式对公众获取采购信息造成障碍。

针对电子媒介的应用，《政府采购协议》对不同采购实体发布采购公告也提出了相应的要求，以便于公众免费和便利地获取信息。其中，对于附件1涵盖的中央采购实体，应确保至少在附录三规定的最短期限内，可通过单一访问接入点以电子方式免费访问其发布的公告；对于附件2涵盖的次中央采购实体或附件3涵盖的其他采购实体，如果可以通过电子方式访问，则至少应通过可免费访问的电子网站门户中的链接提供发布的公告。就使用电子方式发布公告而言，《政府采购协议》对于中央采购实体提出了明确而具体的要求，而对于次中央采购实体和其他采购实体则放宽要求，赋予一定的灵活性。但《政府采购协议》也表明了态度，鼓励各参加方，包括其受协议管辖的次中央采购实体和其他采购实体，通过单一访问接入点以电子方式免费发布其公告。

（2）公告内容。

意向采购公告的作用是邀请感兴趣的供应商提交参与申请或投标，只有提供充分和详尽的信息才能使感兴趣的供应商做出参与采购的决策。因此，《政府采购协议》要求意向采购公告的内容应尽可能详尽。通常而言，意向采购公告应包括以下内容：

① 采购实体的名称和地址，以及联系采购实体和获得有关采购文件所必需的其他信息。如果收费的话，其成本和付款条件。

② 对于采购的说明，包括拟采购货物或服务的性质和数量，或不能明确数量时的估算量。

③ 对于续签合同，如有可能，公布意向采购后续公告的预计时间。

④ 关于任何期权的说明。

⑤ 交付货物或服务的时限，或合同期限。

⑥ 将要采用的采购方式，以及是否将引入谈判和电子拍卖。

⑦ 如果适用，提交参与采购申请的地址和截止日期。

⑧ 提交投标文件的地址和截止日期。

⑨ 如果提交参与采购申请书或投标文件可以使用不同于采购实体所属参加方的官方语言，则提交上述文件可以使用的一种或多种语言。

⑩ 供应商参加条件的清单和简要说明，包括供应商需提交的相关特定文件或证明的任何要求，除非此类要求包含在发布意向采购公告的同时使所有感兴趣的供应商均可获得的招标文件中。

⑪ 根据“供应商资格”条款，如果采购实体打算选择有限数量的合格供应商并邀请其参加投标，则需提供用于选择供应商的标准，以及在可行时允许参加投标的供应商数量的限制。

⑫关于该项采购为《政府采购协议》所涵盖的说明。

上述意向采购公告的内容主要是针对公开招标而言，如果某个采购实体打算使用选择性招标，则应根据协议规定发布参与采购的邀请或提供相关信息。采购实体在邀请供应商提交参与采购申请时，在意向采购公告中应至少包含上述的①、②、⑥、⑦、⑩、⑪、⑫项，并邀请供应商提交参加采购的申请；采购实体在邀请合格供应商投标时，应根据选择性招标的投标期限来发出邀请，并至少提供上述的③、④、⑤、⑧和⑨等信息。

2. 简要公告

所谓简要公告（Summary Notice），是指采购实体就意向采购所发布的简要信息的公告，以方便其他参加方的供应商了解采购信息。《政府采购协议》要求采购实体发布简要公告，并提出了以下要求：

（1）发布形式。

《政府采购协议》要求采购实体在进行采购时，不仅要发布意向采购公告，也要发布简要公告，主要是便于其他参加方的供应商知悉采购信息。在发布简要公告时，采购实体应满足以下形式要求：首先，应使用世界贸易组织官方语言发布简要公告，可以是英文、法文和西班牙文三种官方语言的一种；其次，简要公告的发布时间，应与意向采购公告同时发布；最后，简要公告发布的形式，应使公众容易获得相关信息。

（2）公告内容。

不同于意向采购公告，简要公告的内容只涉及采购的关键信息，以便于潜在供应商决定是否采取进一步行动。根据《政府采购协议》，简要公告应至少包括以下信息：

① 采购标的物。

② 提交投标书的截止日期。如果适用的话，也包括提交参加采购申请或列入常用清单申请的截止日期。

③ 可申请获得与采购相关文件的地址。

3. 计划采购公告

计划采购公告（Notice of Planned Procurement），从本质上讲是一种展示预期采购需求的计划工具，在采购过程的初期阶段发布。采购实体可将本年度纳入政府采购范围的项目预先在指定的纸质或电子媒介上发布，引起有意参与供应商的注意。不同于意向采购公告和简要公告，《政府采购协议》不强制要求采购实体发布计划采购公告，而由采购实体根据情况自行决定是否发布。考虑到发布计划采购公告能使采购实体从减少投标期限中获益，《政府采购协议》鼓励采购实体在每一财政年度尽早在附录三所列的适当纸质或电子媒介上发布有关其未来采购计划的公告。计划采购公告应包括采购标的物和意向采购公告的计划发布日期。

《政府采购协议》也赋予次中央采购实体和其他采购实体一定的灵活性，允许上述采购实体使用计划采购公告作为意向采购公告，条件是该计划采购公告尽可能多地包含采购实体应在意向采购公告中提及的信息，以及感兴趣供应商向采购实体表达其对该项采购感兴趣的声明。

（二）供应商资格

就供应商资格而言，《政府采购协议》主要对供应商资格条件和资格审查进行了规范。

1. 资格条件

供应商是政府采购活动的主要当事人，设定合理的资格条件以选择合格的供应商参加竞争，是顺利完成政府采购活动的关键环节之一。《政府采购协议》对采购主体设定供应商资格条件进行了规范，主要包括参加条件和排除条件。

（1）参加条件。

为防止采购实体利用供应商参加条件倾向或排斥某些供应商，《政府采购协议》对采购实体明确提出要求，应将参加采购的条件限定在确保供应商具有承担相关采购所必要的法律和财务能力，以及商业和技术能力方面。

采购实体在设定供应商参加条件时，可提出对满足采购需求所必要的相关经验要求，但其提出的过去履约要求应公平、合理，不能为使某个供应商参加采购而设定供应商以往被特定参加方的某个采购实体授予一项或多项合同的条件。

（2）排除条件。

为保证政府采购活动正常进行，采购实体可通过设定供应商参加条件考察其是否具备承担采购项目的能力，也可根据法定的条件将供应商排除在采购活动之外。根据《政府采购协议》，在有证据支持时，参加方包括其采购实体可根据以下条件排除供应商：

① 供应商破产。主要指由于经营管理不善，供应商的负债达到或超过所占有的全部资产，不能清偿到期债务，资不抵债。

② 供应商进行了虚假申报。主要指供应商不诚实守信，在申报资格时进行了虚假陈述或提供了虚假材料等。

③ 供应商在履行以前一项或多项合同规定的任何实质性要求或义务时，有严重和持续的缺陷。主要指供应商以往的履约记录不良。

④ 供应商因严重犯罪和其他严重违法行为而受到终审判决。主要指供应商有严重的违法犯罪行为。

⑤ 供应商失职，或存在对商业信用造成负面影响的行为或疏忽。主要指供应商没有尽职履责，存在职业上的不当行为。

⑥ 供应商没有缴纳税款。主要指供应商违反法定义务的行为。

2. 资格审查

供应商资格审查是指采购实体对供应商资格条件的评估和确认，其主要目的是促进公平竞争，保证政府采购质量与效率。

（1）审查标准。

《政府采购协议》规定了供应商资格审查标准，在评估供应商是否满足参加条件时，采购实体应根据以下标准做出决定：

① 法定的履约能力。

资格审查的重点是根据设定的资格条件考察供应商是否具有履约能力，如对供应商的资金状况、商业信誉、经营管理、技术人员和设备等反映其经营活动和水平的财务、商务和技术能力等多方面进行评估审查。因此，《政府采购协议》要求采购实体应根据供应商在采购实体所属参加方领土内外的经营活动，评估供应商的财务、商业和技术能力。

② 公告或招标文件规定。

政府采购项目各异，除法定条件外，采购实体还可根据采购项目特点设定与采购相关的其他参加条件，但应在采购公告或招标文件中提前列明供应商的参加条件。因此，采购实体对供应商进行资格审查时，除审查法定的履约能力外，还应根据其在采购公告或招标文件中规定的条件对供应商进行资格审查。

（2）常用清单。

《政府采购协议》允许参加方包括其采购实体可设立供应商注册制度，要求感兴趣的供应商进行注册并提供某些信息。这也是审查供应商资格的一种方式。作为供应商注册制度的具体形式，常用清单（Multi – Use Lists）是指采购实体确认的符合列入清单条件的供应商清单，且采购实体有意多次使用该清单。采购实体将符合参加条件的合格供应商列入常用清单中，在进行采购时可以从常用清单上选取合格供应商参加采购。由于供应商常用清单的确定和选择都是由参加方政府机构或采购实体决定的，所以很容易对其他参加方供应商进入常用清单造成歧视或障碍。《政府采购协议》对常用清单进行了规范，特别是对邀请供应商进入常用清单的公告提出了以下要求：

①发布方式。

采购实体应在参加方附录三所列的适当媒介中每年发布邀请供应商进入常用清

单的公告。如果以电子方式公布该公告，应使之可持续获得。尽管有上述规定，如果常用清单有限期为 3 年或在 3 年以内有效，采购实体可在公告满足条件的情况下，在常用清单有效期开始时只发布一次公告。该公告中应说明有效期，并表示不再发布进一步公告。如果该公告通过电子方式发布，还应确保在有效期内可持续获得公告。

②公告内容。

采购实体邀请供应商申请进入常用清单，其公告应包括以下内容：

一是对可能使用清单的货物、服务或其类别的说明；

二是供应商列入常用清单需要满足的参与条件以及采购实体将用以核实供应商是否符合条件的方法；

三是采购实体的名称和地址及其他联系采购实体和获得所有与清单相关文件的必要信息；

四是清单的有效期，以及展期或终止的方法，如果没有规定有效期，则应提供终止使用清单的公告方法说明；

五是关于清单可能用于本协议涵盖采购的说明。

此外，《政府采购协议》也允许其管辖的次中央采购实体和其他采购实体有一定的灵活性：一是可以使用邀请供应商进入常用清单的公告作为意向采购公告。首先，该邀请公告应依据协议规定的方式和内容发布，并尽可能多地包含意向采购公告的必要信息。同时，应有该公告构成意向采购公告的说明，或者只有常用清单上的供应商将收到常用清单所涵盖采购的进一步通知的说明。其次，上述采购实体应及时向表达对指定采购感兴趣的供应商提供充分的信息，以允许其评估在该项采购中的利益。如果信息可获得，应包括意向采购公告要求的所有其他信息。二是可允许列入常用清单的供应商参加投标。如果上述采购实体有充分的时间审查供应商是否满足参加条件，则可允许已按要求申请列入常用清单的供应商参加特定采购的投标。

(3) 审查程序。

无论是供应商注册制度，还是资格审查程序，《政府采购协议》都要求参加方及其采购实体基于客观统一的规则和程序对供应商进行筛选。参加方应确保其采购实体努力减少资格审查程序之间的差异。如果其采购实体设立了注册制度，则这些实体也应努力减少注册制度之间的差异。《政府采购协议》对供应商注册制度和资格审查程序的总体要求，就是各参加方包括其采购实体不得利用注册制度或资格审查程序故意或实际上对其他参加方供应商参与采购造成不必要的障碍，主要是为防止利用资格审查程序对国内外供应商造成歧视或差别待遇。

具体而言，《政府采购协议》对常用清单的资格审查进行了规范，其基本宗旨是采购实体应为供应商进入常用清单提供便利，不能利用常用清单审查对供应商参与采购造成障碍。因此，采购实体应允许供应商随时申请进入常用清单，并在合理的较短时间内将所有合格供应商列入清单。如果未列入常用清单的供应商，在规定的投标截止期限内要求参加基于常用清单和所有规定文件的采购，则采购实体应审查该项申请。该采购实体不得以没有足够时间审查申请为由将该供应商排除在有关采购的考虑之外，除非在特殊情况下，由于采购的复杂性使该实体不能在提交投标的时限内完成对申请的审查。为了便于供应商采取下一步行动，《政府采购协议》要求采购实体应及时将其做出的有关参加采购请求或进入常用清单申请的决定通知提交请求或申请的供应商。如果采购实体拒绝某个供应商参加采购的请求或进入常用清单的申请，不再承认某个供应商为合格供应商，或将某个供应商从常用清单中去除，采购实体应及时通知该供应商，并在该供应商请求时及时以书面形式向其说明做出该决定的理由。书面形式是指以任何可阅读、复制和传达的文字或数字的表达方式，可包括通过电子方式传输和存储的信息。

（三）招标文件

招标文件是整个招投标过程所遵循的重要文件，既是投标和评标的依据，也是合同的组成部分。采购实体能否编制出完整、严谨的招标文件，直接影响着招标的质量，也是招标成败的关键。技术规格是招标文件的重要内容之一，主要规定了采购标的的性能和适用的技术及质量标准。技术规格的确定，是影响招标项目竞争性、能否实现采购目的的技术制约因素。因此，《政府采购协议》主要对技术规格说明方法和招标文件编制要求进行了规范。

1. 技术规格

技术规格（Technical Specification）旨在说明拟购货物或服务的特征，包括质量、性能、安全性与体积、生产或提供的工艺和方法，或关于适用货物或服务的术语、符号、包装、标志或标签等招标要求。在政府采购国际贸易中，技术壁垒因其合理性和复杂性而具有隐蔽性，利用技术规格排斥国外供应商是比较常用的非关税壁垒手段。为此，《政府采购协议》明确了制定技术规格的基本原则，即采购实体不得以对国际贸易造成不必要的障碍为目的或产生此种效果的方式制定、采用或适用任何技术规格或规定任何合格评定程序。具体而言，采购实体在制定技术规格时，应在基本要求、防止利益冲突和环境保护等方面遵守协议的要求。

（1）基本要求。

为防止倾向性和技术壁垒，采购实体在适用时应依据以下要求制定技术规格：

① 依据采购项目性能。

为了避免倾向性，《政府采购协议》要求采购实体应根据拟采购货物或服务的性能和功能性要求列出技术规格，而不是根据标的设计或描述的特征。这是因为标的设计已经包含着一种先验性的选择标准，表明了采购实体的购买倾向，从而具有了歧视性。而纯外观特征的描述，事实上也是采购人根据其倾向的标的描述的，不仅具有倾向性，也不便于实际采购的操作。《政府采购协议》进一步明确，采购实体在规定技术规格时，不得要求或指明某个特定商标或商号、专利、版权、设计、型号、具体原产地、生产商或供应商的技术规格。

对于采购实体因条件限制、采购标的新颖或限于技术复杂等方面原因不能清楚描述所需产口的技术性能或用文字详细地描述其采购需要的情形，《政府采购协议》也进行了规范。如果在技术规格中使用设计或描述特征，则采购实体应在招标文件中使用“或相当于”等措辞，以说明将酌情考虑满足采购要求的相当货物或服务的投标；如果采购实体不能用十分准确或易懂的方法描述采购要求时，可能会将某类现成的设计或商标，或某个供应商的技术规格等作为规格标准，则采购实体应在招标文件中注明“或相当于”等措辞。它意味着只要供应商能提供近似于采购实体指示性技术规范的产品，供应商就能参与竞争，从而保证了政府采购活动的非歧视性。

② 适用国际标准。

标准是指由公认机构批准的、规定供通用或重复使用的货物或服务，或相关工艺和生产方法的规则、指南或特征的非强制执行的文件。该文件也可以包括或专门规定适用于货物、服务、工艺或生产方法的专有术语、符号、包装、标识或者标签要求。采购实体在制定技术规格时，所适用的标准也容易形成技术壁垒。通常而言，技术壁垒以技术为支撑条件，主要指商品进口国在实施贸易进口管制时，通过颁布法律、法令、条例、规定、建立技术标准、认证制度、卫生检验检疫制度、检验程序以及包装、规格和标签标准等，提高对进口产品的技术要求，增加进口难度，最终达到保障国家安全、保护消费者利益和保持国际收支平衡的目的。

为增强采购的竞争性和减少可能的贸易障碍，《政府采购协议》规定采购实体在制定采购项目的技术规格时，如果该货物或服务存在国际标准，应依据国际标准。如果没有国际标准，应依据国家技术法规、公认的国家标准或建筑规范。上述的国际标准、国家技术法规、国家标准及行业规范会大大增加政府采购的透明度、公正度以及竞争激烈程度。作为减少政府采购贸易壁垒的最佳手段，采购实体在规定技术规格时应使用国际标准。如果采购项目没有国际标准，则采购实体应根据标准的强制性和适用广度依次进行选择，而不应该自定一种非公认的标准。

（2）不得接受利益相关人的建议。

为了保证公平竞争，采购实体在制定或采用某个具体采购的技术规格时，不得以具有妨碍竞争效果的方式寻求或接受可能在采购中有商业利益的人士对此提出的建议。上述规定主要是防止利益冲突行为，如果参与采购的供应商同时为该采购项目提供有关技术规格的咨询或编制服务，那么其不仅在理解及把握采购内容方面具有一定优势，在编制技术规格时也可能暗含有利于自身参加竞争的内容。因此，此类供应商与其他供应商不是处于同等条件下的竞争，违反了公平竞争的原则。考虑到这种可能的利益冲突行为，《政府采购协议》要求采购实体在制定技术规格时，不得采用利益相关人的建议。

（3）环境保护的要求。

为了保护环境，实现可持续发展，2012 年《政府采购协议》在对技术规格的规范中新增了环境保护的内容。为了更大的确定性，参加方包括其采购实体可依据“技术规格”条款制定、采用或实施促进保护自然资源或保护环境的技术规格。《政府采购协议》鼓励通过政府采购保护自然资源和环境，允许参加方及其采购实体设定与环境保护相关的技术规格或认证标准，但在制定技术规格时也应遵守非歧视待遇和透明度等基本原则的要求，不得对政府采购国际贸易造成障碍。

2. 招标文件

招标文件（Tender Documentation），是指由招标人编制并向潜在投标人提供的明确资格条件、投标要求、评标方法和合同条款等内容的文件。招标文件在招标中发挥着重要作用，《政府采购协议》对招标文件的内容、提供和修改等进行了规范。

（1）文件内容。

招标文件的内容应能使供应商对采购意向做出判断并决定是否响应。采购实体应向供应商提供包括允许供应商准备和提交响应性投标所有必要信息的招标文件。除非已在意向采购公告中提供，否则招标文件应包括下列内容的完整描述：

① 该项采购，包括拟采购货物或服务的性质和数量，如果数量不可知，则为估计数量，以及应达到的各种要求，包括技术规格、合格评定认证、方案、图纸或说明材料。

② 供应商参加的任何条件，包括要求供应商提交与参加条件相关的信息和文件清单。

③ 采购实体在授予合同中将适用的所有评审标准以及这些标准的相对重要性（价格是唯一标准的情况除外）。根据《政府采购协议》，在意向采购公告或招标文件中规定的评审标准，除其他因素外，可包括价格和其他成本因素、质量、技术优

势、环境特点和交付条件。

④ 如果采购实体使用电子手段进行采购，则为任何认证和加密要求或以电子方式提交信息相关的其他要求。

⑤ 如果采购实体举行电子拍卖，则为拍卖所依据的规则，包括涉及评审标准的竞标因素的认定。

⑥ 如果进行公开开标，则为开标日期、时间和地点。在适当情形下，还要说明有权出席开标的人员。

⑦ 任何其他条款或条件，包括付款条件，以及关于投标书提交方式的任何限制，如是以纸质还是电子方式。

⑧ 交付货物或者提供服务的任何日期。根据《政府采购协议》，在确定采购的货物交付或服务提供的日期时，采购实体应考虑采购的复杂性、预期的合同分包程度，以及生产、消化库存和从供货点运输货物或提供服务所需的实际时间等因素。

（2）文件提供。

根据《政府采购协议》，采购实体在向供应商提供招标文件时应做到：

① 及时提供。

采购实体应使招标文件可以及时获得，以确保感兴趣的供应商有充足时间提交具有响应性的投标书。招标文件的获取，关系到后续投标工作的进行。为便于感兴趣的供应商有足够的时间准备投标，《政府采购协议》要求采购实体及时提供招标文件。

② 一视同仁。

采购实体根据请求向任何感兴趣的供应商及时提供招标文件。《政府采购协议》要求采购实体提供招标文件时应一视同仁，只要感兴趣的供应商提出请求，都应向其提供招标文件。

③ 提供便利。

采购实体应对感兴趣或参与的供应商获取相关信息的合理请求及时给予答复，但条件是此类信息不得使该供应商获得优于其他供应商的有利条件。《政府采购协议》要求采购实体在不造成歧视的前提下，应为供应商了解招标信息提供便利，及时答复供应商获取相关信息的合理要求。

（3）文件修改。

为了保护采购人的权益和实现采购目的，《政府采购协议》允许采购实体修改、修正或重新发布意向采购公告或招标文件，但需满足以下要求：

① 发布修改通知。

采购实体在授予合同前，可以修改已提供给参加供应商的意向采购公告或招标文件中所列的标准或要求，或修正、重新发布公告或招标文件。如果采购实体知道这些供应商，应将所有修改、修正或重新发布的公告或者招标文件以书面形式传达至发布上述信息时正参加采购的所有供应商。在其他情况下，应以获得原信息的相同方式传达。《政府采购协议》要求采购实体在修改、修正或重新发布意向采购公告或招标文件时，应及时发布修改通知至参与采购的所有供应商，以保证其及时获知相关信息并做出响应。

② 为供应商预留合理时间。

《政府采购协议》允许采购实体修改意向采购公告或招标文件，是对采购实体利益的合理保护，但同时也要注意不能使供应商的利益因此受到损害。如果采购实体对招标文件做出修改的时间距离投标截止时间太近，参与采购的供应商来不及做出新的投标决策或对投标文件做出相应修改，就会导致供应商失去中标的机会。因此，采购实体应酌情给予此类供应商充足的时间修改和重新提交修正后的投标。《政府采购协议》要求采购实体根据情况为供应商预留合理时间，以便供应商对自己的投标文件做相应的调整或修改以响应修改后的招标文件。

（四）投标截止期限

参加方及其采购实体对投标期限的规定很容易形成实质上的贸易壁垒，造成对国内外供应商的歧视待遇，如通过缩短投标截止期限排斥国外供应商参与采购等。为避免因时间规定所导致的歧视性待遇，《政府采购协议》要求采购实体在规定投标截止期限时，应遵守以下要求：

1. 确定原则

投标截止期限，是指从发出采购公告或邀请到投标人提交投标文件截止时间为止的期限，其目的是使所有潜在的供应商能够尽可能地获得采购信息，并有充足的时间准备和提交投标。《政府采购协议》要求采购实体在确定投标截止期限时，应在符合自身合理需要的情形下，给予供应商充足的时间准备和提交参加采购申请和响应性投标，并考虑采购的性质和复杂性、预期分包的程度，以及在不使用电子方式的情况下从国外和国内各地以非电子方式传递投标书所需的必要时间等因素。而此类时限，包括该时限的任何展期，对所有感兴趣或参加采购的供应商都应相同。

2. 具体要求

《政府采购协议》对投标截止期限进行了细化规定，既有对采购实体的基本要求，也考虑到采购实践的特殊情况，将非歧视待遇与灵活性进行了结合。

（1）基本要求。

对于公开招标，采购实体应当确定提交投标书的截止期限自发布意向采购公告之日起不少于40天。

采购实体使用选择性招标，应当确定提交参加采购申请的截止期限自发布意向采购公告之日起原则上不少于25天；无论是否使用常用清单，提交投标书的截止期限自采购实体邀请供应商提交投标的通知之日起不少于40天。

（2）例外规定。

考虑到采购特殊情况及电子手段的应用，《政府采购协议》赋予采购实体一定的灵活性，可以在规定的情形下缩短投标截止期限。

① 期限缩短为不少于10天的情形。

采购实体可在规定的任一情形下将投标截止期限缩短为不少于10天：

一是采购实体在意向采购公告发布前至少40天但不超过12个月内已公布计划采购公告。而且，计划采购公告包括：对采购的说明，提交参加采购申请或投标大致的截止日期，感兴趣供应商应向采购实体表明对此项采购感兴趣的说明，可获得与采购有关文件的地址，以及意向采购公告所要求的尽可能多的信息。

二是对于续签采购合同，采购实体在最初的意向采购公告中说明后续公告将提供根据协议规定的投标期限。

三是采购实体能合理证明因紧急事态致使通常规定的投标期限不可行。由于紧急事态的原因，提交参加采购申请的截止期限也可缩短为自发布意向采购公告之日起不少于10天。

② 期限减少5天的情形。

采购实体在以下任何一种情形时，可将协议规定的投标截止期限减少5天：

一是以电子方式发布意向采购公告；

二是所有招标文件从意向采购公告发布之日起可通过电子方式获得；

三是采购实体可通过电子方式接收投标。

在使用电子方式减少投标期限的情形下，即使同时存在使投标截止期限缩短为不少于10天的情形，也不得将投标截止期限缩短为自意向采购公告发布之日起少于10天。

除上述要求外，《政府采购协议》还对两种特殊情况进行了规范：一是购买商业性货物或服务的投标期限。商业性货物或服务，是指在商业性市场上普遍销售或待售的货物或服务，通常由非政府购买者为非政府目的而购买。采购实体在购买商业性货物、服务或两者的任何组合时，以电子方式同时发布意向采购公告和招标文件，尽管协议对时限有其他规定，也可将投标期限缩短为不少于13天。此外，如果该采购实体以电子方式接收商业性货物或服务的投标书，则可将规定的投标期限缩短为不少于10天。二是协商确定投标期限。如果受协议管辖的次中央采购实体或其他采购实体已选择所有或有限数量的合格供应商，该采购实体可通过与入选供应商之间达成的协议来确定投标期限。如果没有达成协议，则该期限不得少于10天。

二、接标和授标

在接标至授标环节，《政府采购协议》主要对投标书的处理和合同授予等内容进行了规范。

（一）投标书处理

针对投标书，《政府采购协议》主要对处理程序、接收延误以及内容更正进行了规定。

1. 处理程序

采购实体在接收、开启和处理所有投标书时应遵循规范的程序要求，其适用的程序既要确保采购过程的公平和公正，也要保证投标书的保密性。《政府采购协议》要求采购实体应根据符合其要求的程序接标和开标。

2. 接收延误

接标是采购实体在投标截止日期之前收到投标书并对其保管、确认的过程。通常而言，在采购实体规定的投标截止日期之后送达的投标书，不能被视为有效投标，应该拒收。但《政府采购协议》有所不同，对接标延误采取的是区分责任的处理方法。如果是由于采购实体一方处理不当造成延误，致使在规定的投标截止日期之后才接到供应商投标的，则采购实体不得对这些供应商进行处罚。也就是说，如果由于采购实体的原因造成接标延误，在投标截止日期之后送达的投标书应被视为有效。

3. 内容更正

《政府采购协议》允许采购实体向供应商提供更正投标书的机会，但必须满足必要的条件：

（1）在开标至授予合同期间，采购实体可以允许供应商更正投标书。对于投标书的更正不能由供应商自行提出，而必须由采购实体决定；

（2）供应商对投标书更正的内容只能是因过失所造成的形式错误，而不能修改投标书的实质性内容；

（3）采购实体应公平对待所有参加的供应商，提供相同的更正机会。

（二）授予合同

《政府采购协议》主要对合同授予标准和信息公开进行了规范。

1. 授予标准

授予合同应当考虑的是由符合参加条件的供应商以书面形式提交，并在开标时符合公告和招标文件中所列基本要求的投标书。只有合格供应商提交的有效投标才有获得采购合同的可能。目前，有些国家对低报价的投标采取直接否定的做法，当投标价低于所有投标平均价的一定比例时，将其作为无效标处理。《政府采购协议》对异常低价投标，没有采取一概排斥的做法。如果采购实体收到一项投标书的报价，异常低于已提交的其他投标书报价，可以核实供应商是否符合参加条件，以及是否具备履行合同条款的能力。也就是说，在某个投标报价非正常地低于其他供应商的投标报价时，采购实体可以不否决该投标，而是通过查证该供应商的资格条件和履约能力，给予其中标的机会。

《政府采购协议》要求采购实体授予合同应符合公共利益，而且仅根据公告和招标文件中规定的评审标准授予合同。

（1）最具优势投标。

采购实体应将合同授予已被其确定有能力履行合同条款的供应商，该供应商已提交最具优势的投标。

（2）最低报价投标。

采购实体应将合同授予已被其确定有能力履行合同条款的供应商，在价格是唯一标准的情况下，该供应商已提交最低报价的投标。

采购实体不得以规避《政府采购协议》项下义务的方式使用期权，取消采购或修改已授予的合同。

2. 信息公开

《政府采购协议》对参加方及其采购实体提出了采购信息透明度的要求，主要内容就是采购结果的公开。

（1）授予决定的通知和公告。

采购实体对合同授予决定的公开，可以分为通知和公告两种。

① 授予决定通知。

供应商作为政府采购活动的当事人，其参与采购活动的目的就是获得采购合同。因此，供应商最为关心采购结果，以便其采取相应行动。《政府采购协议》要求采购实体应将其合同授予决定及时通知参加的供应商，并应供应商的要求以书面形式通知。采购实体将合同授予决定通知供应商，便于中选供应商准备下一步工作，或落选供应商向采购实体提出质疑，维护其合法权益。为了澄清疑义、避免发生不必要的争议，采购实体应落选供应商的要求，可在遵守“信息保密”规定的前提下向其做出解释，说明采购实体没有选择其投标的理由和中标供应商投标书所具有的相对优势。

② 授予公告。

作为采购信息透明度的重要内容，《政府采购协议》要求采购实体发布合同授予公告，并对发布时间、媒介和公告内容等都做出了规定。在协议涵盖的每个合同授予后不迟于 72 天，采购实体应在附录三所列适当纸质或电子上媒介发布公告。如果采购实体仅使用一种电子媒介发布公告，则该信息应保留一段合理期间使其可容易获得。

合同授予公告至少应包括以下信息：一是对所购货物或服务的描述；二是采购实体的名称和地址；三是中标供应商的名称和地址；四是中标价格或在授予合同时考虑的最高和最低报价；五是授予日期；六是使用的采购方式类型。如果按照协议规定使用限制性招标的，对于能够证明使用限制性招标属合理的情形的说明。

除上述规定外，《政府采购协议》还对采购文件和报告的保存提出了要求。在合同授予之日起至少 3 年内，每个采购实体应当保存与协议涵盖采购相关的招标程序和合同授予的文件和报告，包括限制性招标所要求的报告，以及确保通过电子手段进行涵盖采购具有适当可追溯性的数据。《政府采购协议》要求采购实体保存招标程序和合同授予的文件和报告，并保证电子数据的可追溯性，以便供应商质疑时向有关机构提供资料或证据，为参加方统计政府采购合同以及披露信息等提供基础资料。

（2）合同数据的收集和报告。

为了便于政府采购委员会和其他参加方行使监督的权利，每个参加方应收集并向政府采购委员会报告其受协议管辖合同的统计数据。每份报告应涵盖一年，在报告期结束后的两年内提交。《政府采购协议》根据不同采购实体，对报告内容提出了以下要求：

① 中央采购实体。

对于附件 1 的中央采购实体，参加方应提供的统计数据包括：

一是所有此类实体受协议管辖的全部合同数量和总价值；

二是按照国际公认的统一分类制度中的货物或服务类别进行分类统计，每个此类实体授予的受协议管辖的全部合同数量和总价值；

三是每个此类实体使用限制性招标授予的受协议管辖的全部合同数量和总价值。

② 次中央采购实体和其他采购实体。

对于附件 2 的次中央采购实体和附件 3 的其他采购实体，按照附件进行分类统计，所有此类实体授予的受协议管辖的合同数量和总价值。

如果参加方无法提供上述数据，则应提供①和②所要求数据的估计值，以及对估计所使用方法的说明。此外，《政府采购协议》允许以电子方式公布合同统计数据。如果参加方按照协议上述要求在官方网站公布了其统计数据，该参加方可用提交给政府采购委员会有关网址的通知代替协议要求提交的数据，并附访问和使用这些统计数据所需的使用说明；如果参加方以电子方式发布合同授予公告，且公众可通过单一数据库并且允许对协议涵盖合同进行分析的形式获得此类公告，则该参加方可用提交给政府采购委员会有关网址的通知代替协议要求提交的数据，并附访问和使用这些统计数据所需的说明。

第四章　《政府采购协议》救济机制

法律救济是指依照法律规定的内容与程序为权利受损害的一方提供的救济方式，其本质上是一种权利，即当实体权利受到侵害时从法律上获得自行解决或请求司法机关及其他机关给予解决的权利。[①]《政府采购协议》是推动政府采购国际贸易自由化的规则，不仅涉及具体的采购当事人，还涉及协议参加方。在协议的执行过程中，有可能产生导致供应商和参加方权益受损的争议事项。为此，《政府采购协议》设计了国内审查程序与争端解决机制所构成的双层救济机制，在维护当事方的合法权益，保障协议运行方面发挥了重要作用。

第一节　国内审查程序

国内审查程序（Domestic Review Procedure），是《政府采购协议》为解决某个供应商和采购实体之间就具体采购产生争议而专门规定的一种救济方式，本质上属于协议参加方为供应商提供的国内救济途径。在激烈的政府采购竞争中，经常有未中标的供应商对采购过程或中标结果有不同看法，向采购实体或审查机构提出质疑，希望得到满意的答复。因此，《政府采购协议》专门规定了供应商质疑的国内审查程序，要求各参加方建立及时、有效、透明和非歧视的行政或司法审查程序以便于供应商提出质疑，不仅保护了供应商的合法权益，也是政府采购透明化的重要保障手段。为了实现程序的公开、透明，《政府采购协议》要求参加方应以书面形式提供对所有质疑的程序性规定，并使其可普遍获得。具体而言，参加方的国内审查程序应遵守以下规定：

一、质疑条件

为了维护供应商的合法权益，保证政府采购活动的顺利进行，《政府采购协议》

① 程燎原，王人博．权利及其救济［M］．济南：山东人民出版社，1988.

对供应商可以提起质疑的条件进行了规范。

（一）提起主体

可以提起质疑的供应商，必须是在协议涵盖的采购中有或曾经有利益关系的供应商。也就是说，只有与采购有利益关系的供应商才有资格提起质疑。

（二）质疑事项

有权质疑的供应商可以就以下事项提出质疑：

（1）违反《政府采购协议》的情形；

（2）如果供应商根据参加方国内法律无权直接对违反《政府采购协议》提出质疑，则为参加方没有遵守执行协议的措施。

1994 年《政府采购协议》只规定供应商可以对采购中违反协议的行为提出质疑，而 2012 年《政府采购协议》将供应商根据参加方国内法律无权直接对违反协议的行为质疑也作为提起质疑的事项，将国内审查程序的不完善视为参加方没有遵守执行协议措施的行为。《政府采购协议》通过扩大质疑范围进一步维护了供应商的合法权益，也是督促参加方完善国内审查程序、严格执行《政府采购协议》的有效手段。

提出质疑是供应商的一项法定权利，只要符合上述条件，供应商就可以向采购实体提出申诉或向国内审查机构提出质疑。在供应商对上述事项提出申诉时，《政府采购协议》要求参加方鼓励采购实体和供应商通过磋商来寻求申诉的解决办法。采购实体应对此类申诉给予公正和及时的考虑，所采取的方式不得损害供应商参加正在进行或未来的采购，也不得有损其通过行政或司法审查程序寻求纠正措施的权利。也就是说，《政府采购协议》鼓励采购实体和供应商通过磋商友好解决政府采购中的争议，要求采购实体及时公正地处理供应商的申诉。但磋商不是提起国内审查程序的前置程序，也不会影响供应商通过行政或司法审查程序寻求救济的权利。

二、质疑时限

政府采购活动是一个连续不断的过程，供应商如果认为采购过程中权益受到损害，就应当及时提出质疑，否则，就可能给采购过程的连续性带来不利影响。《政府采购协议》也对提起质疑的时限进行了规范，要求采购实体应给予每个供应商充足的时间准备和提交质疑，从供应商知道或应当知道该质疑依据之日起无论如何不得少于 10 天。《政府采购协议》规定质疑时限的作用主要体现在两方面：一方面，协议要求参加方及其采购实体应给予供应商充分的时间来准备和提交质疑；另一方面，供应商也应在规定的有效时限内行使所享有的质疑权利，否则将丧失寻求救济的机会。

三、审查机构及程序

《政府采购协议》对审查质疑的机构和程序进行了规范。

（一）审查机构

为保证公正性，对供应商质疑的审查通常由独立的第三方机构来进行，可以由法院进行，也可以由一个与被诉采购实体无任何利害关系的独立审查机构进行。因此，《政府采购协议》规定各参加方应当建立或指定至少一个独立于其采购实体的公正的行政或司法机关，由其负责接受和审查供应商在协议涵盖的采购中产生的质疑。

如果上述审查机关之外的机构对质疑进行了初次审理，则参加方应确保该供应商可以就初审决定向一个公正的行政或司法机关提起上诉，该上诉机关独立于其采购为质疑对象的采购实体。

（二）审查程序

为了确保审查过程的公正和透明，保障审查程序参与人的合法权利，《政府采购协议》对质疑的审查程序进行了规范。各参加方应确保如果审查机构不是法院，则该审查机构所做决定应当接受司法审查，或规定下列内容的审查程序：

（1）采购实体应以书面形式对质疑做出答复，并向审查机构披露所有相关文件；

（2）在审查机构对质疑做出决定之前，审查程序参与人（以下简称参与人）有权获得听取其意见的机会；

（3）参与人有权委托代表出席或请人陪同出席；

（4）参与人应可参加全部审查过程；

（5）参与人应有权要求审查过程公开进行和邀请证人出席；

（6）审查机构应及时以书面形式做出决定或提出建议，并应包括做出每项决定或建议的依据说明。

四、救济措施

根据《政府采购协议》，每个参加方应当采取或者维持包含下述内容的救济措施：

（一）快速的临时措施

最有效的救济措施是采取迅速和果断的临时措施，中止违法行为，其结果就是中止正在进行的政府采购活动。这样做的好处是保证政府采购机构的信誉，同时可以保证商业机会继续有效，但不利之处在于采购进程的中止可能对公共利益造成损害。

《政府采购协议》规定各参加方应采取快速的临时措施，以保证供应商参加采购的机会。此类临时措施可导致采购过程的中止。该程序中可规定，在决定是否采取此类措施时，应考虑对包括公共利益等有关利益造成的重大不利后果。为避免对有关利益造成重大不利后果，审查机构可以不采取行动，但应书面说明未采取此类措施的正当理由。

（二）纠正措施或赔偿

对质疑审查后可采取的另一种救济措施，就是纠正违反《政府采购协议》的行为或对所受损失予以补偿。当审查机构确定存在违反协议或没有遵守执行协议措施的行为，则为纠正措施或者对遭受的损失或损害赔偿，此类赔偿可限于准备投标的费用或者与质疑有关的费用，或者包括两者。

第二节　争端解决

在《政府采购协议》执行过程中，参加方之间的争议可以通过世界贸易组织争端解决机制谋求解决。1994 年《政府采购协议》的争端解决机制是一个相对独立的程序，结合协议的执行制定了一些与世界贸易组织《关于争端解决规则与程序的谅解》（以下简称《争端解决谅解》）不同的规定，有其特殊或附加规则。2012 年《政府采购协议》删除了 1994 年协议中有关争端解决的一些特殊规定，如只有参加方可参加争端解决机构、专家组成员应是政府采购方面专家，以及努力加速争端解决过程等，其主要目的是与世界贸易组织争端解决机制保持一致，体现出《政府采购协议》向世界贸易组织法律框架靠拢的努力。

一、磋商

世界贸易组织争端解决机制的根本宗旨是保证争议积极解决，当贸易争端发生后，世界贸易组织把友好磋商作为首倡的解决方式，积极主张和睦解决彼此争端。

所谓磋商，是指两个或两个以上成员为使相互间的争议问题得到解决或达成谅解而进行国际交涉的一种方式。由于磋商解决争端问题是争端各当事方在协商一致的基础上达成一致意见，有利于所达成协议的执行。因此，《争端解决谅解》规定，“每一成员方承诺对另一成员方提出的有关在前者领土内采取的、影响任何适用协定运用的措施的交涉给予积极考虑，并提供充分的磋商机会”。

磋商是启动世界贸易组织争端解决机制的第一步，有严格的时间限制和实质性要求，并且是设立专家组等后续程序的必经阶段。当成员方认为其他成员违反世界贸易组织协定而使其受损，可要求对方进行磋商，同时应通知争端解决机构和有关理事会或委员会。收到磋商申请的成员方应自收到申请之日起 10 日内做出答复，并在 30 日内进行协商，60 日内解决争端。如果有关成员在规定的日期内未做出答复、未进行磋商或双方未能解决争端，则申请磋商的成员方可要求成立专家小组。这种方式有利于争议双方在缓和的气氛中友好地协商解决问题，从以往的经验看，大多数贸易争端都是通过争端双方友好磋商获得解决的。①

磋商也是《政府采购协议》规定的争端解决办法之一，与世界贸易组织精神相一致。《政府采购协议》敦促参加方通过磋商解决争议，每个参加方应对另一参加方提出的有关影响协议运行的任何事项交涉进行积极考虑，并提供充分的磋商机会。

二、争端解决程序

《政府采购协议》规定，世界贸易组织《争端解决谅解》适用于协议项下的争端解决，参加方就争议的事项可诉诸《争端解决谅解》，以达成相互满意的解决办法。

（一）程序的发起

为了维护参加方的合法权益，保证协议的正常运行，《政府采购协议》规定参加方可在符合下列条件之一时援引争端解决程序：

1. 利益受到损害

如果任何参加方认为其依据《政府采购协议》直接或间接享有的利益丧失或者减损，则该参加方为就该争议事项达成双方满意的解决办法，可援引《争端解决谅解》。

2. 阻碍协议目标的实现

参加方认为由于其他参加方的原因阻碍了《政府采购协议》目标的实现，包括

① 蒋德恩. 世界贸易组织中的争端解决[M]. 北京:对外经济贸易大学出版社,1999:68.

其他一个或多个参加方未履行其在协议项下的义务，或这些参加方实施的无论是否违背协议规定的任何措施，则该参加方可就争议事项援引《争端解决谅解》。

（二）程序的例外

原则上，《争端解决谅解》应适用于《政府采购协议》项下的磋商和争议解决，但协议也规定了例外情况。《争端解决谅解》规定，如果违反义务一方没有在合理期限内执行裁决，或争端各方没有就补偿问题达成协议，受损一方可以要求争端解决机构授权采取报复措施，中止执行减让义务或本应执行的其他义务。但《政府采购协议》否定了这种做法，明确规定《争端解决谅解》附录一中所列本协议之外的其他协议项下产生的任何争端，不得造成本协议项下的减让或其他义务的中止，以及本协议项下产生的任何争端不得造成《争端解决谅解》附录一所列其他协议项下的减让或其他义务的中止。上述规定就是要求参加方不得以《争端解决谅解》附录一所列本协议之外的其他协议项下产生的争端为理由，中止对《政府采购协议》义务的执行，或修改其已经承诺开放的范围和部门，反之亦然。也就是说，不得在《政府采购协议》和世界贸易组织其他各项协定之间实施交叉报复。除上述禁止交叉报复外，2012 年《政府采购协议》没有保留 1994 年协议不同于《争端解决谅解》的其他特殊规则。从发展趋势来看，《政府采购协议》的争端解决机制正力求与世界贸易组织争端解决机制保持一致。

国内审查程序是《政府采购协议》为解决供应商和采购实体之间争议而规定的救济方式，它完全独立于世界贸易组织争端解决机制之外，本质上属于协议参加方为供应商提供的国内救济途径，即使是争端解决机构也不能干涉它的决定。国内审查程序通过给予供应商权利救济，有助于提高具体采购争议解决效率，也有利于抑制寻租行为。争端解决程序则是《政府采购协议》为解决参加方之间争议而规定的救济方式，如果协议参加方认为其享有的利益受到损害或因其他参加方的原因阻碍了协议目标的实现，可就争议事项诉诸世界贸易组织《争端解决谅解》。这种双层救济机制相互协调、相互补充，构成了协议实施机制的核心支柱。

《政府采购协议》通过规范参加方及其采购实体的行为，推动政府采购国际贸易的非歧视待遇和公开透明，在世界贸易组织框架内部分地实现了政府采购市场开放和政府采购国际化。但从全球范围和多边角度来看，处于不同发展水平的国家对于全球层次上开放政府采购市场的问题上还存在着较大分歧，这就使得多边贸易体制框架内的政府采购国际化进程遇到一定的困难。为此，《政府采购协议》也在不断地更新和完善，积极向多边方向努力。2012 年《政府采购协议》确定了未来谈判和工作计划，各参加方应于协议生效后第三年末及其后定期开展进一步谈判，以期改进协议并尽最大可能在所有参加方之间实现协议适用范围的扩大，同时考虑发展中国家的需要。而政府采购委员会将根据中小企业的待遇、统计数据的收集和发布、可持续性采购的处理、参加方附件的排除和限制以及国际采购中的安全标准等计划进一步开展工作，以促进《政府采购协议》的实施和未来谈判。

第二部分

联合国《公共采购示范法》

政府采购不仅是节约公共资金、提高效率和防止腐败的财政支出手段，也是国际贸易的重要组成部分。但许多国家因政府采购立法不完备或已过时，缺乏对政府采购活动的有效规范，不仅导致公共资金的支出不能实现应有的经济效益，也形成了非关税贸易壁垒，对国际贸易造成了严重障碍。联合国国际贸易法委员会认识到上述问题，制定了《货物、工程和服务采购示范法》（*UNCITRAL Model Law on Procurement of Goods, Construction and Services*），并于2011年更名为《公共采购示范法》。

尽管《公共采购示范法》从本质上看不完全具备法律性质，但通过统一的公共采购立法范本，确认了现代公共采购法律制度最低限度的必要内容，为许多国家公共采购法律的制定和改革提供了良好的示范，不仅促进了各国公共采购立法的协调和统一，也推动了国际贸易的发展。通过对《公共采购示范法》历史沿革、目标和政策、总则、采购方法和程序和救济制度等内容的介绍，可以了解采购示范法的立法理念和制度模式，熟悉现代公共采购法律制度应具备的必要内容，把握公共采购法律现代化改革的发展方向和趋势。

第五章 《公共采购示范法》历史沿革

《公共采购示范法》是联合国国际贸易法委员会关于公共采购方面制定的示范性法律文件，为各国建立和完善公共采购立法提供了参考范本，促进了公共采购法的协调和统一。了解国际贸易法委员会的基本情况和《公共采购示范法》的历史沿革，可以更好地理解采购示范法的建立背景和发展历程，为进一步掌握《公共采购示范法》的内容打下坚实基础。

第一节 国际贸易法委员会概述

随着国际贸易的快速发展和世界经济相互依存度日益提高，国际贸易纠纷也呈上升趋势。因为缺乏统一的国际法准则，各国大多以国内法为依据来处理国际贸易纠纷，而广大发展中国家却不愿接受由发达国家主导的国际贸易法律协调机构，因各国国际贸易法律差异而形成的贸易障碍问题日益凸显。认识到建立更完善的法律框架以便利国际贸易和投资的重要性，联合国大会于 1966 年 12 月 17 日通过决议设立了联合国国际贸易法委员会（United Nations Commission on International Trade Law, UNCITRAL，简称贸易法委员会），并把它视作在减少或消除贸易障碍方面发挥更积极作用的工具。

联合国赋予贸易法委员会促进国际贸易法逐步协调、统一以及现代化的总任务，制定并促进使用和采纳一些重要商法领域的立法和非立法文书。其中协调，指的是通过修改国内的法律以增强跨国交易中的可预测性，即国内法律与国际规制接轨。贸易法委员会在协调方面的主要工作是制定一系列的示范法和立法指南，为协调各国国内法而制定范本，供各国政府立法者考虑作为其国内法规的一部分而加以颁布。统一，指的是各国在特定的国际商业贸易中采用共同的法律标准。贸易法委员会在统一方面的主要工作是建立国际公约，通过确立具有约束力的法律义务来统一法律。贸易法委员会自设立以来编写了规范贸易交易及相关方面的公约、示范法和其他文书，内容涉及解决争端、国际合同惯例、运输、破产、电子商务、国际支付、担保交易、采购和货物销售等。代表不同法律传统和经济发展程度的贸易法委员会成员方、非成员方、政府间组织和非政府组织通过国际谈判达成了这些文书，为不同的国家提供了适当的解决办法，并获得了广泛接受。因此，贸易法委员会成为联合国系统在国际贸易法领域的核心法律机构，在建立相关领域的法律框架方面发挥着重要作用。贸易法委员会的主要任务、组织结构和具体工作等内容，有助于我们理解《公共采购示范法》的背景和性质。

一、主要任务

贸易意味着通过商业活动取得更快速增长、提高生活水平和获得新的机会。为了在全世界范围增加这些机会，贸易法委员会的主要任务是协调各种国际商业规则并使之现代化。根据联合国大会第2205（XXI）号决议，贸易法委员会在促进国际贸易法的协调与统一方面应做好两方面工作。

（一）与其他组织协调和合作

贸易法委员会应与其他组织加强合作、共同发挥作用，以推动国际贸易法的协调与统一。

1. 与国际贸易相关组织的协调和合作

贸易法委员会应协调与国际贸易相关组织的工作，并在协调和统一法律方面进行合作。决议规定，“贸易法委员会应协调从事此方面事务各组织的工作，并鼓励此类组织互相合作；酌情与从事此方面工作的组织合作，拟订或提倡采用新国际公约、示范和统一的法律，且提倡国际贸易名词、规定、习惯与惯例的编纂并促其广获采纳”。

2. 与联合国相关机构的联系和合作

决议规定，“贸易法委员会应与联合国贸易和发展会议建立并保持密切合作；与所有与国际贸易有关的其他联合国机关及专门机构保持联系”。

（二）推广和完善国际贸易法规

在协调和统一国际贸易法方面，贸易法委员会应具体从两方面着手：

1. 推广统一的国际贸易法规

推广贸易法委员会制定的统一国际贸易法规，使更多的国家参加或接受现有的法律，并促进统一适用和解释国际贸易法。决议规定，“贸易法委员会应促使更多国家参加现有国际公约，接受现有示范和统一的法律；促进确保统一适用和解释国际贸易法领域的国际公约及统一法律的方法和手段”。

2. 完善国际贸易法的现代规则

决议规定，“贸易法委员应收集并分发国际贸易法方面各国法律和包括判例法在内的现代法律发展的资料”。

二、组织结构

贸易法委员会的工作分三个层次安排和进行。第一个层次是贸易法委员会本身，常称为委员会，通过年度全体会议开展工作；第二个层次是各政府间工作组，在很大程度上由各工作组负责开展贸易法委员会工作方案中各项专题的工作；第三个层次是秘书处，帮助委员会和各工作组筹备和开展各自的工作。

（一）委员会

1. 委员会的组成

贸易法委员会成员从联合国会员国中选出，最初包括 29 个国家，1973 年 联合国大会增加为 36 个国家，2002 年增至 60 个国家。我国于 1983 年加入委员会。成员的广泛性保证了委员会在立法时能充分考虑到不同国家的法律传统和经济发展水平，各成员方的司法实践以及关注重点在讨论过程中也能得到充分的表达和分享。委员会主席团由一名主席、三名副主席和一名报告员组成，由成员方在每届年会开始之时选出，任期至下一届年会开始为止。除委员会成员方以外，还邀请联合国其他会员国，以及拥有所讨论专题领域的专门知识的国际和区域组织作为观察员出席贸易法委员会年会和工作组届会。

2. 委员会的工作

贸易法委员会在年会上开展工作，年会的工作一般包括最后审定和通过各工作组提交委员会的案文草案；审议各工作组关于各自项目的进度报告；选择今后工作或进一步研究的专题；报告技术合作、援助活动以及与其他国际组织协调工作的情况；监测“法规判例法”系统的发展情况以及贸易法委员会法规的现状和推广情况；审议大会关于贸易法委员会工作的决议；行政事项。

委员会的决定由委员会成员方做出。在确定对拟决定问题的立场时，成员方可以参考非成员方和观察员组织的意见。委员会通常以协商一致方式做出决定，并于 2010 年将此惯例正式确定下来，决定应当尽可能以协商一致的方式做出决定。在无法达成协商一致时，应当根据大会有关议事规则的规定通过表决做出决定。关于年会议事情况的报告由贸易法委员会正式通过，以提交大会。

（二）工作组

1. 工作组的专题

贸易法委员会设立了六个工作组，就委员会工作方案中的各项专题进行实质性筹备工作。六个工作组及其目前的专题为：第一工作组——中小微型企业[①]；第二工作组——仲裁和调解；第三工作组——网上解决争议；第四工作组——电子商务；第五工作组——破产法；第六工作组——担保权益。

2. 工作组的任务

目前，各工作组成员包括贸易法委员会所有成员方。一旦将一个专题分配给某个工作组，一般由该工作组完成实质性工作，委员会不予干预，除非工作组请求指导，或者请委员会就其工作做出某些决定，如澄清工作组关于特定专题的任务，或者核准特定案文的政策定位。

工作组一般每年举行一届或两届会议，并向委员会报告工作进展情况。在每届会议上，从成员方代表团中选出一名主席和一名报告员。由委员会秘书处的工作人员组成的工作组秘书处负责为工作组会议编写工作文件，为工作组提供行政服务，并起草工作组届会报告。工作组每届会议结束时，有关报告被审议并正式通过，以提交贸易法委员会年会。

（三）秘书处

联合国秘书处法律事务厅的国际贸易法司为贸易法委员会提供秘书处服务。为帮助贸易法委员会开展工作，秘书处主要负责以下事务：

1. 编写报告和立法案文

主要包括：就将来可能列入工作方案的专题起草研究报告、报告和案文草案，开展法律研究，起草和修订已列入工作方案议题的工作文件和立法案文，编写委员会和工作组会议报告，以及为委员会及其工作组提供多种行政服务。为帮助筹备这些工作，秘书处可以寻求来自不同法律传统的外部专家的帮助，与个人进行特别磋商，或在必要时召集特定领域专家组会议。

2. 组织技术援助

秘书处负责组织委员会开展技术援助活动，促进使用和采纳其立法和非立法案文。

① 第一工作组在2004—2012年的专题是采购，主要负责《货物、工程和服务采购示范法》及其“颁布指南”的修订工作，直至出台《公共采购示范法》及其“颁布指南”。

3. *其他活动*

秘书处帮助委员会履行其他职能：协调和促进其他组织的工作，在更广泛的联合国议程内促进贸易法委员会的工作，通过“法规判例法”系统促进法律标准的统一解释，以及组织特别活动。

三、具体工作

贸易法委员会的具体工作包括以下内容：

（一）选定工作方案

贸易法委员会在1968年第一届会议上，经过审议成员方提出的建议，选定9个主题领域作为其工作方案的基础：国际货物销售、国际商事仲裁、运输、保险、国际支付、知识产权、消除影响国际贸易的法律歧视、代理和书证的公证证明。根据新的技术发展、商业做法变化、国际趋势和发展、经济和金融危机以及影响和决定国际贸易的其他力量，贸易法委员会数次审议并修订工作方案，如增加了电子商务、采购、国际商事调解和担保权益等其他专题。

审议新专题的建议通过几种方式产生：可以由国家政府直接向委员会提出，可以经由与各国际组织磋商产生，经由专门的学术讨论会和研讨会产生，也可能作为与工作组所讨论的主题有关的专题产生。还有些专题来自在执行和适用现有法规过程中取得的经验，这种经验可能表明需要对现有法规进行修订，或者需要进一步编拟附于现有法规的解释性材料，如示范法的颁布指南。在审议是否在方案中增加特定专题时，应考虑到全球重要性、对发展中国家的特殊重要性、技术发展以及商业做法的变化趋势等因素。

（二）推动现代化和协调的方法

贸易法委员会采取了灵活而实用的方法来履行推动国际贸易法现代化和协调的任务。这些方法分为立法式、合同式和解释式三大类，适用于不同层次，所涉及妥协的类型也不相同。在某种程度上，这些方法也反映出发生在商业发展不同阶段的现代化和协调过程。其中，在采用的立法式方法中，贸易法委员会拟订了公约、示范法、立法指南以及示范条款等不同类型的立法案文。所谓示范法，是委员会推荐各国颁布作为其国内法组成部分的立法案文，各国可以对示范案文加以调整，以适应各种制度下不同的要求。正是这种灵活性，使示范法比不能修改的案文更容易谈判，并促使示范法比处理相同主题事项的公约得到更大程度的接受。尽管有此灵活性，但为了能够实现统一，并使统一的程度具有确定性，贸易法委员会鼓励各国在将示范法纳入本国法律体系时尽可能少做修改。贸易法委员会最近完成的示范法都附有“颁布指南”，列出背景信息和其他解释性信息，帮助国家政府和立法者使用该案文。例如，指南包括帮助各国考虑必须对示范法哪些条款进行修改以适应特定国情，工作组进行政策选择的考虑和讨论，示范法案文没有涉及但可能与示范法主题有关的事项等。

工作组起草一个公约、示范法或其他案文之后，将其提交贸易法委员会年会审议。秘书处可酌情编写一份解释性评注，与案文一并送交，以帮助贸易法委员会、各国政府和国际组织的审议工作。不同类型案文的最后审定和通过适用不同的程序。例如，对于公约草案，需要由联合国大会采取行动；如果草案是示范法或立法指南，通常由贸易法委员会在年会上最后审定并正式通过，虽然大会可能通过一项关于该案文的决议，建议各国在法律现代化和改革过程中适当考虑这一点，以表示对委员会工作的支持，但这种情况不要求全权代表会议通过。

（三）统一解释立法案文

由于一些法律条款中有促进统一解释的要求，1988 年贸易法委员会建立了“法规判例法”系统，收集和传播与委员会立法案文有关的法院判决和仲裁裁决，以帮助实现这些案文解释和适用的统一。

“法规判例法”系统主要通过公约缔约国或已基于示范法颁布立法的国家指定的国家通信员收集判决和裁决，用一种联合国正式语言编写摘要，并将文本和摘要发给贸易法委员会秘书处。经过编辑的“法规判例法”摘要被译成6种联合国正式语言，并作为委员会定期文件印发。“法规判例法”系统有助于利用世界各地法院和仲裁庭对贸易法委员会法规的适用，促进这些法规的统一解释，帮助形成并改进对这些法规的全球性解释，使之更容易被接受。

（四）协调其他组织的工作

贸易法委员会的一项重要任务就是协调联合国系统内外活跃在国际贸易法领域的各个组织的工作，鼓励它们相互合作，避免重复工作，并提高国际贸易法现代化和协调方面的效率、一致性和连贯性。

近年来，有越来越多制定规则的机构拟订影响国际贸易的法律案文，贸易法委员会的协调职能显得日益重要。为履行这项任务，贸易法委员会与国际商会、国际统一私法协会、经济合作与发展组织、联合国各区域委员会、世界银行以及世界贸易组织等诸多组织保持密切联系，促进交流意见和信息。贸易法委员会通过其秘书处，派代表出席这些组织的会议，并积极关注和参加这些组织与贸易法委员会工作方案所列专题有关的工作。为履行这项协调职能，贸易法委员会还与其他国际组织一道开展工作，如进行研究和举办研讨会、合作编写出版物、酌情建议使用或采纳其他组织拟订的与国际贸易法有关的文书等。

（五）为法律改革提供技术援助

贸易法委员会通过开展广泛的技术合作和援助活动推广其工作，促进使用和采纳其拟订的立法和非立法案文，以推动国际贸易法的逐步协调和现代化。这些活动包括：通过组织代表团或研讨会等活动介绍委员会案文及其使用情况；通过审查现有法规等方法协助各国评估其贸易法改革需要；协助起草国家立法以落实委员会的法规；协助多边和双边发展机构在其法律改革活动和项目中使用委员会的法规；就委员会法规的使用问题向诸如专业协会、律师组织、商会和仲裁中心等国际组织及其他组织提供咨询意见和援助；举办培训活动，便于法官和法律从业人员执行和解释在委员会法规基础上制定的相关法律。

第二节 《公共采购示范法》诞生和发展

为了帮助采购制度不健全的国家完善其政府采购制度，促进各国政府采购法的协调和统一，贸易法委员会于1994年制定了《货物、工程和服务采购示范法》。随着政府采购领域新工具、新手段和新问题的不断涌现，贸易法委员会对1994年采购示范法进行修订，并于2011年形成了《公共采购示范法》①。

一、采购示范法诞生

政府采购是维护政府正常运转，实现公共服务职能的核心要素之一，采购体制对公共资金的使用效率、公众对政府的信任度以及良好治理都产生了重要影响。而且政府采购在国际贸易中占有相当大的份额，在推动国际贸易方面发挥着重要作用。但因各国和各地区政府采购立法不完备或已过时，而且各国采购法规的差异性较大，造成了政府采购领域存在两大主要问题。

（一）政府采购活动不规范

在一些没有政府采购立法，或现有政府采购立法不完备或已过时的国家和地区，

---

① 国际贸易法委员会2011年将《货物、工程和服务采购示范法》修订为《公共采购示范法》，并将原来的“政府采购”改为“公共采购”，但两者含义相同。

尤其是发展中国家和经济处于过渡或转轨阶段的国家，政府采购活动很不规范，导致采购程序缺乏效率和效能，公共资金的支出不能实现应有的经济效益。而且由于缺乏对采购活动的有效监管，在政府采购活动中滋生了腐败和权力滥用的现象，降低了公众对政府的信心，造成了不良的社会影响。

为了节约和有效利用公共资金，确保采购过程的公正和透明，维护政府官员的廉洁自律，所有国家都需要健全的法律制度对政府采购行为进行规范。特别是一些发展中国家，相当大一部分采购活动是由公共部门进行的，这些采购活动与构成经济和社会发展基本进程的项目有关。这些国家由于经济落后经常缺乏可用于采购的公共资金，因此节约采购资金、提高采购效率是极为重要的。对于经济制度正处于过渡或转轨阶段的国家，国际政府采购法的作用更大，为其进行经济制度改革并完善政府采购法律制度提供了良好的基础。

（二）政府采购国际贸易壁垒

政府采购在国际贸易中占有相当大的份额，是其重要的组成部分。一些国家政府采购立法不完备或过时会客观上形成非关税贸易壁垒，对政府采购国际贸易造成障碍。而各国政府采购法规的差异性和缺乏明确性，可能在一定程度上限制和影响各国政府在国际采购中获得低价格和高质量的产品，同时也影响供应商向外国政府出售产品和提供服务的能力和意愿。通过统一的政府采购立法范本，可以在一定程度上消除各国政府采购立法不完备或不一致的局面，协调和统一各国政府采购法规，从而促进国际贸易的发展。

针对政府采购领域存在的上述问题，1986 年贸易法委员会在第 19 届年会上决定对政府采购问题进行统一规范。认识到劳务或服务采购与货物、工程采购存在很大的差异，贸易法委员会决定首先制定关于货物和工程采购的法规，于 1993 年第 26 届年会上通过了《货物和工程采购示范法》。由于服务采购既是国际贸易中的一个重要领域，也是各国政府采购的内容之一，因此贸易法委员会对《货物和工程采购示范法》进行了补充和完善，将服务采购纳入其中，于 1994 年第 27 届年会上通过了《货物、工程和服务采购示范法》及其配套文件《公共采购示范法颁布指南》（以下简称《颁布指南》）。在联合国大会上，有关决议通过了采购示范法，并要求所有国家在改革其政府采购制度时应当给予采购示范法充分的考虑和重视。

1994 年《货物、工程和服务采购示范法》包括序言、总则、采购方法及其采用条件、招标程序、服务采购的主要方法、招标方法以外的采购程序和审查共 6 章 57 条。采购示范法规范了几乎所有的政府采购活动，反映了在政府采购领域较为合理、易为各国接受的实践性做法，内容凝聚了通行于世界大多数国家政府采购立法的精华，为各国和各地区建立和完善其政府采购法提供了参考范本，并通过协调和统一各国政府采购法规促进了国际贸易的发展。

二、采购示范法发展

《货物、工程和服务采购示范法》颁布之后，成为很多国家进行政府采购法改革和现代化的有效工具，发挥了重要的作用和影响。随着经济全球化的深入以及各国采购实践的发展，政府采购领域出现了许多需要规范的新情况和新问题，特别是电子通信和网络技术在政府采购领域的广泛应用，采购示范法的内容已经不能满足采购实践发展的需要，有待于进一步补充和完善。在此背景下，2004 年贸易法委员会第 37 届会议决定对 1994 年《货物、工程和服务采购示范法》进行增订和修改，以适应政府采购发展形势的需要，更好地为各国建立和完善政府采购法律提供指导并推动政府采购法规的协调和统一。2004 年以来，贸易法委员会政府采购工作组多次召开会议研究采购示范法的修订工作，组织各成员方及国际组织的专家进行广泛而深入的磋商与讨论，最终拟定了采购示范法修改草案。贸易法委员会于 2011 年 7 月 1 日在第 44 届年会上通过了《公共采购示范法》，于 2012 年 6 月 28 日在第 45 届年会上通过了与之配套的《颁布指南》。

（一）主要修改内容

在设计修改 1994 年《货物、工程和服务采购示范法》时，贸易法委员会没有着眼于特定国家集团或特定发展状况，也没有特别倡导某一区域的经验或做法，而是考虑适合于各种类型国家普遍采纳的做法，使采购示范法成为实现立法目标，充分发挥潜在作用的有效手段。根据上述宗旨，贸易法委员会以 1994 年采购示范法为基础进行了更新和完善，不仅对原有条款进行了修订和完善，如按照采购程序中的顺序和步骤调整了条款的顺序，整合了各种采购方式有关招标办法和采购通知的规定，对现有条款的内容进行了澄清、精简或调整，还根据实践的发展增加了电子化手段和采购方式等新内容，反映了各成员方在政府采购方面的一些新做法和新经验。与 1994 年采购示范法相比，2011 年《公共采购示范法》的制度设计和框架体系安排更加合理和完善，对采购行为进行了全面的规范，使得采购示范法更易为各国所理解和适用。比较而言，《公共采购示范法》的修改主要包括以下内容：

1. 扩大适用范围

1994 年《货物、工程和服务采购示范法》将关系到国防和国家安全的采购排除在外。而政府采购工作组认为，国防或国家安全部门进行的采购并非都直接涉及国家安全，不应不加区分地全部排除在一国的采购法律制度之外。因此，《公共采购示范法》将适用范围扩大到所有公共采购，并将《货物、工程和服务采购示范法》更名为《公共采购示范法》。

《公共采购示范法》将国防采购和敏感采购纳入示范法的一般范畴，以便在颁布国所有部门推广统一的采购法律制度，使所有采购都可以受益于《公共采购示范法》的规定。与此同时，《公共采购示范法》也考虑到国防和国家安全采购的特殊性，允许这些采购中涉及机密信息的具体项目适用特殊规定。

2. 发挥社会经济政策功能

政府采购作为以政府为主导的采购行为，除通过采购满足政府履行职责所需要的货物、工程和服务以外，还负有贯彻实施保护民族产业、发展中小企业、环境保护、区域和地方发展等多方面的社会经济政策功能。

鉴于政府活动对于社会、经济环境影响的日益加深，以及许多国家和地区注重发挥采购功能作用的事实，政府采购工作组决定保留并完善有关社会经济政策功能的条款，给各国制定政府采购政策预留空间。因此，《公共采购示范法》规定，为了促进产业、社会、环境或其他方面的政策目标，采购实体在遵守透明度要求的条件下，通过对政府采购内容、招标文件要求的控制，采用优先采购、优惠措施以及在评标中设置相关权重因素等方法，贯彻实施政府采购的政策功能。

3. 鼓励应用电子化手段

电子信息技术的发展和普及，在很大程度上改变了采购技术和效率。贸易法委员会充分认识到电子信息技术是改进公共采购的重要手段，将电子技术的使用作为修改的重点内容。《公共采购示范法》对实施和使用电子采购采取了如下方针，并体现在具体的规范中：

一是促进和鼓励使用电子采购。考虑到电子采购的潜在益处，《公共采购示范法》认为应在适当情况下尽可能地鼓励使用电子采购。在促进和鼓励电子采购方面，《公共采购示范法》主要规定：以电子方式发布与采购有关的信息，包括制约采购合同的法律和条例、采购公告、招标文件和授予合同等；采购过程中使用的电子通信手段，以及电子通信与纸质通信在法律上“功能等同”；使用借助互联网信息技术的采购方法，如新增的电子逆向拍卖和电子框架协议。

二是保持技术中立。由于技术的快速进步，且各国的技术复杂程度不一，《公共采购示范法》对电子采购使用的技术保持中立的态度，不偏重任何特定技术。因此，《公共采购示范法》只是对电子采购使用的技术功能做了描述，要求必须使用广泛性和兼容性的电子通信手段，以防止采购实体利用电子通信的技术标准和措施在采购中形成对潜在供应商的歧视和排斥。

三是提供指导。电子采购不是对传统采购的简单数字化，而是对整个采购系统的改革，涉及重大投资、采购流程变革和提高治理水平等多方面。为支持各颁布国有效地推行和操作电子采购系统，《公共采购示范法》会提供进一步的详细指导。《公共采购示范法》认为在推行电子采购系统方面，各国能在多大程度上有效实施和使用电子采购，取决于是否具备必要的电子商务基础设施以及电子安全措施等其他资源，也取决于允许并规范电子商务的法律是否完备。

4. 拓展采购方法

政府采购的科学化在很大程度上取决于采购方法的设计与规范。鉴于大多数国家新型采购方法的实践，政府采购工作组对采购方法进行了增订和补充。1994 年《货物、工程和服务采购示范法》规定了 7 种采购方式，《公共采购示范法》在此基础上对采购方式和手段进行了拓展，新增了“电子逆向拍卖”和“框架协议”。随着电子商务的发展，电子逆向拍卖的使用日渐增多。《公共采购示范法》对电子逆向拍卖的程序进行了详细规定，包括邀请供应商的程序、供应商登记时间、举行电子逆向拍卖的时间、电子逆向拍卖期间的要求和电子逆向拍卖之后的要求等。由于框架协议是一项实用与复杂性都很突出的采购手段，《公共采购示范法》主要规范了框架协议的应用条件和范围、具体程序等问题。此外，《公共采购示范法》将原先的征求建议书这一采购方式项下的三种程序细分、修改和完善为不通过谈判征求建议书、通过对话征求建议书和通过顺序谈判征求建议书三种采购方式。这些采购方式和手段的拓展，体现了公共采购工作日益复杂化和专业化的趋势。

5. 加强国内审查制度

有效的质疑机制是确保采购系统妥善运作的基本条件，可以增进采购系统的公信度，还可以起到震慑作用。为增进《公共采购示范法》的功用，贸易法委员会努力使其内容与采购相关的其他国际法规保持最大程度的一致①，以便这些成员方不做重大修改即可使用《公共采购示范法》。其中《联合国反腐败公约》规定，“各缔约国均应当根据本国法律制度的基本原则采取必要步骤，建立对预防腐败特别有效的以透明度、竞争和按客观标准决定为基础的适当采购制度。这类制度可以在适用时考虑到适当的最低限值，所涉及的方面应当包括建立有效的国内复审制度，包括

① 贸易法委员会在制定《公共采购示范法》时，考虑到一些国际法规的要求，并努力与之保持一致。如《联合国反腐败公约》针对预防腐败问题对采购规定了强制性最低限度标准；世界贸易组织《政府采购协议》旨在尽可能地向国际竞争开放大部分公共采购，为此规定了国民待遇和非歧视性义务，并提出了透明度和竞争性要求；还有一些适用于其他国家经济集团或政治集团的区域贸易协定和采购指令。

有效的申诉制度，以确保在依照本款制定的规则未得到遵守时可以诉诸法律和进行法律救济”。

政府采购工作组考虑到《联合国反腐败公约》中有关国内审查的要求或救济规定超出了1994年《货物、工程和服务采购示范法》的规定，所以加强了国内审查条款的内容。《公共采购示范法》主张采购程序中没有任何一项行为或决定可以免于适用质疑机制，删除了1994年采购示范法对“国内审查”条款的任选规定并进一步完善了质疑程序，所反映的立场比1994年采购示范法更有力，鼓励颁布国在本国法律制度允许的范围内采用质疑程序的所有规定。

（二）采购示范法构成

《公共采购示范法》包括法律正文和颁布指南两大部分，必须结合两部分的内容对《公共采购示范法》进行研究和分析，才能更全面、更深入地理解采购示范法。

1. 法律正文

《公共采购示范法》法律正文包括序言、总则、采购方法和招标办法、采购程序和质疑程序共8章69条，具体内容见表5－1①。

表5－1 《公共采购示范法》正文

序言
第一章 总则（1～26条）
第二章 采购方法及其使用条件，招标办法以及采购通知（27～35条） 第一节 采购方法及其使用条件 第二节 招标办法以及采购通知
第三章 公开招标（36～44条） 第一节 征求投标书 第二节 投标书的递交 第三节 投标书的评审
第四章 限制性招标程序、询价程序、不通过谈判征求建议书程序（45～47条）
第五章 两阶段招标程序、通过对话征求建议书程序、通过顺序谈判征求建议书程序、竞争性谈判程序、单一来源采购程序（48～52条）
第六章 电子逆向拍卖（53～57条）
第七章 框架协议程序（58～63条）
第八章 质疑程序（64～69条）

① 根据2011年《公共采购示范法》整理。

2. 颁布指南

表 5－2 《颁布指南》

第一部分 综述 一、《公共采购示范法》背景介绍 二、《公共采购示范法》主要特征 三、《公共采购示范法》实施和使用
第二部分 《公共采购示范法》案文评注 一、《公共采购示范法》有关章节的导言 二、《公共采购示范法》逐条评注
第三部分 1994 年《货物、工程和服务采购示范法》所做的修改 一、对 1994 年采购示范法各章所做修改的概述 二、逐条对所做修改的评注

如表 5. 2 所示，《颁布指南》作为立法说明，主要包括三部分内容：

第一部分介绍了《公共采购示范法》政策的考虑因素和背景，并对政策方针进行了解释说明。《颁布指南》是为决策人、立法者、监管人以及指导人提供的参考工具，有关《公共采购示范法》的政策考虑和主要特征，针对的是立法者和决策人员。而《公共采购示范法》的实施和使用，包括如何在采购制度中起到法律框架作用，主要针对监管人以及为采购系统使用者提供指导的人。

第二部分阐明了《公共采购示范法》的目标以及为实现这些目标如何制定法律条款，其目的是加强《公共采购示范法》作为更新和改革采购系统工具的效能。《颁布指南》从对《公共采购示范法》序言的评注开始，然后是各章的评注，其中包括概要、颁布政策的考虑以及实施和使用问题，最后是对每个条款的评注。

第三部分对近年来采购政策和实务发生的主要变化做了必要解释。《颁布指南》的作用之一是帮助 1994 年《货物、工程和服务采购示范法》使用者更新法规，通过了解修订的内容和依据，以掌握公共采购领域最新的动态。

第六章 《公共采购示范法》的性质和目标

作为示范性法律文件，《公共采购示范法》的性质决定了其立法目的不在于为国际贸易和国际经济发展提供一套具有强制性和普遍约束力的法律规则，而在于为不同制度、不同法系和不同文化条件下的国家或地区公共采购行为提供一种综合性和示范性的立法理念和制度模式。

第一节 法律性质

《公共采购示范法》是贸易法委员会组织成员方起草制定的有关公共采购的示范性法律文件，以世界上大多数国家公共采购法律制度为基础、综合各国的制度设计和操作经验所形成的法律框架。

一、采购示范性质

通过分析法律性质，我们可以确定《公共采购示范法》的适用效力。施米托夫认为，“国际立法通过两种方法实施：由几个国家共同通过一项多边国际公约，或者制定一项可以由各国单方面采用的统一示范法”。[①]国际公约是指国家间有关政治、经济、文化、技术等方面的多边条约。根据 1969 年《维也纳条约法公约》和 1986 年《关于国家和国际组织间或国际组织相互间条约法的维也纳公约》的规定，国际条约是国际法主体之间依据国际法所缔结的确定其相互间权利和义务的书面协议。国际条约效力来源于各缔约国间的协议，对各缔约国都有法律约束力。各缔约国都有义务保证条约在本国的贯彻和实行。对于非缔约国，条约则不具有法律约束力。根据国际条约优先适用的原则，当一国法律与该国缔结或参加的国际条约有不同规定时，优先适用该国际条约的规定（声明保留条款除外）。与公约致力于主权意志协调同一的模式不同，示范法是一种非强制性的立法或法律统一化的方法，立足于

① 施米托夫．国际贸易法文选[M]．赵秀文，译．北京：中国大百科全书出版社，1993.

对法的示范力而非强制力的追求，体现了与国际公约不同的立法取向。示范法考虑到国际社会各主体的差异性，允许各个主体对示范法决定采用与否，以及采用一部分还是全部，它并不强求法律整齐划一的普遍适用，而是讲求法律的逐步采纳或渐近接受①，体现了法律的开放性和灵活性。

从法律文件的性质来看，《公共采购示范法》只是为各国制定或改革公共采购立法提供的参考范本，不是国际公约，也不具有约束各国承担公共采购国际义务的强制性。由于现代国际社会仍然由主权国家构成，国家主权原则和主权平等原则仍是国际法的基本原则②，所以各国在制定公共采购法时不必受《公共采购示范法》的约束或完全照搬其内容，可以根据本国的实际情况自愿选择是否采用。

二、法律框架

《公共采购示范法》为各国和各地区的国内公共采购立法提供了一个基础的法律框架，针对公共采购行为规定了原则性的要求和程序，确认了现代政府采购法最低限度的必要内容，并通过法律框架的形式给各国留下足够的自主空间，充分体现了原则性与灵活性的统一。

（一）明确公共采购制度的基本要素

《公共采购示范法》的目的是要求各国根据本国情况调整采购示范法，使之适合本国的立法传统，但又不损及采购示范法的基本原则和程序。因此，《公共采购示范法》制定了公共采购的法律框架，明确了健全的公共采购制度所应具备的基本要求和采购程序，使颁布国能够在采购示范法确定的总体框架内，根据自身的特定需要和情况制定有关采购程序的细则。

根据《公共采购示范法》，健全的公共采购立法最低限度应当包括下列基本原则和程序：

（1）适用的采购法律、采购条例和其他相关信息应可供公众查取。

（2）要求事先登载每项采购程序的公告及相关细节，以及事后发布采购合同授标公告。

（3）要求按照“采购标的说明”条款对拟采购项目加以说明，即力求客观，作为一般规则不得提及特定商标名，以便能够在共同、客观基础上编拟和比较提

① 曾涛．示范法的理论基础及其在中国的运用[J]．法商研究，2002(3)．

② 吴慧．从国际法视角看《贸易法委员会公共采购示范法》的性质和作用[J]．中国政府采购，2009(10)．

交书①。

（4）要求向所有潜在供应商告知用以确定哪些供应商可以参加采购的资格程序和准入标准，以及用以确定供应商是否有资格参加特定采购程序的特殊标准。

（5）要求以公开招标作为建议采用的采购方法。凡采用其他采购方法的，要求说明客观理由。

（6）要求提供其他采购方法用于可能出现的各种主要情形，如简单或低价值采购、紧急和应急采购、重复采购以及复杂或专门项目或服务采购等，法律应当规定这些采购方法的使用条件。

（7）要求按标准程序进行每项采购程序。

（8）要求以不妨碍参与采购的形式和方式与供应商通信。

（9）要求从确定中选供应商到授予合同或框架协议必须有一段停顿期，以便能够在任何采购合同生效之前处理不遵守《公共采购示范法》条款的违规情形。

（10）要求必须对违反规则或程序的情形规定质疑和上诉程序。

（二）需要采购条例和其他法律支持

《公共采购示范法》针对公共采购规定了必不可少的程序和原则，但它仅是一个法律框架，本身并未提供各国为执行这些程序而必需的全部条例和细则。而且，《公共采购示范法》中有的条款是选择性的，如关于采购实体的定义；有的条款是填空性的，如关于颁布采购条例的机关或权力机构的名称。这些内容都有待于各国根据本国的实际情况和特殊需要做出选择、补充或修改。因此，各国在根据《公共采购示范法》制定公共采购法的同时，应颁布相应的采购条例或实施细则，以实现有关目标和实施《公共采购示范法》的规定。

1. 需要颁布国的采购条例完善

颁布国在制定采购条例时，应对公共采购制度的立法框架加以完善，并使之具有可行性。一方面应补充《公共采购示范法》所规定的程序细节，另一方面要考虑可能对颁布国产生影响的不断变化的具体情况以及相应的技术发展。

具体而言，采购条例中需要拟订细则的程序主要包括：各类信息的公布方式；确保采购程序中所传送信息的真实性、完整性和保密性的措施；限制参与采购的理由；评审提交书对优惠幅度的计算和社会经济政策的适用；采购的估价；行为守则；紧急情况下使用竞争性谈判或单一来源采购方式进行的采购数量限制，即数量限于处理紧急情况所需数量等。应注意的是，各颁布国在制定采购条例时，一方面，不

① 在不同采购方法中，供应商提交的文件不同。提交书是对投标书、建议书、报价书的统称。

应违背《公共采购示范法》既定的目标和原则，不得与采购示范法相抵触或削弱其条款的效力；另一方面，颁布国规范采购所采取的做法还应与其法律传统和行政传统保持一致，以便采购系统能够在协调一致的法律体系中运行。

2. 需要与颁布国其他法律接轨

为了确保颁布国公共采购制度的有效运作，在实施《公共采购示范法》时除需要制定配套的细则之外，还需要其他法律的辅助。这就要求在实施《公共采购示范法》时要与颁布国的其他法律接轨，使之成为一个有机的公共采购法律体系。这类其他法律可能包括适用的行政法、合同法、刑法和司法程序法等。

《公共采购示范法》主要是采购实体选择供应商、与之订立采购合同的基本程序，并规定了违反或不遵守这些规则或程序时可使用的有效质疑机制，而没有涉及采购规划、合同履行或执行阶段。因此，《公共采购示范法》中没有预算编制、需求评估、市场研究和协调、合同管理、履约争议解决或合同终止的有关规定，由采购实体根据本国的其他法律来做出处理。颁布国需确保针对采购过程的这些阶段建立完备的法律和机制，对于采购系统的总体有效运作和实现《公共采购示范法》目标非常重要。此外，采购实体可能需要考虑并适用就业和平等方面的法规、环境要求以及可能需要考虑的其他要求。

第二节 立法目标

《公共采购示范法》有两重目的：一是为各国建立公共采购立法或对本国采购法律和实务进行评价和现代化提供一个参照范本；二是支持在国际层面协调统一公共采购条例，以此促进国际贸易。基于此，《公共采购示范法》在序言中提出了具体的立法目标，应对采购加以规范以促进资金效益、广泛参与、最大竞争、公平待遇、廉正公信和增进透明度6项基本目标，通过明确公共采购立法依据，为《公共采购示范法》的解释和适用提供指导。

一、节省费用，提高效率

《公共采购示范法》在序言中规定“采购应尽量节省费用，提高效率”，这也是公共采购制度应达到的基本功能。

一是节省费用。采购中的“节省费用”，是指支付的价格同采购标的质量等其他要素之间的最佳关系，其先决条件是公共采购方的需要已得到满足。关于节省费用，《公共采购示范法》赋予了采购实体一定的灵活性和裁量权，在采购人员具备一定程度的技能和经验的前提下，允许采购实体灵活决定每次采购中的资金效益是什么，以及如何进行采购才能实现资金效益。具体而言，采购实体有广泛的裁量权决定要购买什么，也有裁量权确定什么才是响应采购实体需要的，哪些人可以参加并以何种条件参加，以及在选择中选提交书时适用哪些标准。采购实体在确定中选供应商的评审标准中可列入与采购标的有关的广泛要素，其中包括价格、生命周期成本和质量考虑等因素，还可包括与采购对社会和环境影响有关的社会经济标准。采购实体还可酌情决定其评审标准中各项要素的相对权重，但应事先在招标文件中披露所有评审标准，包括这些相对权重。此外，采购实体也有根据采购情况选择采购方法的有限裁量权。《公共采购示范法》为适应各种公共采购活动而设计了一系列采购方法，包括正常情形下必须使用的公开招标方式，以及简单和低价值采购、重复或不定期采购、复杂项目或服务采购、紧急采购等特定情况下适用的采购方式或安排。在限制的范围内采用适当采购方法，扩大了采购实体的裁量权，从而能够选择实现资金效益的最佳方法。但这一裁量权受到限制，采购实体必须按照既定的采购规则和程序进行采购活动，以确保所选择的方法按预期方式运作，实现资金效益，避免舞弊和腐败行为。《公共采购示范法》所提供的灵活性和裁量权的使用都必须以严格的透明度机制作为前提，允许对采购实体的有关决定进行监督。

二是提高效率。采购中的“效率”，是指每次采购的交易成本和行政管理时间同采购价值之间的关系是相称的，还包括整个采购系统的成本也与通过该采购系统进行的所有采购价值相称。在效率方面，《公共采购示范法》提供了灵活的程序，以确保每次进行采购所用的行政管理时间和费用与采购价值相称。例如，《公共采购示范法》规定了低价值采购、简单采购、重复采购或不定期采购可以使用限制性招标、询价、电子逆向拍卖和框架协议的采购方法。与公开招标相比，这些方法的程序简单，操作起来更为快捷，以电子方式操作时尤其如此。采购实体根据采购具体情况选择相应的采购方法，可以提高采购效率。

《公共采购示范法》还提供了一些便于监督采购过程的工具，包括采购程序的记录、直接采购提前发布公告、发布授标公告、质疑程序和结果的记录等，这些采购程序和结果的记录可以对节省费用和提高采购效率进行评估。

二、鼓励广泛参与，促进国际贸易

《公共采购示范法》在序言中规定，不论国籍，促进和鼓励供应商[①]参加采购程序，从而促进国际贸易。其含义如下：

一是不得以国籍限制供应商参与采购。作为以支持和促进国际贸易为目标的法律文件，《公共采购示范法》默认的规则是不论国籍向所有潜在供应商开放采购，只有颁布国国内法规有明确规定时才可以限制国外供应商参与采购。例如，在不违反采购所涉国际贸易义务的前提下，颁布国的公共采购条例或其他法律可规定仅限于在国内采购，或在供应商资格要求、采购标的说明或评审标准中列入对国外供应商的限制规定等。

二是鼓励所有潜在供应商参与采购。对采购程序的广泛参与是有效竞争的一个先决条件，有利于实现资金效益。因此，《公共采购示范法》条款以“采购对所有潜在供应商开放”的理念为基础，除非已经认定该供应商不合格。例如，为了鼓励国际参与，除少数例外情况之外，所有采购程序都有国际公告这一要求，以便外国供应商能够了解采购机会；为了贯彻公开和非限制性参与原则，要求在采购开始时就确定并公布尽可能客观的采购条款，只有在采购情形所必需的情况下才允许限制供应商参与。供应商资格要求也有一个主要特征，即必须适合采购情形并与之相关，以防止不公平地将供应商排除在外。

三、促进采购中的竞争

《公共采购示范法》的立法目标之一是促进供应商为供应采购标的进行竞争。“采购中的竞争”主要指所有潜在供应商为获得向政府销售的机会而进行激烈竞争，或是有足够数量的供应商递交提交书以确保此种竞争。因此，在以实现公共采购资金效益最大化为目标的系统中，竞争是一个关键要素。供应商只有确信自己掌握了提交其最佳报盘所需的全部信息，并且确信其提交书能够得到客观地评审，才会切实参与竞争。因此，《公共采购示范法》在系统中规定了“廉正、公平和公信度”的措施，以及要求给予“公平、平等和公正待遇”和提高“透明度”的措施，这些都是与竞争相辅相成、互相促进的。

尽管《公共采购示范法》条款中很少明确提及竞争的概念，但其隐含的特征是

① 为方便起见，供应商、服务商或承包商统称为供应商。

促进最大程度的竞争，并采取了诸多措施为有效竞争创造条件。其中，采购方法的选择是促进竞争的一个关键措施，这种选择必须着眼于在采购的具体情形下“求得最大程度的竞争”。这一要求实际上意味着允许最广泛的适当参与，为实现竞争创造条件。例如，在电子逆向拍卖、限制性招标、竞争性谈判和通过对话征求建议书程序中，由于采购实体可以限制参加采购的供应商数量，所以这些采购程序明确提出要有足够数量的供应商以确保有效竞争。而在大型和较复杂项目或服务采购中，市场上的供应商数量较少，通常彼此了解，有可能增加串通风险。在供应有限的市场上进行重复采购或长期采购，也会增加少数供应商垄断市场的风险。《公共采购示范法》针对这一风险，采取的措施包括扩大市场，在国际范围发布公告邀请国外供应商参加，并合理调整政府采购规模以避免出现相关市场控制度或集中度过高的情形。

四、给予供应商公平、平等和公正待遇

《公共采购示范法》的立法目标之一，规定对所有供应商给予公平、平等和公正待遇，主要指以客观、不歧视的方式做出对供应商有影响的采购决定。

为贯彻“公平、平等和公正待遇”的目标，《公共采购示范法》规定了确保供应商在平等基础上竞争的条款，包括向所有潜在供应商开放采购；资格标准应当与所涉采购相关，对拟采购项目的描述应尽可能使用标准术语并避免提及商标等支持无限制参与的其他要求。同时还辅之以评审标准必须与采购标的相关，禁止适用歧视性的通信形式或手段等保障措施。《公共采购示范法》还规定了确保平等和公平的程序，如有关澄清所提交信息的规则；确保投标担保要求客观性的规则；识别异常低价投标书的程序；否决逾期投标书的规则；只能以事先披露的标准为依据授予合同的规则；所有潜在供应商均可按照规定质疑采购实体的决定，包括将其排除在采购之外的决定等。

五、促进采购程序的廉洁和公平

《公共采购示范法》在序言中提出，“促进采购程序的廉正、公平和公信度”。采购程序的廉正，涉及的不仅是避免腐败和舞弊，还包含采购工作人员运用《公共采购示范法》规则要遵守职业道德、公平行事并避免利益冲突的理念。这要求采购系统不存在针对任何特定团体的制度歧视，还要求采购实体对采购示范法条款的适用不会产生与其目标相悖的结果。

《公共采购示范法》中确保客观，以及公平、平等和公正待遇的程序也是为了促进廉正。支持这些程序的规定包括：制定行为守则防止采购中的利益冲突，这是贯彻《联合国反腐败公约》对于建立采购工作人员利益申报制度的要求；必须将意图贿赂采购官员的供应商或具有不公平竞争优势或利益冲突的供应商排除在外的规则；保护机密信息的规定；在程序记录中记载采购过程中所有决定的要求；在遵守保密规定的前提下，向参加者以及公众披露有关信息的规则；为供应商提供救济的质疑程序。而且，监控采购中裁量权的行使情况、行为守则与国内反腐败的法律相配合，也可以进一步加强廉正。如果以透明的方式执行这些规则，适当惩罚不法行为，公共采购系统的公信度便会随之提高。

六、采购程序具有透明度

《公共采购示范法》的立法目标之一是“采购相关程序具有透明度”。采购的透明度主要涉及 5 个方面：公开披露采购程序所适用的规则、公布采购机会、事先确定并公布拟采购标的和提交书的评审方式、按照既定规则和程序以透明方式进行采购，以及监督采购规则执行的制度。《公共采购示范法》中对裁量权的使用涉及一种平衡，既要使采购实体能够确定采购什么以及如何以最佳方式进行采购，也要限制官员的裁量权并促进对其所做决定和行动的问责。透明度作为监测并在必要时质疑裁量权行使情况的工具，是采购制度中的一项关键要素，既有助于提高采购廉洁度和采购制度公信度，也是有利于对照各项目标评价采购制度和各个采购程序。

透明度措施贯穿于《公共采购示范法》中，具体包括以下要求：关于采购的所有法律文本可迅速供公众查取、非歧视的通信方法、事先确定并在招标文件中公布资格审查标准和评审标准、以适当的语言广泛登载参加采购邀请书和所有参加条件、公布递交提交书的截止时间、在采购过程中向任一参与方提供的进一步重要信息应向所有参与方披露、公开发布取消采购的通知、采购合同以规范的方式生效并发布授标公告等。《公共采购示范法》还为每种采购方法规定了可供公众监督的程序，包括在提交投标书的供应商出席情况下开标。此外，各参与方也有权得到特定采购必须在事后公之于众的某些信息，所有这些信息都必须载入采购记录。这些具体的透明度措施能够对采购程序的守规情况进行评估，包括当众开标、登载授标公告以及按规定必须保持的采购记录的详尽内容等。特别是，“采购程序记录”条款还具有追踪采购实体各项决定的关键功能，如审查会议记录可能会发现违规行为，也进一步突显了在采购中保持电子数据的益处。

《公共采购示范法》的这些立法目标都很重要，相互支持和相互促进，是实现其总体目标——“公共采购实现资金效益并避免滥用”的关键要素。《联合国反腐败公约》关于公共采购的规定、世界贸易组织《政府采购协议》以及各种涉及公共采购的区域协定也都是以这些目标为基础，但不同采购制度对其中每项目标的侧重有所不同。

第三节　政策平衡

从《公共采购示范法》的各项目标来看，采购应在不受任何影响的系统中进行。但贸易法委员会指出，无论是在国内层面，还是涉及国际义务的情况下，采购方面的决策和执行都不是孤立进行的，要注意采购政策与其他公共政策之间的平衡。如通过采购系统推行其他政府政策和目标与采购系统本身运行之间的平衡，在公共采购系统中纳入国防和敏感采购与《公共采购示范法》对竞争和透明度要求之间的平衡等。

一、社会经济政策

政府作为公共产品和公共服务的提供者，其采购有相当一部分与构成经济和社会发展进程的项目有关，采购可以加强此种发展和能力建设，成为有效的政策工具。

（一）推行社会经济政策的方式

各国政府普遍利用公共采购活动发挥政策功能，以实现经济、社会和环境等体现社会公共利益的政策目标。在采购实践中，各国推行的社会经济政策包括：国产化程度，包括制造、劳动力和材料等方面；投标书所提供的经济发展潜力，包括国内投资或其他商务活动；鼓励就业；技术转让以及在管理、科学和操作上的技能培养；发展中小企业、少数民族企业、小型社会组织、弱势群体或残障人士；区域和地方发展等。

政府采购工作组认为，《公共采购示范法》中一些条款过于注重将公共采购作为促进国际贸易的手段，也应适当考虑各国的社会和经济现实。如许多国家将公共采购作为保护国内产业、发展中小企业和落实其他社会经济和环境政策的手段。因此，《公共采购示范法》并不限制颁布国通过公共采购来实现社会经济政策目标，并就如何在公共采购中实现这些政策目标的方法进行了规范。

1. 社会经济政策定义

根据《公共采购示范法》，社会经济政策是指本国采购条例或其他法律规定允许或要求采购实体在采购程序中考虑的本国在环境、社会、经济和其他方面的政策。《公共采购示范法》将“社会经济政策”限定为颁布国采购条例或其他法律中阐明的政策，而不能是采购实体自己制定的政策。其目的是确保采购实体能够依法适用普遍的社会经济政策，而不是其根据裁量权决定适用临时的政策，有利于保证社会经济政策的连续性和制度性适用。颁布国可不限于定义中列明的社会经济政策，在其采购条例或其他法律中也可以对社会经济政策予以扩充，列出本国适用的社会经济政策示例清单。

2. 社会经济政策实现方式

根据《公共采购示范法》，颁布国在公共采购中实现社会经济政策主要包括以下方式：

（1）国内采购。

为了实现最大程度参与和促进竞争的目标，“供应商参与”条款规定不论国籍促进和鼓励供应商参加采购程序，但也允许在颁布国采购条例或其他法律规定的限度内，作为例外情形将采购限于国内供应商。这说明《公共采购示范法》允许颁布国政府为促进社会经济政策而要求限制外国供应商的参与，只向国内供应商采购。

（2）资格标准。

为了促进环境、产业、社会或其他方面的政策目标，采购实体可以根据“供应商资格”条款确定供应商资格方面的最低限标准。例如，允许采购实体规定供应商应达到环境方面的资格要求以及道德标准和其他方面的标准。

（3）采购标的说明。

采购实体可根据“关于采购标的说明”条款确定提交书响应性方面的最低限标准，以促进环境或其他社会方面的政府政策。在对采购标的进行说明时，除有关技术、质量或性能特点外，还可包括与颁布国环境保护或其他社会经济政策有关的特点。

（4）评审标准。

在设计评审标准时，可以对符合要求并遵守社会经济政策的情形给予优先考虑。根据《公共采购示范法》的规定，评审标准可以包括社会经济考虑因素，如采购标的与环境保护有关的特点，本国采购条例或其他法律允许或要求给予国内供应商或国产货物的优惠幅度或其他任何优惠。

在利用公共采购实现社会经济政策的方式中，《公共采购示范法》更倾向于在评审过程中给予国内供应商或国产货物优惠幅度的方法推动社会经济政策。因为这种方式可以兼顾采购程序的国际参与和扶持国内企业发展两方面的目标。也就是说，采购实体既可以照顾到实力已接近国际竞争力价格水平的本国供应商，又不会一概排除外国供应商参与采购竞争。只要国内供应商提交书与总体价格最低或最有利的提交书之间在价格差额上不超出优惠幅度范围，采购实体就可选择该国内供应商为中选供应商。实践表明，使用优惠政策的效果往往比实行资格限制或只允许国内供应商参与的保留政策要好。因为国内供应商在长时期内完全与竞争隔绝，容易导致停留在原有的水平上，不利于其能力的发展，无法实现社会经济政策的初衷。

（二）推行社会经济政策的限制

在公共采购中推行社会经济政策，可能对采购系统本身的运行产生影响，因为就其本质而言，是要通过限制特定采购中的竞争来推行此种政策，属于《公共采购示范法》充分和公开竞争原则的例外情形。《公共采购示范法》的程序为资源最佳分配和资金效益提供保障，而推行社会经济政策限制竞争可能会导致采购成本的增加，包括最终支付的价格和政府监管费用导致的行政或交易成本的增加。因此，颁布国在采购中推行社会经济政策时，既要对此类政策的影响定期评估，比照既定基准对有关政策的成本进行计算，然后根据所产生的效益权衡这方面的成本，也要考虑其目的仅是为通过能力建设等手段向符合条件的供应商提供市场准入和开放国民经济，适合作为过渡性措施而不是将其作为保护主义手段，应当以渐进方式引入国际竞争。

尽管《公共采购示范法》没有对推行的社会经济政策类型做出限制，但对于运用这些政策的方式做了限制，既可确保供应商在考虑参加某一采购程序时对社会经济政策的影响做出评估，也可防止采购实体任意使用或滥用社会经济政策。

1. 严格依法适用

为了确保社会经济政策实施过程中的透明度和客观性，防止采购主体滥用公共政策目标，《公共采购示范法》对公共采购中实施社会经济政策规定了保障措施。

（1）必须依法适用。

根据《公共采购示范法》，只有颁布国采购条例或其他法律中有明确规定时才能通过采购推行社会经济政策，采购实体必须依法适用，而不能只依据自己的政策适用社会经济政策标准。为促进本国政府的社会经济政策，采购实体可按照采购条例或其他法律的规定只向国内供应商采购，要求供应商达到社会经济政策的最低限资格标准，说明采购标的时考虑与环境保护或其他社会经济政策有关的特点，在评审标准中优先考虑符合社会经济政策的情形等，这些将决定一项提交书是否具有响应性。

《公共采购示范法》要求采购实体应以非歧视方式使用包括优惠幅度等所有措

施，在采购中严格遵守其制定的相关程序，禁止通过规定资格要求或审查以及评审标准歧视某些供应商或承包商。例如，采购实体不得就供应商的资格设定任何歧视或区别对待供应商或者歧视其中某些类别的标准、要求或程序；不得利用采购标的说明限制供应商参加或进入采购程序；不得在评审标准中适用歧视性标准等。

（2）遵守透明度要求。

除上述保障措施之外，在公共采购中实施社会经济政策还有严格的透明度要求，以确保所有参与者都清楚地了解在采购过程中运用此种政策的方式，特别是确保供应商可以对这种政策的影响做出评估以决定是否参加采购。透明度要求包括在招标文件中公布参加程序的全部条款，主要涉及供应商的参与和资格审查、采购标的说明、评审标准和程序等，社会经济政策标准应严格遵守上述要求。

2. 不得违反国际义务

世界贸易组织《政府采购协议》和各种区域贸易协定一般都要求成员方相互给予“国民待遇”，即在公共采购中给予所有参加方的供应商不低于本国供应商所享有的优惠待遇，而且禁止抵偿及类似措施。在公共采购中推行社会经济政策有可能对外国供应商产生歧视效果。因此，颁布国根据《公共采购示范法》在采购中推行某些社会经济政策就会违反国际协定。

在颁布国实施社会经济政策与其承担的国际义务发生冲突时，《公共采购示范法》明确规定须服从颁布国订立的任何国际协定，只能在颁布国所承担的国际义务允许限度内使用这些标准。实际上，这就意味着颁布国如果加入了这些贸易协定，就不能在采购中使用推行社会经济政策的这些办法。《公共采购示范法》也考虑到涉及其他国际义务的情形，也都予以承认。例如，采购资金源于附有条件的双边援助安排，可能会要求向捐助国的供应商采购；区域经济一体化组织对本组织内其他成员的供应商予以国民待遇而产生的基于国籍的限制；因联合国安全理事会施加制裁而产生的限制等特殊情形。

除社会经济政策外，《公共采购示范法》也提倡“可持续采购”的理念。2002年联合国可持续发展首脑峰会基于“可持续生产与消费”观念提出了可持续公共采购（Sustainable Public Procurement, SPP）概念。联合国环境规划署将可持续公共采购定义为，机构为满足其对工程、货物、服务和公用事业上的需求而进入采购程序，这个程序需要在采购的全生命周期内符合物有所值原则，项目不仅受益于采购机构，还需实现社会与经济价值，同时最大限度地减少对环境的伤害。公共实体在采购货物、服务或工程时，需要维持可持续发展理念中的三大支柱，即经济、社会与环境间的平衡，即通过公共采购实现经济、社会效益并达成环境目标。其中“社会”因素有雇用条件、社会包容和禁止歧视，“道德”因素有人权、童工和强制劳动，“环境”因素涉及绿色采购等。《公共采购示范法》将“可持续性”作为审查采购对于颁布国社会和环境全面影响的一种方法，审查办法包括促进生命周期成本计算、处理成本和环境影响等。

二、保护机密信息

由于《公共采购示范法》的采购制度包括与国防和安全相关的采购，贸易法委员会认为在进行此种采购时可以为保护机密信息而对透明度规定做出修改。透明度义务是实现资金使用价值和《公共采购示范法》其他目标的关键，这种修改将涉及对保护相关信息的目标和透明度义务之间的平衡。为此，贸易法委员会要求确保这种修改不超出必要范围，必须进行逐案审查并在采购记录中载明所援用的修改理由，以防止削弱《公共采购示范法》的这项关键原则。

（一）保护机密信息

机密信息，是指颁布国根据国内法指定为机密的信息，就其本身性质而言，可以是敏感信息或保密信息。对机密信息的理解，通常是按照法律授权限于特定类别人士获取的信息。根据该术语及其对机密信息赋予的灵活性，不仅是最常涉及“机密信息”的国家安全和国防等部门的采购中需要处理此类信息，包括法律允许保护某些信息免予公开披露的其他部门的采购中也需要处理此类信息，如敏感工程设施的设计或卫生部门涉及敏感的医学研究和试验等。

涉及机密信息的采购，是指本国采购条例或其他法律规定允许采购实体为保护机密信息采取措施并规定要求的采购。《公共采购示范法》赋予了采购实体为保护机密信息而采取特殊措施和提出特殊要求的权利，法律允许保护某些信息免予公开披露的其他部门的采购中也需要处理此类信息，允许制定专门保护机密信息的规定，针对供应商以及分包商具体规定特定采购程序中的联系手段和方式等。

（二）遵守保障措施

为避免采购实体滥用保护机密信息的规定，《公共采购示范法》规定了应遵守的保障措施。

1. 依法保护机密信息

《公共采购示范法》并未赋予采购实体扩大“机密信息”范围的任何裁量权，采购实体只能在颁布国采购条例和其他法律规定允许的限度内适用保护机密信息的规定。

2. 遵守透明度机制

《公共采购示范法》也规定了某些透明度机制，包括招标文件必须指明与机密信息有关的法律出处和逐案审查要求等。如采购实体必须在第一次邀请参加涉及机密信息的采购程序时具体规定，是否需要措施和要求对这类信息提供必要级别的保护，以及采取什么样的措施。如果采取了这些步骤，采购实体必须在记录中说明其所依据的理由和情形。这些保障措施是为了确定是否有充分理由取消通常都适用的透明度要求，采购实体应对其采取的行动做出解释并说明理由。

第七章 《公共采购示范法》总则

《公共采购示范法》总则部分规定了在公共采购中普遍适用的条款，涵盖了采购系统所依据的主要原则，指明了如何贯彻序言中阐明的各项目标以及为此而规范的事项，是整个采购系统按照预期要求运行的必要条件。总则分为采购制度框架和采购程序适用原则两部分，其共同目的是确保以《公共采购示范法》为基础的国内法下的公共采购所遵守的规则清楚明确，不仅使公共部门以负责的方式支出公共资金，也有助于提高系统的公信力和廉正。①

第一节 采购制度框架

《公共采购示范法》构建了公共采购制度的基本法律框架，也就是公共采购法所应具备的最低限度内容而非全部内容，其主要目标是通过规定严格的客观性和透明度要求，确保每种采购程序都有平等竞争的环境，既可为扩大市场机会提供支持，又可鼓励参加采购程序，还通过明确规定采购官员职责增进了对采购官员的问责。颁布国的法定机构应制定采购条例以协助执行《公共采购示范法》。根据《公共采购示范法》，公共采购法律框架包括适用范围、国际协定效力、透明度要求以及采购人员行为守则等内容。

一、适用范围

实现立法目标的最佳方式莫过于最广泛地适用法律的各项规定，因此《公共采购示范法》规定"本法适用于一切公共采购"，将一切类别公共采购都涵盖在内。出于同样的原因，《公共采购示范法》没有像其他国际采购制度一样设置适用该法的门槛金额，而主要是从采购主体、采购对象和采购形式三方面对适用范围进行了规范。

---

① 为了确保法律具有足够广度和力度，贸易法委员会鼓励颁布国将《公共采购示范法》总则完全颁布，但允许颁布国为确保与国家法律体系的一致性对其做出必要改动，并颁布所要求的采购条例。

（一）采购主体

《公共采购示范法》主要通过定义的方式来确定适用的采购主体范围，不涉及“采购实体”定义范围之外当事方的采购。

1. 采购实体

对于采购实体的定义，《公共采购示范法》主要着眼于处理政府单位和公共部门内其他实体和企业的采购问题。

（1）涵盖实体的案文。

各国所确定的采购实体情况有所不同，反映了立法权限在各级政府之间的分配有所不同。因此，《公共采购示范法》在界定“采购实体”时，根据涵盖在内的政府级别列出了两种任选案文。

① 任选案文一。

将颁布国所有政府部门、机构、机关和其他单位，或其任何下属机构或联合体包括在《公共采购示范法》的范围之内，涉及颁布国中央政府以及省、地方或其他下属政府机构。这项任选案文列出了涵盖在内的政府级别，可由非联邦制国家以及可对下属机构制定立法的联邦制国家采纳。

② 任选案文二。

将颁布国政府中从事采购的任何部门、机构、机关或其他单位，或其任何下属机构或联合体包括在《公共采购示范法》的范围之内，将由只针对国家政府机关颁布《公共采购示范法》的国家采纳。

《公共采购示范法》对“采购实体”定义的修改体现在：公共采购不仅可由单一的采购实体进行，也可由来自不同国家的采购实体组成的集团或联合体进行。因此，采购实体的定义中特别提及“政府部门、机构、机关和其他单位或其下属机构的联合体”，但未指明与任何特定国家的关系，其目的就是考虑这类集团或联合体的参与，包括参与跨国采购。在国际联合体中，通常由一个国家的某个采购实体以牵头采购实体的身份充当其他国家采购实体的代理人。

（2）涵盖实体的考虑因素。

如果颁布国要求将不是政府组成部分的某些实体或企业也按照《公共采购示范法》进行采购，则颁布国可将《公共采购示范法》的适用范围扩展至这些实体。颁布国在决定将哪些实体涵盖在内时，应考虑以下因素：

① 政府是否向该实体提供大量公共资金，是否为确保该实体支付与采购合同有关的款项而提供保证或其他担保，或以其他方式支持采购实体履行合同义务；

② 该实体是否由政府管理或控制，或者政府是否参加该实体的管理或控制；

③ 政府是否对该实体销售货物或提供服务而给予独家许可、垄断权或准垄断权；

④ 该实体是否应向政府或公共财政部门报告赢利情况；

⑤ 国家订立的国际协定或承担的其他国际义务是否适用于该实体进行的采购；

⑥ 该实体是否经由特别立法行动为开展活动促进法定的公共目的而设立，以及适用于政府合同的公法是否适用于该实体订立的采购合同。

从上述规定可以看出，《公共采购示范法》主要从两个方面确定适用的采购主体：一是采购资金的来源。由于公共采购的主要目标是保证采购资金的有效使用，如果采购实体的资金来自政府财政性资金，那么该采购实体当然成为公共采购主体。在西方国家，使用财政资金的机构并非只有政府部门或者公用事业单位，还有私营企业。如政府向私营企业提供的补贴、私营企业承办政府委托事项等，用这些资金或者含这些资金的采购活动，都应成为公共采购的主体。二是是否受到了政府的特别授权、管理或具有特别立法目的。这类采购主体包括未使用政府财政性资金进行采购的公共机构和营利性机构，但涉及政府对其的控制关系、许可授权、红利分配以及公共目的等。如有些采购实体依赖政府给予的特许权进行垄断性经营，所从事的活动涉及国计民生，即使这类采购实体没有使用财政性资金而是利用私人融资进行采购，因政府对其管理或者生产经营活动都具有直接或间接的影响力，其采购活动也要受到相应的约束。

2. 国防和安全部门

安全相关采购是许多颁布国公共采购市场的一个重要部分，其中包括为国防目的进行的战争物资采购、事关国家安全的采购和涉及其他安全相关的采购，1994 年《货物、工程和服务采购示范法》考虑到这些采购的特殊性，将国防和国家安全采购排除在适用范围之外。而《公共采购示范法》将适用范围扩大到所有公共采购，也包括国防和国家安全部门的采购，以便在颁布国所有部门推行统一的采购法律制度，使所有采购都能够适用《公共采购示范法》的规定。贸易法委员会认为，国防和国家安全部门进行的采购并非都直接涉及国家安全，不应不加区分地全部排除在颁布国的采购法律制度之外，而且《公共采购示范法》提供了门类齐全的采购程序，已没有必要将颁布国的任何经济部门排除适用《公共采购示范法》。

鉴于国防和国家安全采购的特殊性，贸易法委员会认为应给予此类采购一定灵活性并且允许各国遵守相关的国际义务。例如，《公共采购示范法》对涉及机密信息的采购做出了特殊规定。广泛的透明度义务可能不适合与安全相关的采购，采购程序中的某些步骤需要经过修改才能适合涉及机密信息的采购。通常而言，国防和其他敏感采购不仅涉及信息安全问题，而且还涉及采购的复杂性和确保供应安全等其他问题。出于这些考虑，《公共采购示范法》允许在公开招标之外使用通过对话征求建议书、竞争性谈判和单一来源采购等其他方法，也可以采用框架协议程序解决供应安全问题。不论对哪种采购做出不完全适用《公共采购示范法》的决定，都必须在采购记录中说明做出此种决定的理由，这也说明《公共采购示范法》规定的程序不能一律不适用。

（二）采购对象

在 1994 年《货物、工程和服务采购示范法》中，“采购”是指获取货物、工程和服务，并通过定义进行了具体的说明。其中，“货物”是指各种各样的物品，包括原料、产品、设备，固态、液态和气态物体，电力以及货物供应的附带服务，条件是附带服务的价值不超过货物本身的价值；“工程”是指与楼房、结构或建筑物的建造、改建、拆除、修缮或翻新有关的一切工作，如工地平整、挖掘、架设、建造、设备或材料安装、装饰和最后修整，以及根据采购合同随工程附带的服务，如钻控、绘图、卫星摄影、地震调查和其他类似服务，条件是这些服务的价值不超过工程本身的价值；“服务”则可归类为除货物或工程以外的任何采购对象。

在《公共采购示范法》中，“采购”或“公共采购”也是指采购实体获取货物、工程或服务，但不主张对货物、工程和服务进行严格分类，所以删除了货物、工程和服务的定义，使用“采购标的”这一术语来说明要采购的是什么。考虑到在货物、工程和服务之间往往不可能做严格区分，所以《公共采购示范法》也未对货物、工程和服务规定不同的采购方法。如果颁布国希望继续使用这一分类办法，公共采购机构或其他类似机构就应确保调整法律使之适合这种做法，并向采购系统的所有潜在使用者提供这种分类。

（三）采购形式

根据《公共采购示范法》的定义，采购是指采购实体“获取”货物、工程或服务，属于广义的采购。“获取”一词涵盖了购买、租赁、租购，无论是否有购买选择权。而且，《公共采购示范法》也适用于以任何形式进行的采购，既可以是使用纸张的传统采购，也可以是借助新兴技术的电子采购，都适用同样的形式要求及其他标准。

二、国际协定效力

很多颁布国在适用《公共采购示范法》时，可能也需要遵守与采购有关的国际协定或义务,《公共采购示范法》遵循了国际协定优先适用的原则。

（一）采购国际协定或义务

在公共采购领域，很多国际组织都制定了与采购相关的国际协定或规则。例如，世界贸易组织《政府采购协议》是推动政府采购国际贸易的协定，参加方必须遵守《政府采购协议》的规定。欧盟成员方必须遵守整个联盟内适用的公共采购指令，世界其他区域经济集团的成员也必须遵守其区域经济集团实行的采购规则；许多国际贷款机构和国家开发机构都制定了准则或规则，以规范使用由其提供资金进行的采购。在与这些机构签订的贷款或提供资金的协定中，借款国或受援国承诺使用这些资金进行的采购活动将遵守有关准则或规则；另外，颁布国还需遵守一些国际要求，如联合国安全理事会的反恐措施或制裁制度可能要求各国禁止从某些国家采购等。

（二）国际协定或义务的效力

颁布国既要遵守采购国际协定或义务，也要执行《公共采购示范法》的规定，这就涉及如何处理二者的关系问题。在国际协定和义务与《公共采购示范法》发生冲突时,《公共采购示范法》主张以国际条约或协定的规定为准，但在其他方面的采购事宜仍应遵循《公共采购示范法》的规定。也就是说，颁布国承诺的国际协定或政府间其他国际义务普遍优先于《公共采购示范法》的规定。上述规定主要基于两方面考虑：一方面，根据国际协定进行采购会适用比《公共采购示范法》更严格的要求；另一方面，防止颁布国以国际义务为借口规避《公共采购示范法》所要求的保障措施。

除上述国际义务之外，《公共采购示范法》也为联邦制国家处理《公共采购示范法》所涉事项提供了任选案文，允许联邦制国家规定联邦政府与本国地方政府之间或其地方政府之间订立的协定优先于《公共采购示范法》。

三、透明度要求

《公共采购示范法》对透明度提出了要求，主要体现在以下两个方面：

（一）公布采购法律制度

为了确保颁布国公共采购适用的所有规则和条例的透明度,《公共采购示范法》提出了公布法律文本的要求，以便相关人士可在任何时间了解和获取这些采购规则和条例。

1. 普遍适用的法律文本

为了提高采购法律文本的透明度，《公共采购示范法》要求颁布国应及时公布本法、采购条例以及与采购相关的普遍适用的其他法律文本及其修正案文。这些法律文本应可迅速供公众查取并加以系统保持，主要指以一般使用者容易使用和理解的方式及时登载并更新所有相关的基本信息。其中“可查取”指信息必须能够可查取和读取而无须参考其他信息源，即无须请求即可查取，这意味着指定的国家主管机关采取主动行动，如在官方媒体上公布以确保所要公布的信息可供公众查阅；“对系统保持”是要求指定的国家主管机关必须确保公布的信息是最新信息和可靠信息，这一义务的履行方式应在文件中说明，以便于监测守规情况。

许多国家都有官方出版物定期公布上述采购法律文本，若没有此类出版物，就应当在其他适当媒介上确保以达到必要覆盖面的方式对相关人士和普通公众披露相关信息，迅速让外国供应商和公众可以查取这类文本。为确保公众迅速查取相关法律文本，颁布国应在采购条例中具体规定公布方式和媒介，或者在此类条例中提到与法规、条例和其他法律文本的公示有关的法律来源。随着信息技术的快速发展，媒介和信息来源急剧增加，这种做法对于确保信息来源的真实性和权威性尤其重要。如果供应商可以从多种来源得到大量信息，而信息的真实性和权威性又无法确定，就会影响到采购实务中的透明度。此外，颁布国可规定在广泛查取的指定媒介上以集中方式提供相关信息，并制定有关规则可统一使用的单个媒介与可能载列此种信息的其他媒介之间的关系做出界定。采购条例可明文规定在统一使用的媒介上公布信息之前禁止在其他媒介上公布，并要求在其他媒介上公布的相同信息必须载列相同的内容等，以确保在统一使用的单个媒介上登出的信息具有真实性和权威性。

2. 司法判决和行政裁决

根据《公共采购示范法》，与公共采购相关的具有先例价值的司法判决和行政裁决应当公之于众。与普遍适用的法律文本不同，司法判决和行政裁决通常自法院或其他发布机关颁布时起生效，公众查取可能需要适用专门的规则。例如，公众可能需要请求得到有关法院的某一司法判决的副本。因此，《公共采购示范法》要求“必须公之于众”，以便于经请求间接查取以及在可能情况下直接查取。一旦相关机构准予查取有关文本，随后提供的信息必须是可读取且能够加以解释或保留的。虽然对系统保持的要求不适用于此类文本，但鼓励颁布国在合理的灵活度范围内确保所公布文本的准确性。

为实现透明度和可预测性，并促进和鼓励供应商参与竞争，《公共采购示范法》要求颁布国必须公布上述法律文本，也应当规范由哪些国家机关负责履行此项义务。

按照《公共采购示范法》的一些条款，将要求采购实体在招标文件中提及与采购程序直接相关的法律、条例和其他法律文本。此外，考虑到各国法律传统和采购惯例，以及使用电子手段减少了公布和保持信息的费用、时间和行政负担等情形，颁布国也可公布与供应商有关且具有实际效用和意义的其他文本。如可发布采购准则或手册，国内重要的采购惯例和程序等其他文本。在此情况下，颁布国需评估满足这些条件所需投入的成本和精力与潜在受益人预期从所公布信息中获得的益处是否相称。

（二）发布未来采购信息

为了提高透明度和采购管理水平，国际和区域采购制度鼓励发布未来采购机会的做法。通过制定采购规划，加强采购纪律，不仅可以减少采购实体因无规划导致的紧急采购和为规避公开招标而分拆采购等情形，也有利于供应商根据采购需求分配必要资源并为参加未来采购进行准备工作。《公共采购示范法》也强调了适当的采购规划对于采购实体和供应商的重要性，并鼓励发布未来采购机会的做法，以增进整个采购过程的透明度，并消除供应商为取得有利地位而采用非正常手段了解采购规划的情况。

由于采购信息和需要可能随情况变化而变化，如果提供大量不相关或误导性的信息而不是经过仔细计划的有益和相关信息，可能会浪费采购实体的时间和费用并给供应商造成不必要的费用，也会损害发布此类信息的目的。因此，《公共采购示范法》赋予采购实体较大的灵活性，即该项规定是任意性的，不强制要求采购实体必须发布此类信息，采购实体应当特别参照《联合国反腐败公约》对公共采购的要求，评估此种发布是否适当，是否增进透明度。

1. 计划采购信息

发布计划采购信息对于制定战略计划和业务计划有很多益处，可以约束采购实体遵守采购计划，减少进行“临时”和“紧急”采购而采用竞争性较弱的采购方法的情形；有更多的供应商获悉采购机会，事先就其参与采购制订相应的计划，可以加强竞争；还可能对更广泛的治理工作产生积极影响，特别是有助于开放采购过程，供社会公众审查和参与。因此，《公共采购示范法》鼓励发布采购规划的信息，采购实体可以发布未来数月或数年计划采购活动的信息，主要涉及长期的总体规划而不是近期采购机会或未来特定采购机会的信息，该信息的发布是长期或中期规划的一个步骤。颁布国可以对发布计划采购信息提供激励措施，如采购条例规定采购实体事先发布采购信息可缩短递交提交书的期限等；还可说明在哪些情形下比较适合发布计划采购信息，如预期有复杂的工程采购或采购价值超过一定阈值的情形；还可就拟发布信息的适当内容和其他发布条件提出建议，如发布信息的期限可以是半年或一年，也可以规定其他期限。

2. 未来特定采购信息

与计划采购信息不同，采购实体也可以预先发布未来可能采购活动的公告，主要涉及未来特定采购机会的预告，该信息的发布可以比采购程序稍微提前一些。在采购实务中，发布此种预告有利于在启动采购程序之前调查市场是否会对采购实体的需要做出响应。在市场迅速变化的情况下，这种市场调查对于信息技术等特定采购会非常有益，有助于了解最近或设想中的创新解决办法。采购实体可以从供应商对采购预告的响应中看出按计划进行采购是否可行或可取，在收集数据的基础上也可以就未来采购中适用何种采购方法做出更加准确的决定。

虽然鼓励采购实体发布计划采购信息和未来特定采购信息，但贸易法委员会也认识到要求发布此类信息可能会造成很多负担，可能干扰预算编制工作并影响采购实体处理采购需求所必需的灵活性，还可能无意中为相互串通和游说活动提供便利。因此，《公共采购示范法》的立场是鼓励采购实体公布未来采购信息，但对于发布此类采购信息是任选性规定，并不构成任何特定采购程序的组成部分，由采购实体在具体采购个案基础上自由裁量决定是否公布此类信息。与之相应，采购实体发布上述信息或公告不构成招标，不使采购实体承担招标义务，也不赋予供应商任何权利。也就是说，采购实体发布未来采购信息时，并不因所发布的信息而受到任何约束。如果事先公告后没有进行采购，或者实际采购所依据的条款有别于事先发布的条款，供应商无权要求任何救济。颁布国在采购条例中规定未来采购信息的发布媒介和发布方式时，应考虑《公共采购示范法》中对各类采购信息的公布要求以确保规范的一致性。

四、采购人员行为守则

有效的公共采购系统的关键特征之一就是采购人员具有高度敬业精神，能够有效执行采购法律和条例并根据专业技能做出采购决策，不仅有益于节省费用和实现资金效益，也有助于避免腐败和利益冲突。《公共采购示范法》为此规定了“行为守则”条款，强调各国有必要对采购实体官员或雇员颁布行为守则。

（一）行为守则的作用

虽然《公共采购示范法》规定的程序和保障措施旨在促进透明度和客观性，从而减少腐败现象，但不能期望仅通过公共采购法就可根除颁布国公共采购领域的腐败行为，也不应期望采购实体处理这种腐败的所有问题。因此，对于包括采购实体雇员在内的政府官员以及供应商和采购商的腐败行为，颁布国总体上应当有一套行之有效的制裁制度以加强包括采购在内的整个系统管理。而联合国、经济合作与发展组织等国际组织也颁布了涉及采购中腐败行为的公约或条例。各国通过颁布采购人员行为守则可以降低采购中存在的利益冲突和不当行为的风险，也是贯彻《联合国反腐败公约》等国际公约和条例对公共采购相关事项要求的措施。

根据颁布国的法律传统，可以将行为守则作为本国行政法框架的一部分，在成文法或者条例层级颁布。如果针对公职人员颁布一般行为守则，可不论其所属的经济部门，该守则普遍适用于所有公职人员，在守则中也会包含专门针对采购人员行为的规定；如果只针对采购人员颁布行为守则，可在公共采购法律或条例中做出专门规定。

（二）行为守则的内容

为贯彻《联合国反腐败公约》和其他国际条例中的要求，各国颁布的行为守则应当根据所适用的国际标准取缔一切腐败做法，而不论其以何种形式存在以及如何定义。行为守则应当采取适当措施对采购人员相关事项以及影响采购过程廉正性的风险情形加以规范。《公共采购示范法》要求各国颁布的行为守则可迅速供公众查取并加以系统保持，特别是应包括以下主要内容：

1. 防止采购中的利益冲突

利益冲突会对公共采购的透明度、客观性和问责造成非常不利的影响。因此，《公共采购示范法》的规定侧重于防止采购中的利益冲突情形，并规范了采购负责人员的相关事项。例如，采购人员要对特定采购中的利益关系申报、通过筛选程序以及参加培训等。这些措施也符合《联合国反腐败公约》对公共采购的规定，即“制定措施和建立制度，要求公职人员特别就可能发生利益冲突的职务外活动、任职、投资、资产以及贵重馈赠或者重大利益向有关机关申报”。考虑到不同法域处理利益冲突的方式各不相同，《公共采购示范法》只规定了一般原则，没有针对利益冲突情形制定面面俱到的规定，包括降低各种情况下发生不当行为风险的措施，各国颁布的行为准则也不应局限于上述的措施和情形。

2. 其他事项

行为守则主要针对的是采购人员的行为，而不是处理供应商与采购实体关系的规范，但可以就私营部门实体或个人与公职人员打交道间接地划定行为界限。行为守则可以涉及一些其他事项，如“旋转门”所引发的关切。旋转门指的是个人在公共部门和私人部门之间双向转换角色、穿梭交叉为利益集团牟利的机制。“旋转门”机制可以被归为两类，第一类是由产业或民间部门进入政府的“旋转门”，这主要是指公司高级管理人员和商业利益集团游说者进入政府并担任要职。在政策制定和实施的过程中，就可能为他们曾经代表的团体谋取特别的好处。第二类是由政府进入私人部门的“旋转门”，指进入私人部门的公职人员利用以前的行政工作经验或政治影响为私人雇主在政府采购和管制中求得收益，或离任的政府官员效力于游说公司利用在公共部门任职期间搭建的关系网和影响力为游说公司客户争取利益[①]。具体到公共采购，“旋转门”是指公职人员向可能参与采购程序的实体或个人提出在私营部门谋职的要求，或者此种实体和个人主动向公职人员提出在私营部门任职的提议。

颁布国在行为守则中处理这些问题时，应考虑到行为守则与刑法、反垄断法等其他法律的关系，需要与相关的国家机构进行密切合作与协调。

第二节 采购程序适用原则

《公共采购示范法》在总则中规定了每种采购程序所适用的一般原则，这些条款和条件包括：拟采购项目的说明、哪些人可以参加采购，以及在采购程序期间如何进行通信的说明；应提供的信息以及如何确定具响应性的提交书和中选供应商；否决异常低价提交书、取消采购、反腐败措施以及采购合同如何生效；对采购过程中提供的信息保密，将采购程序与书面记录的行政要求联系起来以有效监督程序和整个系统的运作情况等。

按照采购流程顺序，《公共采购示范法》主要对以下采购程序中适用的原则进行了规范。

一、采购过程中的通信

《公共采购示范法》对于采购中通信的立场是，在采购实体与供应商以及与普通公众的互动关系方面，首要目标应是寻求和鼓励供应商参与采购程序，同时又不妨碍技术发展和采购过程。因此，采购过程中的通信不取决于使用任何特定技术，对技术发展持开放态度，而力求在通信形式、通信手段和信息保护等方面具有确定性。

（一）传送通信的形式

《公共采购示范法》规定了传送通信的形式及其例外规定。从根本上讲，其实

① 张宇燕，富景筠．当代美国的腐败——数据、案例与机理[J]．国际经济评论，2006(6).

质内容是规定纸质和非纸质通信形式和手段功能等同。

1. 基本要求

按照《公共采购示范法》传递采购过程中的文件、通知、决定或其他任何信息，包括与质疑程序有关、在会议期间传递或构成采购程序记录内容的文件、通知、决定或其他任何信息，所采用的形式应当能够提供信息内容的记录，并且能够调取供日后查用。其中，能够调取是指读者可以直接查取有关信息，而且该信息应是能够加以解释和留存的可读信息。查用是指无论人工使用，还是自动处理，这两种情况都能够做到。《公共采购示范法》对于传送信息形式的要求出于以下考虑：一方面确保随着技术的演变而在使用各种形式的信息方面具有充分的灵活性，另一方面又能充分保证所生成和传送的信息不论形式如何均能可靠使用、追踪和核实。无论是对采购程序的正常开展，对采购进行有效的管制和审计，还是对审查程序来说，足够的可靠性、可追踪性和核实都是至关重要的。《公共采购示范法》与贸易法委员会电子商务法规中的形式要求是一致的，既没有规定永久使用某种特定信息形式，也没有干扰要求适用某种具体形式的法律规则，只要提供了有关信息内容的记录，并且信息可以调取供日后查用，任何信息形式都可以使用。为确保透明度和可预测性，《公共采购示范法》要求采购实体必须在采购程序开始时对其所能接受的形式做出具体规定。

2. 例外规定

《公共采购示范法》也规定了一般形式要求的例外情形，允许在某些情况下暂时以不留有信息内容记录的形式传送某些类型的信息，包括允许采购实体和供应商为避免不必要的延迟而通过电话或面谈口头传送信息。《公共采购示范法》列举了适用例外规定的各种情形，包括：向参与采购程序的单个供应商传送信息；采购实体要求供应商对其投标书做出澄清；供应商请采购实体确认可否接受提出的保兑人；采购实体答复供应商提出澄清资格预审文件的请求；采购实体通知资格预审的结果；采购实体要求供应商确认可否将投标书有效期展延；通过顺序谈判征求建议书的程序中，供应商与采购实体之间的通信。

为了避免滥用例外规定造成腐败和偏袒的风险，《公共采购示范法》也明确了例外规定的保障措施，随即以能够提供信息内容记录且能够调取供日后查用的形式，向通信的接收人发出通信确认函。也就是说，在传送信息之后必须立即以基本要求规定的形式向接收人确认该通信，即提供有关信息内容的记录，而且这种记录是可以调取和查用的。这一要求对确保透明度、完整性以及在采购程序中公平、公正地对待所有供应商都是至关重要的。但在采购实践中，采购实体执行该项要求以及核实其是否遵守了要求可能会遇到实际困难。因此，颁布国应根据通行的商务惯例仅对必要的情形做出例外规定，并监督其使用情况。

（二）传送通信的手段

根据采购实体负责采购程序设计的基本方针，《公共采购示范法》规定采购实体有权在采购过程中使用特定通信形式和手段或者兼用若干通信形式和手段，而不必说明其所做选择的理由。但采购实体在行使这项权利时必须确保不会将技术和程序用于歧视性或排斥性目的，如用于阻碍某些供应商参与采购或对其参与程序制造障碍。否则，供应商有权对采购实体在这方面的决定提出质疑。根据《公共采购示范法》，传送通信的手段应遵守以下规定：

1. 事先明确相关要求

为确保可预测性、适当的审查和监管，《公共采购示范法》要求采购实体在邀请供应商参加采购程序之初就明确：采购实体或其代表向供应商或者向任何人传递信息，或者供应商向采购实体或代表采购实体行事的其他实体传递信息的，通信所应采取的手段；为满足《公共采购示范法》对书面信息或签字的所有要求而应采取的手段，以及举行任何供应商会议所应采取的手段。

《公共采购示范法》主要从透明度角度对传送通信的手段进行了规范，采购实体必须事先说明可以使用一种还是数种通信形式和手段，如果使用多种通信手段，还要说明针对采购程序中何种信息或行为使用哪几种形式和手段。例如，在使用一种通信手段有丢失数据的风险时，有必要就提交复杂的技术图样、样品和提供适当备份做出特殊安排。采购实体在一些采购之初还需要就可能变更通信形式和手段做出说明。如在高度复杂项目采购或涉及框架协议采购等持续时间较长的采购过程中，可能会涉及变更通信形式和手段的问题，采购实体必须确保任何经修改的通信形式和手段遵守规定的保障措施，并将变更一事迅速通知所有相关各方。

2. 便利参与特定采购

为了使参加采购程序的权利具有实际意义，《公共采购示范法》规定采购实体可以只采用供应商在特定采购情况下通常使用的通信手段。采购实体与供应商举行任何会议，只应采用还能确保供应商在同一时段充分参与会议的手段。根据上述规定，采购实体规定的通信手段必须是供应商在相关情况下通常使用的手段，举行会议所使用的手段还要求确保供应商能够在同一时段充分参与会议。所谓“在同一时段充分”，是指参加会议的供应商有可能实时跟踪会议的所有程序，必要时还能与其他与会方进行交流。为确保不受限制地参加采购，《公共采购示范法》对使用的通信手段在连通性和互通性方面提出了高效率和低成本的要求，即每一个潜在供应商都应能够利用简单并且通常使用的设备和基本技术诀窍参加有关的采购程序。如果采购实体选定的手段意味着其所使用的信息系统通常无法得到、在需要时难以安装、使用不便或预期使用的成本过高，则不能将该通信手段视为满足了采购程序中“通常使用的手段”的要求。

《公共采购示范法》的目的是为确保对某一特定采购的便利参与，而不是为便利参加一切公共采购提供保证，不要求采购实体的信息系统[1]必须与每一个供应商的系统有互通性。因此，采购实体必须根据具体采购情况决定采用哪种通信手段。此外，采购实体必须考虑以下因素：技术、应用程序和相关通信手段的使用程度，采购的预期地域覆盖范围，国家通信系统基础设施的覆盖范围和能力，进行通信所需手续和程序的复杂程度，潜在供应商对信息技术的预期了解度以及所涉成本和时间。如果没有以国籍为由对参加采购程序实施限制，采购实体还必须评估所指定的手段对外国供应商参加采购的影响，也要考虑国际协议的任何相关要求。无论使用何种特定通信手段，采购实体必须力求避免在采购程序中造成区别对待供应商的情形，并应制定措施防止可能造成任何歧视性后果。如使用非专门设计的信息系统，采取提供培训、延长时限以便让供应商适应新系统等做法。

（三）信息保护的要求

《公共采购示范法》对采购过程中的信息保护提出了要求，既包括保护信息的基本要求，也包括保护机密信息的特殊要求。

1. 基本要求

为了增强供应商对采购程序可靠性的信任，采购实体应当制定适当措施确保相关信息的真实性、完整性和保密性。能否取得供应商的信任主要取决于用户是否认为所使用的通信系统安全得到了适当保证，通过信息系统传送的信息的真实性和完整性是否得以保全，以及系统的所有权和技术支持等其他因素。此外，采购程序的可靠性和其他法律的要求也是与之相关的因素。例如，《公共采购示范法》主张采购程序的可靠性应作为采购实体以及整个公共部门人事、管理和行政等综合问题良好治理框架的一部分；公共采购条例只是相关立法框架中范围很小的部分，还涉及其他相关方面和法律，特别是在电子商务、记录管理、庭审程序、竞争、数据保护和保密性、知识产权和版权等方面。

颁布国的国情和背景不同，确保信息真实、完整和保密的法律和技术解决办法

---

① “通信系统”或“系统”，意指用于通信的全部技术手段。根据实际情况，可以指通信网络、应用程序和标准，也可以指技术、设备、信箱或工具等。

也会有所差异。《公共采购示范法》要求颁布国在制定这些解决办法时，不仅要考虑这些办法的有效性，还要考虑有可能存在的歧视性或抑制竞争的影响，在技术和采购程序方面至少应达到以下要求：

（1）技术方面。

《公共采购示范法》要求颁布国应建立可减少人为干扰和其他干扰风险的相关系统，确保其技术保障措施足以防范那些未经授权干扰公共采购程序正常运行的行动。一方面，该系统应具备必要的安全性以确保其提交给采购实体的数据将保持完整、安全和保密，不会以任何不正当方式使用其提交的信息；另一方面，所设立的系统可令独立检查和审计有迹可循，尤其是能够核实所传送或提供的信息内容、传送人或提供人、接收人和接收时间，包括通信的持续时间，并且该系统可以还原事件的先后顺序。

（2）采购程序方面。

为了提高对采购程序的信任度并增强其透明度，《公共采购示范法》要求采购实体对于可能影响潜在供应商权利与义务的任何保护性措施，在采购程序之初就应向供应商明确说明，或者向公众全面公开。与采购中的机密信息所需的保护措施和要求不同，采购实体为确保相关信息的真实、完整和保密所采取的措施，是适用于任何采购的一般要求和措施，而无论是否涉及机密信息。

2. 特殊要求

在涉及机密信息的采购中，《公共采购示范法》允许采购实体为机密信息提供必要级别的保护而规定所需的措施和要求。例如，将机密信息列于招标文件不予公布的附录中，技术上的加密要求，以及指定接收有关信息的官员级别等。颁布国的采购条例或其他法律条文将规定只能在涉及机密信息的采购中使用这些要求和措施，而且只能对此类机密信息使用而不能对采购实体自行选择保护的任何其他信息使用。如果采购实体采取了此类措施，或提出了可不遵守《公共采购示范法》中透明度要求的任何例外情形，或采取了保护机密信息的其他任何措施，应在采购开始时公布此种措施或例外情形。

二、供应商的参与和资格

（一）供应商的参与

《公共采购示范法》规定了供应商的参与，主要目的是对公共采购的充分、不受限制的国际参与做出规定。限制供应商参加采购程序的任何规定都会限制贸易，而且可能违反各国在《政府采购协议》等相关国际协议下所做的承诺。因此，《公共采购示范法》主要对限制供应商参与的情形进行了规范，说明采购实体可据以限制某类供应商参加采购程序的理由，并对此类限制情形提供了程序上的保障措施。

1. 限制供应商参与的理由

采购实体对参加采购程序实行限制的原因，可能是国家实行社会经济政策的考虑，也可能是国家所关心的安全和保障等其他问题，或是执行联合国安全理事会制裁制度。《公共采购示范法》规定限制供应商参加采购程序的理由仅限于颁布国的采购条例或其他法律规定列明的理由，主要包括国籍和其他理由两个方面。

（1）以国籍为理由的限制。

根据《公共采购示范法》，供应商不论国籍均应当被允许参加采购程序，但采购实体基于本国采购条例或其他法律规定列明的理由决定根据国籍限制参加采购程序的除外。上述规定是根据国籍限制供应商参加采购程序，但采购实体必须基于法律规定列明的理由做出此决定，包括没有国际招标义务而只允许国内供应商参加采购程序的“国内采购”，也包括可能仅涉及排除某些国籍的国际采购，例如，为了履行颁布国在国际公法下承担的义务而避免与受国际制裁国家的供应商进行交易。

（2）其他理由的限制。

《公共采购示范法》也规定了完全或部分由于其他原因而限制供应商参加采购程序的情形。除根据国籍对参与做出限制外，采购实体也可根据法律规定的其他理由做出限制，如执行为中小企业或发展落后地区实体制定的保留方案等。但这些限制供应商参加采购的理由不是由采购实体自由裁量决定的事项，而必须是颁布国的采购条例或其他法律中明确规定的理由，其范围既可涵盖只有本国落后地区的供应商才能参加的国内采购，也涵盖仅限于残障人士等某些类别供应商参加的国际采购。需要注意的是，采购实体不得为限制供应商参加采购程序而设定可能造成歧视或者区别对待供应商或者歧视其中某些种类的其他要求。

2. 限制供应商参与的程序

如果采购实体援用采购条例或其他法律规定中的任何理由限制供应商参加采购程序，则应遵守《公共采购示范法》规定的保障措施。

（1）事先声明。

在邀请供应商参加采购程序之初，采购实体应当声明援用采购条例的规定并且以何理由对供应商参加采购程序进行限制。任何此种声明不得事后更改。《公共采购示范法》要求采购实体在邀请供应商参加采购程序之初声明将限制参与范围，这一声明应作为参加采购程序的邀请书或采购公告的一部分与此类信息同时发布。为了确保供应商的公平、平等和公正待遇，此种声明登出后不得事后更改。

（2）采购程序记录。

采购实体决定根据采购条例或其他法律限制供应商参加采购程序的，应当在采购程序记录中载明采购实体所依据的理由和情形。《公共采购示范法》要求采购实体应当在采购记录中说明其决定所依据的理由和情形，特别要指明限制参与所援引理由的法律来源。

（3）提供限制理由。

采购实体应当根据请求向任何人提供其根据采购条例或其他法律限制供应商参加采购程序的理由。《公共采购示范法》要求采购实体根据请求向任何公众成员提供上述信息，其目的是加强《公共采购示范法》的透明度规定，以便于公众酌情对采购实体的决定进行适当监督。这也表明，采购实体必须就限制决定的理由和情形提供法律依据。

（二）供应商的资格

《公共采购示范法》对供应商参与采购的资格进行了规范，主要包括供应商资格条件、资格审查和取消资格等内容，其目的是使采购实体既不能擅自制定和适用过高的资格条件或要求以减少参与者的数量，也要防止采购实体滥用资格审查程序使用隐形的国内或国际市场壁垒限制市场准入。采购实体在采购程序的任何阶段都可根据“供应商资格”条款评估资格，包括：在采购开始时进行资格预审或进行预选；在审查提交书期间，否决投标书的理由包括供应商资格是否合格；在采购程序的其他任何时间，要求已通过资格预审的供应商再次证明其资格；在采购程序结束时，只对中选供应商的资格进行审查或要求该供应商再次证明其资格。

1. 资格条件

《公共采购示范法》列出了供应商参与采购所需具备的资格条件，这些条件必须与特定采购的情形相关且相适合。采购实体没有必要适用所有条件，但应使用与特定采购目的相适应的标准以防止其在选择资格条件时滥用裁量权。采购实体必须在资格预审或预选文件以及招标文件中具体说明所使用的条件，这类早期披露除了有助于对资格条件的相关性进行评价，还有利于及时对这些标准提出有效质疑。具体而言，供应商的资格条件包括：

（1）履行合同所需的专业资格和技术能力。

供应商具备履行合同所必需的专业资格和技术能力是参加公共采购活动的基本条件之一，这是保质保量完成公共采购项目必备的技术和物质基础。因此，《公共采购示范法》对供应商提出了履行采购合同所应具备的技术要求，包括专业资格、技术资格和环境方面的资格、专业和技术能力、财力资源、设备和其他有形设施、管理能力、可靠性、经验和人员。其中，供应商必须具有“所必需的设备和其他有形设施”的要求并不是限制中小型企业参加公共采购。中小型企业通常不拥有必要的设备和其他设施，但可通过其分包商或联合体获得执行采购合同所需要的设备和设施。

（2）遵守道德和诚实守信的商业行为规范。

《公共采购示范法》要求供应商符合颁布国所适用的道德标准和其他标准。所谓道德标准，主要指参与公共采购的供应商应遵守道德准则和诚实守信的商业行为规范；所谓其他标准，主要指供应商应遵守颁布国所适用的其他标准，可能涉及安全核查、环境方面的考虑、国际劳工法和人权标准，以及可持续性问题。由于各区域的环境标准不同，容易导致环境标准造成排除外国供应商的结果，贸易法委员会建议颁布国应就环境标准的使用问题发布规则和指南，以确保采购实体使用这类标准时不会受到质疑程序的阻碍。这些环境标准所涉及的是供应商普遍遵守的标准和程序，而不是指采购标的在环境方面的特点。

（3）具有订立采购合同的法律能力。

《公共采购示范法》规定供应商具有订立采购合同的法律能力，主要指参加公共采购活动的供应商应具有订立合同所要求的民事权利能力和民事行为能力。如果供应商不具备独立承担民事责任的能力，很难保证公共采购合同的履行，也会最终损害采购人的合法权益。

（4）处于正常经营状态。

供应商处于正常经营状态是参加公共采购活动的基本条件之一，主要指供应商不是处于无清偿能力、财产被接管、破产或结业状况，其事务目前不是由法院或司法人员管理，其业务活动未被中止，并且供应商未因上述任何状况而成为法律诉讼主体。《公共采购示范法》要求供应商能够正常履行采购合同，而不能处于因经营不善导致无清偿能力、破产、法院接管或中止业务活动等非正常状态。

（5）履行依法纳税和社保义务。

对于供应商而言，依法纳税和缴纳社会保障资金是其应尽的社会义务，也是执行法律的要求。如果供应商没有承担应尽的社会责任和义务，说明其已经丧失了最基本的信誉。《公共采购示范法》要求供应商履行缴纳颁布国税款和社会保障款的义务，其目的是抑制一些供应商依靠偷逃税款、逃避缴纳社会保障资金等手段降低成本的行为，是从源头上促进公平竞争的措施之一。

《公共采购示范法》禁止采购实体在颁布国采购条例或其他法律规定之外提出

阻止外国供应商参加采购程序的要求，而外国供应商通常在颁布国没有义务纳税或缴纳社保，如果对参与采购的外国供应商提出上述要求就可能造成歧视。因此，采购实体在执行该项规定时，应注意可能会对未在颁布国设立分支机构、代表处或子公司等任何常驻机构的外国供应商造成歧视。

（6）恪守职业操守和遵纪守法。

供应商及其高管都应恪守职业操守和遵纪守法，不能有涉及职业操守和资格的违法记录。因此，《公共采购示范法》规定在采购程序开始前……年期间内[①]，供应商及其董事或高管人员未曾被判犯有涉及职业操守或涉及假报虚报资格订立采购合同的任何刑事罪，也未曾因中止或暂停资格的行政程序而被取消其他资格。其中，职业操守是指人们在从事职业活动中必须遵从的最低道德底线和行业规范，包括诚信的价值观、遵守公司法规、确保公司资产安全、诚实地制作工作报告、不泄密给竞争对手等。关于刑事犯罪可使供应商在多长时间内失去获得采购合同的资格，《公共采购示范法》留给颁布国来决定。而中止或暂停资格的行政程序通常是指行政部门根据该行政程序可以中止或暂停被认定有做假账或作弊等不当行为的供应商资格。

在采购实践中，采购实体对特定许可的要求、隐晦的文凭要求，以及需要特殊资质等要求，对于某个特定采购可能是合理的，但也容易导致为某个或某类供应商的利益而限制参与和竞争。为了防止随意性以及减轻滥用供应商资格条件的风险，根据上述透明度规定可以对采购实体提出的特定要求与采购相关性进行评价，特别是防止直接或间接地提出歧视和限制国外供应商参与采购的要求。

2. 资格审查

《公共采购示范法》主要对供应商资格审查要求和预审程序进行了规范。

（1）资格审查要求。

采购实体在审查供应商资格时，应遵守以下规定：

①可要求提供书面证据或资料。

采购实体可以要求参加采购程序的供应商提供适当书面证据或其他资料，使采购实体得以认定该供应商符合上述资格标准，前提是不损害供应商保护其知识产权或商业秘密的权利。《公共采购示范法》允许采购实体要求供应商提供适当的书面证据或其他信息证明其符合资格预审文件和招标文件中列明的资格标准。这类书面证据可包括证明财务状况的年度审计报告，设备和其他有形设施的清单，从事某些

① 该年限由各国自己规定。

类型活动的许可，以及遵守适用标准和确认法律地位的证书等。采购实体关于书面证据或资料的要求必须同等适用于所有供应商，就采购标的来说也必须客观合理，但不得要求供应商提供有可能涉及知识产权或商业秘密的证据或资料。

② 适用列明的评审标准和要求。

基于透明度和平等待遇的考虑，采购实体应根据采购文件中事先列明的资格条件和审查程序对供应商资格进行评审。因此，《公共采购示范法》规定应当在资格预审文件或预选文件以及招标文件中列出确定的任何要求，并应当将其同等适用于所有供应商。除采购示范法规定的标准、要求或程序外，采购实体不得对供应商的资格规定其他标准、要求或程序。

③ 不得设定歧视性标准和要求。

采购实体必须依法设定供应商资格条件和审查要求，禁止其采取故意或实际上造成歧视或不合理效果的标准、要求或程序。因此，《公共采购示范法》规定采购实体在根据“供应商参与”条款制定任何标准、要求或程序之外，不得就供应商的资格设定任何造成歧视或区别对待供应商或者歧视其中某类供应商的标准、要求或程序，或者客观上不合理的标准、要求或程序。

《公共采购示范法》虽有禁止歧视的规定，采购实体仍可要求递交中选提交书的供应商为证明其有资格参加特定采购而对提供的书面证据进行公证。采购实体为此而规定的书面证据公证要求，不得超出本国法律对此类文书公证所规定的要求。为了便于外国供应商参与，《公共采购示范法》只允许采购实体对递交中选提交书的供应商提出公证资格证据的要求，但不要求中选供应商提供的所有文书都要公证，并承认各国法律对文书公证各有规定而不得在采购程序上另加其他手续。

（2）资格预审程序。

资格预审程序的目的是在早期查明具有履行合同适当资格的供应商，通常在招标之前确认供应商的资格并确定合格供应商。采购实体通过使用资格预审程序，可以只评审合格供应商递交的提交书，是进行复杂采购和高价值采购的有效手段，甚至对于价格较低但专业性较高的采购也是可取的，主要是这类情形对提交书的评审更加复杂、费用更高、耗时更多。因此，《公共采购示范法》规定采购实体可以进行资格预审程序，以期在招标之前确定合格的供应商。资格预审程序也适用供应商资格的规定。

资格预审具有任选性，不论采用哪种采购方法均可使用，但《公共采购示范法》认为除非有限制参与的理由，一般不主张采购实体在采购开始时通过资格预审或预选对资格进行审查以免造成限制竞争的效果。而且资格预审是一个额外步骤且导致采购拖延，一些供应商也可能因为费用问题而不愿参加涉及预审的采购，因此资格预审只应在适用的必要情形下使用。同时，为了确保资格预审程序的进行和保有最低限度的透明度，并便于未通过资格预审的供应商行使质疑的权利，《公共采购示范法》要求资格预审程序必须遵守必要的保障措施，并向参与的供应商充分披露客观条件和要求。

① 邀请参加资格预审。

第一项保障措施是采用公开招标办法邀请参加资格预审程序。采购实体进行资格预审程序，应当在采购条例所确定的出版物上登载资格预审邀请书。除非采购实体在规定的情况下另有决定，否则还应当在国际上登载资格预审邀请书，以便国际供应商能够广泛查取。《公共采购示范法》明确应由颁布国采购条例决定在哪个出版物上登载邀请书，允许这些程序因颁布国而有所变化。登载国际公告要求可确保国外供应商有适宜的途径获悉所发出的邀请，除非国内采购以及采购实体认定国外供应商因相关采购的价值低而不可能参与。颁布国在确定低价值采购时必须力求一致，而不能将适当的阈值定得很高，从而将其大部分采购排除在国际公告要求之外。

凡是对潜在供应商决定是否参加采购程序直接相关的内容都必须在采购程序开始时披露，也就是在资格预审邀请书中披露。根据《公共采购示范法》，资格预审邀请书应包括下列内容：一是采购实体的名称和地址。“地址”是指实际登记地址以及其他任何相关的详细联系方式，如电话号码、电子邮件地址等。二是采购程序中拟订立采购合同或框架协议的必要条款和条件的概要，包括所需供应货物的性质、数量和交货地，拟实施工程的性质和地点，或者服务性质和服务提供地，以及希望或要求的供货时间、竣工时间或提供服务时间。三是用以确定供应商资格的标准和程序。四是在邀请供应商参加采购程序之初，采购实体应当声明根据“供应商的参与”条款以何理由对供应商参加采购程序进行限制。五是资格预审文件的索取方式和索取地点。六是采购实体对资格预审文件收取的费用，以及之后对招标文件收取的费用。收取费用的，付费方式和付费币种。七是资格预审文件以及招标文件所使用的一种或几种语言。八是资格预审申请书和提交书的递交方式、地点和截止时间，两者均须符合《公共采购示范法》的有关规定。

② 资格预审文件的内容和澄清。

第二项保障措施是对资格预审文件的规范，包括文件的收费、内容和澄清。

一是资格预审文件的收费。供应商凡是根据资格预审邀请书请求提供资格预审文件并支付了可能收取的费用，采购实体均应向其提供一套资格预审文件。采购实体对资格预审文件的收费价格，只能是向供应商提供资格预审文件的工本费。虽然

《公共采购示范法》允许采购实体对资格预审文件收费，但这些费用应当限于提供文件或印制文件的最低限费用，而不应包括收回咨询费和广告费等编制费用。此外，颁布国应当指出最佳做法是免费提供此类文件。

二是资格预审文件的内容。资格预审程序的具体细节应列入资格预审文件，包括下列内容：关于编写和递交资格预审申请书的说明；关于供应商证明其资质必须提交的任何书面证据或其他资料的要求；在没有中间人介入的情况下，采购实体负责就资格预审程序与供应商直接通信，并直接接收供应商来信的一名或多名官员或雇员的姓名、职称和地址；对本法、采购条例和与资格预审程序直接相关的其他法律条例的提及以及这些法律条例的出处。出处是指向公众提供颁布国法律条例的最权威和最新文本的官方出版物、网站等；采购实体根据本法和采购条例可能就资格预审申请书的编写和递交以及就资格预审程序规定的其他任何要求。

三是资格预审文件的澄清。对于供应商提出的澄清资格预审文件的请求，只要是在资格预审申请书递交截止时间之前的合理时间内为采购实体收到的，采购实体均应做出答复。采购实体应当在能够使该供应商及时递交资格预审申请书的时限内做出答复。对于任何请求做出的答复，凡有理由认为可能与其他供应商有关的，应当一并发给由采购实体提供了资格预审文件的所有供应商，但不得标明请求的提出者。《公共采购示范法》要求采购实体及时答复供应商在合理时间内提出的澄清资格预审文件的请求，并考虑是否涉及其他供应商。

③ 资格预审决定的依据和通知。

采购实体应当就每个递交了资格预审申请书的供应商的资格做出决定。采购实体做出此种决定，只应适用资格预审邀请书和资格预审文件中列明的标准和程序。这意味着采购实体只能根据事先列明的标准和程序做出资格预审决定。

资格预审决定对参加预审的供应商来说非常重要，只有通过了资格预审的供应商才有资格继续参加采购程序。这意味着资格预审决定将确定可以参加采购程序的合格供应商。为了便于参加资格预审的供应商采取相应的行动，《公共采购示范法》要求采购实体应当迅速通知每个递交了资格预审申请书的供应商是否通过了资格预审。采购实体还应当根据请求向任何人提供所有通过了资格预审的供应商名称。所谓“迅速”是指所要求的通知必须在招标之前发给供应商。这是一项重要的保障措施，将确保可对采购实体在资格预审程序中做出的决定进行有效审查。出于相同原因，《公共采购示范法》要求采购实体应当迅速向每个未通过资格预审的供应商告知未获通过的原因。

3. 取消资格

《公共采购示范法》规定了采购实体取消供应商资格的两种情形：

（1）提交虚假和不实资料。

供应商提交的资料有假、构成虚报或者失实、不完整，会产生取消供应商资格的后果。其目的既是为了保障供应商的利益，使之获得公平对待，也是为了保障采购实体的利益，只与合格的供应商签订采购合同，同时对非重大失实情况给予一定的灵活度。

① 虚假资料或构成虚报。

采购实体在任何时候发现所提交的关于某个供应商资格的资料有假或构成虚报，应当取消该供应商的资格。所谓虚假资料，是指不真实的资料；所谓虚报，是指使用虚假证明文件或者采取其他欺诈手段做虚假的报告。《公共采购示范法》要求采购实体不仅要取消提交虚假资料的供应商资格，还要取消构成虚报的供应商资格。

② 资料实质性失实或不完整。

采购实体在任何时候发现所提交的关于某个供应商资格的资料在实质性方面失实或在实质性方面不完整，可以取消该供应商的资格。《公共采购示范法》规定采购实体可以在提交的资料实质性失实或不完整时取消供应商资格。

③ 未补正非实质性失实资料。

采购实体不得以所提交的关于某个供应商资格的资料在非实质性方面失实或不完整为由取消该供应商的资格。但是，供应商未能在采购实体提出要求后迅速补正此种缺陷的，可以取消该供应商的资格。《公共采购示范法》规定采购实体可以在供应商没有对非实质性失实或不完整资料及时补正时，取消该供应商的资格。

（2）不能再次证明资格。

采购实体在供应商不能再次证明资格时，会产生取消供应商资格的后果。供应商已通过资格预审的，采购实体可以要求其按照原来对其进行资格预审时使用的同样标准再次证明资格。供应商凡未能按要求再次证明资格的，采购实体应当取消其资格。采购实体应当迅速通知每个被要求再次证明资格的供应商，是否认可其所进行的再次证明。其目的是规定在采购程序的后期阶段，如审查提交书时对预选合格的供应商资格再次加以确认，这样做是为了使采购实体能够确定供应商在资格预审时或在程序早期单独审查资格时提交的资格材料仍然有效而准确，也是投标书审查和电子逆向拍卖结束后程序所规定的保障措施。在大多数采购中，这些规定的适用应当限于递交了中选提交书的供应商。

三、采购标的说明和评审标准

（一）采购标的说明

《公共采购示范法》对采购标的说明以及采购合同条款进行了规范，目的是强调在任何资格预审文件和招标文件中对采购标的描述都应遵守清楚、准确、完整和客观的原则。准确和客观的标的说明可促使供应商参加采购程序，使其能预测参加采购程序以及履行所要订立合同的风险和代价，并据此提出最有利的价格和符合采购实体需要的其他条款条件。采购标的说明编写得当也有利于对投标书进行统一的评审和比较，还有助于增加透明度，减少采购实体采取错误、武断或舞弊行为或做出此种决定的可能性。而且，如果不以偏袒某些供应商的方式编写采购标的说明，可能会有更多的供应商来满足采购实体的采购需要，从而有利于在可行情况下尽量采用竞争性更强的采购方法，特别是有助于对单一来源采购的滥用起到限制作用。为确保透明度和客观性，《公共采购示范法》主要对采购标的说明的基本原则和具体要求进行了规范。

1. 基本原则

为了确保对采购的准入，禁止歧视性说明方法，《公共采购示范法》确定了采购标的说明应遵守的基本原则。

（1）事先说明原则。

为了防止随意更改或滥用采购标的说明，采购实体应事先确定适用的采购标的说明，并在采购文件中明确列出。有资格预审文件或预选文件的，此种文件应当载列采购标的说明；采购实体应当在招标文件中列出其将用以评审提交书的采购标的详细说明，其中包括提交书被认为具响应性而必须达到的最低限要求，以及拟适用这些最低限要求的方式。为了防范评价提交书响应性方面的舞弊，《公共采购示范法》新增了一项重要保障措施，即必须在招标文件中详细说明提交书具响应性应达到的最低限要求及其方式。

（2）禁止歧视性原则。

《公共采购示范法》禁止利用采购标的说明采取歧视性措施限制供应商参加或进入采购程序。有资格预审文件或预选文件的，除采购实体可以规定的任何标准、要求或程序之外，此种文件以及招标文件不得列入或使用可能限制供应商参加或进入采购程序的采购标的说明，包括基于国籍的任何限制。

2. 具体要求

《公共采购示范法》对采购标的说明提出了具体要求，但这些规定不是绝对义务。

（1）力求客观、实用和通用。

根据《公共采购示范法》，构成采购标的说明的可能要件范围包括规格、平面图、图样、设计、要求、试验和试验方法、包装、标志标签或合格证、符号和术语等。在实际可行的情况下，采购实体在说明采购标的各项要件时应当客观、实用、通用。

（2）有关技术、质量和性能特点。

采购标的说明应当规定该标的有关技术特点、质量特点或性能特点。不得有任何对某一商标、商标名、专利、设计或型号、具体来源或厂商的要求或提及，除非没有充分确切或易懂的方式可说明采购标的特点，在这种情况下应写上“或与其相当”等词语。《公共采购示范法》要求采购实体根据需要列入与标的有关的技术、质量和性能特点。而“有关技术、质量和性能特点”还可包括与颁布国环境保护或其他社会经济政策有关的特点。标的说明以标的构成为基础称为“投入型”，以标的应具有的功能为基础称为“产出型”。比较而言，“投入型”标的说明更有可能出现使用某种品牌或商标从而限制采购准入的风险。为此，《公共采购示范法》也规定了标的说明中使用某种品牌或商标的前提条件和要求，即只有在无法以充分确切或易懂的方式说明采购标的特点的情况下，并在招标文件具体说明所要采购标的突出特点并应具体指出可以提供何种品牌“或与其相当”时，才允许使用此种做法。

（3）鼓励采用实用规格。

《公共采购示范法》鼓励采购实体制定采购标的说明时采用标准化规格，制定采购条款和条件时应考虑使用标准化贸易条件或行业标准。有资格预审文件或预选文件的，在制订拟列入此种文件以及招标文件的采购标的说明时，应当采用与采购标的技术特点、质量特点和性能特点有关的现有标准化特征、要求、符号和术语；在制订采购条款和条件以及采购程序中将订立的采购合同或框架协议的条款和条件时，以及有资格预审文件或预选文件的，在编制此种文件以及招标文件的其他有关内容时，应当适当考虑采用现有标准化贸易条款和标准化条件。1994 年采购示范法只提及了“标准贸易术语”和“采购合同的规定和条件”，而 2011 年《公共采购示范法》将其扩展为“标准化贸易条件”和“采购条款和条件”。

（二）评审标准和程序

《公共采购示范法》明确了关于评审标准和程序的规则，目的是列出采购实体设定、披露和适用评审标准时所应遵守的要求，以确保程序客观性，并避免发生有意使用偏向某个或某类供应商的标准等滥用程序的行为。采购实体可以灵活设定适合某项采购实际情况的标准而不必适用《公共采购示范法》列举的所有评审标准，但实质性要求是只能使用招标文件所列评审标准和程序来评审提交书并确定中选提交书，并配合使用透明度机制以使供应商能够对程序的客观性进行评价，并在必要情况下提出质疑。

1. 评审标准

《公共采购示范法》的主要规则是除了与社会经济标准有关的少数例外情况之外，采购实体适用的所有评审标准都必须与采购标的有关。

（1）基本原则。

评审标准应遵循的基本原则就是评审标准必须与采购标的相关，这是确保实现资金最佳效益并阻止滥用行为的基石。《公共采购示范法》列举了“与采购标的相关”的评审标准，主要包括：价格；货物操作、保养和维修费用或工程费用，交付货物、完成工程或提供服务的时间，货物或工程的功能特点和标的环境特点等采购标的特点，以及采购标的付款条件和保证条件；涉及根据不通过谈判征求建议书、通过对话征求建议书和通过顺序谈判征求建议书进行采购的，供应商以及参与提供采购标的人员的经验、可靠性、专业能力和管理能力。视采购的具体情况而定，评审标准可能会十分直接，如价格和与之密切相关的数量、保质期或交货时间等“准价格标准”，也可能十分复杂，包括采购标的与环境保护有关的特点等社会经济考虑因素。虽然单纯按价格来确定中选提交书可以达到最大限度的客观性和可预测性，但在有些程序中，采购实体无法单纯以价格因素选择中选提交书或者不适宜这样做。因此，《公共采购示范法》允许采购实体选择“最有利的提交书”，还可根据价格以外的其他标准选择提交书。其中，供应商以及参与提供采购标的人员的经验、可靠性、专业能力和管理能力的标准仅适用于征求建议书程序。这是因为征求建议书程序传统上用于采购“智力型服务”，如法律和财务等方面的咨询服务、设计、环境研究、技术工程等，提供服务人员的经验、可靠性、专业能力和管理能力在这些采购中是至关重要的。

《公共采购示范法》择要列举的评审标准并不能适用于所有情况，所以采购实体可根据具体采购情况进行选择。而且，只要采购实体所使用的评审标准符合“与采购标的相关”的要求，也可使用上述列举范围之外的评审标准。必须指出的是，虽然资格审查标准和评审标准可能会有相同类型的特点，但资格审查标准是最低限标准，评审标准所描述的则是采购实体授予合同时在竞争基础上加以评估的优势。

（2）特殊标准。

《公共采购示范法》也允许颁布国通过制定特殊评审标准贯彻其社会经济政策。除与采购标的相关的评审标准外，评审标准还可以包括：颁布国采购条例或其他法律条文规定允许或者要求考虑到的任何标准；采购条例或其他法律规定允许或要求给予国内供应商或者给予国产货物的优惠幅度或其他任何优惠。优惠幅度应当根据采购条例计算。这些评审标准主要涉及颁布国采购条例或其他法律条文规定的两种情形，一种是赋予了采购实体考虑相关标准的裁量权，另一种是强制要求采购实体必须考虑相关标准。这些贯彻社会经济政策的标准通常是与采购标的无关的非价格标准，例如，采购实体处理生产过程中产生副产品的方式可能会抵消有关的货物生产或服务的碳排量，以及在多大程度上雇用某些社会群体或聘请其作为分包商等，这些标准具有客观性较低、自由裁量度较高的特点，容易给采购带来风险或可能降低采购过程的公信度。所以，《公共采购示范法》将这些标准作为特殊标准对待，不仅与一般标准区分开，并要求必须由颁布国的采购条例或其他法律规定授权适用或要求适用。如果涉及优惠幅度，采购条例必须规定其计算方法，可仅对价格或质量因素适用优惠幅度或者在适用情况下对提交书的总排名适用优惠幅度，也要考虑如何在质量和推行社会经济政策这两者之间保持平衡。除对计算方法和适用优惠幅度制定规则之外，采购条例还可设定标准用以确定“国内”供应商以及确定货物属于“国内生产”，如至少应包含多少国产成分或国内增值等，并确定不同采购标的的优惠幅度额。特殊评审标准的使用可能会影响采购的竞争性和经济效益，降低人们对采购过程的信任度。因此，在评审提交书时使用这类标准和优惠幅度应被视为例外情况，也就要求采购条例在规定宽泛的非价格标准或优惠幅度时应谨慎从事，均应根据要求预先在招标文件中披露使用的任何标准或优惠幅度及其适用方式，也应在采购程序记录中反映社会经济政策标准或优惠幅度的使用情况，并说明其适用的方式。只有具备这些透明度规定，才能对这些条款所允许的灵活性是否得到适当使用进行评价，也有可能对贯彻社会经济考虑因素的总成本同益处加以比较。

《公共采购示范法》要求“所有非价格评审标准均应在可行范围内力求客观、量化并以金额表示”，其目的是使提交书得到客观的评审并在共同的基础上相互比较，这将减少做出武断决定的机会。“在可行范围内”是承认在某些采购程序中，如在通过对话征求建议书程序中，用金额表示所有非价格评审标准是不可行或不适宜的。颁布国的采购条例中应详细说明可行情况下如何以金额形式对各种要素加以量化。非价格标准的上述规定既适用于一般标准，也适用于特殊标准。

2. 评审程序

为确保充分透明度，使供应商了解如何评审其提交书，以及所有标准的相对权重，《公共采购示范法》要求采购实体必须在招标文件中具体说明评审标准和程序的最低限内容。这些内容包括：一是选择中选提交书的依据。中选提交书将根据价格确定，还是价格结合其他标准作为依据加以确定。也就是说，选择价格最低提交书还是最有利提交书作为中选提交书。二是确定的评审标准。采购实体依法确定的所有评审标准，包括根据任何优惠修改价格。三是标准的权重和适用方式。采购实体应说明每项标准的相对权重，以及评审程序中适用这些标准的方式。非价格一揽子标准通常包括保养费等一些可量化的客观标准和对快速交付或绿色生产线给予重视的一些主观因素，这些标准合起来构成质量总排名。因此，采购实体必须披露将如何权衡非价格一揽子因素以及这些因素相对于价格的权重。如果此类信息无法提供或无关紧要，如通过对话征求建议书程序通常不可能在采购开始时设定评审标准的相对权重，则采购实体可以按重要性递减顺序列出所有评审标准。

《公共采购示范法》在招标文件条款中重申了对评审标准做出适当和详细规定的重要性。与之呼应，评审标准中也规定了保障措施，即在评审提交书和确定中选提交书时，采购实体只应采用招标文件中列明的标准和程序，并应当按照招标文件中公布的方式适用这些标准和程序。凡不是根据规定列明的标准或程序，一律不得采用。这项规定为透明度要求提供了进一步支持，允许对采购过程的客观性进行评估并在必要时提出质疑。

四、采购估值

《公共采购示范法》规定了采购估值的规则，目的是防止采购实体操纵采购估价，人为降低其价值。例如，为限制竞争，利用低价值采购的例外情形。这些例外情形包括不适用采购实体发布停顿期结束时接受中选提交书的通知，采购合同和框架协议的授标公告，以及邀请参加采购的国际公告。而且，采购价值可能直接影响到采购方法的选择：当审查和评审大量投标书所需要的时间和费用与采购标的价值不成比例时，可使用限制性招标而不使用公开招标；某些低价值采购可使用询价方式。在所有此类情形下，采购实体选择的采购估价办法将决定采购实体根据《公共采购示范法》所承担的义务限度。如果没有采购估值这种限制性措施，采购实体就有可能为舞弊而决定分割采购业务。

（一）估价原则

为了避免采购价值计算中的主观性，防止反竞争和不透明行为，采购实体不得为限制供应商之间的竞争或者为以其他方式规避《公共采购示范法》对其规定的义务而将采购业务分割，或者采用特定估值方法对采购进行估值。《公共采购示范法》提出了估价的基本原则，要求采购实体不得分割采购业务或使用计算方法以限制竞争或逃避法律规定的义务。也就是说，采购实体在对采购合同进行分割时不能以非客观考虑作为理由，也不得采用人为降低采购价值的任何计算方式。

（二）估价方法

《公共采购示范法》也规定了具体的估价方法。采购实体进行采购估值，应当包括采购合同的最大估计总价值，或框架协议下所设想的整个期间所有采购合同的最大估计总价值，同时考虑到所有付酬形式。《公共采购示范法》要求在估价中包括采购合同在整个期间的最大估计总价值，不论合同是授予一个还是多个供应商，都需考虑到包括奖金、手续费、佣金和应收利息等所有付酬形式。在框架协议的情形下，估计价值是框架协议下所有采购合同的最大总价值。

需要注意的是，采购合同的估计价值主要供内部使用，采购实体应当慎重考虑是否将估计数披露给潜在供应商。因为如果估计数高于市价，供应商有可能将提交书的报价定得尽可能接近采购的估计价值，从而损害竞争；如果估计值低于市价，优秀供应商又可能选择不参加竞争，这样可能无法保证质量和竞争。但采购实体有必要提供框架协议的估计价值，主要为了使供应商能够为相关标的做好准备并保证供应安全。

五、采购文件

《公共采购示范法》对采购文件进行了规范，涉及文件使用的语言、采购文件的递交、采购文件的澄清和修改等内容。

（一）文件使用的语言

《公共采购示范法》对文件所使用的语言进行了规范，目的是使颁布国采购程序中文件和通信的语言问题具有确定性。这一条款对于外国供应商特别重要，通过在相关采购中使用一种或多种适当语言，便于不同国籍的供应商进入采购程序并且促进其参加采购程序。

1. 资格预审文件和招标文件

资格预审文件或预选文件以及招标文件应当以［颁布国列明其官方语言］编制，［除非采购实体在国内采购或只有国内供应商参加的低价值采购下另有决定，否则以国际贸易惯常使用的一种语文］编制。《公共采购示范法》规定了一般规则，即采购实体在采购程序中编印的文件应当使用颁布国的官方语言。如果本国的官方语言不是国际贸易常用语言，颁布国可以选择保留第二组括号内的措辞，除使用官方语言外，还要以国际贸易常用语言编印文件。颁布国在做出此项规定时，要根据本国情况考虑相关的费用和语言处理能力，也要考虑多边发展捐助方资助项目和国际采购规则的要求。在国内采购，以及只有国内供应商才有兴趣递交提交书的低价值采购中，由于不要求采购实体登载国际邀请书，可不按此规定执行。

有些国家使用不止一种语言编印招标文件，采购法或采购条例中可规定允许供应商以任何一种语言文本作为其权利和义务的依据，还应要求采购实体在招标文件中明确说明两种或所有语言文本具有同样效力。

2. 申请书和提交书的语言

资格预审申请书或预选申请书以及提交书可以分别以资格预审文件或预选文件以及招标文件的语言编写和递交，或者以此类文件所允许的其他任何语言编写和递交。《公共采购示范法》的基本规则是，供应商在任何特定采购中递交的文件语言必须与采购实体的文件所使用的语言或其中任何一种语言相同。但是，这些规定并不排除采购实体编印的文件可能允许递交的文件使用另一种语言的情形。

（二）采购文件的提交

《公共采购示范法》主要对递交资格预审申请书或预选申请书以及提交书进行了规范，目的是确保在采购过程中提交主要文件的方式、地点和截止时间具有确定性。供应商不遵守采购实体的要求，可能会造成严重的法律后果，例如，采购实体必须退还逾期递交或在其他方面不符合要求的提交书。

1. 事先列明要求

《公共采购示范法》规定了重要的保障措施，资格预审申请书或预选申请书的递交方式、地点和截止时间，应当在资格预审邀请书或预选邀请书中列明，适用的，还应当在资格预审文件或预选文件中列明。提交书的递交方式、地点和截止时间，应当在招标文件中列明。该项措施主要是确保向采购实体提交文件的方式、地点和截止时间的要求同等适用于所有供应商，并视情况在采购程序开始时在资格预审、预选或招标文件中阐明这些要求。如果随后更改这方面的信息，必须提请最初被提供这些文件的供应商注意所有更改事项。如果此类文件不是向特定供应商群体提供的，如从网站上下载，则至少在可供下载的原登载处发布变更启事。

2. 确定和展延提交截止日期

（1）提交截止日期的确定。

促进参与和竞争的一个重要因素是让供应商有充足的时间编制申请书或提交书。

因此，《公共采购示范法》规定资格预审申请书、预选申请书或提交书的递交截止时间应当以具体日期和时间表示，并应给供应商编写和递交申请书或提交书留出足够的时间，同时考虑到采购实体的合理需要。

由于编写申请书或提交书的时间长短因情况而不同，取决于诸如采购复杂性、所预计的分转包程度，以及递送申请书或提交书所需时间等各种因素，要由采购实体根据特定采购的具体情况确定递交申请书或提交书的截止时间。颁布国应在采购条例中规定采购实体至少应留出多长时间。在确定这些最短期限时必须考虑每种具体的采购方法、所使用的通信手段，以及是国内采购还是国际采购。对于复杂的国际采购，这一期限必须足够长，以便国内外供应商有合理的时间编制提交书。

（2）提交截止日期的展延。

为了提高竞争程度和公平性，《公共采购示范法》要求采购实体在以下情况下展延提交截止时间：

① 澄清或修改的时间接近提交截止时间。

如果采购实体印发对资格预审文件、预选文件或招标文件的澄清或修改，采购实体应在必要时在资格预审申请书、预选申请书或提交书所适用的递交截止时间之前展延该截止时间，以便给予供应商足够的时间在申请书或提交书中考虑到该澄清或修改。这种情形是指，采购实体在快到提交截止时间时做了澄清、修改，或提供了供应商的会议记录，因而有必要展延截止时间，以便供应商能够在其申请书或提交书中考虑到有关信息。

② 澄清或修改导致最初信息实质上不准确。

如果印发一项澄清或修改，导致在邀请供应商参加采购程序之初发布的信息变成实质上不准确的信息，采购实体应当以发布原信息的同样方式，在同一登载处发布经修改的信息，并应当按照规定展延提交书的递交截止时间。这种情形是指，采购实体所做改动将导致最初的信息实质上不准确的，还要求进一步公布修改后的信息，应按照规定展延提交截止时间。

③ 其他情形。

如果一个或多个供应商因超出其控制范围的任何情形而无法在最初规定的截止时间之前递交申请书或提交书，采购实体可以依其完全自由裁量权，在资格预审申请书、预选申请书或提交书的递交截止时间之前展延所适用的截止时间。《公共采购示范法》允许而不是强制要求采购实体在其他情况下展延递交提交书的截止时间，这一规定的目的是保持竞争程度，不会因为不展延截止时间而造成一个潜在的重要竞争方无法参与竞争。但是，鉴于行使这一裁量权时可能发生的滥用风险，公共采购条例或规则应当就何谓“供应商无法控制的情形”、如何证明以及采购实体应采取的行动做出说明。

（三）采购文件的澄清或修改

《公共采购示范法》主要对招标文件的澄清和修改，资质信息和提交书的澄清进行了规范。

1. 招标文件的澄清和修改

采购实体修改招标文件的权利对于确保采购需要得到满足非常重要，但也要确保在程序之初就确定和披露采购的所有条款和条件。因此，《公共采购示范法》就招标文件的澄清和修改规定了高效率、公平和有效的程序。

（1）招标文件的澄清。

供应商可以请求采购实体澄清招标文件。对于供应商提出澄清招标文件的请求，只要是在提交书递交截止时间之前的合理时间内被采购实体收到的，采购实体均应做出答复。采购实体应当在能够使该供应商及时递交提交书的时限内做出答复，并应当将澄清事项告知由采购实体提供了招标文件的所有供应商，但不得标明请求的提出者。《公共采购示范法》上述规则意在确保采购实体适时就供应商提出的澄清请求做出回应，并将问题和所做答复的澄清及修改告知由其提供了招标文件的所有供应商，以便澄清可被考虑在内。同样，采购实体召开的供应商会议上提出的澄清和答复也应遵照上述要求。采购实体应迅速将会议记录提供给获取招标文件的所有供应商，以便这些供应商能够在编写提交书时考虑到澄清事项。

（2）招标文件的修改。

为了实现采购需求、维护采购实体的权利，《公共采购示范法》允许采购实体按规定修改招标文件。在提交书递交截止时间之前的任何时候，采购实体可以出于任何理由，主动或根据供应商的澄清请求，以印发补充文件的方式修改招标文件。补充文件应当迅速分发给由采购实体提供招标文件的所有供应商，并应当对这些供应商具有约束力。上述规则要求采购实体将载有修改内容的补充文件及时分发给供应商，以便供应商根据获知的修改内容做出反应，如在投标截止时间之前修改或撤回其投标书。

为了确保参加采购的供应商能够对澄清或修改及时做出反应，《公共采购示范法》也规定了保障措施，即由于采购实体所做的澄清和修改使最初发布的信息变得在实质上不准确，采购实体有义务将澄清或修改信息告知供应商，并展延递交提交书的截止时间。在告知供应商修改信息时，如果采购实体可以确定最初获取招标文件的供应商身份，应向这些供应商逐一通知所做的修改；如果不确定这些供应商的身份，如有在公共网站下载招标文件的供应商，则必须在原下载处公布所做的澄清和修改。需要注意的是，这种情形应当与采购发生实质性变动加以区别。例如，对提交书的递交方式、地点和截止时间的改动会使原信息在实质上不准确，但不一定会造成采购的实质性变动；而潜在供应商整体由于这类变动受到了影响，便可认定采购发生了“实质性变动”。如在电子通信手段不普及的社会中将递交提交书的方式从纸质方式改为电子方式，对招标文件的澄清和修改导致采购标的发生很大变动、最初的文件不能使潜在供应商清楚地了解采购实体的真正要求，都可认定为发生了“实质性变动”。在这种情况下，采购实体必须取消采购并启动新的采购程序，而不能仅采用展延截止时间的措施。

2. 资质信息和提交书的澄清

为了解决供应商提交信息的不明确之处，《公共采购示范法》规定了资质信息和提交书的澄清。所谓不明确之处，是指所提交的信息中可能存在可加以纠正的错误。不做纠正就接受资质信息或提交书，有可能产生重大履约问题。通过这些程序纠正了差错，有利于更为公平地对待那些出现小差错的供应商，有可能让最符合资格的供应商参加采购并提交最佳提交书，可以避免不必要地取消供应商资格、否决提交书或取消采购。此外，再次招标或其他重复性程序有可能让供应商在已清楚早先提交价格的情况下上调修订价格，而上述程序可以避免使用重复性程序以及由此产生的串通行为。如果提交书中含有可能导致采购合同无效或作废的错误，这些程序则可以避免由此可能出现的问题。

（1）澄清的情形。

采购实体要求供应商澄清资质信息和提交书主要涉及两种情形：

① 采购程序任何阶段的澄清。

在采购程序的任何阶段，采购实体可以要求供应商为协助确定资格或进行提交书审查和评审而对资质信息或提交书做出澄清。《公共采购示范法》允许采购实体要求供应商对所提交的资质信息或提交书做出澄清，目的是协助确定供应商是否合格以及审查提交书是否具响应性，但不允许对之前提交的信息加以改进。因此，澄清程序不是作为一种更正程序而设计的，应由采购实体提起，而不是由供应商提起。采购实体何时需要澄清资质信息或提交书，这一时间点取决于采购方法和进行资格评价的时间。

② 提交书审查期间的纠正。

投标书中的计算错误会影响对投标书进行客观、公平的比较，采购实体应当纠正在提交书审查期间发现的纯粹计算错误，并迅速将任何此种纠正通知发给递交了有关提交书的供应商。《公共采购示范法》采取的立场是，采购实体一旦确认存在错误，应适用纠正计算错误的程序，而不是援用第一种澄清程序。在公开、限制性和两阶段招标程序中，如果递交投标书的供应商不接受所做纠正，采购实体应当否决该投标书。上述规定赋予了采购实体允许纠正的权力。为了监督采购实体按客观标准做出评审决定、避免滥用权力，颁布国制定的条例或规则不但要规范赋予采购实体的此种裁量权，还需要对"计算错误"等加以界定或说明。需要注意的是，纠正计算错误的规定不适用于某些采购方法。如禁止纠正计算错误的询价方法，在谈判期间最后确定建议书财务方面的通过顺序谈判征求建议书方法，以及电子逆向拍卖的拍卖阶段。

（2）保障措施。

为防止可能出现的歧视性做法，《公共采购示范法》就澄清和纠正程序规定了保障措施，包括以下要求：

① 不得做出实质性改变。

《公共采购示范法》禁止利用澄清和纠正程序对资质信息或提交书做出实质性改变，即不得谋求、提议或允许对资质信息或者对提交书做出实质性改变，其中包括为了使不合格的供应商合格或者使不具响应性的提交书具响应性而做出的改变。例如，采购实体在纠正提交书审查期间发现的错误时，只能就"纯粹计算错误"进行纠正，而不能对导致供应商不合格或者提交书不具响应性的其他错误做出实质性改变，应根据具体情况取消供应商的资格或否决提交书。

② 禁止谈判。

作为防止滥用澄清程序的重要保障措施，《公共采购示范法》要求采购实体和供应商之间不得就资质信息或提交书进行任何谈判，也不得在要求澄清之后根据所做澄清对价格做出任何改变。《公共采购示范法》禁止在澄清过程中进行谈判并对价格做出任何改变，但这些限制不适用于通过对话征求建议书、通过顺序谈判征求建议书、竞争性谈判和单一来源采购等互动式采购方法，因为除最佳和最终报盘之外，对话或讨论期间将会包含澄清过程。

③ 采购程序记录。

为了确保程序的公平和透明，《公共采购示范法》要求采购实体将对资质信息和提交书的澄清和纠正所产生的通信一律载入采购程序记录，这将有助于供应商根据规定对采购实体做出的决定提出质疑。

六、投标担保

投标担保，是指采购实体要求供应商向其提供的，用以保证履行规定义务的一项担保，包括诸如银行保函、第三方担保书、备用信用证、银行负主债务人责任的支票、现金押金、本票和汇票等安排。与履约担保只适用于订立采购合同的供应商不同，采购实体对投标担保的要求适用于递交提交书的所有供应商。如果供应商撤回提交书，或者由于中选供应商的过失而导致采购合同未能订立，则采购实体可能遭受损失，包括重新进行采购程序的费用和采购推迟造成的损失等，通过要求参与采购程序的供应商交存一笔投标担保金就可以弥补此类潜在损失并防止其违约。投标担保通常在高价值货物或工程采购中非常重要，而且考虑到提交投标担保所涉及的手续和费用可能不利于供应商参加采购程序，不应将要求提供投标担保视为一项例行要求。因此，采购实体不必在所有采购程序中都要求提供投标担保。例如，低价值项目采购中面临的交付或履约风险和潜在损失通常较低而不必要求投标担保，通过谈判征求建议书程序也可能不适合利用投标担保来解决对话阶段不断变化的建议书对供应商的约束力问题。

为了确保公平地实行投标担保要求，《公共采购示范法》就采购实体提出和退还投标担保等问题进行了规范，以确保供应商有义务基于其所递交的提交书订立采购合同并按照要求为履行采购合同交存担保金。

（一）提交投标担保

根据《公共采购示范法》，采购实体对递交提交书的供应商提出投标担保的要求，应当适用于所有供应商。

1. 投标担保的要求

《公共采购示范法》允许采购实体在招标文件中要求供应商按其规定的形式和条件提交投标担保。招标文件可以规定，投标担保出具人和可能提出的投标担保保兑人，以及投标担保的形式和条件，必须是采购实体所能接受的。在国内采购情况下，招标文件还可以规定应由本国出具人出具投标担保。

为了消除投标担保影响外国供应商参与的不必要障碍，《公共采购示范法》规定，只要投标担保和出具人在其他方面符合招标文件中列明的要求，采购实体不得以投标担保不是本国出具人出具为由拒绝该投标担保，除非采购实体接受此种投标担保将违反本国法律。考虑到外国供应商只能提供颁布国金融机构出具的担保会产生参与障碍，《公共采购示范法》要求不得以投标担保不是本国出具人出具为由拒绝投标担保，但也规定了可以灵活处理的两种情形：一是采购实体所在国规定接受由非颁布国出具的投标担保将违反法律的情形；二是在国内采购情况下，采购实体根据规定在招标文件中要求投标担保必须由颁布国的出具人出具。

2. 投标担保的接受

考虑到有些国家要求本地确认外国出具投标担保的做法，《公共采购示范法》规定供应商可以请求采购实体对投标担保进行确认。在递交提交书之前，供应商可以请求采购实体确认所提出的投标担保出具人可否被接受，采购实体要求提出保兑人的，可以请求采购实体确认所提出的保兑人可否被接受；采购实体应当对此种请求迅速做出答复。虽有上述规定，但《公共采购示范法》并不鼓励这种做法，不但会导致仅根据出具人的所在地而区别对待投标担保，而且还有可能妨碍外国供应商参加采购程序。例如，外国供应商在递交提交书截止时间之前取得本地确认有困难，并且会增加其费用。

为了维护采购实体的权利，《公共采购示范法》规定采购实体确认供应商所提出的出具人或保兑人可被接受，并不排除采购实体以出具人或保兑人已无清偿能力或者已在其他方面失去信誉为由拒绝该投标担保。

3. 投标担保的内容

为了防止利用投标担保造成歧视，《公共采购示范法》规定采购实体应在招标文件中明确对投标担保的要求，具体说明对出具投标担保者的要求以及对所需投标担保的性质、形式、数额和其他主要条件。

为了发挥投标担保防范风险或弥补损失的作用，《公共采购示范法》特别对投标担保的内容进行了规范。采购实体在递交提交书的供应商发生以下行为时才能对投标担保的金额提出主张：一是未按规定撤回或修改提交书，包括超过规定时间或招标文件禁止撤回等情形。主要指在提交书递交截止日期之后或招标文件禁止的该截止日期之前撤回或修改提交书。二是未能按规定签署采购合同。主要指没有按照招标文件的要求签署采购合同。三是未遵守签署合同的先决条件。主要指没有在中选提交书被接受后提供所要求的履约担保，或者未能遵守招标文件中规定的签署采购合同的其他任何先决条件。

（二）退还投标担保

虽然采购实体在担保有效期之后保留担保文书不应视为展延担保期，但当担保为交存现金或其他类似形式时，退还担保的要求就特别重要。因此，《公共采购示范法》明确了采购实体退还投标担保的时间点，在该时间点之后采购实体不得根据投标担保提出主张。

《公共采购示范法》规定了采购实体必须退还或者促成退还担保文书的情形，其共同特点是递交提交书的供应商在担保有效期内没有发生造成潜在损失或违约的行为。采购实体在下列情形之一时，即不得对投标担保金额提出主张，并应当迅速退还或者促成退还担保文书：一是投标担保期满；二是采购合同生效，招标文件要求提供履约担保的，提供了此种担保；三是采购被取消；四是在提交书的递交截止日期之前撤回提交书，除非招标文件规定不得撤回。该规定反映的意思是，虽然一般规则是在递交提交书截止日期之前撤回或修改提交书不得没收投标担保，但采购实体可在招标文件中做出规定，允许有例外情形。

鉴于提供投标担保的费用通常反映在合同价格中，《公共采购示范法》建议采购条例或规则应当酌情考虑并鼓励采用其他办法替代投标担保。例如，使用竞标担保声明代替投标担保。在这类声明中，供应商表示愿意因违反投标担保的事项而接受诸如取消参加以后采购资格的制裁。这些替代办法旨在增进采购的竞争程度，特别是增加中小企业的参与。否则，中小企业可能因为提交投标担保所涉手续和费用而无法参与。

七、取消采购、否决异常低价提交书和排除供应商

《公共采购示范法》赋予了采购实体取消采购、否决异常低价提交书和以腐败为由排除供应商的权利，也规定了保障措施以规范采购实体的行为。

（一）取消采购

《公共采购示范法》授权采购实体取消采购，不再就取消的采购采取进一步行动和做出进一步决定。列入这项规定非常重要，因为采购实体可能出于公共利益需要而取消采购，例如，采购程序中竞争程度不够或有串通情形，采购实体不再需要采购标的，因政府政策发生变化撤回资金，发现所有提交书均不具响应性或报价大大超出现有预算而无法再进行采购等。此时，允许采购实体取消不可取的采购而不是要求其继续进行采购，可能最符合公共利益。

《公共采购示范法》规定采购实体可以在接受中选提交书之前的任何时候取消采购，采购实体在此时间点拥有取消采购的无条件权利。而在此时间点之后，也就是中选提交书已获接受之后，只有在提交书被接受的供应商未能按要求签订采购合同或者未能提供所要求的任何履约担保的情况下，采购实体才可以取消采购。为防止滥用取消采购的权利，采购实体应遵守以下保障措施：

1. 及时告知供应商

为了促进透明度、问责制以及有效审查，《公共采购示范法》规定采购实体应

将取消采购的决定及其理由，载入采购程序记录并迅速告知递交了提交书的所有供应商，以便供应商可以对取消采购的决定提出质疑。尽管这些规定并不要求采购实体证明其决定的正当性，但采购实体应以便于对决定进行有意义审查的方式，就此项决定的理由做出简短说明。同时，《公共采购示范法》也要求采购实体应以发布采购程序原信息的同样方式，在同一登载处迅速发布取消采购的公告。这项措施非常重要，有利于公众对颁布国采购实体的行为进行监督。

2. 退还未开启的提交书

《公共采购示范法》规定了如何处理已经递交而采购实体尚未开启的提交书，即采购实体不得在决定取消采购之后开启任何投标书或建议书，并应将仍未开启的所有投标书或建议书退还给提交的供应商。也就是说，采购实体做出取消的决定之后，所有未开启的提交书均不得开启并须退还原供应商。这项要求避免了供应商在提交书中提供的信息被不当使用的风险，如透露给竞争对手，也可防止采购实体为不当或非法目的而滥用取消采购的裁量权，如在获得所需的市场状况或所偏袒的供应商不会胜出的信息之后。

3. 赔偿责任

除非涉及滥用行为，采购实体取消采购的决定通常无须接受审查，特别是接受行政机构复议。但《公共采购示范法》并未将采购实体在采购程序中做出的任何决定或采取的任何行动排除在质疑或上诉程序之外。因此，供应商可根据质疑程序行使对采购实体取消采购的决定提出质疑的权利，但采购实体是否负有赔偿责任将取决于个案的实际情形。

《公共采购示范法》主张将采购实体对取消采购决定的赔偿责任限于特殊情形，这种赔偿责任是对递交了提交书的供应商的赔偿责任，限于采购实体的不负责任或拖延行为导致取消采购的任何情形。该项规定既保护采购实体免受无端异议的影响，同时又提供保障措施以防止采购实体在没有正当理由的情况下取消采购程序。尽管对赔偿责任做了限制，但采购实体仍有可能根据其他法律的规定为取消采购而承担赔偿责任。

（二）否决异常低价提交书

否决异常低价提交书，是指在提交书价格异常偏低而存在有关供应商履行采购合同能力的风险时，采购实体可以否决该提交书。《公共采购示范法》主张保护双方当事人的权益，一方面允许采购实体在采购合同订立之前处理可能出现的异常低价提交书，避免合同可能无法履行或者无法按照提交价格履行的风险，并避免造成项目费用增加或者项目延迟和中断。另一方面采购实体不能仅仅因为提交书价格看似异常偏低而自动否决一项提交书。如果相关供应商没有机会解释所提交价格的理由，采购实体也有可能完全凭主观评判就否决该提交书，将导致滥用这种权利的风险。在国际采购中，这种风险可能尤为严重，因为价格在一国异常偏低而在另一国却可能完全正常。出于这些考虑，采购实体只有采取步骤证实了其对履约的担心时才能否决异常低价的提交书。但这样做并不影响其他法律要求采购实体在涉及洗钱等犯罪行为，未遵守最低工资、社会保障义务或相互串通等非法行为时否决提交书。

《公共采购示范法》关于否决异常低价提交书的规定适用于任何采购程序。具体而言，采购实体否决异常低价提交书应遵守以下要求：

1. 否决前的澄清步骤

采购实体在否决异常低价提交书前应采取澄清步骤，以确保遵循正当程序并维护有关供应商的权利。如果采购实体确定价格结合提交书的其他构成要素相对于采购标的异常偏低，由此引发其对递交了该提交书的供应商履行采购合同能力的关切，采购实体采取下列行动后可以否决该提交书。

（1）提出书面澄清请求。

采购实体已经向有关供应商发出书面的澄清请求，就引起采购实体对其履行采购合同能力关切的提交书提供细节。提供的细节主要涉及证明价格合理的所有构成要素，可包括证明所提供标的质量的信息、样本等；任何相关制造过程的方法；供应商执行合同而选用的技术方案和可利用的特别有利条件等。通过对提交书的构成要素对报价进行分析，以便采购实体就供应商是否有能力按所提交的价格履行采购合同做出判断。

在证明价格合理的程序中，采购实体要求供应商提供哪一类信息，可由颁布国选择是否加以规范。如考虑信息被滥用的风险，有些颁布国法律可能会禁止采购实体要求供应商提供与成本结构有关的信息。对供应商的价格评估是利用采购前估计数、市场价格或先前可能订立的合同价格等因素来确定价格是否符合实际，侧重点应是请求提供关于价格本身的信息，而不是供应商用以确定价格所使用的基本成本信息。

（2）考虑供应商的答复。

采购实体已考虑到该供应商在请求后提供的信息以及提交书中列入的信息，但在所有这些信息的基础上继续持有关切。也就是说，采购实体应在价格评估中考虑到供应商所做出的答复，如果供应商拒绝按采购实体的要求提供信息，此种拒绝不应自动赋予采购实体否决异常低价提交书的权利。这是审查提交书价格是否异常偏低时应予考虑的一个要素。

采购实体只有采取了上述步骤才能否决异常低价提交书。由于履约风险评估本身带有极大的主观性，上述规定并不意味着要求采购实体必须否决异常低价提交书。为确保一致性，避免滥用风险，公共采购条例或准则应当对接受或否决这种提交书的裁量权范围加以界定。

2. 否决后的程序记录

从采购过程的问责制、透明度和客观性着眼，《公共采购示范法》要求采购实体应将关于否决异常低价提交书的决定和理由，以及与供应商的所有通信载入采购程序记录。采购实体也应将决定及其理由迅速告知有关供应商，使其可就该决定提出质疑。

除上述措施外，其他措施也可有效防止异常低价提交书造成的履约风险。贸易法委员会建议颁布国考虑：一是全面评估供应商的资格并审查其提交书。采购实体既需要编制有关供应商全面而准确的资格信息，包括以往绩效的信息并在评审中适当注意除价格之外的维护和置换费用等其他要素，也需要精确拟定采购标的说明。二是提高对异常低价提交书不良影响的认识，向采购官员提供培训和充分的资源与信息，包括参考价格或市场价格。三是在采购过程的每个阶段留出充裕的时间。为阻止递交异常低价提交书，促进供应商采取负责任的行为，采购实体有必要在招标文件中规定，可以否决价格异常偏低并令人担心能否履约的提交书。

（三）排除供应商

《公共采购示范法》规定了以利诱、不公平竞争优势或利益冲突为由将供应商排除在采购程序之外，其目的是详尽列出必须将供应商排除在采购程序之外的理由，这些规定是与供应商资格或提交书内容无关的理由。虽然《公共采购示范法》没有使用“腐败”一词，但是所提及的利诱、不公平竞争优势和利益冲突等都属于腐败行为的实例，因此“排除供应商”条款是重要的反腐败措施。基于优先考虑颁布国国际承诺的要求，《公共采购示范法》也主张与《联合国反腐败公约》、经济合作与发展组织和多边开发银行等国际组织发布的反腐败行为国际标准保持一致，将任何腐败行为宣布为非法而不论其定义或形式如何。

具体而言，供应商有下列情形之一的，采购实体应将其排除在采购程序之外：

1. 利诱

采购实体应当排除有利诱行为的供应商，该供应商直接或间接提议给予、实际给予或同意给予采购实体或其他政府当局的任何现任或前任官员或雇员任何形式的酬礼，或提议给予任职机会或其他任何服务或价值物，以影响采购实体在采购程序方面的行动或决定或实施的程序。从《公共采购示范法》的上述规定来看，所谓

“利诱”是指供应商不正当地影响采购实体的任何企图，包括提议、实际或同意给予酬礼、任职机会或其他价值物等。

2. 不公平竞争优势或利益冲突

采购实体应当排除具有不公平竞争优势的供应商，该供应商违反本国法律规定有不公平竞争优势或利益冲突。这些规定主要处理的是供应商这一方的利益冲突，采购实体这一方的利益冲突则需遵守采购官员行为守则的规范。不公平竞争优势的范围不确定，这反映出各种现有定义的范围因制度不同而有所差异。因此，《公共采购示范法》没有说明何为“不公平竞争优势或利益冲突”，需由颁布国采购条例确定。举例来说，为避免不公平竞争优势和利益冲突，颁布国的适用标准应当禁止参与制定招标文件的顾问参加使用这些文件的采购程序，还应规范分公司参与相同采购程序的问题。颁布国的反垄断立法等其他法律也可以对这些概念加以规范。

不公平竞争优势涉及公平性、反垄断法和市场状况等问题，有可能产生于利益冲突，但也不一定。如果供应商雇用具有程序和组织结构方面专业知识的前采购官员，这种情形可以归类为利益冲突，因为这可能赋予不公平竞争优势，或者两者兼而有之，需视相关定义而定。但在《公共采购示范法》中，利益冲突和不公平竞争优势是两个不同的概念。从根本上说，不公平竞争优势是指某个供应商掌握了其他供应商无从得知的信息；采购实体设定有利于某个供应商的阈值或职责范围，使某些供应商有可能受到不公平对待，也可能产生不公平竞争优势。例如，采购实体与某个潜在供应商讨论可能的技术解决方案，然后制定出适合该供应商的技术要求说明，采购过程的公平性就会被扭曲。如果该供应商计划参加后面的采购程序，将认为该供应商在与采购实体的讨论期间有利益冲突，并且在后面的采购程序中对其他参加采购的供应商具有不公平竞争优势。因此，有关的供应商应被排除在采购之外。不但采购规划阶段的讨论中会有这种风险，如果在采购过程中不遵守透明度和平等待遇的保障措施，也会产生这种风险。

为防止滥用“排除供应商”条款，《公共采购示范法》要求采购实体在根据规定将供应商排除在采购程序之外时，应将做出的决定及其理由载入采购程序记录，并迅速告知有关供应商，以便其提出质疑。

八、采购合同生效

《公共采购示范法》对接受中选提交书和采购合同生效进行了规范，主要涉及接受中选提交书、停顿期形式的保障措施和采购合同生效等内容。

（一）接受中选提交书

作为一般规则，采购实体应当接受中选提交书，意指采购合同或框架协议必须授予递交中选提交书的供应商，并反映该提交书的条款和条件。但《公共采购示范法》也列出了一般规则的例外情形，包括根据规定取消了递交中选提交书的供应商资格，取消采购，以价格异常偏低为由否决了评审结束时确定的中选提交书，或者以中选供应商一方进行了利诱、有不公平竞争优势或利益冲突为由将其排除在采购程序之外。《公共采购示范法》所提及的只是采购实体可以援引的理由而不是所有例外情形，还可能由于质疑和上诉程序而出现其他理由，例如，独立机构下令终止采购程序，要求采购实体重新审查其决定或者采取纠正步骤。这些理由都是在采购实体决定是否接受中选提交书这一阶段出现的。

（二）停顿期措施

停顿期是保障措施的一种形式，主要指自发出通知之日起开始的期间内采购实体不得接受中选提交书，供应商可以根据质疑程序对已经做此通知的决定提出质疑。因此，停顿期的主要目的是使供应商能够在合同或框架协议生效之前提出质疑，避免不得不取消已经生效的合同或框架协议。

1. 停顿期通知

为确保透明度、廉正性以及在采购程序中公平、公正地对待所有供应商，采购实体应将其拟在停顿期结束时接受中选提交书的决定迅速通知每一个递交了提交书的供应商。《公共采购示范法》要求停顿期通知应送达包括中选供应商在内的所有递交提交书的供应商，向每一个相关供应商迅速、同时发出单独通知。为了切实利用停顿期，让参与采购的供应商收到关于评审过程的充分信息非常重要。因此采购实体的通知书应至少包含下列内容：递交中选提交书的供应商名称和地址；合同价格，或者价格结合其他标准作为依据确定中选提交书的，合同价格以及中选提交书的其他特点和相对优势概要；并且根据采购条例的要求，在招标文件中列明的停顿期期限。停顿期应当自规定的通知书向递交了提交书的所有供应商发出之日起开始。《公共采购示范法》要求通知中应涵盖中选提交书的特点和相对优势、在招标文件中列明的停顿期期限等内容。确定停顿期起讫日期既有助于确保供应商采取必要的行动，又有助于确保采购实体授予合同而无废约之虑。在通知中说明停顿期期限，不仅有提醒作用，还可以做到准确无误。

《公共采购示范法》规定由采购实体根据特定采购的情形，特别是所使用的通信手段以及是否为国际采购，逐一确定每项采购的停顿期期限。为确保平等待遇，可能需要给以传统邮寄的方式将通知送达国外供应商留出更多时间。采购实体确定停顿期期限的裁量权并非没有限制，必须服从颁布国在采购条例中确定的最低期限，也要考虑停顿期的主要目的是给供应商留出足够时间以便就采购实体打算接受中选提交书的决定提出质疑，停顿期在情况允许时不宜过长。

2. 例外情形

《公共采购示范法》规定了对授予采购合同不适用停顿期的例外情形，主要包括：第一种例外情形涉及无第二阶段竞争的框架协议程序下的采购合同。采购实体在缔结框架协议时，以及在根据有第二阶段竞争的框架协议授予的所有合同中，都将适用停顿期。而根据预先确定的条款和条件授予无第二阶段竞争的框架协议下的合同，停顿期则是多余的。第二种例外情形适用于低价值采购。合同价格低于采购条例中列明的阈值。第三种例外情形是紧迫公共利益考虑。采购实体判定出于紧迫公共利益考虑，必须在没有停顿期的情况下进行采购。采购实体关于存在此种紧迫考虑的决定以及做出该决定的理由，应当载入采购程序记录。

停顿期措施直接关系到采购实体发出接受中选提交书通知的时间。《公共采购示范法》具体规定了何时向中选供应商发出接受通知书，根据情况而有所不同：一是适用了停顿期而没有质疑或上诉等悬而未决的情形，采购实体在停顿期期满时迅速向递交了该提交书的供应商发出接受通知书；二是适用了停顿期并因质疑或上诉而产生悬而未决的情形，在采购实体接到有关当局的通知、命令或授权其发出接受通知书之前，禁止采购实体发出接受通知书；三是未适用停顿期，采购实体必须在确定中选提交书之后迅速发出接受通知书，除非接到法院或被授权的主管当局下达的禁令。

（三）采购合同生效

承认各颁布国偏好的方法可能有所不同，《公共采购示范法》规定了不同情形下采购合同生效的方法。

1. 发出接受通知书

除非要求有书面采购合同和（或）报请另一机关批准，否则，在向有关供应商发出接受通知书时，符合中选提交书条款和条件的采购合同即告生效，条件是通知书发出时提交书仍然有效。如果招标文件中没有相反的规定，采购合同在向中选供应商发出接受通知书之时开始生效。将采购合同生效与“发出”而非“收到”接受通知书联系起来，在于采购实体必须在提交书仍然有效时发出接受通知书，以便约束供应商履行合同。按照“收到时生效”的方法，如果通知书已适时发出，但在传送过程中并非因采购实体的过错而出现延误、丢失或错投，而此时提交书有效期届满，采购实体即丧失了约束供应商的权利。按照“发出时生效”的方法，如果通知书被延误、丢失或错投，供应商在其提交书有效期期满之前可能并不知道该提交书已被接受。在大多数情况下，这种后果不像采购实体丧失约束供应商的权利那么严重。

2. 签署书面采购合同

如果招标文件要求提交书已获接受的供应商签署一项符合被接受提交书条款和条件的书面采购合同，采购实体和有关供应商应当在向该供应商发出接受通知书后的合理时间内签署此项采购合同；除非招标文件规定采购合同必须报请另一机关批准，否则采购合同一经有关供应商和采购实体签署即告生效。从向该供应商发出接受通知书至采购合同生效，这段时间内采购实体和该供应商均不得采取任何行动阻挠采购合同的生效或履行。这种方法将采购合同生效与中选供应商签署与其提交书一致的书面采购合同联系起来。这种做法只有在招标文件有此类要求的情况下才有可能，不应视为所有采购程序中的规范。《公共采购示范法》鼓励颁布国在采购条例中指明哪类情形可能需要书面采购合同，也要考虑到这种要求对于外国供应商可能特别麻烦。

3. 主管机构批准

招标文件规定采购合同必须报请另一机关批准的，在获得批准之前，采购合同不得生效。招标文件应当具体指明在接受通知书发出后获得批准估计需要的时间期限。未能在招标文件具体指明的时间内获得批准的，不应展延招标文件中列明的提交书有效期或所要求的投标担保有效期，除非根据规定展延该有效期。这种方法是采购合同须获得另一主管机关的事先批准。颁布此项规定的国家可在采购条例中对哪类情形需要报请批准做出更具体的规定，例如，仅在采购合同超过某一规定价值时。《公共采购示范法》重申，招标文件必须告知供应商需要哪些手续采购合同才能生效。考虑到供应商权利和义务的大致平衡，《公共采购示范法》要求招标文件披露获得批准估计需要多长时间，并规定未在估计期限内获得批准不应视为延长中选提交书或投标担保的有效期。这些规定是为了避免在采购合同最终生效毫无保证的情况下，中选供应商可能无限期地对采购实体保持承诺。

作为一种最佳做法，《公共采购示范法》规定如果中选供应商未能按要求签署书面采购合同，或者未能提供所要求的任何履约担保的，采购实体可以选择取消采购，也可以决定根据法律和招标文件中列明的标准和程序，将合同授予下一份中选提交书。该提交书的确定将依照相关采购中挑选中选提交书所适用的规定进行；如果采购合同生效并且供应商按要求提供履约担保时，采购实体应迅速向其他供应商发出采购合同通知，列明已订立采购合同的供应商名称、地址及合同价格。上述通报是采购实体提供信息的一种非正式程序，可以根据请求或者作为例行程序在资格预选或授标之后提供通报。最常见的是向落选供应商通报其落选原因，其目的是减少发生质疑的可能性，要求采购官员对其决定负责，并提高采购程序的效能和未来提交书的质量。

为了提高采购程序透明度、增进采购实体问责制，《公共采购示范法》规定采购合同生效时或者订立框架协议时，采购实体应当迅速发布采购合同或框架协议的授标公告，列明被授予采购合同或框架协议的一个或多个供应商的名称，以及采购合同的合同价格。上述义务不同于要求向递交提交书的供应商发出的采购合同通知，也有别于要求向公众提供采购程序记录中关于所订立的采购合同或框架协议的信息。《公共采购示范法》没有具体规定发布授标公告的方式，而是要求采购条例对此做出规定。为避免给低价值采购的实体带来过于繁重的负担，颁布国采购条例应确定一个起点金额，低于该阈值者可不适用授标公告的规定。而采购实体应定期、累积发布此种授标的公告，每年至少一次。

九、保密和记录

《公共采购示范法》对信息保密和采购程序书面记录进行了规范。

（一）保密要求

为保护参加采购各方的机密信息，《公共采购示范法》根据所涉信息类型规定了不同的保密要求，既包括普遍适用的要求，也包括特定情况适用的要求。而质疑和上诉程序中对机密信息的保护是对保密条款的补充。

1. 普遍适用的保密要求

普遍适用的保密要求，主要涉及采购通信信息和供应商提交信息的保密。

（1）采购通信中的保密。

在采购实体与供应商的通信或者与任何人的通信中，如果不披露信息是保护国家基本安全利益所必需的，或者披露信息将违反法律、将妨碍执法、将损害供应商的正当商业权益，或者将妨碍公平竞争，则采购实体不得披露任何此种信息，除非法院或颁布国指定机关下令披露该信息，在此种情况下，该信息的披露须符合此种命令规定的条件。《公共采购示范法》禁止采购实体向供应商以及公众披露的信息主要包括：一是采购实体为保护颁布国的基本安全利益而不得披露的信息，这些信息可能是以法律形式列明的机密信息。基本安全利益不仅涉及一国的国防，还可能涉及与公共卫生和福利有关的其他部门和问题。二是采购实体披露后可能违法、损害商业利益或妨碍公平竞争的其他信息。由于这一规定的范围很广，有可能导致滥用，颁布国应在采购条例中列明这类信息或其法律出处。禁止采购实体披露的这些信息只有经由法院或指定机关下令后才可披露。因此，法律中也应指明拥有此项权力的任何机关，并规定披露范围和相关程序。

（2）供应商提交信息的保密。

为了公平竞争，保护供应商的利益，《公共采购示范法》特别针对供应商提交的信息提出了保密要求。采购实体处理资格预审申请书、预选申请书和提交书，应当避免将其内容披露给其他竞标供应商，或未被允许接触此类信息的其他任何人。上述文件因其性质会涉及提交供应商的商业敏感信息，此类信息若披露给竞标供应商或未获授权的人，可能会妨碍公平竞争并损害正当的商业利益。所以，《公共采购示范法》一般禁止采购实体披露此类信息。此处的“未获授权的人”是指采购实体以外的任何第三方，而不是颁布国授权可接触所述信息的任何监督、复议机构或其他主管机构。

采购实体披露部分所提交的信息，无论是向竞标供应商还是向普通公众披露，对于确保采购程序的透明度和完整性、供应商提出有效质疑以及适当的公众监督都十分重要。因此，《公共采购示范法》列出了一般禁止规定的例外情行，即采购实体应按规定适当披露的内容，包括向递交提交书的供应商通知授标意图，在授标公告中指明中选供应商和中标价格，为披露信息而允许接触书面记录的某些部分，以及在当众开标时宣布投标书中的某些信息等。

2. 特殊适用的保密要求

特殊适用的保密要求，主要涉及特定采购程序和机密信息的保密。

（1）特定采购程序。

基于采购实体与供应商之间的互动，《公共采购示范法》对特定采购程序提出了保密要求，其适用范围是有限的。这些特定采购程序包括两阶段招标在第一阶段就初步投标书的讨论，通过对话征求建议书，通过顺序谈判征求建议书，竞争性谈判和单一来源采购程序。采购实体与供应商之间根据这些程序进行的任何讨论、通信、谈判和对话均应保密。除非法律要求、法院或颁布国指定机关下令，否则任何参与此种讨论、通信、谈判或对话的一方未经对方同意，不得向其他任何人披露与这些讨论、通信、谈判或对话有关的任何技术信息、价格信息或其他信息。《公共采购示范法》规定的保密义务不仅是针对采购实体的，也针对任何参与方，而且涉及这些程序中互动所产生的一切信息。只有在另一方同意、法律要求、法院或其他主管机关下令的情况下，才允许披露任何此类信息。采购实体可以要求对披露供应商提交的所有信息给予一揽子同意，例如，在招标文件中规定必须给予此种同意才能参加采购，但此种做法有滥用的风险，必须获得更多授权才可做此规定。

（2）机密信息的保密。

《公共采购示范法》针对采购中涉及的机密信息提出了保密要求，其适用范围也是有限的。采购涉及机密信息的，采购实体可以对供应商规定旨在保护机密信息的要求，并且要求供应商确保其分包商遵守旨在保护机密信息的要求。除上述的一般法定保护措施外，采购实体还可以在特定采购中采取保护机密信息的补充措施。此类补充措施可以仅涉及供应商，也可以由供应商扩大到分包商。采取这些措施的理由可以是采购标的敏感的性质，或者即使标的本身并不敏感但存在着机密信息，例如，需要确保对交货时间安排或交货地点的相关信息保密，也可以是两者兼有。

（二）采购程序书面记录

《公共采购示范法》对采购程序书面记录进行了规范，其目的是要求采购实体对采购程序保持详尽的书面记录并提供进行查阅的适当可能，从而提高透明度和增进问责制。采购记录记载与采购程序有关的重要资料，并确保在获得授权的情况下能够及时查阅，不仅对供应商提出任何有意义和有效的质疑至关重要，也有助于确保采购法自身具有一定程度的监督和强制执行功能。此外，遵守严格的记录要求还将便利监督机构行使审计或核查职能，并增进对采购实体的问责制。

1. 采购程序记录内容

为了加强透明度和便于有效监督，《公共采购示范法》强调采购程序的所有步骤都必须有书面记录，并列举了需载入采购程序记录的内容清单。具体而言，采购实体的采购程序记录应包括下列内容：

（1）采购标的简要说明。

（2）递交了提交书的供应商名称和地址，以及订立采购合同的供应商名称、地址和合同价格。使用框架协议程序的，还有订立框架协议的供应商名称和地址。

（3）采购实体就通信手段和任何形式要求做出决定所依据的理由和情形说明。

（4）采购实体根据规定限制供应商参加采购程序，此种限制所依据的理由和情形说明。

（5）采购实体使用公开招标以外的其他采购方法，使用此种其他方法所依据的理由和情形说明。

（6）采购使用电子逆向拍卖方式，或者采购涉及作为授予采购合同前一个阶段的电子逆向拍卖，采购实体使用此种拍卖所依据的理由和情形说明，以及拍卖起讫日期和时间的信息。

（7）使用框架协议程序，采购实体使用该程序和选择框架协议类型所依据的理由和情形说明。

（8）根据规定取消采购，关于这方面和采购实体做出取消采购决定所依据的理由和情形说明。

（9）采购程序中考虑任何社会经济政策，这些政策及其适用方式的详细说明。

（10）采购实体未适用停顿期，做出不适用停顿期决定所依据的理由和情形说明。

（11）根据规定提出质疑或上诉，重新审查申请书副本、复议申请书副本和上诉书副本，以及在相关质疑程序或上诉程序中或在这两种程序中做出所有决定的副本及其理由。

（12）有资格预审文件或预选文件的，关于澄清资格预审文件、预选文件或招标文件的任何请求及相应答复的概要，以及这些文件所做任何修改的概要。

（13）有资格预审申请或预选申请的，关于递交了资格预审申请书、预选申请书或提交书的供应商具备资格或缺乏资格的资料。

（14）根据规定否决异常低价提交书，关于这方面和采购实体做出决定所依据的理由和情形说明。

（15）根据规定以供应商利诱、不公平竞争优势或利益冲突为由将其排除在采购程序之外，关于这方面和采购实体做出决定所依据的理由和情形说明。

（16）根据规定发出的停顿期通知书的副本。

（17）中选供应商未按要求签署书面合同或提供履约担保，采购实体根据规定选出下一份中选提交书授予采购合同的，关于这方面及其理由的说明。

（18）合同价格以及采购合同其他主要条款和条件，已订立书面采购合同的合同书副本。如果使用框架协议程序，框架协议主要条款和条件概要，或所订立的任何书面框架协议副本。

（19）每项提交书的价格，以及其他主要条款和条件概要。

（20）提交书评审概要，包括根据规定给予国内供应商或者国产货物的任何优惠，以及采购实体否决拍卖期间提出的任何出价所依据的理由和情形。

（21）根据“保密”或“质疑程序的保密”条款援用信息披露条款例外情形的，援用例外情形所依据的理由和情形。

（22）采购涉及机密信息，依法对供应商规定的任何保护机密信息的要求。

（23）根据《公共采购示范法》规定或颁布国采购条例应载入记录的其他内容。

因为采用了新的采购方法和管理制度，《公共采购示范法》在采购程序记录清单中列入了很多新内容。例如，电子逆向拍卖、框架协议、通信手段的选择、停顿期、机密信息、社会经济政策和异常低价提交书等。《公共采购示范法》没有规定必须以何种形式和手段保持记录，这些问题按照采购过程中通信的规定处理。

2. 采购程序记录披露

《公共采购示范法》对披露采购程序记录也进行了规范，主张将充分披露作为增进透明度和问责制的一般规则，向供应商提供必要的资料使其能够评价表现情况并酌情提出质疑，也要考虑保护供应商的正当商业权益。《公共采购示范法》在兼顾各方面因素平衡的基础上，对采购程序记录规定了两种程度的披露：

（1）普通公众。

为增进对采购实体的问责制，《公共采购示范法》明确了应向普通公众成员披露的基本信息。披露的对象是任何人，也就是通常所说的普通公众；披露的信息主要涉及采购程序记录中的第（1）～（11）项规定的记录部分。采购实体应在中选提交书被接受后，或者在采购被取消后，提供给请求得到此种记录的任何人。

（2）供应商。

供应商为监测自己在采购程序中的相对表现，并监督采购实体执行法律要求的行为，需要掌握关于采购程序进行情况的详细资料。因此，《公共采购示范法》明确了应向递交提交书的供应商披露的具体信息。披露的对象仅限于递交提交书的供应商，其他供应商包括那些被淘汰的供应商，不应有机会接触对提交书进行审查和评审的信息。采购实体将根据要求向落选供应商告知淘汰原因，从而使其掌握充分信息并考虑是否就其被排除在外提出质疑；披露的信息主要涉及采购程序记录中的第（16）～（20）项规定的记录部分。采购实体应在关于中选提交书被接受的决定已为递交了提交书的供应商知悉后，根据请求提供给这些供应商。《公共采购示范法》允许在供应商知悉采购实体确定中选提交书时向其披露记录的相关部分，这一规定的目的是使供应商的质疑权利得到有效行使。为了使该项规定行之有效，采购条例应要求采购实体准予供应商在获知中选提交书决定时迅速查取这些记录，如果等到采购合同生效再予披露，可能会使供应商丧失获得有意义救济的机会。

无论是向公众还是向有关供应商披露信息，采购实体可以根据《公共采购示范法》规定的理由和内容免于披露信息。除法院或颁布国指定机关下令并按其规定的条件予以披露外，采购实体不得披露：一是采购程序记录内的信息。采购实体不披露此种信息是保护国家基本安全利益所必需的，或者披露此种信息将违反法律、将妨碍执法、将损害供应商的正当商业权益，或者将妨碍公平竞争。二是提交书审查和评审有关的信息。为避免向竞标供应商披露商业机密信息，采购实体不得披露与提交书审查和评审有关的信息。因为与提交书审查和评审有关的资料，难免会涉及商业敏感信息，供应商对保护此种信息享有正当权利，所以《公共采购示范法》限制披露比提交书评审摘要更详细的信息。

《公共采购示范法》就采购程序记录规定了保障措施，即采购实体应当根据本国采购条例或其他法律规定，记录、归档并保存与采购程序有关的一切文件。这反映了《联合国反腐败公约》的一项要求，即缔约国必须“根据本国法律的基本原则，采取必要的民事和行政措施，以维持与公共开支和财政收入有关的账簿、记录、财务报表或者其他文件完整无缺，并防止在这类文件上作假”。颁布国采购条例或规则应当规定保存采购程序有关文件的要求以及关于书面记录和存档的适用规则，包括某一采购的记录和所有相关文件的保留期限。

第八章　《公共采购示范法》采购方法和程序

《公共采购示范法》规定的采购方法门类齐全，反映了这一领域的发展以及公共采购实务的演变，也反映了贸易法委员会的看法，即实现目标的最佳方式是为各国提供针对不同采购情形的各种选择办法。采购方法的选择是为采购周期评选或授标阶段做准备所涉及的一项重大决定，着眼于具体采购情形并在实际可行的限度内力求实现最大程度的竞争。《公共采购示范法》也根据各种采购方式和安排的特点制定了与之相应的采购程序，以期在促进竞争的情况下实现采购的最大效益。这些规定并不是旨在为每种方式或安排提供详尽无遗的全套程序，而是确定其基本框架以及程序中的关键步骤，还需要颁布国更详细的采购条例和指导意见作为补充。

第一节　采购方法

《公共采购示范法》所列的采购方法是针对采购实务中可能出现的各种情形而设计的，目的是使采购实体在采购时要考虑采购标的、市场集中度和竞争情况、紧急程度以及适当的技术水平而选择适用的方式和安排。《公共采购示范法》也规定了所有采购方法中使用招标办法的规则，一般要求是进行不受限制的公开招标，也允许特定采购方式使用直接招标办法。

一、采购方法及使用条件

考虑到各颁布国采购制度处于不同的发展阶段，《公共采购示范法》提供了各种采购方法的工具箱，颁布国可根据采购方法的特点和使用条件从工具箱中选择适合的工具。

（一）采购方法及其选择

1. 采购方法的种类

《公共采购示范法》规定的采购方法包括正式的采购方式和非正式的采购安排。

（1）采购方式。

采购实体可以使用的采购方式，包括公开招标、限制性招标、询价、不通过谈判征求建议书、两阶段招标、通过对话征求建议书、通过顺序谈判征求建议书、竞争性谈判、电子逆向拍卖和单一来源采购。《公共采购示范法》建议颁布国可以选择不将所有列出的采购方式都纳入本国立法，但应规定适当的选择范围。其中，除公开招标是必选项外，还应针对采购时通常出现的低价值采购和简单采购、紧急采购、专业或复杂采购等情形规定足够的选择办法。

在这些采购方式中，公开招标在采购中体现了竞争性、客观性和透明度原则，是最有利于实现《公共采购示范法》宗旨和目标的采购方式。因此，公开招标是首选的采购方式，除非采购实体有正当理由使用其他采购方式，否则在采购中必须使用公开招标方式。《公共采购示范法》不再对使用其他采购方式规定事先批准机制，但通过对话征求建议书和旨在促进社会经济政策的单一来源采购是例外，限制性招标、两阶段招标以及开放式框架协议等方式是基于招标的方法，这些方法要求根据技术规格描述标的，采购实体保留对技术解决办法的控制和责任；不通过谈判征求建议书、通过对话征求建议书以及通过顺序谈判征求建议书都是征求建议书方法，采购实体通过征求供应商的建议书以满足其需要。在这些方式中，供应商负责确保其提出的解决办法能够确实满足采购实体的需要。而询价、竞争性谈判和单一来源采购等方式的结构比较松散，规范性差，适合低价值采购、紧急情况或突发事件等特殊情形。

（2）采购安排。

采购安排不是一种独立的采购方式，只是采购中涉及的一种手段。采购实体可以使用的采购安排，包括框架协议程序和电子逆向拍卖。其中，框架协议程序包括以上述采购方式或者通过订立开放式框架协议的方式授予框架协议，还包括此后根据所授予的协议下订单。在很多国家，通常会根据采购合同金额来确定适用公共采购法律的范围，而低价值采购就会处于采购法律系统的监管范围之外。对此，贸易法委员会认为可以通过一定的采购安排将一系列较小的采购汇集在一起，使低价值采购也能得到有效的监督。因此，《公共采购示范法》规定在采购中可以适当使用框架协议，不仅可以提高采购效率，还能提高在低价值采购方面的透明度和竞争性；至于电子逆向拍卖，虽然《公共采购示范法》将其列为一种单独的采购方式，但也可以将其作为一种采购安排，在采购方式中授予采购合同之前的最后阶段加以使用，以及在框架协议下授予采购合同时使用。

2. 采购方法的选择

1994 年采购示范法在选择采购方法时主要以拟采购标的是货物、工程还是服务为依据。而《公共采购示范法》采取了新方针：采购方法选择主要依据采购标的复杂程度，着眼于特定采购情形并在实际可行的限度内力求实现最大程度的竞争。采购实体在具体采购时，可根据上述规则选择可供使用的采购方法。

（1）公开招标方式。

《公共采购示范法》规定了采购方法选择的基本规则，即采购实体应当通过公开招标方式进行采购。公开招标方式没有设定使用条件，任何情况下都可以使用这种方法。作为默认的采购方法，公开招标是一般要求，意味着使用其他任何采购方法都必须有正当理由，要考虑是否满足其使用条件。因此，采购实体行使裁量权选择其他采购方法替代公开招标是受限的，应根据所要采购的具体情况先研究是否可以使用任何替代方法。

（2）其他采购方法。

采购实体选择其他采购方法时，应遵循以下要求：

① 考虑具体采购情形。

采购实体可在符合条件的情形下使用其他采购方法，但使用条件不能为选择采购方法提供完全的指导，主要原因是实际采购情形下的条件可能适用不止一种方法的使用条件，哪一种采购方法最合适，要对采购各方面的情况做出通盘考虑才能确定。因此，《公共采购示范法》要求采购实体选择适合特定采购情形的其他采购方法。举例来说，在决定使用公开招标、两阶段招标还是通过对话征求建议书时，采购实体必须评估其是否希望在标的较为复杂的采购中保留对技术解决办法的控制。如果采购实体希望保留这种控制，并想通过与供应商的讨论改进在程序开始时印发的标的说明和技术规格以求得最佳解决办法，则可能适宜采用两阶段招标程序而不是公开招标程序；如果采购实体没有能力或者认为不适宜保留这种控制，则使用通过对话征求建议书的程序比较合适。由于采购项目不同，采购实体需要拥有适当的专业知识、经验和技能才能选择最适合特定采购情形的采购方法。

② 争取最大程度的竞争。

为促进特定采购情形的最广泛和最严格的竞争，《公共采购示范法》要求采购实体在选择其他采购方法时还要“在实际可行的限度内求得最大程度的竞争”。此处的竞争，首先是指优先使用公开和不受限制的招标，以尽量增加可能参与的供应商数目；其次意味着确保程序对参与者数目的限制不低于可确保参与者真正相互竞争所必需的数目。尽量扩大竞争面这一要求将决定着在某些情况下从可使用的若干采购方法中选择哪一种最合适。例如，对于自然灾害或灾难之后出现的紧急情形，《公共采购示范法》提供了竞争性谈判和单一来源采购两种方式。这两种采购方式的使用条件几乎是一样的，都分别提及了因灾难对采购标的存在“紧迫”和“极端紧迫”需要，而且使用公开招标或者其他任何采购方法都因涉及的时间紧急而不可行。虽然竞争性谈判和单一来源采购提供的竞争机会比其他采购方式少，客观性和透明度也较差，但竞争性谈判中还存在着一定程度的竞争，而单一来源采购中基本不存在竞争。正因为如此，只有在极端紧迫的情况下才可以使用单一来源采购，例如灾难发生后即刻出现的净水、救急食品、避难所或医疗等需要。虽然还可能由于灾难的直接后果而产生其他需要，但已有时间使用竞争性谈判时就不能使用单一来源采购。而且距离灾难发生的时间越长，紧迫的程度越低，也就有时间使用竞争性更强的其他采购方法。

《公共采购示范法》对使用其他采购方法规定了保障措施，采购实体应在要求的记录中载列关于其使用此种方法所依据的理由和情形的说明。也就是说，采购实体使用其他采购方法必须提供理由，并在采购程序记录中有所体现。此种记录十分重要，是一项便于追踪有关规定并对其进行必要监控的关键要求。

（二）采购方法的使用条件

《公共采购示范法》规定了限制性招标、询价和不通过谈判征求建议书，两阶段招标、通过对话征求建议书、通过顺序谈判征求建议书、竞争性谈判和单一来源采购，电子逆向拍卖和框架协议程序等其他采购方式或安排的使用条件，归纳了可以使用其他采购方法的具体情形。这些条件和规则基于这样的观念——在所规定的有限情形之外使用该采购方法将从根本上损害《公共采购示范法》的各项目标，会给采购程序效率和效力带来风险，容易引发质疑。

采购方法的使用条件中规定了特殊和常见情形，意在证明有使用某种其他采购方法的正当理由。为了防止使用结构较松散和规范性较弱的采购方式以规避公开招标或其他采购方式，使用条件中也包含保障措施。具体而言，公开招标之外的其他采购方法的使用条件如下：

1. 限制性招标、询价和不通过谈判征求建议书

这些采购方式一般适用于以下情形：采购实体在开始时就可确定采购需要并按照要求加以说明，不需要采购实体与供应商进行讨论、对话或谈判。这些采购方式涉及有理由不使用公开招标的多种情形，按照具体情况可归纳为三大类：第一类是供应市场有限的专业或复杂的产品或服务采购；第二类是在市场已有供应或可从有众多供应商的市场上获得的低价值产品或服务的采购；第三类是技术和质量因素特

别重要的产品或服务的采购。此外，采购方法的使用条件与每种方法的招标规则有着非常密切的关系，限制性招标、询价和不通过谈判征求建议书这些方式的一个共同特征是可能涉及直接招标。

（1）限制性招标。

《公共采购示范法》列入限制性招标的目的是使采购实体可以在特殊情形下仅邀请数目有限的供应商参加。限制性招标的使用条件，包括以下任一情形：

① 采购供应来源有限的复杂产品。

第一种情形是采购供应来源有限的复杂产品，主要指数目有限的供应商才能提供的技术复杂性或专门性标的，如核电厂的设备。在这种情形下，必须邀请所有能够供应该标的的供应商参加采购。

② 招标费用与采购价值不成比例。

第二种情形是招标费用与采购价值不成比例，主要指审查和评审大量投标书所需要的时间和费用与采购标的价值不成比例，如体育赛事上出售的徽章。在这种情形下，采购实体应向足够数目的供应商征求投标书以确保有效竞争，并以非歧视方式选择合格供应商参加采购。

（2）询价。

询价是为标准化的低价值项目提供的一种采购方法。在这种情形下，使用招标程序因费钱和费时而不合理。考虑到询价采购方式的不透明，《公共采购示范法》将其作为一种特殊方法使用，必须满足以下条件：

① 采购标准或通用的货物或服务。

采购标的通常是标准或通用的货物或服务。该条件要求采购标的不是按照采购实体的特定说明专门生产或提供的，即标的必须是已有固定市场的现成货物或服务。

② 采购合同金额低于门槛价。

采购合同的估计价值必须低于采购条例列明的阈值，该条件将采购严格限于低价值项目。为强调询价方法使用范围的限制性，应结合采购估价规则来理解该使用条件。采购估价条款禁止为达到使用询价规定的门槛标准而人为分割采购标的，以此规避使用竞争性较强的采购方法。

（3）不通过谈判征求建议书。

不通过谈判征求建议书采购方式适合标准性较高的标的采购，这种采购不必与供应商讨论、对话或谈判就可以对建议书的所有方面进行评审。《公共采购示范法》规定了不通过谈判征求建议书的使用条件，即采购实体需要在建议书的技术、质量和功效特性审查和评审完成之后才对建议书的财务方面单独进行审议。这种采购方式适用于对建议书进行顺序审查和评审，先审议质量和技术方面，只有当技术建议书完全响应了征求建议书中的任务范围时，采购实体才会继续审议相关建议书的价格和财务方面。也就是说，采购实体在审查和评审建议书的质量和技术方面时不会受到建议书财务方面的影响。

根据《公共采购示范法》，在满足使用条件的前提下，不通过谈判征求建议书可用于所有类型采购，即采购方法的选择不以采购货物、工程还是服务为依据，而要顾及特定采购的情形，并在实际可行的范围内力求最大程度的竞争。而一些多边开发银行建议，应当将不通过谈判征求建议书方法用于采购不复杂、不昂贵而界定明确的服务，包括编写教材等咨询服务。

2. 两阶段招标、通过对话征求建议书、通过顺序谈判征求建议书、竞争性谈判和单一来源采购

两阶段招标、通过对话征求建议书、通过顺序谈判征求建议书、竞争性谈判和单一来源采购这些采购方式在使用上并没有一种固定的方式，但它们有一个共同特点，即采购实体将与供应商进行讨论、对话或谈判。其中，对于两阶段招标和通过对话征求建议书，适用的主要情形是在采购实体无法按照要求详细地确定并说明其需要时，采购实体认为有必要与供应商互动，在两阶段招标中用以细化其对自身需要的说明并在一份通用说明中陈述这些需要，或在通过对话征求建议书中用以明确说明其需要并邀请提交可满足这些需要的建议书。这两种方式也可用于招标失败的情形。对于通过顺序谈判征求建议书，适用的主要情形是采购实体在评估建议书的技术和质量内容之后，才需要考虑和提交具响应性建议书的供应商谈判建议书的财务方面内容；竞争性谈判和单一来源采购是十分特殊的采购方式，适用的情形有限而且与上述采购方式截然不同。因此，竞争性谈判和单一来源采购不应被视为上述其他采购方式的替代办法。《公共采购示范法》之所以列入这两种采购方式，主要是因为它们涉及采购实体与供应商之间的互动，竞争性谈判中所有参加者或单一来源采购中唯一参加者与采购实体谈判。

（1）两阶段招标。

两阶段招标是指采购实体与潜在供应商在透明而有序的程序框架内对采购实体需要的技术、质量和性能特点进行讨论，供应商按照采购实体最终确定的采购需求通用说明提交投标书的采购方式。其中，采购实体与供应商之间的互动称为“讨论”，不同于其他采购方式中的议价，其作用是供应商协助采购实体确定技术规格和工作范围，但不包括投标价格或其他财务方面。因此，供应商在这一阶段就其各自提出的解决方案不做价格承诺，采购实体不得在讨论期间请供应商提供此类信息。

在整个程序中采购实体仍然负责设计技术解决方案、确定工作范围并规定采购条款和条件，并据此对投标书进行评审和评价，然后由获得采购合同的供应商负责执行这一设计并满足条款和条件。

在各种采购制度中，两阶段招标方式由来已久，主要应用于采购大型客机和信息通信系统等高技术项目，机械设备供应和安装、公路修建等大型复杂设施或专业性工程。在这些情形下，如果采购实体一开始不研究市场能供应什么便拟订完整的采购说明，列出标的所有技术规格、质量和性能特征，供应商的所有相关资质以及采购的条款和条件，通常无法获得最佳资金效益。两阶段招标将两种要素结合起来：一是允许采购实体通过评价和讨论招标书的技术方面内容，细化并最后确定采购实体在采购开始时可能无法适当拟订的采购条款和条件；二是确保公开招标程序所提供的高度客观性和竞争性也适用于在两阶段招标程序中选择中标书。根据《公共采购示范法》，两阶段招标的使用条件包括以下任一情形：

①需要细化采购标的说明。

采购实体经评价认定，为了使采购实体的采购需要达到最满意的解决，需要与供应商进行讨论，细化采购标的说明的各个方面，并按照规定的详细程度拟订采购标的说明。该项条件述及的情形是不能详细拟定采购需要，如对技术精密和复杂项目的采购，通常在采购规划阶段就能判断是否需要使用这种采购方式。采购实体在审查初步投标书之后，可以和满足其最低限技术要求的供应商进行讨论。

② 公开招标失败。

采购实体进行了公开招标而无人投标，或者根据规定取消了采购，并且根据采购实体的判断，进行新的公开招标程序或者使用限制性招标、询价和不通过谈判征求建议书等采购方法将不可能产生采购合同。该项条件述及的是进行了公开招标没有成功的情形。在这种情形下，采购实体必须分析公开招标失败的原因，如果是因为难以制定足够准确的采购条款和条件，便可认为有供应商参加的两阶段招标是适宜的办法。采购实体还应以公开招标失败为前车之鉴，如果制定一套完整的采购条款和条件，包括单一的技术解决方案可行而且适宜，则两阶段招标是比较适合的采购方式。

（2）通过对话征求建议书。

通过对话征求建议书是指采购实体与潜在供应商在透明而有序的框架内对采购实体需要的技术、质量和性能特点以及财务方面进行对话，对话后将征求最佳和最终报盘以满足采购实体的需要。其中，采购实体与供应商之间的互动称为“对话”，不仅涉及如何在技术和质量方面满足采购实体的需要，还涉及建议书的财务方面内容。对话期间可能会讨论特定技术解决方案所涉及的财务问题，其中包括价格或价格范围，但参与对话的任何当事方不会进行具有约束力的谈判或议价。通过对话征求建议书除提出满足采购实体需要的最低限度技术要求之外，并无单一的通用技术规格。最佳和最终报盘可能会针对采购实体的需要提供多个技术解决方案。在这个意义上，技术解决方案是由供应商负责设计，采购实体对这些解决方案进行评审以确定是否满足其需要，这种程序比两阶段招标程序更为复杂。

通过对话征求建议书是为采购相对复杂的项目和服务而设计的程序。这一采购方式通常用以寻求对诸如节约能源、实现可持续采购或基础设施需要等技术问题的创新解决方案为目的进行的采购。在这种情况下，可能会有不同的技术解决方案，如在风能、太阳能和化石等多种燃料之间进行选择，使用一种能源代替另一种能源等。事实证明，在比较复杂项目和服务的采购中，不与供应商对话会造成很高的机会成本，而进行此种对话过程可带来明显的经济益处。举例来说，在建筑或建造工程的采购中，采购实体的需要有多种可能的解决办法，而且只有通过对话才能评估承包商的个人技能和专门知识。采购项目的复杂性不一定是技术层面的，基础设施项目中工程地点和类型不同都会成为主要的变数。在这种情况下，采购实体通过对话征求建议书这种方式能够找出并获得最适合其采购需要的解决办法。由于此种对话通常涉及复杂、费时的程序，只应在有适当益处时才使用此种采购方式。为减少不当使用或能力不足引发的风险和困难，《公共采购示范法》对通过对话征求建议书进行了详细规定，在以下任一情形时可使用该采购方式：

① 拟订采购标的详细说明不可行。

采购实体根据规定拟订采购标的详细说明不可行，而且采购实体经评价认定需要与供应商对话才能使其采购需要达成最满意的解决。该条件述及的情形是通过对话征求建议书的主要用途，即采购实体客观上无法在程序开始时拟订采购标的完整说明，需要和供应商进行对话才能达成满足其需要的可接受的解决办法。在实务中，采购实体必须能在采购开始时就功能、性能或产出层面说明其大致需要，通过规定响应性建议书必须达到的最低限要求以便于供应商有效参加，如果计划不周可能意味着采购的失败。

② 需要定制解决办法。

采购实体寻求为科研、实验、研究或开发目的订立一项合同，但合同所涉货品产量足以确立该货品的商业可行性或足以收回研发费用的除外。该项条件所描述的情形涉及需要定制解决办法的采购，例如，法律记录存档所使用的可供长期查阅的信息技术系统，还涉及需要使用高级技术知识的采购。

③ 保护国家基本安全利益。

采购实体认定所选择的方法是最适合保护国家基本安全利益的采购方法。该项条件涉及保护国家基本安全利益的采购，通常都与安全和国防部门有关，这些部门的需要可能涉及高度复杂标的采购或供货条件，同时还要求采取保护机密信息的措施。

④ 公开招标失败。

采购实体进行了公开招标而无人投标，或者根据规定取消了采购，并且根据采购实体的判断，进行新的公开招标程序或者使用限制性招标、询价和不通过谈判征求建议书等采购方法将不可能产生采购合同。该项条件与两阶段招标的一项使用条件相同，即进行了公开招标而无人投标。在这种情形下，采购实体必须分析公开招标失败的原因，在两阶段招标与通过对话征求建议书这两者之间做出选择。如果采购实体不可能或不适宜制定一套完整的采购条款和条件或单一的技术解决方案，那么通过与供应商对话征求建议书是较好的采购方式。

除规定详尽的使用条件之外，《公共采购示范法》还提到使用通过对话征求建议书采购方式需经外部批准的要求。之所以特别提及“事先批准机制”，主要是考虑到此种采购方式的特殊性有导致滥用行为的风险，而有些颁布国可能难以减轻此种风险，因此有必要实行更高一级的管控措施。如果颁布国选择实施“事先批准机制”，应指定审批机关及其在采购程序中的权力。

（3）通过顺序谈判征求建议书。

通过顺序谈判征求建议书是指采购实体首先对达到或超过质量和技术要求的建议书进行排名，确保与之谈判的供应商有能力提供所要求的采购标的。在此之后，采购实体先与排名最靠前的供应商就建议书的财务方面进行谈判，如果与该供应商的谈判终止，则与排名次高的供应商进行谈判，并视必要依次继续下去，直至与其中一个供应商订立合同。其中，采购实体与供应商的互动称为“谈判”，旨在确保采购实体获得公平、合理的财务建议书。在这种采购中，就建议书的商业或财务方面进行谈判必不可少，主要是这些方面可能有很多变量，在采购开始时无法全部预测和具体规定，必须在谈判过程中加以细化和商定。由于谈判的范围只涉及建议书的财务或商业方面，最适合的谈判方式是顺序谈判，而不是并行谈判或同时谈判。如果需要就建议书的其他方面进行谈判，则不能使用这一采购方法。

《公共采购示范法》规定可以在以下情形下使用通过顺序谈判征求建议书进行采购：采购实体需要在建议书的技术、质量和功效特性审查和评审完成之后才对建议书的财务方面单独进行审查，而且采购实体经评价认定需要与供应商进行顺序谈判才能确保采购合同的财务条款和条件为采购实体接受。与不通过谈判征求建议书一样，该条件意指建议书的质量和技术特点是主要优先事项，为使采购实体在审查和评审建议书的技术、质量和性能特点时不受财务方面的影响，需要先审查和评审建议书的质量和技术方面，再对财务方面单独进行审查。因此，这一采购方法只适合用于建议书的技术、质量和性能特点与建议书财务方面可以而且需要分开进行审查的情形。与不通过谈判征求建议书的主要区别在于，通过顺序谈判征求建议书需要就建议书的财务方面进行谈判，适合专为采购实体设计的复杂标的采购，而不适合比较标准的项目或服务采购。

根据《公共采购示范法》，通过顺序谈判征求建议书并非专门用于服务采购。而一些多边开发银行建议，应将此种采购方式用于采购咨询服务，即有智力产出的服务，在其提供资金的项目中不允许在其他情形下使用这种方法。

（4）竞争性谈判。

竞争性谈判是只能用于紧急情况、灾难事件和保护基本安全利益等例外情形的采购方式。贸易法委员会认为，除上述例外情形，不应将竞争性谈判当作两阶段招标或征求建议书等其他采购方式的替代办法。竞争性谈判中有不止一个供应商参与，意味着比单一来源采购的竞争性更强。因此，在可行的条件下，竞争性谈判应比单一来源采购方式优先使用。

竞争性谈判的程序十分灵活，没有提供其他竞争性采购方法所提供的同等程度的程序透明度、公正性和客观性。因此，此种方式出现滥用和腐败的风险较大。这意味着竞争性谈判方式的使用管理将是关键，有必要对其使用加以限制。对此，《公共采购示范法》规定采购实体可在以下情形进行竞争性谈判：

① 对采购标的存在紧迫需要。

采购实体对采购标的存在紧迫需要，使用公开招标程序或者其他任何竞争性采购方法都将因使用这些方法所涉及的时间而不可行，包括以下任一情形：造成此种紧迫性的情形既非采购实体所能预见，也非采购实体办事拖延所致；或由于灾难性事件而对采购标的存在紧迫需要。

紧急情形既可以是非因采购实体的作为和可预见的情况产生的，也可以是灾难事件造成的，但都意味着使用公开招标程序或其他任何竞争性采购方法不切实际，因为使用这些方法太耗费时间。在这两种情形下所考虑的紧迫性理由应当是真正特殊的理由，而不仅仅是为了方便行事，这包括自然灾难之后需要紧急医疗用品或其他用品，或者需要替换已经无法正常工作的常用设备。如果紧急情形是由于采购实体采购计划不周、其他作为或不作为造成的，则不能使用此种采购方式。通过这一方法采购的范围必须与紧急情形本身直接相关。换句话说，如果对某件设备存在紧急需要，同时预期还需要几件同类设备，则只能就最急需的该件设备使用竞争性谈判。

② 保护国家基本安全利益。

采购实体认定使用其他任何竞争性采购方法均不适合保护国家基本安全利益。该项条件述及为保护国家基本安全利益而进行的采购，在此种采购中，采购实体确定不宜使用其他任何采购方法。

《公共采购示范法》要求采购实体在选择和使用采购方法时，应当考虑采购的具体情形，并应在实际可行的限度内设法实现最大程度的竞争。如果可以使用其他采购方式替代竞争性谈判，则采购实体必须选择确保与采购情形相适应的最大程度竞争的其他采购方式。本着这一原则，针对灾难事件造成的紧急情形以及保护国家基本安全利益采购所做的规定，都是防止采购实体在能够使用竞争性谈判的情况下而使用单一来源采购。这是因为竞争性谈判比单一来源采购更具有竞争性，而且《公共采购示范法》条款为规范竞争性谈判程序设置了更为严格的保障措施，使得竞争性谈判比单一来源采购更加严谨和更具有透明度，也就成为更可取的选择办法。因此，在上述两种情形下，采购实体必须使用竞争性谈判而不能使用单一来源采购，除非认为由于情形极端紧迫或存在缺乏竞争基础、涉及专属权等极为明显的理由必须使用单一来源采购方式。

（5）单一来源采购。

鉴于单一来源采购的非竞争特性，《公共采购示范法》认为应当在其他所有采购方法均已证明不合适的情况下最后才采用此种方式。如果还存在其他采购方式，则采购实体在选择采购方法时必须在实际可行的限度内设法保证最大程度的竞争。根据《公共采购示范法》，采购实体可在以下特殊情形使用单一来源采购方式：

① 只有一个供应商提供标的。

采购标的只能从某一供应商获得，或者某一供应商拥有与采购标的相关的专属权，所以不存在其他合理选择或替代物，并且因此不可能使用其他任何采购方法。该项条件规定了有必要使用单一来源采购的客观理由：只有一个供应商能够提供采购标的，或是因为该供应商对采购标的享有专属权，或是由于证实此种专属性的其他原因。因为这种理由的不当使用会助长垄断和腐败，可以采取以下防范措施：一方面，采购实体应严格执行《公共采购示范法》的保障措施。“采购标的说明”规则禁止采购实体在拟订采购标的说明时人为地将有关市场局限于单一来源，应尽可能使用功能性说明。而采购条例要求对单一来源采购进行预告也是一项基本保障措施，可借此检验采购实体认定只有一个专属供应商是否属实，从而增进采购做法的透明度和问责。如果出现了其他合格供应商，就没有理由进行单一来源采购而必须采用另一种采购方法。颁布国还应通过主管部门确保对采购实体援用这一理由使用单一来源采购的做法进行定期监测。另一方面，最佳做法就是公共采购机构的规则或指导意见可以鼓励采购实体为今后采购做出规划并获得适当许可，以便为今后进行这些采购留出竞争空间，并避免不必要地使用单一来源采购。

② 由于灾难性事件存在极端紧迫需要。

由于灾难性事件而对采购标的存在极端紧迫需要，使用其他任何采购方法都将因使用这些方法所涉及的时间而不可行。该项条件提及的是灾难事件造成的极端紧急情形，这些条件与由于灾难事件造成紧急情形而使用竞争性谈判的条件有某种程度的重叠。两者的差别在于紧急程度：使用单一来源采购，要求紧急情况必须达到与多个供应商进行谈判将不切实际的极端程度。例如，灾难事件发生后对洁净水和医疗用品的需要是最紧迫的，而同一灾难中可能也有对临时住房的需要，但通常没有如此紧迫。采购的范围必须同极端紧迫情形相关，使用紧急程序采购的数量应当严格限于该紧急情况所产生的需要量。

③ 必须从原供应商添购供应品。

采购实体原先向某一供应商采购货物、设备、技术或服务的，现因为标准化或者由于需要与现有货物、设备、技术或服务配套，在考虑到原先采购能有效满足采购实体需要、拟议采购与原先采购相比规模有限、价格合理且另选其他货物或服务代替不合适的情况下，采购实体认定必须从原供应商添购供应品。该项条件涉及以现有货物、设备、技术或服务需要标准化或配套为由而使用单一来源采购。在此种情况下使用单一来源采购必须是真正的例外，否则所援用的某种需要可能实际上是由于采购实体的采购计划不周而造成的。因此，无论是在规模上还是在时间上，都应当限制此种情形下的采购。

④ 保护国家基本安全利益。

采购实体认定使用其他任何采购方法均不适合保护国家基本安全利益。该项条件述及为保护国家基本安全利益而使用单一来源采购。采购实体认为在涉及机密信息的采购中使用竞争性谈判等其他任何采购方法均不能充分保护相关信息。

⑤ 促进社会经济政策。

采购实体向某一供应商采购是实施本国社会经济政策所必需的，条件是向其他任何供应商采购不能促进该政策，但须经颁布国指定的审批机关批准，并且事先发布公告并有充分机会进行评议。该项条件是为执行颁布国的社会经济政策而使用单一来源采购。社会经济政策是一国采购条例或其他法律规定的公开政策目标，而非某个采购实体所要推行的政策。为避免在极为特殊情形之外使用单一来源采购，

《公共采购示范法》设计了限制性比较强的保障措施，只有其他供应商没有能力执行这一政策的情况下才允许使用，并要求采购实体发布采购预告以及为公众提供发表意见的机会，由此可以检验采购实体提出有理由使用单一来源采购的情形是否属实。作为一般规则，《公共采购示范法》不要求就使用单一来源采购征求特定机构的批准，但为强调在社会经济政策条件下使用单一来源采购的高度特殊性，则建议颁布国在此条件下规定事先审批机制。

3. 电子逆向拍卖

电子逆向拍卖是采购实体选出中选提交书所采用的一种在线实时采购工具，涉及供应商（以下简称“出价人”）在规定期限内相继提交更低出价，利用信息技术系统自动评审这些出价直至确定中选出价人，属于《公共采购示范法》下一般规则“供应商一次提交出价以响应递交提交书邀请”的例外情形。电子逆向拍卖可以作为一种独立的采购方式进行，也可以作为其他采购方法中授予采购合同前的最后阶段进行，颁布国可酌情做出规定。

电子逆向拍卖有诸多潜在益处：借助动态、实时交易方式，可以通过出价人竞相出价提高资金效益。使用互联网作为举行拍卖的媒介还可鼓励更广泛的参与，从而增强竞争程度；可减少进行简单和现成货物、标准化服务采购所需要的时间和行政费用；可增强采购过程的内部可追踪性和透明度。拍卖每一阶段出价的评审结果信息都记录在案并即时提供给采购实体，所有出价人也可即时知道其相对位置，同时了解拍卖的进度和结果；透明度的提高和完全自动化的评审过程限制人为干预，可有助于防止舞弊和腐败。《公共采购示范法》认识到上述潜在益处，允许在公共采购中使用这种方法。但电子逆向拍卖也存在一些潜在风险，例如，因偏重价格竞争可能导致的质量下降风险，过度或不当使用所带来的采购市场集中和重复采购中相互串通的风险等。为了降低不当或过度使用电子逆向拍卖的风险，《公共采购示范法》规定了电子逆向拍卖的使用条件。

（1）独立的采购方式。

电子逆向拍卖的本质侧重于价格，这就意味着采购实体可以尽享激烈竞价的好处。独立的电子逆向拍卖最适合标准化和现成的货物或服务，如办公用品、标准信息技术设备、初级建筑产品和简单服务等。这些常用货物和服务一般有着高度竞争的广泛市场，采购实体可发布详细说明或提及行业标准的说明，出价人的报盘可提供相同的质量或技术特点，不需要复杂的评审程序，初始合同完成后预计不会有后继服务或额外收益。在此种采购中，电子系统做同类对比，价格可作为决定性评审标准或主要的决定性评审标准。因此，《公共采购示范法》认为电子逆向拍卖主要是为了满足采购实体对标准化、简单易购项目的需要，并以此为基础提出了独立的电子逆向拍卖应满足的使用条件。采购实体符合下列条件的，可以依法使用电子逆向拍卖方式进行采购：

①拟订采购标的详细说明可行。

在拟订此项以及其他采购条款和条件时，采购实体需要根据要求清楚地阐明标的详细的技术和质量特点，以确保出价人在共同基础上竞拍。在这方面，对出价进行自动比较意味着技术规格而非功能规格往往更有效。因此，应当使用通行采购术语，按照代码或参照由市场界定的一般标准列明货物、工程或服务。由于该项中对准确说明采购标的的要求，加上“采购标的说明”条款对详细说明的要求，大多数服务和工程的采购均不可能使用这一采购方式，除非这些服务和工程的性质简单而且实际可量化，如简单的维护工程。

② 存在着供应商的竞争市场。

存在着供应商的竞争市场，预期有资格的供应商将参加电子逆向拍卖，从而可确保有效竞争。所谓预期有资格的供应商，并不是暗示通过电子逆向拍卖进行采购将涉及资格预审，可在拍卖之后只对中标出价人的资格进行评估以加快进度和节约成本。该项条件旨在降低发生串通的风险，在有许多参与者的市场进行采购，可以确保独立拍卖中有激烈竞争。《公共采购示范法》没有对参与的供应商规定任何最低限数，“电子逆向拍卖登记”条款做了补充规定，采购实体有权在登记参加拍卖的供应商数目不足以确保拍卖期间有效竞争的情况下取消拍卖。

③ 授予标准可量化并可用金额表示。

采购实体确定中选提交书所使用的标准可以量化，且可用金额表示。通过电子逆向拍卖授予合同，其依据可以是价格，也可以是价格结合采购程序开始时具体规定的其他标准。确定中选提交书涉及非价格标准的，《公共采购示范法》要求这类标准必须可量化且能够以数字或百分比等金额表示。非量化因素不是基于价格和数量考虑的采购类型，诸如设计工程等不能客观量化的智力投入的工程或服务采购以及其他基于质量的采购等，不适合使用电子逆向拍卖。虽然理论上所有标准都可用金额表示，但能够以客观和可证明的方式用金额表示的评审标准才会产生最佳结果。

（2）授予采购合同前的采购安排。

采购实体可以使用电子逆向拍卖作为授予采购合同前的采购安排，主要涉及在其他采购方式中或有第二阶段竞争的框架协议程序中使用，需要满足确定中选提交书所使用的标准可量化并可用金额表示的前提条件。

①采购方式中授予合同前的最后阶段。

采购实体可以在根据规定酌情使用的采购方式中作为授予采购合同前一个阶段使用电子逆向拍卖。虽然作为采购安排使用电子逆向拍卖的条件比较灵活，但侧重于质量并需对质量方面进行复杂评审时不适合使用电子逆向拍卖。在这种情况下，往往无法或不适合通过电子逆向拍卖对质量方面进行自动评审。而《公共采购示范法》规定电子逆向拍卖应是授予采购合同之前的最后阶段，对于拍卖之后还需对质量方面进行评审的情形也不能使用电子逆向拍卖。

②框架协议的第二阶段竞争。

采购实体还可以根据规定在有第二阶段竞争的框架协议程序中为授予采购合同而使用电子逆向拍卖。在框架协议的第二阶段竞争中，所涉及的变量有限，可以作为一个阶段使用电子逆向拍卖。虽然出价人有可能在采购程序前面的阶段就已相互了解而存在较大的串通风险，但这种风险是使用封闭式框架协议等采购方法或安排所固有的。因此，在就框架协议的运作方式本身做出决定之后，才应就是否适合作为一个阶段使用电子逆向拍卖做出决定。

4. 框架协议程序

框架协议程序是指在一段时期内完成的两阶段采购安排：第一阶段甄选将加入框架协议的供应商。按照事先确定的条款和条件征求提交书、评估供应商的资格并审查其提交书，通常对这些提交书进行评审，所选定的一个或多个供应商以提交书为基础与采购实体订立一定期限的框架协议。从本质上说，框架协议确定了将来进行采购的条款，或者确定了主要条款以及将用于确定其余条款或对最初确定的条款加以细化的机制。第二阶段将采购合同授予已加入框架协议的供应商。按照框架协议的条款，在出现具体需要时，随后和定期将采购合同授予已加入框架协议的一个或多个供应商，这可能涉及向某个供应商发出采购订单或者进行另一轮竞争。框架协议程序通常用于采购实体在一段时期内或在今后某一时间需要但不知确切需要量、性质或时间的标的采购，如对文具、零部件、信息技术用品和维护等商品类进行的数量不确定的重复或定期采购，还适合于不止一个来源的标的采购，也适合今后可能会有紧急需要的标的采购，其主要目的是避免因发生紧急情况和不测事件而使用单一来源采购导致价格过高或质量低劣。这些类型的采购可能要求保证供应安全，对于需要专用生产线的专门物品采购也是适当的手段。

框架协议程序主要具有以下潜在益处：一是可提高行政效率。在重复采购中，框架协议程序通过有效合并一系列采购程序而具有行政效率，将一系列采购程序中进行的草拟条款和条件、登载广告、评估供应商资格、审查并在某些形式的框架协议中评审提交书等多个步骤一次完成。因此，与每次单独进行采购相比，采购的交易成本更低，交付时间也更短。二是减少使用紧急程序的必要性。紧急程序往往以不透明的方式进行，缺乏有效的竞争。如果进行上述初步步骤，即可缩短完成采购程序的时间，从而减少使用紧急程序的必要性。三是提高小型或低价值采购的透明度。小型采购往往在缺乏透明度和竞争的程序中进行，存在舞弊风险或者难以实现资金效益。框架协议程序可以将多项采购合并在一起，不仅摊低广告费和其他费用，也使这些采购不再低于免于透明度措施的阈值，有利于监督机构或供应商进行监督。此外，在框架协议范围内发出较小订单有利于小供应商参与。四是充分发挥集中采购优势。框架协议程序通过集中采购进一步节省费用，提高流程效率。集中采购就是由一个采购实体的核心单位或者由专门的独立机构为多个单位采购，或者由一个实体或联合体代表若干个实体进行采购，不仅可以取得规模经济效益，还可以提高投标书及其他文件的质量，促进政府部门之间的统一性和标准化。框架协议程序可减少一次性大宗采购的费用及相应的仓储费，使供应链管理更有效。

（1）框架协议形式。

框架协议是指框架协议程序第一阶段完成时，采购实体与一个或多个中选供应商订立的协议，主要有两种形式：

①“封闭式”框架协议。

所谓“封闭式”框架协议，是指最初未加入框架协议的供应商不可随后加入的框架协议，即在框架协议订立之后没有任何新的供应商能够加入该协议。根据有无第二阶段竞争，“封闭式”框架协议可以分为两类：

一是无第二阶段竞争的“封闭式”框架协议，指订立框架协议时已确定所有采购条款和条件的封闭式框架协议下的程序，第一阶段的提交书是最后提交书，在采购第二阶段供应商之间没有进一步竞争。此种类型框架协议与传统采购合同之间的唯一区别是，采购实体不需现在就进行采购而是今后要在一段时期内分批采购项目。

二是有第二阶段竞争的“封闭式”框架协议，指在订立框架协议时无法充分确定的某些采购条款和条件将通过第二阶段竞争加以确定或细化，涉及与不止一个供应商订立的封闭式框架协议，其中载有采购的某些主要条款和条件。第一阶段的提交书是“初步”提交书。虽然每份此种提交书都要评审，但要求已加入框架协议的供应商在第二阶段继续竞争。在第二阶段，已加入框架协议的供应商递交“最后”提交书。采购实体将在这一时间点选出通过竞争确定的中选提交书，并授予采购合同。这种类型的框架协议也是“封闭式”协议，其特点是涉及第二阶段竞争。

②“开放式”框架协议。

“开放式”框架协议，是指一直对新的供应商“开放”，除最初加入框架协议的当事人之外其他一个或多个供应商可随后加入的框架协议。任何供应商只要具备资格且其临时提交书具响应性，便可以在框架协议运行期内随时加入协议。

“开放式”框架协议涉及与不止一个供应商订立协议，其中也载有采购的某些主要条款和条件。第一阶段的提交书是“临时”提交书。可以评估其响应性而不能对其进行评审，并且要求供应商在第二阶段继续竞争。“临时”提交书在某种程度上不具约束力。在第二阶段，已加入框架协议的供应商递交“最后”提交书。采购实体将采购合同授予通过竞争确定的中选提交书，这一点与有第二阶段竞争的“封闭式”框架协议相同。

这些不同类型的框架协议涉及不同的竞争方式，如封闭式框架协议对初步提交书进行评审，并在第一阶段进行明显的竞争（第二阶段可能有竞争，也可能没有竞争）；而开放式框架协议在第一阶段并不涉及对临时提交书进行评审，只是核对资格和响应性，在第二阶段进行所有竞争。上述框架协议形式适合不同的采购情形，这就意味着使用框架协议进行采购的决定可能是一种比较复杂的决定，不但要求就适当的采购方法做出决定，而且要求就适当类型的框架协议做出决定。

（2）使用条件。

虽然框架协议程序具有诸多潜在益处，但程序的固有安排以及不当使用也容易导致竞争和透明度减少，产生降低资金效益和发生串通的风险等。因此，《公共采购示范法》在设定框架协议的使用条件时，着眼于便利在重复采购以及其他情形中适当地使用这种安排，发挥其长处并最大限度地减少对竞争造成的风险。框架协议程序的使用条件对于封闭式框架协议和开放式框架协议都适用，其所依据的理念是，如果采购实体预期在中短期内产生需要，但又无法在采购之初确定所有条款和条件，则使用框架协议程序有利于采购，特别是在行政效率方面。采购实体认定有下列情形之一的，可以依法进行框架协议程序：

①预期需要将是不定期或重复需要。

对采购标的的需要预计将在某一特定时期内不定期出现或重复出现。预期需要涉及“不定期”需要，即不清楚需要的程度、采购时间或数量。预期需要也可能涉及重复性需要。这类情形主要指重复采购标准化货物或服务，如采购办公用品、房屋看管等简单服务、维修合同等。

②预期需要将在紧急情况下出现。

由于采购标的性质，对该采购标的的需要可能在某一特定时期内在紧急情况下出现。这类情形主要指政府机构为应对自然灾害、流行病及其他已知风险，关注的通常是供应安全。

根据《公共采购示范法》，框架协议程序主要适用于不定期、重复采购，以及紧急采购等情形。通常而言，大型投资或资本合同、技术性或专业性强的项目，以及较为复杂服务的采购每次使用的条款、条件或规格要求都不同，或者有可能在授予采购合同之前发生变化，这类复杂采购不适合通过框架协议程序进行采购。就两阶段的框架协议程序而言，确立和操作此种程序的费用通常高于单一阶段采购的费用。因此，框架协议程序是否合适，将取决于潜在收益是否超出这些增加的费用。如果预期需要是重复出现的，确立和操作框架协议的行政费用就可以摊低到一系列重复采购中。如果预期需要是在紧急情况下出现的或不定期出现的，就需要比照其他程序，根据早先确定的采购条款和条件所能产生的资金效益来考虑行政成本。因此，在实施某项框架协议程序之前，采购实体需根据各种可能性进行成本效益分析。需要注意的是，如果程序所产生的是封闭式框架协议，还需遵守授予协议应使用的采购方式的规定，即除非有必要使用另一种采购方式，否则必须使用公开招标程序授予封闭式框架协议。

与采购方式相比，框架协议程序的使用条件灵活得多，公共采购条例或指导意见有必要对此做出说明，以便指导采购实体就框架协议程序是否适宜做出决定。《公共采购示范法》要求采购实体在记录中对使用框架协议程序和选择的框架协议类型所依据的理由和情形做出说明，其用意是把成本效益分析载入采购记录。作为对该要求的补充，采购实体也要将没有使用公开招标方式授予封闭式框架协议所依据的理由和情形记录在案。在实践中，采购实体有可能为了行政效率而过多地使用框架协议，因此有必要针对载入记录的理由及时进行适当的监督工作，这也便于供应商对使用框架协议程序提出质疑。

二、招标办法和采购通知

为了确保遵循透明度这项关键原则，《公共采购示范法》对所有采购方法中使用的招标办法加以规范。作为一般规则，《公共采购示范法》要求必须进行公开和非限制招标，公开招标、两阶段招标、电子逆向拍卖和开放式框架协议中都要求采用此种招标办法，征求建议书采购方式中也是默认规则。在限制性招标、询价、竞争性谈判和单一来源采购等其他采购方式中，直接招标办法是这些采购方式的固有特征，涉及向采购实体确定的供应商发出参加采购程序的邀请。

（一）公开和非限制招标

《公共采购示范法》以公开和非限制招标作为主要规则，包括公开登载参加采购邀请书，向所有响应公告的人发出招标文件，以及对供应商资格和递交的提交书给予充分考虑，是公开招标、两阶段招标和电子逆向拍卖采购方式中适用的招标办法。

1. 登载投标邀请书

为了促进透明度和竞争，公开和非限制招标第一个要求是必须遵循最低限度公示程序，主要是为了向足以确保有效竞争的广泛受众征求投标书或其他提交书。这些程序要求在采购条例所确定的出版物上登载公开招标或两阶段招标的投标邀请书以及电子逆向拍卖的邀请书。《公共采购示范法》要求在公共采购条例中指明这种出版物，提供采购相关信息的正式来源，既为了在颁布国的程序发生变化时可以留有余地，同时也是为了确保技术中性，避免提及使用特定媒介出版物的要求。《公共采购示范法》没有对公布方式和媒介做出规定，由颁布国的采购条例来确定是使用纸质媒介、电子媒介或者两者并用。

2. 在国际上登载邀请书

鉴于《公共采购示范法》的目的是促进和鼓励国内外供应商参与采购程序，公开和非限制招标第二个要求是在国际上也就是国际发行的媒体上登载此种邀请书，以便国际供应商能够广泛查取。这些程序的目的是确保所登载的邀请书能够被国际供应商看到和看懂。虽然《公共采购示范法》没有要求以任何特定语言登载邀请书，但这些规定暗含的意思是，登载邀请书所使用的语言应当是使有关采购中所有潜在供应商能够看懂邀请书的语言。某些多边开发银行要求必须以英语等国际贸易惯常使用的一种语言登载邀请书。另外，《政府采购协议》中关于使用何种语言公布采购相关信息的规定被视为实现透明度和竞争的一项重要保障。颁布国在制定招标办法的条款时，应考虑是否有必要遵循其加入的国际协定或者捐助方的要求。

在国际上登载邀请书的一般规则也有例外，如果费用大于好处或者完全无关紧要，则允许放宽上述要求。第一种例外情形是采购实体进行国内采购，可不在国际上登载此种邀请书，但使用国内采购只能以颁布国的采购条例或其他法律规定中列明的理由作为依据。第二种例外情形是低价值采购。采购实体鉴于采购标的价值低而确定只有国内供应商才可能有兴趣递交提交书的采购程序中，不应要求在国际上登载此种邀请书。在采购实体看来，低价值意味着外国供应商不可能发生兴趣，可不必在国际上招标。低价值采购主要取决于采购实体的主观判断。

从技术层面上讲，公开和非限制招标的要求并不适用于资格预审。在进行资格预审程序时，采用的是另一种招标办法：投标邀请书或递交提交书的邀请书依照资格预审程序，而且只发给预审合格的供应商。但资格预审程序要求登载参加采购邀请书，也可以采用公开和非限制招标的同样方式确保对潜在供应商的广泛国际覆盖面，尽量与这种招标要求贴近。此外，在征求建议书采购方式中，公开和非限制招标办法是默认规则，其例外情形也与上述规定类似，包括在征求建议书程序之前进行资格预审或者预选程序，按规定使用直接招标办法，以及进行国内采购和低价值采购。

（二）直接招标

直接招标是某些采购方式的固有特征，而采购的具体情况也可能会决定是否需要直接招标。《公共采购示范法》规定在限制性招标、询价、竞争性谈判、单一来源采购，以及征求建议书程序中使用直接招标办法，并应按以下要求进行招标：

1. 发出采购预告

在确定市场上邀请参加投标的供应商涉及非常主观的评估，直接招标容易产生偏袒特定供应商或限制竞争等滥用的风险。为降低此类风险并促进以透明和问责的方式使用直接招标，《公共采购示范法》要求在限制性招标、竞争性谈判、单一来源采购以及征求建议书程序等采购方式直接招标之前，采购实体应在颁布国采购条例所指明的媒体上登载采购预告。采购通知应当至少包含下列内容：采购实体的名称和地址；采购程序中拟订立采购合同或框架协议的主要条款和条件的概要，包括所需供应货物的性质、数量和交货地，拟实施工程的性质和地点，或者服务性质和服务提供地，以及希望或要求的供货时间、竣工时间或提供服务时间；根据“供应商参与”条款做出的声明；拟使用的采购方式。采购预告的要求，对于打击腐败至关重要，而且也是实现透明度的一种手段。采购预告中公布的信息是最低限要求，是确保进行有效的公共监督并由受影响的供应商提出可能质疑的必要条件。

鉴于询价程序的使用条件限制性极强，本身就可抑制对此种方式的滥用。因此，《公共采购示范法》并不要求在询价程序中登载采购预告。对于竞争性谈判和单一来源采购，如果是在灾难事件造成的紧迫或极端紧迫形势下使用这些方式，也可以不适用登载采购预告的要求。

2. 采购方式的具体要求

除了采购预告的要求，《公共采购示范法》还根据每种采购方式的特点对招标办法提出了具体要求。

(1) 限制性招标、询价、竞争性谈判和单一来源采购。

① 限制性招标。

《公共采购示范法》拟订这些招标要求主要是为了实现将限制性招标的使用限

于真正的例外情形，同时保持适当程度的竞争。这些要求是分别针对使用条件中所反映的两种例外情形而特别制定的：

一是采购实体因供应来源有限使用限制性招标，应向所有能够提供采购标的的供应商征求投标书。这种情况主要指采购标的仅在有限市场供应，如专业性或复杂的货物或服务。采购只有数目有限的供应商才能提供的具有技术复杂性或专门性的标的，必须邀请能够提供该标的的所有供应商参加。直接招标要求发出采购预告，并要求招标的对象是可提供标的的所有供应商。

二是采购实体因招标费用与采购价值不成比例使用限制性招标，应以不歧视方式挑选征求投标书的供应商，并为确保有效竞争而挑选足够数目的供应商。这种情况主要指审查和评审大量投标书所需要的时间和费用与采购标的价值不成比例，市场包括可能符合条件的许多参与者，以致不能保证程序具有成本效益。因此，招标规则允许采购实体确定参与者数目的上限，但须采取保障措施以避免确定应邀参与者的适当数目和挑选方式等方面的风险。采购实体采取的保障措施既包括登载采购预告，也包括必须以非歧视方式挑选足够数目的供应商并向其征求投标书或建议书。

② 询价。

采购实体根据规定使用询价方式进行采购的，应当在可行范围内向更多供应商询价，至少应向 3 个供应商询价。《公共采购示范法》促进并鼓励参与和竞争的目标适用于任何价值的采购。因此，采购实体必须在可行范围内向尽可能多的供应商询价，至少应有 3 个供应商。这一最低限要求所针对的是使用询价方式采购的那类标的，即已有固定市场的现成货物或服务，而不是按采购实体特定说明专门生产或提供的货物或服务，在这类采购中，应有可能向至少 3 个提供采购标的的供应商询价。对于低价值采购来说，电子询价方法一般都有特别高的成本效益，并可确保更高的透明度。

③ 竞争性谈判。

直接招标是竞争性谈判方式的固有特征，采购实体向其确定的有限数目的供应商招标。《公共采购示范法》并未具体规范招标办法，只是要求采购实体应为确保有效竞争而与足够数目的供应商进行谈判，并辅之以对采购预告的要求。这种预告必须特别指明将使用竞争性谈判，并提供所设想的采购合同主要条款和条件的概要。这是一项基本的公共监督措施，任何受影响的供应商都可以根据所公布的信息，对使用竞争性谈判而不使用另一种透明度更高、管制性更强的采购方式提出质疑。由于竞争性谈判和单一来源采购都属于特殊方法，只能在规定的极为有限的情况下使用，这项保障措施对这两种采购方式特别重要。

④ 单一来源采购。

直接招标是单一来源采购方式的固有特征，《公共采购示范法》要求采购实体应向其所确定的单一供应商征求建议书或报价，并辅之以对采购预告的要求。任何有疑义的供应商都可以根据所公布的信息，对使用单一来源采购而不使用一种适合特定采购情形的竞争性采购方式提出质疑。

（2）征求建议书。

在征求建议书采购方式中，有些情况下使用公开和非限制招标不适宜或不利于实现节约和高效目标，《公共采购示范法》允许采购实体使用直接招标办法。第一种情形是指采购标的因其高度复杂性或专门性只能从数目有限的供应商处获得。因供应来源有限使用直接招标，采购实体必须向所有能够供应采购标的的供应商征求建议书。第二种情形是指审查和评审大量建议书所需要的时间和费用与采购价值不成比例。因招标费用与采购价值不成比例使用直接招标，采购实体必须为确保有效竞争而向足够数目的供应商征求建议书，并以不歧视地方式挑选供应商。第三种情形是指采购涉及机密信息。为保护机密信息而使用直接招标，采购实体必须为确保有效竞争而向足够数目的供应商征求建议书。该项条件是指涉及机密信息采购的情形。

直接招标办法有碍实现促进和鼓励供应商公开参加采购程序并促进其相互竞争的目标。为保证透明度和对采购实体的问责，《公共采购示范法》要求采购实体在采购程序记录中载列其在征求建议书程序中使用直接招标办法所依据的理由和情形的说明。采购实体还必须发布采购预告，除非将因此而损害机密信息。

第二节　采购程序

《公共采购示范法》针对每种采购方式和安排都制定了与之相应的采购程序，这些关键步骤体现了透明度和公平竞争的要求，是贯彻和落实《公共采购示范法》目标不可或缺的行为规范。

一、公开招标

公开招标是促进实现《公共采购示范法》各项目标最有效的采购方法，其主要特点包括：邀请供应商参与采购无任何限制，招标文件中有采购标的详细说明和规格可使供应商有共同依据编写投标书，向供应商充分公布评审和比较投标书的标准，严格禁止采购实体与供应商就投标书的实质内容进行谈判，在投标截止时间当众开标，公布采购合同生效的必要手续等。在必要的情况下，供应商可通过质疑机制要求遵守上述要求。因此，《公共采购示范法》将公开招标规定为默认的采购方法，而使用其他采购方法是有条件的，属于例外情形。具体而言，公开招标程序主要涉及对招标、投标和评标等环节的规范。

（一）招标

在招标环节，主要涉及征求投标书。《公共采购示范法》要求采购实体通过登载投标邀请书征求投标书，并对招标文件进行了规范。

1. 投标邀请书

为了提高效率和透明度，《公共采购示范法》要求投标邀请书中载有供应商所需要的一切信息，使之得以确定是否参加，以及如何参加公开招标程序。

具体而言，投标邀请书应当包括下列内容：采购实体的名称和地址；采购程序中拟订立采购合同的主要条款和条件的概要，包括所需供应货物的性质、数量和交货地，拟实施工程的性质和地点，或者服务性质和服务提供地，以及要求的供货时间、竣工时间或提供服务时间；用以确定供应商资格的标准和程序概要，以及关于供应商证明其资质必须提交的任何书面证据或其他资料概要；根据“供应商参与”条款做出的声明；招标文件的索取方式和索取地点；采购实体对招标文件收取的任何费用；招标文件收费的，付费方式和付费币种；招标文件所使用的一种或几种语言；投标书的递交方式、地点和截止时间。上述内容是最低限的要求，并不排除采购实体列入其认为适当的补充内容。

2. 招标文件

《公共采购示范法》主要对招标文件的提供和内容进行了规范。

（1）招标文件的提供。

招标文件意在向供应商提供其编拟投标书所需要的信息，并告知其进行公开招标程序将依据的规则和程序。《公共采购示范法》对提供招标文件进行规范，主要是为了确保向所有表示参加公开招标程序意向且遵守采购实体规定程序的供应商提供招标文件。因此，供应商凡是按照投标邀请书中列明的程序和要求对投标邀请书做出答复的，采购实体均应向其提供招标文件。已经进行资格预审程序的，采购实体应当向通过资格预审并支付了可能对招标文件收取费用的每个供应商提供一套招标文件。采购实体对招标文件的收费价格，只能是向供应商提供招标文件的工本费。

采购实体应根据规定在投标邀请书中列明提供招标文件的相关程序，所涉及的事项可以包括获取招标文件的方式和地点，对招标文件收取的费用、付款方式和币种，以及根据“供应商参与”条款对参加特定采购程序加以限制等更为实质性的事项。列入有关招标文件收费的条款，主要目的是使采购实体能够收回诸如印制和提供这些招标文件的费用。需要注意的是，招标文件收费不应包括咨询费和广告费等编制费用，同时也要避免收费过高令有资格的供应商无法参加公开招标程序。

（2）招标文件的内容。

《公共采购示范法》规定了必须列入招标文件的最低限度内容，使供应商能够提交可满足采购实体需要的投标书，并使其确信采购实体能够以客观和公平的方式比较投标书。虽然“供应商资格”“采购标的说明”和“评审标准”等其他条款也对招标文件列明的多项内容做了规范或有所涉及，但为了使采购实体在编制招标文件时能够有一个可以参照的“核对清单”，《公共采购示范法》详细列出采购实体必须列入招标文件的内容，包括其他条款明文规定需列入的所有内容。采购情况各异，是否需要罗列所有内容，还需由采购实体根据具体采购情况做出判断。具体而言，招标文件的内容涉及以下方面：

① 涉及采购标的以及采购合同。

列入这些内容的目的是向所有潜在供应商提供足够信息，使其了解采购实体对采购标的、供应商、交付条款和条件，以及采购合同的其他条款和条件的要求。这些信息是供应商确定其是否具备履行有关采购合同的资格、能力和条件所必不可少的，具体包括以下内容：

一是符合规定的采购标的详细说明，货物数量，拟提供的服务，交货地、施工地或服务提供地，以及任何希望或要求的交货时间、施工时间或提供服务时间。根据上述规定，一般要求说明货物的确切数量，但在使用招标程序授予框架协议的情况下，采购实体也可在采购开始时仅指明估计数量。

二是采购合同条款和条件，以及将由各方当事人签署的任何合同表格。“合同表格”与合同生效履行的手续有关，要求采购实体在适用情况下规定是否应签署标准格式的合同；允许除招标文件列明之外另列采购标的特点、合同条款和条件或其他要求的，就此做出的说明以及关于备选投标书评审办法的说明。

三是中选投标书被接受后为使采购合同生效而必须履行的任何手续。如果适用，包括签署一项书面采购合同和报请另一机关批准，以及接受通知书发出后获得批准估计需要的时间期限。

② 涉及对编拟和提交投标书的说明。

列入这些条款的目的是减少合格供应商因不清楚如何编拟和提交投标书而处于不利地位或其投标书甚至因此而被否决的可能性。

一是编拟投标书。包括：投标书编写说明；允许供应商只对采购标的某一部分投标的，对可投标部分做出的说明。在可以分为两种或多种不同组成部分的采购中，如不同类型实验室设备的采购、水力发电厂对建造水坝和供应发电机的采购等，采购实体可允许供应商就采购的所有部分或某一部分或几个部分提交投标书。这种做法可使采购实体最大限度地节省费用，既可向单个供应商采购，也可向若干组合起来的供应商采购，视投标书所展示的哪种方法更具成本效益而定。允许部分投标还有利于只具备部分投标能力的中小企业参与。《公共采购示范法》列入该项规定是为了允许供应商部分投标，并使投标书评审阶段尽量做到更加客观、透明和高效，而不允许采购实体在提交投标书后任意将采购整体分割为若干单项合同；投标价格的拟订和表示方式，包括该价格除采购标的本身费用之外是否包含其他要素的说明，如任何适用的运费、保险费、关税和其他税项；拟订和表示投标价格所使用的一种或几种货币；编写投标书所使用的符合规定的一种或几种语言。

二是提交投标书。包括：递交投标书的供应商根据要求提供任何投标担保的，采购实体对担保出具人以及担保的性质、形式、数额和其他主要条款和条件的任何要求，以及对订立采购合同的供应商为履行采购合同提供的任何担保，包括对诸如劳动力和原料保证等担保的任何此种要求；供应商在投标截止时间之前不能修改或撤回投标书，否则将丧失其投标担保的说明；符合规定的投标书递交方式、地点和截止时间；供应商请求澄清招标文件可使用的方式，以及采购实体是否打算在此阶段召开供应商会议的说明；符合规定的投标书有效期；符合规定的开标方式、地点、日期和时间；在没有中间人介入的情况下，采购实体负责就采购程序与供应商直接通信并接收供应商来信的一名或多名官员或雇员的姓名、职称和地址。

③ 涉及确定供应商资格和投标书评审标准。

这些内容的披露涉及确定供应商资格的方式、审查和评审投标书的方式以及适用标准，是实现招标程序透明度和公平性的必要内容，具体包括：

一是确定供应商资格。确定供应商资格以及根据要求进一步证明资格将适用的标准和程序；关于供应商证明其资质必须提交的书面证据或其他资料的要求。

二是投标书评审标准。对照采购标的说明审查投标书的标准和程序；评审投标书的标准和程序；对投标书进行评审所使用的货币，以及将投标价格换算成该币种所使用的汇率，或者将使用某指定金融机构公布的某一规定日期现行汇率的说明。在国内采购中应当评估是否需要列出该项要求。

④ 涉及透明度原则的基本要求。

这些内容反映了对《公共采购示范法》一般透明度原则的适用，具体包括：

一是提及适用的法律。对本法、采购条例、与采购程序直接相关的其他法律条例的提及，包括对涉及机密信息采购所适用的法律条例的提及，以及这些法律条例的出处。该项规定使供应商得以了解颁布国对公共采购适用的一般法律框架以及对特定采购程序可能适用的具体规则，如涉及机密信息的规则。

二是通知提出质疑的权利。对采购实体不遵守法律规定做出的决定或行动提出质疑或上诉权利的通知，其中列明可适用的停顿期期限，或不适用任何停顿期的理由说明。该项规定可以使供应商了解对采购实体的决定或行动提出质疑和上诉的可能性，特别提醒供应商注意是否将提供可适用的停顿期期限这种专门指定的时间框架，使其能够在采购合同生效之前对采购实体就投标书审查和评审做出的决定和采取的行动提出质疑。

《公共采购示范法》规定的上述内容只是招标文件必须提供的最低限度内容，采购实体可以决定列入补充内容，如必要时提及对计算错误加以纠正的方式。招标文件列出的各项内容加上投标邀请书的内容构成了招标条款和条件，对于其中任何一项内容或所有内容，供应商均可在提交书递交截止时间之前根据《公共采购示范法》的规定提出质疑。

（二）投标

在投标环节，《公共采购示范法》主要对投标书的提交，有效期、修改和撤回等内容进行了规范。

1. 投标书的提交

（1）按照招标文件的要求提交。

为确保对所有供应商的公正和平等待遇，采购实体将在招标文件中具体规定提交投标书的方式、地点和截止时间。因此，参加采购的供应商应当按照招标文件列明的方式、地点和截止时间递交投标书。

为了促进节费增效，增进采购过程的廉正和公信度，《公共采购示范法》禁止审议逾期提交的投标书。如果允许在开标后审议逾期投标书，可能会使供应商在提交投标书之前了解到其他投标书的内容，由此可能导致抬高价格，或为供应商之间相互串通提供方便。这样做对其他供应商也不公平，还会干扰开标过程的有序和高效进行。因此，采购实体不得开启在投标截止时间之后收到的投标书，并应当将其原封不动退还给递交该投标书的供应商。颁布国可以要求在采购程序书面记录中将逾期提交的投标书记录在案。

（2）提交投标书的具体要求。

作为对通信形式和手段要求的补充，投标书应当采用书面形式、加具签名递交，采用纸质形式递交的，应当装入密封信袋。如果采用其他任何形式递交的，应当按照采购实体在招标文件中列明的要求递交，至少应当确保具有类似程度的真实性、安全性、完整性和保密性。对“书面”的要求是为了确保符合提交投标书所采用的形式要求，即能够提供信息内容记录并可调取供日后查用；对“签名”的要求是为了确保提交投标书的供应商以足够可信的方式表明其身份并确认其同意所提交投标书的内容；对“真实性”的要求意在提供适度保证以表明供应商向采购实体提交的投标书是最后和权威性的投标书，不能推翻且能够归属于提交该投标书的供应商。这一要求连同“书面”和“签名”要求，都是为了确保用证据表明提交投标书的供应商确有受其投标书所载内容约束的意图，并将为保持记录、控制和审计目的而保全此种证据；对投标书“安全性”“完整性”和“保密性”的要求，意在确保所提交投标书中的内容不会被更改、添加或篡改，而且在规定的公开开标时间之前不能调取这些信息，在开标之后则只能由经授权人员按照有关规则仅为规定目的而调取这些信息。在纸质环境中，满足上述各项要求的办法是供应商用密封信袋向采购实体提交经正式签署和认证的投标书或其某些部分。如果投标书未经正式签署和认证，则开标时有可能被否决。而采购实体则需在公开开标之前使密封信袋保持不开启状态，并应确保仅在开标之后方可审查投标书内容。在非纸质环境中，也应使用能提供类似程度保证的标准和方法。颁布国采购条例应当就有关要求规定明确规则，必要时应对非纸质环境制定功能上等同的要求，如有关系统应保证任何人都不能在所设定的正式开标时间之前调取这些投标书的内容，只有经授权人员才有权在正式开标时开启投标书并在其后各阶段调取投标书的内容，还应确保与提交投标书有关操作的可追踪性。

采购实体在收到投标书时，应向供应商提供一份显示收讫日期和时间的收据。在纸质环境中，通常采购实体在纸张上书面确认收到投标书并加盖表明收讫日期、时间和地点的印章；在非纸质环境中，这一功能应当自动完成。如果投标书收讫系统无法准确确定收讫时间，采购实体需享有一定的裁量权对收讫时间记录的准确度加以确定，但应参照电子商务有关法律规范对此种裁量权加以规范，以防止滥用和确保客观性。在任何特定采购中，不论使用哪种记录日期和时间的方法，都必须在采购程序开始时在招标文件中公布此种方法，以此保障采购实体所提供的收讫证明是绝对可靠的。如果提交投标书失败，特别是由于采购实体采取保护措施以防系统收取投标书受到损害而造成提交投标书失败，按照供应商提交投标书风险自负的一般规则，应当视为没有提交投标书。认识到自动系统难免发生故障，使供应商无法在截止时间之前提交投标书，《公共采购示范法》把这个问题留给采购条例来处理，如可由采购实体决定是否展延投标截止时间，或在无法进行采购时可以取消采购，宣布进行新的采购程序。

2. 投标书的有效期、修改和撤回

（1）投标书的有效期。

《公共采购示范法》规定投标书在招标文件列明的期间内有效，明确指出采购实体应当在招标文件中规定投标书的有效期。考虑到某些招标程序的特殊情形，在招标文件中规定投标书的有效期限很重要。投标书有效期由采购实体根据具体采购程序来确定比较合理，而在采购条例中针对大多数招标程序规定一个普遍适用的很长有效期并不可行，而且效率低下。许多情况下有效期定得过长，既没有必要，也可能导致投标价格升高，因为供应商必然在价格中加上其在此期间将承担的费用和风险补偿，例如，产能被占用且无法在他处投标，生产或建造成本升高的风险等。

采购实体可展延投标书有效期，使其能够处理招标程序延误问题。根据《公共采购示范法》，投标书有效期期满前，采购实体可以请求供应商将有效期展延一段规定的时间。供应商可以拒绝此种请求而不丧失其投标担保。供应商同意展延投标书有效期的，应当展延或促成展延由其提供的投标担保的有效期，或者提供新的投标担保涵盖投标书的展延期。供应商的投标担保没有展期，或者供应商没有提供新的投标担保，视为该供应商已经拒绝展延投标书有效期的请求。展延投标有效期存在的风险将不利于供应商的参与，有可能迫使其抬高投标价格。因此，这一程序对供应商不是强制性的，不强迫供应商在意想不到的很长期限内一直受其投标书的约束。为保护采购实体必要时延长投标担保，如果供应商未能为展延投标书有效期提供担保，视其已拒绝展延投标书有效期。在此种情况下，该供应商投标书的效力在招标文件指明的原有效期期满时即告终止。

（2）投标书的修改和撤回。

《公共采购示范法》允许修改或撤回投标书，赋予供应商一定的灵活性促进其参与采购。供应商可以在投标截止时间之前修改或撤回投标书而不丧失其投标担保。此种修改或此种撤回通知，在投标截止时间之前为采购实体收到的，即为有效。这是对“澄清和修改招标文件”规定的必要补充，主要因为该款允许供应商对招标文件的澄清和修改或者对其他情形做出回应，要么对投标书做出必要的修改，要么依其选择撤回投标书。这种规则既促进供应商参与，可在规定的投标截止时间之前行使权利，又保护采购实体的利益，有权因投标截止时间后修改或撤回投标书而没收供应商的投标担保。

为了顾及某些国家现行法律和惯例中的一种相反做法，《公共采购示范法》也允许采购实体偏离这项一般规则，可以在招标文件中规定不允许在投标截止时间之前修改和撤回投标书，否则将没收供应商的投标担保。

（三）评标

在评标环节，《公共采购示范法》主要对开标，投标书的审查和评审等内容进行了规范。

1. 开标

为了增加采购程序的透明度，防止任意和不当行为，采购实体应按规定进行开标。

（1）开标时间和地点。

根据《公共采购示范法》，开标时间是招标文件列明的投标截止时间。应当在招标文件列明的地点，按照招标文件列明的方式和程序开标。该项规定意在防止投标截止时间和开标之间出现时间差。这种时间差会给舞弊行为提供可乘之机，如在指定的开标时间之前披露投标书内容，同时也使供应商无法采取开标前最后一刻提交投标书的策略而丧失将此种舞弊风险降至最低程度的机会。采购实体所确定的开标方式，如开启投标书的地点、时间和程序等，应当便于供应商出席，需考虑的因素包括时差，以及除开标的实际处所之外是否需要以其他任何手段作为补充，确保不能亲自到场或选择使用虚拟处所的供应商出席开标。

为增加招标程序的透明度，采购实体应当允许所有已提交投标书的供应商或其代表参加开标，使供应商得以看到采购法律是否得到遵守。出席开标的方式可以是亲自到场，也可以是符合“采购过程中通信”要求的虚拟方式出席，只要采购实体给予供应商机会充分、同时获悉开标的，就应当视为已获准其出席开标。按照“采购过程中通信”的要求，在与供应商的会议中可使用的通信手段还必须确保供应商在同一时段充分参加会议。所谓“充分、同时”是指必须让供应商有机会同时收到开标期间发出的全部相同信息，还必须使其能够在观察到任何不当现象或不准确之处时加以干预，但以其在亲自出席时有能力加以干预为限。不论采用何种方法，都必须有足够的时间提前向供应商发送所有相关信息，使其能够按照规定出席开标。

（2）开标程序。

为了增加招标程序的透明度，应向出席者当众宣布已开启投标书的供应商名称和地址以及投标价格，应根据请求告知递交了投标书但未出席或未派代表出席开标的供应商，并应立即载入采购程序记录。

考虑到实务中采用自动化方式开标的情形，颁布国应为确保开标过程透明度和公正性而建立额外的保障。例如，系统必须保证只有经授权人员才可设定或改变开标时间，并在设定的时间开启投标书。在投标书开启之前，系统应确认投标书的安全性，核实发现未经授权的进入，并由授权人员验证投标书的真实性和完整性以及投标书是否按时提交。系统所应具有的安全性可防止投标书完整性受损、投标书被删除或者投标书因病毒感染等问题而损毁。系统的设置还必须确保可对开标期间的所有操作进行追踪，只有经授权知悉投标书内容和数据的人才能查取投标书。

2. 评标

评标主要涉及对投标书的审查和评审。

（1）投标书的审查。

投标书的审查包括确认提交投标书的供应商资格，评估投标书的响应性，并确定是否存在否决投标书的理由。所有审查标准和程序都需在采购程序开始时向供应商公布。

① 评估投标书的响应性。

采购实体在确定投标书是否具有响应性时，应将符合招标文件中依“采购标的说明规则”条款列明所有要求的投标书视作具响应性的投标书。为增进投标程序中的参与和竞争，更为公平地对待那些在技术上出现小差错的供应商，允许将稍有偏离的投标书也视为具响应性的投标书。投标书即使稍有偏离但并未实质改变或背离招标文件列明的特点、条款、条件和其他要求的，或者投标书虽有差错或疏漏但可以纠正而不影响投标书实质内容的，采购实体仍然可以将其视作具响应性的投标书。任何此种偏离应当尽可能量化并在评审投标书时适当加以考虑，这样才能对所有投标书进行客观和公平的比较，并对完全符合条件的投标书产生积极影响。

实务中，采购实体为确定是否存在差错、疏漏或偏离及其重要程度，可能要求供应商对其投标书做出澄清，但不应包括对投标书实质内容的更改，也禁止在这一过程中与供应商谈判。在招标程序中，《公共采购示范法》禁止采购实体与供应商就其提交的投标书进行谈判，从而强化了上述禁止规定。就投标书进行谈判可能导致出现“拍卖”情形，即利用一个供应商提交的投标对另一个供应商施加压力，迫使其降低价格或提出其他方面更有利的投标。许多供应商都避免参加采用此种安排的投标，即使参加也会因预期有谈判过程而提高投标价格。但禁止谈判并不包括采购实体与供应商为澄清其投标书或者订立采购合同而进行的讨论。

② 否决投标书的理由。

采购实体具有下列情形之一时，应否决投标书：

一是提交投标书的供应商不合格。主要指供应商不具资格，采购实体使用这条理由需参照“供应商资格”条款所允许的资格要求和取消资格的理由。

二是提交投标书的供应商不接受对计算错误做出的纠正。计算错误是指纯粹计算错误，既不是疑为误解造成的异常偏低投标价格，也不是指从投标书表面看并不明显的其他错误。采购实体在纠正纯粹计算错误时应向提交有关投标书的供应商发出纠正的通知，并且不允许与供应商就已纠正的计算错误做进一步讨论：要么有关的供应商接受所做的纠正，要么就是投标书被否决。

三是投标书不具响应性。应结合“关于采购标的说明规则”以及“投标书的审查”条款来理解，这些条款阐明了采购实体在确定投标书是否具响应性时所应适用的法律框架。

四是允许采购实体否决异常低价提交书和以供应商利诱、不公平竞争优势或利益冲突为由将其排除在采购程序之外。

（2）投标书的评审。

投标书的评审主要是对所有未在审查中被否决的投标书进行比较。

① 评审标准。

采购实体应当根据招标文件列明的标准和程序对未被否决的投标书进行评审，以便确定中选投标书。凡是招标文件未列明的标准或程序，一律不得采用。根据不同的授标标准，中选投标书可以是投标价格最低的投标书或最有利的投标书。按照《公共采购示范法》的要求，采购实体应根据事先公布的评审标准和程序对具响应性投标书进行评审，可根据价格或价格结合其他标准为依据确定中选投标书，采购开始时应在招标文件中就这些问题明确做出规定。

为增进采购实体所做决定的准确性和客观性，在供应商以两种或以上货币表示投标价格时，评审和比较投标书时应按照招标文件中列明的汇率，将所有投标书的投标价格换算成招标文件中列明的货币。为了在同一基准对投标价格进行比较，采购实体应在招标文件中指明评审所用的单一货币，以及适用的汇率或确定适用汇率所使用的方法。国内采购中通常不需要这些规定。

② 重新确认资格。

在采购过程很长的程序中，采购实体可能希望核实早先提交的资格材料是否依然有效，可以要求提交中选投标书的供应商重新确认其资格。不论采购实体是否进行了资格预审程序，投标书根据评审标准已经被确定为中选投标书的，采购实体可以要求递交该投标书的供应商按照符合规定的标准和程序再次证明其资格。再次证明资格所采用的标准和程序应当在招标文件中列明。进行了资格预审程序的，所采用的标准应当与资格预审程序中采用的标准相同。至于是否有必要重新确认资格，应视每一招标程序的具体情况由采购实体裁量决定。

为了使重新确认资格的程序有效和透明，《公共采购示范法》要求否决未能重新确认其资格的供应商的投标书，并规定了此种情形下确定中选投标书所依循的程序。采购实体要求递交了中选投标书的供应商再次证明其资格，该供应商未能做到的，采购实体应当否决其投标书，并应从其余仍然有效的投标书中选出下一个中选投标书，但采购实体有权按照规定取消该项采购以防范供应商串通风险。

二、限制性招标、询价和不通过谈判征求建议书

《公共采购示范法》第四章规定可替代公开招标的三种采购方式的程序：限制性招标、询价和不通过谈判征求建议书。颁布国应根据本国情况选择需要的采购方式，并规定详细和客观的程序以规范这些方式的使用。

（一）限制性招标

限制性招标适用于有关公开招标程序的规定，除有关招标办法的规定以外。因此，限制性招标的程序比较简短，只排除了相关条款对限制性招标的适用。其中，“征求投标书程序”条款规范了在公开招标中征求投标书的程序，因此不适用于限制性招标；“投标邀请书内容”条款规范了公开招标中登载的投标邀请书内容，在限制性招标中，不需要发布投标邀请书；“招标文件的提供”条款规范了提供招标文件的程序，有些规定也不适用于限制性招标。在限制性招标中，应向直接邀请并表示有兴趣投标的所有供应商提供所有招标文件。尽管已排除“招标文件的提供”条款对限制性招标的适用，但采购实体若决定对招标文件收取费用，仍须遵守“采购实体对招标文件的收费价格，只能是向供应商提供招标文件的成本费”的规定，以避免采购实体对招标文件收取过高的费用。采购实体应当慎重考虑这种费用对供应商特别是对中小型企业参加采购造成的负面影响，以及对参加采购的供应商最终提出的价格造成的负面影响。

（二）询价

鉴于采购标的性质和低价值，《公共采购示范法》只就询价方式规定了最低限度的程序要求，目的是规定公平和公正地对待参加采购的供应商。询价程序主要涉及以下内容：

1. 供应商报价

为便于比较供应商的报价，采购实体应确定报价的组成，告知被询价的每个供应商在报价时需包括哪些费用，是否需把采购标的本身费用之外的其他任何要素计入价格之内，如任何适用的运费、保险费、关税和其他税项。在提出上述要求时，

采购实体应考虑使用公认的贸易术语，尤其是《国际贸易术语通则》或者其他通用的标准贸易说明，例如，信息技术和通信市场使用的标准贸易说明，以便参照行业标准界定使用这种方法的现成项目。这样做既可提高透明度，也可减轻提交和审查报价的行政负担。

供应商报价也应遵守相关规范，即只允许每个供应商提出一个报价，不允许更改其报价。而且在询价程序中，采购实体不得就供应商提出的报价与其进行谈判。

2. 评审标准

采购实体在询价程序中应以价格作为确定中选提交书的评审标准，因此中选报价应当是可满足询价书中列明的采购实体需要的最低报价。

贸易法委员会建议对询价方式的使用进行监督，可能情况下在低价值采购中使用电子工具的方法，既可以摊低采购实体使用询价方式的成本，也能实现透明度，防范实务中出现舞弊行为。

（三）不通过谈判征求建议书

不通过谈判征求建议书的采购程序主要包括以下内容：

1. 登载邀请书

在不涉及例外情形时，采购实体征求建议书应根据规定登载参加不通过谈判征求建议书程序的邀请书。通过引用招标办法条款，重申了不通过谈判征求建议书应遵循公开和非限制性国际招标的默认规则。

为帮助供应商确定是否有兴趣、有资格参加以及如何参加，《公共采购示范法》规定了参加不通过谈判征求建议书程序的邀请书必须包含的最低限度内容，具体包括：采购实体的名称和地址；符合规定的采购标的详细说明，以及希望或要求提供此种采购标的的时间和地点；采购合同条款和条件（以采购实体知道者为限），以及将由各方当事人签署的任何合同表格；按规定用以确定供应商资格的标准和程序，以及供应商证明其资质必须提交的任何书面证据或其他资料；对开启建议书以及对审查和评审建议书规定的标准和程序，包括认为建议书具响应性而必须在技术特点、质量特点和性能特点上达到的最低限要求，以及关于以不具响应性否决未达到这些要求的建议书的说明。该规定既包括确定否决建议书的门槛，也包括给达到或超过该门槛的建议书打分。确保准确阐明最低限度要求和评审标准是便利提交优质建议书的关键；根据“供应商参与”条款做出的声明；征求建议书的索取方式和索取地点；采购实体对征求建议书收取的任何费用；征求建议书收费的，付费方式和付费币种；征求建议书所使用的一种或几种语言。采购实体如果进行国内采购，可以略去关于付款货币和适用语言的内容；建议书的递交方式、地点和截止时间。

上述要求包括必要的最低限内容，但并不妨碍采购实体列入其认为适当的补充内容。采购实体应考虑通常做法，即邀请书的内容应当简明扼要，列入关于采购的最基本信息，此种信息也是与采购程序初期阶段最直接相关的信息。其他所有关于采购的信息，包括邀请书所列信息的进一步细节，可以放在征求建议书中。这种做法有助于避免采购实体发给供应商的文件内容可能出现的重复、不一致和混乱。如果采购实体使用电子手段登载广告和进行通信的，可在邀请书中列入征求建议书本身条款的网络链接。实践证明，这一办法有助于提高效率和透明度。

2. 发出征求建议书

（1）征求建议书的内容。

《公共采购示范法》规定了征求建议书的最低限度内容清单，可以用来协助供应商编拟建议书，并使采购实体在平等的基础上比较这些建议书。

征求建议书除列入参加邀请书中有关采购实体、采购标的说明、采购合同条款和条件、供应商资格、审查建议书的响应性、递交建议书等内容外，还应当包括下列内容：关于编写和递交建议书的说明，包括供应商用两个信封同时向采购实体递交建议书的说明：一个信封装建议书的技术特点、质量特点和性能特点内容，另一个信封装建议书的财务方面内容；允许供应商只对采购标的某一部分递交建议书的，对可递交建议书的部分做出的说明；拟订和表示建议书价格所使用的一种或几种货币、评审建议书所使用的货币，以及将建议书价格换算成该币种所使用的汇率，或者关于将使用某指定金融机构公布的某一规定日期现行汇率的说明。采购实体进行国内采购，可以略去关于付款货币的内容；建议书价格的拟订和表示方式，包括关于该价格除采购标的费用本身之外是否包含其他要素的说明，例如，对运输、住宿、保险、设备使用、关税或其他税项的补偿；供应商根据规定请求澄清征求建议书可使用的方式，以及采购实体是否打算在此阶段召开供应商会议的说明；对法律、采购条例和与采购程序直接相关的其他法律条例的提及，包括对涉及机密信息的采购所适用的法律条例，以及这些法律条例的出处；在没有中间人介入的情况下，采购实体负责就采购程序与供应商直接通信并接收供应商来信的一名或多名官员或雇员的姓名、职称和地址；可根据质疑程序对采购实体不遵守法律规定的决定或行动提出质疑或上诉的权利，其中列明可适用的停顿期期限，或不适用停顿期的理由说明；中选建议书被接受后为使采购合同生效而必须履行的任何手续。如果适用，包括根据规定签署一项书面采购合同和报请另一机关批准，以及接受通知书发出后获得批准估计需要的时间期限；采购实体根据法律和采购条例可以就建议书的编写和递交以及采购程序规定的其他任何要求。

从详细程度和实质内容来看，这一清单与招标程序中有关招标文件必需内容的规定在很大程度上是类似的。两者的差别反映了此种采购方式的一些程序特点，其用意在于确保建议书财务方面的内容与建议书质量和技术方面的内容同时但必须分开提交。采购实体在完成建议书技术和质量方面的评审之前，不得接触建议书的财务方面。

（2）发出征求建议书。

根据特定采购的不同情形，应向以下供应商发出征求建议书：

一是对邀请书做出响应的所有供应商。采购实体登载了参加不通过谈判征求建议书程序邀请书的，应按照邀请书中列明的程序和要求对邀请书做出答复的每一个供应商。

二是通过资格预审的供应商。如果已进行资格预审，只向那些通过资格预审的供应商发出征求建议书。

三是被直接邀请的供应商。如果采用直接招标办法，只向被直接邀请的供应商发出征求建议书。

考虑到上述供应商均须支付可能对征求建议书收取的费用，所以，《公共采购示范法》要求采购实体对征求建议书的收费价格只能是向供应商提供征求建议书的工本费。

3. 审查和评审程序

不通过谈判征求建议书方式采用的是顺序审查和评审程序，供应商提交的建议书包括“质量和技术”与“财务”两方面的内容，采购实体应按顺序审查和评审建议书。在实际操作中，技术和质量建议书装在一个信封或以电子等同方式提交，这些建议书必须由具备合适资格的人员进行人工评审。建议书响应任务范围，即开启装有建议书财务方面内容的第二个信封或其电子等同方式。对财务方面的内容，可以允许进行自动评审。

（1）审查“质量和技术”方面。

采购实体首先应根据标准和程序审查建议书在“质量和技术”方面是否具有响应性。在装有建议书财务方面内容的信封拆封之前，采购实体应当按照征求建议书中列明的标准和程序，审查和评审建议书的技术特点、质量特点和性能特点。建议书“质量和技术”方面有两种审查结果：

①不具响应性的建议书。

如果建议书的技术特点、质量特点和性能特点未达到有关的最低限要求，该建议书应当视为不具响应性，并应当以此为由被否决。否决和否决理由通知书，连同装有建议书财务方面内容的未拆封信封，应当迅速分送建议书被否决的每个供应商。

② 具响应性的建议书。

如果建议书的技术特点、质量特点和性能特点达到或超过有关的最低限要求，该建议书应当视为具响应性。采购实体应当迅速向递交了此种建议书的供应商告知其各自建议书技术特点、质量特点和性能特点的得分，并邀请所有此种供应商参加装有其建议书财务方面内容信封的拆封。

无论上述哪种审查结果，《公共采购示范法》要求，建议书技术特点、质量特点和性能特点的审查和评审结果应当立即载入采购程序记录。

（2）评审“财务”方面。

采购实体在审查“质量和技术”方面后，应就响应性建议书的“财务”方面评审。“财务方面”是指建议书中没有列入任务范围的所有商业方面内容以及最终价格。评审“财务”方面的程序如下：

① 宣读技术得分和财务内容。

在供应商根据规定应邀参加装有建议书财务方面内容的信封拆封时，采购实体应当众宣读每项具响应性建议书的技术特点、质量特点和性能特点的得分及其相应的财务方面内容。

② 比较和评审财务内容。

采购实体应当比较“质量和技术”方面具响应性建议书的财务方面内容，并以此为基础按照建议征求书中列明的标准和程序确定中选建议书。中选建议书应当是征求建议书所列非价格标准和价格两个方面综合评审结果最佳的建议书。考虑到分别评审建议书的所有方面并综合评审结果以确定中选建议书所涉及的种种复杂情况，《公共采购示范法》将此种采购方式中的中选建议书界定为按照征求建议书所列价格以外其他标准并结合价格综合评审结果最佳的建议书。

上述审查和评审程序要求确保采购实体在对建议书质量和技术方面进行评审并给供应商打分时，不受建议书财务方面的影响。这些款项中的一些规定旨在确保程序的透明度和公正性。例如，建议书技术和质量方面评审的结果应立即反映在采购程序的记录中，并告知提交建议书的所有供应商。针对建议书质量和技术方面被否决的供应商制定了专门的规则：不仅会收到否决决定及其理由的信息，还会收到退还的未拆封的建议书财务方面信封。这些规定对于及时向落选的供应商通报情况并由其提出有效质疑至关重要。

三、两阶段招标、通过对话征求建议书、通过顺序谈判征求建议书、竞争性谈判和单一来源采购

《公共采购示范法》第五章规定了以下 5 种采购方式的程序：两阶段招标、通过对话征求建议书、通过顺序谈判征求建议书、竞争性谈判和单一来源采购。上述采购方式都涉及互动的程序，存在着无意或有意泄露相互竞争的供应商商业敏感信息、向所偏袒的供应商提供重要信息等风险，所以保密规定在这些采购方式中具有特别重要的意义。为保证采购过程的廉正、公平和公信度，《公共采购示范法》鼓励颁布国制定包括审计在内的监督措施，以评估这些方式在实务中的使用情况，并为有效使用这些采购方式制定适当的指导意见。

（一）两阶段招标

公开招标程序适用于两阶段招标，但可按照两阶段招标的特有程序做必要修改。公开招标的一些规则将不加改动地适用，如征求投标书的程序、投标邀请书的内容和招标文件的条款，而其他一些规则将需要根据两阶段招标的具体特征加以改动。例如，招标文件中的价格条款对于征求初步投标书并无必要；投标书的有效期以及修改和撤回的规定应结合“允许不愿提交最后投标书的供应商退出程序而不没收任何投标担保”等规定加以理解；公开招标中的开标和评审投标书条款仅适用于按照修订后的采购条款和条件提交的最后投标书；禁止在提交投标书后同供应商谈判，在解读这一规定时，应认识到两阶段招标中的互动是讨论而非谈判等。具体而言，两阶段招标应遵循以下程序：

1. 第一阶段

在第一阶段，采购实体发出招标文件，列出全部或部分技术规格并详细说明标的其他特征、供应商资质和采购条款，邀请潜在供应商响应招标文件提交初步投标书。采购实体对需要的初步说明很可能会侧重于采购标的功能方面，而这些初步投标书将提出表明市场供应情况的技术解决方案，还可以对技术规格或其他特征、资质和条款或所有这些方面提出修改建议。采购实体可分别按照提交书的澄清以及两阶段招标程序，请做出响应的供应商做出澄清并与之讨论初步投标书，然后利用由此获得的信息确定一套最终技术规格和工作范围。在第一阶段，征求初步投标书的具体规则包括：

（1）邀请提交初步投标书。

招标文件应当邀请供应商在两阶段招标程序的第一阶段递交初步投标书，在其

中载明不包括投标价格的建议。招标文件可以征求关于采购标的技术特点、质量特点或性能特点以及有关供应合同条款和条件的建议，还可在相关时要求提供供应商的专业和技术能力及资质。上述要求与公开招标中的招标规则有所不同，在这一阶段，采购实体可以就投标书价格以外的任何采购条款和条件征求改进建议。按照这一采购方式的使用条件，采购实体征求的改进建议，应涉及采购标的技术和质量要求，相关时还涉及供应商专业和技术方面的能力等。

《公共采购示范法》没有就第一阶段提交和审查初步投标书规定具体规则，而要求适用公开招标的相关条款。特别是，投标书审查和评审中的条款将规范否决初步投标书的情形，包括提交投标书的供应商不具资格；所提交的投标书不具响应性；投标书列有投标价格；供应商由于利诱、不公平竞争优势或利益冲突等原因被排除在采购程序之外。但中选投标书的评审标准只适用于审查投标书价格的情形，而不适用于否决初步投标书。投标书未被否决的所有供应商均有权继续参加采购程序。

（2）讨论初步投标书。

采购实体可以与初步投标书未被否决的供应商，就其投标书任何方面进行讨论，讨论可涉及价格以外采购的任何方面。采购实体如有能力根据所收到的初步投标书，独立细化并最后确定采购条款和条件，此阶段也可不必讨论。如果采购实体与供应商进行讨论，则应给予所有相关供应商平等参加讨论的机会。所谓平等机会是指在避免披露机密信息和串通的前提下必须平等对待供应商。公共采购条例或规则应当侧重于两阶段招标过程的这一关键方面，并强调有必要在所要求的采购记录中详细记录讨论情况。

2. 第二阶段

在第二阶段，对技术方面加以细化并在最后投标征求书中公布这套修订后的采购条款和条件，供应商据此提交包括价格承诺的最后投标书。不同于公开招标规则，此阶段还规范了修订条款和条件的编拟以及发布所产生的问题，如允许对最初公布的条款和条件做何种程度的改动。

（1）修订采购条款和条件。

在修订有关的采购条款和条件时，采购实体不得修改采购标的，但可以用下述方式细化采购标的说明的各个方面：一是删除或修改最初提供的关于采购标的技术特点、质量特点或性能特点的任何方面，并增列符合法律要求的任何新特点；二是删除或修改最初提供的关于投标书审查或评审的任何标准，并增列符合法律要求的任何新标准，但此种删除、修改或增列只能是由于对采购标的技术特点、质量特点或性能特点做出改动所必需的。

根据上述要求，对于采购标的技术和质量特点以及投标书审查和评审标准允许进行改动，但不可改变最初公布的采购标的说明。如果一项改动导致对采购标的本身的修改，即构成了“实质性”改动，势必要进行新的采购程序。这一条件限制了采购实体对最初公布的采购标的说明进行修改的裁量权，是保障所有供应商公平、平等和公正待遇的一项重要措施。因此，在第一阶段结束时，如果采购实体决定有必要对采购标的说明做出修改，就必须启动新的采购程序，使新的供应商能够参加，包括初步投标书被否决的供应商，或者在标的说明修改后现已合格的供应商等。两阶段招标的主要目的是对采购标的技术和质量方面进行修改，使采购标的技术和质量规格更加精确，缩小可选范围后只提出一种最符合采购实体需要的办法，并在此基础上最终确定一套采购条款和条件。技术和质量方面的各类改动包括技术特点上的更改，如建材组件等级、木质或钢质设备、地板板材质量、体育设施音响问题解决办法，这类改进有时称为“价值工程”。因此，在符合规定的条件下，允许采购实体对采购标的技术和质量方面的标准进行删除、修改或增添等改动。对采购标的技术和质量方面的改动可能意味着需要对与之相应的审查和评审标准做必要改动，但不允许进行其他改动以防止滥用风险。采购实体应当在递交最后投标书的邀请书中告知供应商对最初公布的采购条款和条件做出的任何删除、修改或增列。

（2）邀请提交最后投标书。

采购实体在发布一套经修订的采购条款和条件之后，有义务邀请初步投标书未在第一阶段被否决的所有供应商根据最后采购条款递交列明价格的最后投标书。最后投标书相当于在公开招标中递交的投标书，也就是说，将评估这些投标书对招标邀请的响应性，而且投标书将列明价格。

（3）评审最后投标书。

考虑到供应商在提交初步投标书时不可能知道采购条款和条件随后会有何改动，为了使更多供应商参与，《公共采购示范法》允许第一阶段合格供应商可以根据邀请书中列明的采购条款和条件就是否提交最后投标书做出决定。如果供应商无意提交最后投标书，则可以退出招标程序而不丧失该供应商原先可能被要求提供的任何投标担保。如果供应商提交了最后投标书，采购实体应对最后投标书进行审查和评审，评审最后投标书并确定中选投标书所涉及的程序步骤应遵守公开招标规则，根据投标价格最低或最有利的标准确定中选投标书。

（二）通过对话征求建议书

通过对话征求建议书程序包括两个阶段。在第一阶段，采购实体发出邀请书，对采购实体的需要做出说明，这些都是指导供应商拟订建议书的任务范围。采购实体的需要可以从功能、性能或产出几个方面加以描述，但必须包括最低限技术要求。与两阶段招标相比，这种程序的本意并不要求采购实体对采购标的做出完整的技术说明。在第二阶段，程序包含与供应商的对话。所有供应商都有权得到平等的机会参加对话，不存在任何顺序讨论。对话结束时，供应商提出可满足这些需要的最佳和最终报盘。通过对话征求建议书的程序涉及以下步骤：

1. 登载参加邀请或进行预选程序

（1）登载参加邀请。

《公共采购示范法》通过引用招标办法条款，重申通过对话征求建议书应遵循发出公开和非限制性国际招标的默认规则。

如果进行不包括预选的公开和不受限制招标，应发出参加通过对话征求建议书程序的邀请书，其中必须载明帮助供应商决定是否参加以及如何参加通过对话征求建议书程序的最低限内容，具体包括：采购实体的名称和地址；符合规定的采购标的详细说明，以及希望或要求提供此种采购标的的时间和地点；采购合同条款和条件（以采购实体知道者为限），以及将由各方当事人签署的任何合同表格；采购程序预期包括的阶段；按规定用以确定供应商资格的标准和程序，以及供应商证明其资质必须提交的任何书面证据或其他资料；根据规定认为建议书具响应性而必须达到的最低限要求，以及关于以不具响应性否决未达到这些要求的建议书的说明；根据“供应商参与”条款做出的声明；征求建议书的索取方式和索取地点；采购实体对征求建议书收取的任何费用；征求建议书收费的，付费方式和付费币种；征求建议书所使用的一种或几种语言；建议书的递交方式、地点和截止时间。

（2）预选程序。

如果表示参与意向的合格候选人数目预期将高于最佳数目，采购实体可以为限制参加征求建议书程序的供应商数目而进行预选程序。预选程序使采购实体可从采购一开始就规定，只允许一定数目最具资格的供应商进入采购程序下一阶段。当预期会有许多合格候选人表示有意参加采购程序时，考虑到审查和评审大量建议书需要相当多的时间和费用，这是一种可供选择的手段。预选程序根据资格预审程序所适用的规则进行，为反映出预选程序的性质和目的，有些规定需经变通或减损。

为了确保透明度以及对供应商的公平待遇，采购实体从采购开始时明确将采用预选程序，应在预选文件中具体规定将只向数目有限、最符合预选文件中列明的资格标准并通过预选的供应商征求建议书。预选文件应当说明这些供应商的最高限数、选定这一限数所采用的方式，以及采用哪些客观和非歧视的标准对供应商进行排序。采购实体应当按照预选邀请书和预选文件中列明的排名方式，对符合预选文件列明标准的供应商进行排名。为了确保有效竞争，采购实体必须根据特定采购的具体情况确定最多预选多少供应商。如有可能，至少应为三个。如果采购实体决定对进入对话阶段的供应商数目做出限定，应考虑其最低和最高数目，并确定最多向多少供应商征求建议书。通常而言，征求建议书的供应商数目应高于允许进入对话阶段的供应商最高限数，以使采购实体能够有更大的选择范围，选出最适合进入对话阶段的候选人。为了能够进行有效的质疑，采购实体应当迅速通知每一个供应商是否通过预选，并应当根据请求向未通过预选的供应商告知未获通过的原因。采购实体还应当根据请求向任何人提供通过预选的所有供应商的名称。

2. 发出征求建议书

（1）征求建议书的内容。

征求建议书的最低限度内容清单，除列入参加邀请书中有关采购实体、采购标的说明、采购合同条款和条件、采购程序预期包括的阶段、供应商资格、审查建议书的响应性、递交建议书等内容外，还应当包括下列内容：

① 涉及采购标的以及采购合同的条款和条件。

一是采购标的说明或者采购合同条款或条件中不属于程序期间对话内容的任何要素。

二是中选建议书被接受后为使采购合同生效而必须履行的任何手续。在适用时，包括根据规定签署一项书面采购合同和报请另一机关批准，以及接受通知书发出后获得批准估计需要的时间期限。

② 涉及对编拟和提交建议书的说明。

一是关于编写和递交建议书的说明；允许供应商只对采购标的某一部分递交建议书的，对可递交建议书的部分做出的说明；拟订和表示建议书价格所使用的一种或几种货币、评审建议书所使用的货币，以及将建议书价格换算成该币种所使用的汇率，或者关于将使用某指定金融机构公布的某一规定日期现行汇率的说明；建议书价格的拟订和表示方式，包括关于该价格除采购标的费用本身之外是否包含其他要素的说明，如对运输、住宿、保险、设备使用、关税或其他税项的补偿。

二是供应商根据规定请求澄清征求建议书可使用的方式，以及采购实体是否打算在此阶段召开供应商会议的说明。

三是在没有中间人介入的情况下，采购实体负责就采购程序与供应商直接通信并接收供应商来信的一名或多名官员或雇员的姓名、职称和地址。

四是采购实体根据法律和采购条例可以就建议书的编写和递交以及采购程序规定的其他任何要求。考虑到这种采购程序既费时间又耗费资源，有益的做法是列入为程序设想的时间表，特别是在供应商预期必须投入时间和资源的最长期限方面，有利于更好地进行采购规划，使采购过程更有可预测性，使双方更好地了解各个阶段的时间安排，了解在哪个阶段需要和提供专家、文件或设计方案等资源。

③ 涉及参加对话的供应商数目和评审建议书的标准和程序。

一是确定参加对话的供应商数目。采购实体打算限制被邀请参加对话的供应商数目的，供应商的最低数目可能情况下不应低于三个，酌定供应商的最高限数，以及按照法律规定所应遵循的选定最低数目或最高限数的标准和程序。该项要求适用的情形是采购实体根据特定采购的具体情况，确定与其进行对话的供应商的最低或最高数目。这些限数应当着眼于达至最佳参加者数目，同时应当考虑到在同一时间与多个供应商进行谈判，实际操作起来非常烦琐也不利于参与，理想的最低数目为三个参加者。

二是评审建议书的标准和程序。此种采购方式的特殊性可能使采购实体无法在采购开始时确定所有评审标准的相对权重。因此，可以根据规定按重要性递减顺序列出相关标准。此类采购的评审标准重点涉及几个方面：服务提供商执行特定任务的经验、对所涉任务的理解程度以及所提出方法的质量、所推荐的关键人员资质、知识转让，以及在适用情形下关键人员中本国国民参与提供服务的程度等。

④ 涉及透明度原则的基本要求。

一是提及适用的法律。对法律、采购条例和与采购程序直接相关的其他法律条例的提及，包括对涉及机密信息采购所适用的法律条例的提及，以及这些法律条例的出处。

二是通知提出质疑的权利。可根据质疑程序对采购实体不遵守法律规定的决定或行动提出质疑或上诉的权利，其中列明可适用的停顿期期限或不适用停顿期的理由说明。

《公共采购示范法》规定了应列入征求建议书的最低限度内容，从详细程度和实质内容来看，这一清单与招标程序中招标文件必要内容的规则和关于不通过谈判征求建议书程序中征求建议书内容的规则基本上是并行的。即使有差别，也只是反映了此种采购方式的一些程序上的特点。

（2）发出征求建议书。

采购实体应视不同情况向答复公开招标或直接招标的供应商，或向通过资格预审或预选的供应商发出征求建议书。

一是对邀请书做出响应的所有供应商。采购实体登载了参加通过对话征求建议书程序邀请书的，应将建议征求书发给按照邀请书中列明的程序和要求对邀请书做出答复的每个供应商。

二是通过资格预审的供应商。如果已进行资格预审，只向那些通过资格预审的供应商发出征求建议书。

三是通过预选的供应商。如果进行预选程序，应将建议征求书发给根据预选文件列明的程序和要求通过了预选的每个供应商。

四是被直接邀请的供应商。如果采用直接招标办法，只向被直接邀请的供应商发出征求建议书。

考虑到上述供应商均须支付可能对征求建议书收取的费用，所以《公共采购示范法》要求采购实体对征求建议书的收费价格只能是向供应商提供征求建议书的工本费。

3. 审查和评审程序

(1) 审查建议书的响应性。

采购实体对所有建议书的评价，都必须根据在参加程序邀请书和征求建议书中告知供应商的既定最低限审查标准进行。

① 否决不具响应性建议书。

采购实体应当根据所确定的最低限要求审查所有收到的建议书，凡是未达到这些最低限标准的建议书，均应以其不具响应性加以否决。

② 选择具响应性建议书。

审查程序不能用来限制被允许进入采购程序下一阶段的供应商数目。如果所有供应商提交的建议书都具响应性，则必须允许其全部进入对话阶段，除非采购实体保留了邀请有限数目供应商的权利。

如果采购实体对被邀请参加对话的供应商规定了最高限数，当具响应性建议书的数目超过规定的最高数目时，应根据征求建议书列明的标准和程序按最高限数选出具响应性的建议书。在此种采购方式中，选择过程带有一定程度的主观性。在征求建议书中具体规定所适用的选择程序和标准，并将否决和否决理由通知书迅速分送建议书被否决的每个供应商，可以减少舞弊风险。根据这些要求，受影响的供应商可以有效地对采购实体的决定提出质疑。

(2) 对话程序。

凡是递交了具响应性建议书的供应商，采购实体均应在所适用的任何最高限数之内邀请其参加对话。采购实体在进行对话程序时，应遵守以下规定：

① 确保供应商的有效竞争。

采购实体应当确保被邀请参加对话的供应商数目足以确保有效竞争，如有可能至少应为三个。该款重申了征求建议书内容中提到的三个供应商这一必要的最低数目。但如果只有一份或两份建议书具响应性，并不妨碍采购实体继续进行采购程序。在此种情况下允许采购实体继续进行采购，是因为即使有足够数目的具响应性建议书，由于供应商可以随时撤出对话程序，采购实体也无法确保竞争基础可以持续到对话阶段结束。

② 在同一时间进行对话。

就对话方式而言，有两项要求：一是采购实体应当分派若干位相同代表。主持对话的采购实体代表必须是相同的人，以确保结果的一致性。《公共采购示范法》主张由几个人组成的委员会是一种良好做法，特别有利于反腐败。对话可以分几轮或几个阶段进行，到每一轮对话或每一阶段对话结束时，就可以详细地勾画出采购实体的需要，同时也允许供应商有机会根据这些已经细化的需要以及谈判委员会在对话期间提出的问题和意见来修改自己的建议书。二是必须在同一时间进行。所谓对话必须“在同一时间进行”不是与所有供应商在完全相同的时间进行，而是为了强调所有供应商都有权得到平等的机会参加对话，不存在任何顺序讨论。谈判委员会在为对话做准备时应当考虑一些措施，例如，确保用同样多的时间与参加对话的人一起审议同样的问题。与所有供应商在完全相同的时间进行对话，其前提是不同采购官员进行对话或者由不同采购官员组成的各个谈判委员会进行对话。《公共采购示范法》认为采取这种方式不可取，会导致对供应商的不平等待遇。

在整个对话过程中，第一阶段进入对话的一组供应商有可能减少。所以，后面会提到“仍在采购程序中的供应商”。有些供应商可能决定不继续参加对话，采购实体也可能因法律允许的理由将某些供应商排除在进一步对话之外。一方面，采购实体可根据法定理由终止与供应商的对话。例如，供应商不再具有资格，因利诱、不公平竞争优势或利益冲突，在对话阶段因实质方面偏离了最低限响应性要求等理由将供应商排除在采购程序之外。上述情形中，采购实体有义务将其终止对话的决定及其理由迅速告知供应商，受影响的供应商可以提出有效的质疑。另一方面，采购实体终止与某一供应商的竞争性对话不是无条件的。例如，不能仅因为采购实体认为该供应商没有中标的现实可能性就终止对话。对话阶段是一个不断修改解决办法的过程，在对话的某一阶段仅因为某项解决办法似乎不能为采购实体接受就淘汰某个供应商，是不公平的做法。尽管终止与此类供应商的对话或许可以使双方都避免浪费时间和资源，并由此而降低今后采购中竞争减少的风险，但贸易法委员会坚持认为，对客观性、透明度和平等待遇造成的风险大大超过了这些益处。

③ 修改采购条款和条件的限制。

采购实体对于采购程序开始时提出的采购条款的修改程度受到限制。在对话过程中，采购实体不得修改采购标的、任何资格标准或评审标准、邀请书确定的响应性建议书应达到的最低限要求、采购标的说明任何要素，也不得修改不属于征求建议书所列明的对话内容的任何采购合同条款或条件。一方面，通过对话征求建议书方式本身意味着允许做出此种修改，采购实体可能因为进行了对话或与对话无关的行政措施等情形需要做出修改，如果在这方面不给采购实体留出足够的灵活余地，不利于实现程序的目的。另一方面，如果采购实体的裁量权不受限制，所产生的不利后果可能会大大超过灵活性方面的好处，通过防止采购实体对某些采购条款和条件做出修改来取得必要的平衡。不得修改的采购条款和条件是对已公布的采购至关重要、一旦被修改势必要进行新的采购的条款和条件，包括采购标的，资格和评审标准，响应性建议书的最低限要求，以及排除在对话范围之外的条款或条件。这些规定并不妨碍供应商根据对话结果对其建议书做出修改。但是，修改后的建议书一旦偏离采购标的或最低限要求等采购的基本要求，采购实体可以此为由将提出不可接受的偏离意见的供应商排除在采购之外。

④ 发送对话期间的信息。

为了在对话期间实现所有参与方的平等待遇，发送信息方面也应采取切实可行的措施。采购实体向某一供应商发送的对话期间产生的任何要求、准则、文件、澄清或其他信息，应当在平等基础上同时发送给其他所有参加对话的供应商，除非这些要求、准则、文件、澄清或其他信息是特别针对或专门用于该供应商的，或者此种发送将违反保密规定。《公共采购示范法》规定了发送信息方面实现供应商平等待遇的基本措施。鉴于对话的方式和广泛的内容，所有此种通信都必须遵守关于保密的规定，一般规则是关于某一供应商或其建议书的信息，未经该供应商同意不得向其他任何参加采购的供应商披露。但也列出法律要求、主管机关下令或招标文件允许披露等例外情形。

（3）评审最终报盘。

对话阶段完成后，必须给予所有仍在程序中的参与方提交最佳和最终报盘的平等机会，也就是每个供应商的最佳和最终建议。该要求凸显了这种采购方式的一个显著特点——除最低限技术要求之外，最终提交书的评审并没有一套完整的采购条款和条件作为依据。因此，供应商的最佳和最终报盘可能在有些方面基本相同，而在技术解决办法等方面有重大差别，采购实体可以比较供应商为满足其需要而提出的不同技术解决办法以及各种替代选择办法。

① 征求最佳和最终报盘。

为实现最大程度的竞争和透明度，最佳和最终报盘征求书应当采用书面形式，并应当具体说明提出最佳和最终报盘的方式、地点和截止时间。最佳和最终报盘提交之后不得与供应商进行任何谈判，此后也不得再要求提交任何进一步的最佳和最终报盘。由此可见，最佳和最终报盘阶段是对话阶段的终结，它冻结了由供应商提出的所有规格和合同条款，这样就可以限制采购实体利用某一供应商提出的报盘对另一供应商施压，特别是在所提价格方面。否则，如果预期会有此种压力，供应商就会提高报盘中的价格，从而给市场完整性带来风险。

② 确定中选报盘。

采购合同应当授予中选报盘，而中选报盘是按照征求建议书规定的评审标准和程序确定的最符合采购实体需要的报盘。其中提及的“征求建议书中规定的建议书评审标准和程序”，是禁止在对话阶段修改这些标准和程序的重申。

为防范滥用或不当使用通过对话征求建议书方式，《公共采购示范法》制定了保障措施：一是透明度措施，要求将采购程序开始时、采购程序期间以及采购程序结束时做出的基本决定正式通知各有关方，同时需保护商业机密信息。二是程序的客观性、确定性和可预测性，特别是要求在采购开始时公布所有限制或减少采购程序参与方数目所使用的方法，同时对采购条款和条件可允许的修改程度加以规范，并禁止在提出最佳和最终报盘之后进行谈判。三是增进参与并确保供应商的公平待遇，为此要求由同样的采购实体代表在同一时间进行对话，对采购实体与参与的供应商在对话阶段进行的信息往来加以规范，并就对话完成之后的各阶段制定规则。四是问责，采购实体必须保持采购程序的全面书面记录，包括与每个供应商的对话记录，并允许有关供应商查取记录中的相关部分。这是此种采购方式的一项基本措施，为的是确保进行包括审计在内的有效监督，并确保受影响的供应商提出可能的质疑。

（三）通过顺序谈判征求建议书

通过顺序谈判征求建议书方式在谈判阶段之前的所有阶段都与不通过谈判征求建议书相同。因此，《公共采购示范法》在通过顺序谈判征求建议书程序中主要对此种采购方式特有的程序“顺序谈判”进行了规范。

1. 对响应性建议书排名

首先处理的是排名和邀请参加顺序谈判问题，采购实体应对响应性建议书进行排名，在此基础上按规定开展顺序谈判。建议书的技术特点、质量特点和性能特点达到或超过有关的最低限要求的，该建议书应当视为具响应性。采购实体应当按照征求建议书列明的建议书评审标准和程序对每项具响应性建议书进行排名，并应当迅速向每一个递交具响应性建议书的供应商告知其各自建议书的技术特点、质量特点和性能特点的得分和排名。排名的依据是对建议书的质量和技术方面的打分。采购实体必须明确界定建议书的“技术和质量方面”以及“财务方面”分别包含哪些内容，为排名提供准确的依据。

2. 邀请顺序谈判

采购实体邀请供应商进行顺序谈判，应遵守以下规则：

（1）与最佳排名供应商开展谈判。

采购实体应与最佳排名的供应商开展谈判，谈判的内容是建议书的财务方面。所谓财务方面，包括不能在工作范围中列明的建议书所有商业方面内容以及最终价格，但不应包括在建议书中作为质量和技术特征而审查和评审的内容。

在谈判过程中，采购实体不得修改采购标的，任何资格标准、审查标准或评审标准，包括所规定的任何最低限要求，采购标的说明的任何要素，除属于征求建议书所列明的谈判内容的建议书财务方面之外，也不得修改采购合同条款和条件。

（2）涉及顺序谈判的准备。

采购实体与最佳排名供应商谈判失败，则其他提交响应性建议书的供应商应准备参加顺序谈判。如果采购实体认为与最佳排名的供应商谈判显然不会产生采购合同，应当通知该供应商将终止谈判。所谓终止谈判，是指否决供应商的最后财务建议书，并因此排除该供应商继续参加采购程序。而且，采购实体与任何供应商终止谈判后不得与其重新进行谈判。在终止谈判后，采购实体应当邀请排名次高的供应商进行谈判。如果与该供应商谈判未产生采购合同，采购实体应当根据排名顺序，邀请其他仍然参加采购程序的供应商进行谈判，直至达成采购合同或否决其余所有建议书。

（四）竞争性谈判

竞争性谈判程序主要是确保使用此种采购方式的透明度和各参与方的平等待遇。鉴于该方式本身的灵活性，其程序性规定比较少，主张将此种自由度赋予采购实体，也力图增进程序的竞争程度以及挑选和评审过程的客观性。特别是，由于竞争性谈判在实务中主要用于紧急情况下的采购，程序应当允许持续时间很短的谈判。只要采购实体遵守所有适用的规则，并在谈判时能够确保供应商的平等待遇，采购实体就可用其认为适当的方式安排和进行谈判。

虽然竞争性谈判方式具有一定的灵活性，但也必须服从《公共采购示范法》的一般规定和规则、采购条例以及其他适用法律体系。如采购实体必须保持采购程序的详细记录，包括与每个参加程序的供应商谈判的详细内容，并允许供应商查取记录。这一要求是此种采购方式的一项基本措施，以此确保有效监督，并使受影响的供应商能够提出质疑。《公共采购示范法》重申了竞争性谈判招标办法的规定，并主要对以下内容进行了规范：

1. 发送谈判信息

采购实体在谈判之前或谈判期间向某一供应商发送的与谈判有关的任何要求、准则、文件、澄清或其他信息，应当在平等基础上同时发送给正在与采购实体进行采购方面谈判的其他所有供应商，除非这些要求、准则、文件、澄清或其他信息是特别针对或专门用于该供应商的，或者此种发送将违反保密规定。上述规定主要是对谈判期间的信息传递加以规范，基本要求是平等对待所有参加谈判的供应商，例外情形主要是指专门信息和服从保密规则的要求。

2. 评审最终报盘

采购实体应当在谈判结束时请供应商提交最佳和最终报盘，并在此基础上选出最符合采购实体需要的中选报盘。谈判完成后，采购实体应当请所有仍在程序中的供应商在某一规定日期之前就其建议书的所有方面提出最佳和最终报盘。为了让所有参加程序的供应商获知关于终止谈判及编拟最佳和最终报盘可用时间的信息，确保在收取信息上的平等待遇，可采取的良好做法是将最佳和最终报盘征求书发给所有留在谈判程序中的供应商。不设置这一阶段，采购实体会享有过多的裁量权来决定与哪一个供应商订立合同，既没有透明度可言，也没有为日后提出有效质疑而留下任何可核实的程序记录。

贸易法委员会认为最佳和最终报盘阶段至关重要，在这一阶段应对参加程序的供应商一视同仁。在这一阶段，谈判结束，采购实体不得修改其要求或采购条款和条件，而供应商提出的所有条款和条件也已经确定。为了使竞争性谈判程序与其他谈判方式中的相应阶段保持一致，同时也是为了确保供应商的平等待遇。贸易法委员会认为，最佳做法是防止采购实体在最佳和最终报盘提交之后再进行谈判，并防止发出多份“最佳和最终报盘”征求书。因此，采购实体不得就供应商提出的最佳和最终报盘与其进行谈判。

（五）单一来源采购

单一来源采购的程序比较简单，反映出单一来源采购方式具有极大的灵活性，只涉及单一供应商。因此，单一来源采购基本上是一种合同谈判程序，不在《公共采购示范法》的一般范围之内。采购程序中的竞争以及供应商的平等待遇问题，虽然都是就使用此种采购方式做出决定中的重要问题，但都不会在采购程序期间出现。单一来源采购程序提及了对采购预告以及在可行时与被征求建议书或被征求报价的供应商进行谈判的要求，主要是为了使采购实体能够进行谈判，并在可行和适当情况下请求提供市场数据或澄清费用，以避免出现定价不合理的建议或报价。

《公共采购示范法》总则的规定一般适用于单一来源采购，其中包括以利诱、不公平竞争优势或利益冲突为由将单一供应商排除在采购程序之外，这将导致取消采购。此外，还适用于旨在提高采购程序透明度的一些规定。除上述采购预告的要求，还包括采购合同授标公告和保持采购程序全面记录。在实施单一来源采购程序时，必须考虑到《公共采购示范法》的所有适用规定以及颁布国采购条例和其他适用的法律规定。

四、电子逆向拍卖

《公共采购示范法》第六章规定了电子逆向拍卖采购程序，分别涉及电子逆向拍卖前、拍卖期间和拍卖后三个阶段。在拍卖前阶段，对电子逆向拍卖作为独立采购方式和授予合同前采购安排两种类型分别进行了规范，而在拍卖期间和拍卖后，两种类型都需遵守相同的规则。根据电子逆向拍卖所处阶段，采购实体应遵守以下程序性要求：

（一）电子逆向拍卖前

在电子逆向拍卖前阶段，分别对独立采购方式和授予合同前采购安排两种类型应遵守的程序进行了规范，同时也对电子逆向拍卖登记和拍卖时间提出了要求。

1. 独立的采购方式

作为独立采购方式的电子逆向拍卖，主要涉及对邀请参加拍卖和审查初步出价的规范。

（1）邀请参加电子逆向拍卖。

采购实体征求出价，应当采用公开和非限制招标办法登载电子逆向拍卖邀请书。采用公开和非限制招标办法，反映了电子逆向拍卖作为独立采购方式的基本使用条件之一是拍卖期间的有效竞争，其目的是实现对电子逆向拍卖最大程度的参与。

为使供应商能够确定是否参加采购程序，《公共采购示范法》还列示了必须列入电子逆向拍卖邀请书中的所有信息。在简单拍卖中，发出邀请之后即进行拍卖，不可能再提供进一步信息，这一清单意在详尽无遗地列出拍卖之前必须向供应商提供的所有信息。

① 采购普遍要求的信息。

这些信息要求类似于对投标邀请书以及对公开招标程序中招标文件内容所适用

的要求，包括：采购实体的名称和地址；符合规定的采购标的详细说明，以及希望或要求提供此种采购标的的时间和地点；采购合同条款和条件（以采购实体知道者为限），以及将由各方当事人签署的任何合同表格；根据“供应商参与”条款做出的声明；根据规定用以确定供应商资格的标准和程序，以及供应商证明其资质必须提交的任何书面证据或其他资料；根据采购标的说明审查出价的标准和程序；出价价格的拟订和表示方式，包括关于该价格除采购标的本身费用之外是否包含其他要素的说明，例如，任何适用的运费、保险费、关税和其他税项；拟订和表示出价价格所使用的一种或几种货币；对法律、采购条例和与采购程序直接相关的其他法律条例的提及，包括对涉及机密信息的采购所适用的法律条例，以及这些法律条例的出处；供应商请求澄清采购程序相关信息可采用的方式；在没有中间人介入的情况下，采购实体负责就采购程序与供应商直接通信并接收供应商来信的一名或多名官员或雇员的姓名、职称和地址；可根据质疑程序对采购实体不遵守法律规定的决定或行动提出质疑或上诉的权利，其中列明可适用的停顿期期限或不适用停顿期的理由说明。

② 采购方式特有的信息。

根据电子逆向拍卖方式的程序特点，特别是在线举行拍卖并涉及拍卖出价的自动评审，邀请书内容清单中增列了电子逆向拍卖特有的内容：

一是评审出价的标准和程序，包括拍卖期间评审程序将使用的任何数学计算公式。该项特别强调需要向潜在供应商提供将在拍卖期间评审程序中使用的数学计算公式。使用数学计算公式对出价进行自动评审是电子逆向拍卖的一个显著特点，只有当评审标准可以量化而且能够以金额表示时才有可能进行自动评审。在采购开始时提供这种数学计算公式，可确保在透明和平等的基础上评审出价。如果配合向提交初步出价的供应商提供任何拍卖前评审结果的规定，以及随时向出价人告知拍卖进展情况的规定，这一信息将使出价人在拍卖期间能够在独立于采购实体和系统的情况下以透明的方式确定其地位。这样出价人可以验证评审过程的公正性。

二是参加拍卖的供应商数目。为举行拍卖而对登记参加拍卖的供应商规定了最低数目的，该数目应当足以确保有效竞争。《公共采购示范法》中没有列明最低数目，由采购实体根据每次采购的具体情形规定适当的最低数目。为避免出现串通，采购实体所确定的最低数目应尽量高一些，但也要考虑到在供应商达不到最低数目时必须取消拍卖的情况。采购实体也可根据规定的程序和标准对登记参加拍卖的供应商设定最高限数。贸易法委员会考虑到技术能力不足会限制进入有关系统的实际情况，如举行电子逆向拍卖的软件只能容纳一定最高数目的出价人，也考虑到设定最高数目有悖于公平竞争基本原则。因此，《公共采购示范法》规定这种最高数目只能是由于采购实体通信系统能力的局限性而必须做此限制的范围内，并应以不歧视方式挑选能够进行这种登记的供应商。采购实体应当在记录中说明规定此种最高限数所依据的理由和情形。为了客观地挑选参与者，采购实体可以使用各种手段，如随机选择、抽签或“先来先得”办法，也可使用其他标准以求对出价人做出区分，前提是这些标准必须是非歧视性的。

三是关于拍卖的技术方面内容。主要是考虑拍卖的在线特征并确保拍卖过程透明度和可预测性而必须提供的内容，如连线规格、所使用设备、网站、任何特殊软件、技术特征和有关的能力。《公共采购示范法》只列出对正常操作电子逆向拍卖至关重要的最低限度功能要求，并以技术中性术语加以表述，具体包括：如何接入拍卖程序，包括关于连线拍卖的适当信息；供应商必须登记参加拍卖的截止时间和登记要求；拍卖开始日期和时间，以及对拍卖开始时确认出价人身份的要求；结束拍卖所适用的标准；进行拍卖的其他规则，包括拍卖过程中将向出价人提供的信息、提供信息所使用的语言以及出价人能够出价的条件。例如，拍卖过程中使用的系统发生故障、失灵或瘫痪时应当依循的程序，拍卖过程中的信息如何以及何时提供给出价人，关于出价人可以出价的条件限制，拍卖期间任何新的出价需在价格或其他价值上做出改进的最低要求或者对此种改进的限制等。

采购实体必须在拍卖之前将一切相关信息提前并充分地告知所有供应商。如果因复杂拍卖等原因无法准确地提供所有相关信息，邀请书至少应阐明一般标准，但必须在拍卖开始之前确定延后的具体标准。举例来说，在涉及对初步出价进行审查或评审的复杂拍卖中，完成审查或评审之前不能确切知道参加拍卖的登记截止时间和拍卖开始日期和时间。而结束拍卖的标准，可能需要在登记参加拍卖的供应商数目以及拍卖轮次等影响拍卖结构的其他信息清楚时才能决定。所有供应商在获知上述详细内容后，可以就是否参加拍卖以及如何参加拍卖做出决定。例如，有些供应商在知悉这些事项后可能因缺乏技术能力、不具备足够信息技术知识或对这一程序信心不足等原因决定不参加涉及电子逆向拍卖的采购，而有意参加的供应商也会做好参加拍卖的准备。

（2）审查或评审初步出价。

尽管所有独立电子逆向拍卖都包含一些核心程序，但每次采购所使用的程序将取决于具体电子逆向拍卖的复杂性。有些电子逆向拍卖可能很简单，甚至不要求在拍卖之前确定出价人的资格及其出价的响应性。例如，在现成产品的采购中，几乎不存在出价最后不具响应性的风险，出价人不具资格的风险也很小。因此，对拍卖前核对资格的需要相应较低，供应商只需在拍卖前做出简单声明即可；而有些拍卖则比较复杂，采购实体为在拍卖之前确定响应性要求提交初步出价，其中还可能涉及在拍卖之前必须对初步出价进行评审的情形。采购标的、拟使用的审查和评审标准，以及是否在拍卖之前评估资格或允许在拍卖之后只对中标人的资格进行评估，这些都将决定程序的复杂性。

《公共采购示范法》的规定比较灵活，既规定了通常情形下的简单拍卖，也考虑了有特殊要求的复杂拍卖。如果颁布国决定在本国公共采购法中只规定简单拍卖，也就是仅基于价格的拍卖而不要求初步出价和进行其他拍卖前程序，可只规定拍卖邀请书和参加拍卖登记，不用涉及任何拍卖前阶段的程序；如果涉及要求初步出价的复杂拍卖，即采购实体希望在拍卖前审查资格和响应性，应就以下两方面内容进行规范：

①拍卖邀请书的内容。

采购实体可以根据特定采购的情形，决定在电子逆向拍卖之前审查或评审初步出价。在这种情况下，除简单拍卖邀请书的内容外，采购实体还必须征求初步出价并就拟订初步出价提供足够详细的说明，其中包括初步出价的范围、拟订初步出价所使用的语言以及提交初步出价的方式、地点和截止时间。

简单拍卖邀请书内容中涉及出价的审查和评审标准也适用于初步出价。因此，根据这些规定提供的信息必然要涉及拍卖前和拍卖期间的步骤。由于所提供的关于初步出价的信息将与拍卖期间提供的出价信息相重叠，采购实体必须为避免混乱而正确指明哪些信息与哪个阶段有关，特别是关于提交初步出价的方式、地点和截止时间的信息，区别于进入电子逆向拍卖的方式、登记参加拍卖的方式和截止时间、不同评审标准和程序等方面的信息。采购实体应明确提供关于如何拟订、审查或评审初步出价的信息，以便供应商拟订初步出价，并使其确信将在平等基础上审查或评审初步出价。

②拍卖前程序。

对其他拍卖前步骤的规范主要着眼于保全出价人的匿名性以及初步出价信息和审查或评审结果的保密性，仅向每个出价人提供与初步出价有关的信息。为了确保供应商的公平、公正待遇，必须迅速、同时向所有供应商发送信息。拍卖前程序包括以下程序性步骤：

一是发送否决通知书。为了使有供应商能够有效地提出质疑，采购实体应当在初步出价审查或评审完成后，迅速将否决和否决理由通知书分送初步出价被否决的每个供应商。否决理由可以适用总则的有关规定，例如，取消资格的理由、响应性标准、否决异常低价提交书，以及以供应商利诱、利益冲突或不公平竞争优势为由将其排除在外。

二是向合格供应商发出拍卖邀请书。采购实体应迅速向初步出价具响应性的每个合格供应商发出拍卖邀请书，提供与参加拍卖有关的一切必要信息。该款涉及对初步出价进行审查，凡是达到最低阈值的具响应性初步出价都被允许进入拍卖，除非采购实体根据规定限制邀请参加拍卖的提交具响应性初步出价的供应商数目。如果供应商数目少于确定的最低数目，采购实体必须取消拍卖。

三是随附初步出价评审结果。初步出价经过评审的，每份拍卖邀请书还应当随附与被邀请供应商有关的评审结果。该款涉及对初步出价进行评审，采购实体在有些情况下需要对初步出价进行额外的评审，并对这些初步出价进行排位。此时，采购实体必须在拍卖开始前将提交具响应性出价的供应商排位以及评审结果的其他信息告知这些供应商。在复杂拍卖中，采购实体可能收到远超出最低限要求的初步出价，特别是在允许供应商提供具有不同技术优势和相应价格水平的项目，而排位可能对参加拍卖本身有重大影响。因此，采购实体要提供评审结果的信息，使供应商能够在拍卖之前确定其在拍卖中相对于竞争对手的位置，这样才有可能在拍卖期间进行有意义和有响应性的出价。这些信息连同在拍卖邀请书中披露的拟在拍卖期间使用的数学计算公式，可使供应商独立地评估其在拍卖中胜出的机会，并确定应如何对其出价方面做出调整以及做多大幅度调整才能改善其排位。

2. 授予合同前采购安排

作为授予合同前采购安排的电子逆向拍卖，主要涉及对拍卖的事先声明和发出拍卖邀请书的规范。

（1）事先声明举行拍卖。

作为一个阶段安排的电子逆向拍卖，主要是指采购实体利用电子逆向拍卖这种手段来确定中选供应商。在酌情使用的采购方法中，或者在有第二阶段竞争的框架协议程序中，如果作为授予采购合同前的一个阶段使用电子逆向拍卖，采购实体应当在邀请供应商参加采购程序之初通知其将举行拍卖，除必须提供给供应商的其他所有信息之外，还应当提供下列关于拍卖的信息：拍卖期间评审程序将使用的数学计算公式；如何接入拍卖程序，包括关于连线拍卖的适当信息。采购实体在采购开始时披露这些最低限信息至关重要，有助于供应商确定其不仅有兴趣而且有能力参加采购。例如，有些供应商在掌握所有情况后，可能决定不参加涉及电子逆向拍卖的采购。采购实体也有权在一些情况下取消电子逆向拍卖这种采购安排，如参加的供应商数目不足以确保有效竞争，在采购程序的早期阶段出价人的匿名性已遭损害而有串通风险等情形。

（2）发出拍卖邀请书。

举行电子逆向拍卖之前，采购实体应当向所有仍在程序中的供应商发出拍卖邀请书，列明：供应商必须登记参加拍卖的截止时间和登记要求；拍卖开始日期和时间，以及对拍卖开始时确认出价人身份的要求；结束拍卖所适用的标准；施行拍卖的其他规则，包括拍卖过程中将向出价人提供的信息以及出价人能够出价的条件。上述要求涉及即将举行拍卖之前的阶段，此时已经完成了相关采购中需要采取的一切其他步骤，如资格预审、初步出价的审查或评审等，剩下的步骤就是通过拍卖确定中标出价。采购实体必须为剩下的参加者提供登记参加拍卖、拍卖时间、身份识别要求和拍卖规则等关于拍卖的详细信息。如果初步出价经过评审的，每份拍卖邀请书还应当随附与被邀请供应商有关的评审结果。

在电子逆向拍卖前阶段，《公共采购示范法》对两种类型的电子逆向拍卖提出了不同的程序性要求，但都适用于电子逆向拍卖登记和拍卖时间的规范。为确保公平公正地对待参加拍卖的出价人，采购实体应遵守的透明度要求包括：应当迅速向每个已经登记的供应商发出电子逆向拍卖登记确认函。当登记参加电子逆向拍卖的供应商数目不足以确保有效竞争的，采购实体可以取消拍卖。应当迅速向每个已经登记的供应商发出取消拍卖通知。在这种情形下，采购实体自行决定是否应取消拍卖。在缺乏有效竞争的情形下继续进行采购可能有悖于竞争和避免串通的目标，通常只有在真正特殊的情况下才有理由这样做。需要注意的是，这种灵活性不适用于采购实体必须取消拍卖的情形，例如，登记参加的供应商未达到所要求的最低数目或采购实体由于技术原因必须终止拍卖。在独立的电子逆向拍卖方式中，取消拍卖意味着取消采购。采购实体在分析导致取消拍卖的原因后，可能认为适宜进行另一次电子逆向拍卖，也可能选择另一种采购方式。而在授予合同前的采购安排中，取消拍卖不一定会导致取消采购。采购实体可决定根据拍卖前审查和评审出价的结果授予合同，条件是在采购开始时已对这一选择办法做了明确说明。此外，自发出电子逆向拍卖邀请书至举行拍卖，应当有足够时间让供应商做拍卖准备。在确定这一时间段时，应当考虑到拍卖的实际情形，如这一时间段因拍卖越简单就可能越短，也应考虑采购实体的合理需要。

（二）电子逆向拍卖期间

电子逆向拍卖期间的程序，主要涉及拍卖标准、拍卖期间要求、结束或终止拍卖等内容。无论是独立电子逆向拍卖还是授予采购合同前阶段的电子逆向拍卖都应遵守上述规定。

1. 拍卖标准

电子逆向拍卖依据的标准：在采购合同授予最低出价的情况下，应当是价格；或者在采购合同授予最有利出价的情况下，应当是价格结合对供应商规定的其他标准。上述规定指明了两种类型的拍卖：第一类是简单拍卖，由最低价格决定中标出价；第二类是根据价格和其他非价格标准决定中标出价。这类标准无论复杂程度如何，都必须为其设定一个值，以数字或百分比表示，代入提前公布的使自动评审成为可能的数学计算公式中。根据两种类型电子逆向拍卖的程序要求，必须在采购程序开始时公布评审所用的每项标准、为各项标准设定的值以及数学公式。这些信息在拍卖期间不能改动，拍卖期间可以改动的只有价格和按照招标条款可以更改的其他要素。

2. 拍卖期间要求

《公共采购示范法》规定了举行电子逆向拍卖的基本要求，反映了拍卖制度的特点，贯彻了拍卖的使用条件，并详细阐明了两种类型电子逆向拍卖程序的要求。

（1）连续出价。

在电子逆向拍卖期间，所有出价人均应当有同等、连续的机会递交出价，突出了连续出价过程。从实务上说，这意味着系统必须在收到出价后立即记录下来，并对该出价及其对其他出价的影响进行评审。系统必须迅速将相关信息发送给所有出价人，让每一个出价人在拍卖期间即时、连续收到充分信息，使其能够确定自己的出价相对于其他出价的位置。所发送的信息必须足以进行上述确定，并平等和公正地对待出价人。

《公共采购示范法》没有规定为满足上述要求而必须披露的信息性质，颁布国在规范这一问题时，需要对以下两方面加以平衡：一方面是透明度和促进积极出价的考虑，另一方面是避免串通和防止泄露商业敏感信息。具体要视电子逆向拍卖的类型而定，还要考虑到拍卖的复杂程度和其他因素，这些做法包括：披露某一出价人是否在拍卖中领先或提交了领先价格；披露领先出价；向每个出价人披露其相对于领先出价的位置，但不披露其他出价的信息；披露所有出价的排列情况。在任何情况下，采购实体都应能够看到所有出价的排列情况。但应注意以下问题：首先，披露领先价格可能会鼓励以极小幅度降低出价从而使采购实体难以取得最佳结果，也可能会鼓励提交异常低价；其次，提供的其他出价信息越多，串通的可能性就越大；最后，在较为复杂的拍卖中，供应商有可能利用所提供的数学公式，逆向推出其他人的出价。无论采购实体对拍卖期间要披露哪类信息做出何种决定，这一决定都必须反映在拍卖开始之前向潜在出价人提供的拍卖规则中。此外，所有阶段和所有出价都应记录在案，并载入采购记录。这些规定是对公布拍卖期间使用的标准和程序以及提供拍卖前任何评审结果等要求的补充。

（2）自动评审出价。

电子逆向拍卖期间遵循出价自动评审原则，所有出价应当自动评审，评审依据电子逆向拍卖前程序向供应商提供的标准、程序和公式。上述规定与“采购实体与出价人之间不得进行通信，出价人之间也不得进行通信”条款一同强调了电子逆向拍卖进行期间避免人为干扰的重要性。电子逆向拍卖设施以电子方式收集出价，并根据在拍卖邀请书上公布的标准和程序对出价进行自动评审。出价收集设施应在不破坏匿名性的条件下给每个出价打上识别标签，还应当具备立即自动否决无效出价的在线能力，并能够立即发送否决通知并对否决原因做出解释。考虑到可能出现的技术问题，采购实体应当向出价人提供独立于拍卖设施的联络点，以便就技术问题进行紧急联络。

（3）保全出价人匿名性。

采购实体不得在拍卖期间披露任何出价人的身份。上述规定重申了电子逆向拍卖的一个基本原则——在拍卖之前、拍卖期间和拍卖之后都要保全出价人的匿名性。因此，《公共采购示范法》禁止采购实体在拍卖期间披露任何出价人的身份，并将禁止范围扩大到拍卖后阶段，包括暂停或终止电子逆向拍卖的情形。这些要求应做宽泛的解释，不仅禁止明示披露，也禁止间接披露，例如，任凭出价人披露或确定其他出价人的身份。代表采购实体的拍卖系统运营商，以及任何参与人都要受到约束。

3. 结束或终止拍卖

采购实体应当按照电子逆向拍卖前程序对供应商规定的标准结束拍卖，该项规定是对“最迟在举行拍卖之前公布结束拍卖标准”的补充。这些规则是在拍卖之前公布的，在拍卖期间不得改动。一方面，任何情况下均不得在规定的截止时间之前结束拍卖，即使是没有出价的情况。实务中常见的情形是出价人在拍卖快要结束时才开始积极出价。如果允许采购实体自行决定在规定的截止时间之前结束拍卖，将会为滥用行为大开方便之门，有可能让某一出价人和采购实体之间的拍卖前安排影响拍卖结果，使该出价人受益。另一方面，《公共采购示范法》允许在必要时以透明方式展延提交出价的截止时间，例如，在因技术原因不得不暂停拍卖的情形下。较好的做法是，要求在拍卖规则中规定关于展延提交出价截止时间的标准和程序。供应商可在电子逆向拍卖结束之前退出而不影响拍卖，除非是因采购实体通信系统发生故障等必须暂停或终止拍卖的原因退出，在其他情形下拍卖必须继续进行。在拍卖结束时，采购实体可能需要分析退出的原因，特别是出现了多个出价人退出的情形，以及这种退出对拍卖结果造成的任何负面影响。但《公共采购示范法》重申采购实体有权在采购的任何阶段取消采购。

在采购实体的通信系统出现故障，可能影响拍卖正常进行的情况下，采购实体应当暂停或终止拍卖，或者由于拍卖施行规则规定的其他原因，采购实体也应当暂停或终止拍卖。除影响拍卖正常进行的采购实体通信系统故障之外，暂停或终止拍卖还可能有其他原因。虽然不可能在法律中列出所有原因，但《公共采购示范法》要求视情况在电子逆向拍卖前规定的拍卖规则中列出所有原因，而不应给予采购实体过多的裁量权，以防止对程序进行人为干扰。拍卖规则中还必须规定保障措施，以便在终止或暂停拍卖的情形下保护出价人的利益，如立即、同时通知所有出价人暂停或终止的信息。如果是暂停拍卖，应告知重新开始拍卖的时间和结束拍卖的截止期限；如果是终止独立的电子逆向拍卖，应就是否导致取消电子逆向拍卖或根据终止拍卖时的结果授予合同做出具体规定。

（三）电子逆向拍卖后

电子逆向拍卖结束后的程序，主要涉及中选出价的评审标准及其例外情形。在所有情形下电子逆向拍卖总是先于授予采购合同，无论是独立电子逆向拍卖方式还是作为采购安排的电子逆向拍卖都适用这些规则。

1. 中选出价的评审标准

中选出价应当是电子逆向拍卖结束时的最低出价或最有利出价，以适用者为准。在举行电子逆向拍卖之后不允许进行进一步评审或谈判，以避免不当行为、偏袒或腐败。因此拍卖结果应是采购程序的最终结果。从实际操作来看，如果招标文件规定采购合同应当授予最低出价，则应将采购合同授予最低出价的供应商，采购合同也应列出中标价格；如果招标文件规定了授予采购合同的价格标准和非价格标准，则采购合同应当授予通过提前公布的数学公式确定的最有利出价的供应商，采购合同应列出中标出价的条款和条件。

2. 例外情形

《公共采购示范法》要求将采购合同授予在拍卖结束时确定的中标出价人，但也有两种例外情形：

（1）否决中选出价。

在使用拍卖方式的采购中，拍卖之前不对初步出价进行审查或评审的，采购实体应当在拍卖之后确定中选出价的响应性和递交该出价的供应商资格。采购实体认为该出价不具响应性，或者认为递交该出价的供应商不合格的，应当否决该出价。上述规定适用于简单的独立电子逆向拍卖方式，即拍卖之前没有初步出价。在这种拍卖中，对资格和响应性的评价是在拍卖后进行的，而且仅评价中标者和中标出价，这一办法可节省时间和费用。

如果中标者资格不够或其出价不具响应性，则采购实体有两种选择：要么取消采购程序；要么选择拍卖结束时的次低出价或次有利出价，将采购合同授予排位第二的中标出价人，条件是确定该出价具响应性并且确定递交该出价的供应商合格。这一办法的前提条件是，响应邀请书的所有出价人都能够提供质量水平相差不大的采购标的。如果采购简单、现成的货物或服务，采购实体因很容易找到替代的供应源而不会承担较大风险。

（2）否决异常偏低出价。

采购实体认为拍卖结束时的中选出价异常偏低，由此引起采购实体对该出价递交人履行采购合同能力关切的，可以采用否决异常低价提交书程序。上述规定适用于任何类型的电子逆向拍卖，涉及采购实体认为中标出价异常偏低的情形，主要是为了防止倾销。采购实体经调查确认满足了否决异常偏低出价的所有条件，则可以否决该出价，要么选择取消采购程序，要么选择拍卖结束时的次低出价或次有利出价，将采购合同授予排位第二的中标出价人。

采购实体根据两种例外情形在做出取消采购程序或将采购合同授予排名第二中标出价人的决定时，应当评估取消拍卖的后果，特别是能否在同一采购程序中再举行一次拍卖，以及替代采购方式的费用。尤其是，出价人的匿名性可能已受到损害，重新开始竞争可能也受到影响。但这一风险不应促使采购实体总是选择排位第二的中标出价人，特别是在怀疑中标出价人与排位第二中标出价人之间存在串通的情形下。《公共采购示范法》有关例外的规定，意在避免强制要求采购实体采取任何特定步骤，而且这些步骤不应被当作一种破坏自动确定中标出价的机会。在上述任一例外情形下，采购实体在拍卖之后都必须严格按照规定迅速采取行动，确保在合理可行的情况下尽早确定最后结果。

五、框架协议程序

《公共采购示范法》第七章规定了框架协议程序，涉及框架协议确立和第二阶段程序。在框架协议确立阶段，分别对封闭式框架协议和开放式框架协议进行了规范。而在第二阶段程序，两种框架协议形式都需遵守相同的规则。

（一）框架协议确立

封闭式框架协议和开放式框架协议各有特点，在框架协议确立阶段，应遵守不同的程序要求。

1. 封闭式框架协议

（1）协议的授予。

封闭式框架协议的授予规则，既适用于有第二阶段竞争的框架协议程序，也适用于无第二阶段竞争的框架协议程序。具体而言，采购实体在授予封闭式框架协议时，应遵守以下规范：

①授予协议的方式。

采购实体在选择授予封闭式框架协议的采购方式时，必须首先考虑使用公开招标的方式。实现封闭式框架协议第一阶段的激烈竞争，意味着应当对适用公开招标的例外情形进行认真审查，采购实体必须对使用其他采购方式做出合理解释。做出此种选择时，既考虑到相关采购的情形，又要考虑到使竞争最大化的要求。

在采购实务中，适合使用公开招标以外的其他采购方式的实例包括使用框架协议采购低价值、重复性和紧急项目，这类项目既快又有成本效益，使用公开招标方式可能收不到成本效益或无法满足时间紧迫要求。而对于药品、能源供应和教科书之类的专门物品，使用框架协议程序则能够在范围有限的市场上保障供应来源。使用框架协议程序的决定与采购方式和招标办法的选择相互关联，均需裁量定夺并具备适当能力。

②邀请参加协议。

采购实体在邀请供应商参加封闭式框架协议程序之初，应按变通后的资格预审以及采购方式中招标内容的规定向其提供信息。招标文件必须遵守所选定采购方式的通常规则，载明供应商据以提供采购标的的条款和条件、评选中选供应商的标准以及在框架协议下授予采购合同的程序，以便供应商了解采购实体的要求并提交价格和质量最优的报盘。框架协议程序在授予采购合同时结束，其两阶段性质意味着，程序开始时向潜在供应商提供的信息应当涵盖采购的两个阶段，但也要考虑“传统”采购中招标文件所披露的一些采购条款和条件将在该程序第二阶段加以细化或确立的事实。针对框架协议程序的特殊情况，应对招标信息加以调整，经“变通”后充分载明通常的招标信息。除这些信息之外，采购实体在这一阶段还应当做出下述具体规定：

一是采购将作为框架协议程序进行，由此产生封闭式框架协议。

二是与一个还是不止一个供应商订立框架协议。该项要求披露加入框架协议的是一个还是多个供应商。从框架协议的行政效率来看，适合多供应商框架协议的情况更普遍。而相关市场的性质，如保密、供应安全或市场上仅有一个供应商的情形，可能表明单供应商框架协议亦有其益处。

三是与不止一个供应商订立框架协议的，将加入框架协议的供应商最低数目或最高数目。设定最低数目可用于确保供应安全。而在设想有第二阶段竞争的情况下，需要有足够数目的供应商才能确保有效竞争，招标条款可以规定最低数目或充足的人数才能确保此种有效竞争。未达到规定的最低数目的，采购实体可以或必须取消采购。如果采购实体预期递交具响应性提交书的合格供应商将超过采购实体所能处理的人数，可规定最高限数。这种情况反映了采购实体的行政管理能力，因参加者人数过多而无法实现程序的行政效率。对参加者人数加以限制的另一个原因是，确保每个参加者都有在框架协议下被授予合同的现实机会，并鼓励提供与其报价相当的最佳质量。如果规定供应商的最低数目或最高限数，必须在招标文件中告知相关人数。作为一种最佳做法，采购记录应当列入对采购实体所做决定的合理解释。

四是在招标文件中提供框架协议的形式、条款和条件，其中包括是否有第二阶段竞争以及第二阶段的评审标准等。这些透明度条款体现了《公共采购示范法》的一般原则，即所有采购条款和条件都应事先确定。无论是接纳进入框架协议还是第二阶段竞争，在这两方面适用资格、评审标准和程序没有任何例外情形，只是第二阶段适用评审标准可以在事先确定的范围内有所调整。如果使用这种灵活性，必须在招标文件中披露可适用的调整范围。

③ 接受中选提交书及采购合同生效。

框架协议定义和相关程序表明框架协议本身并不是采购合同，采购实体在采购第二阶段根据框架协议授予采购合同。所以接受中选提交书以及采购合同生效的规定虽然适用于授予封闭式框架协议，但需根据框架协议程序对其做必要调整。

从技术上讲，采购实体发出接受通知宣布接受供应商第二阶段的提交书，即为授标。这意味着《公共采购示范法》所规定的保障措施和程序适用于整个框架协议程序。对于将加入框架协议的供应商，以招标文件所列条件作为依据进行评选，即提交书报价最低或最有利者入选。评选的依据是，有第二阶段竞争的，应对初步提交书进行全面审查；没有第二阶段竞争的，应对提交书进行全面审查并对供应商的资格加以评估。之后，根据招标文件公布的评审标准对具响应性提交书进行评审，并适用通知规定和停顿期要求。

（2）协议的要求。

由于在框架协议程序之初并未确定采购的某些条款和条件，出于透明度考虑，要求将第一阶段确定的所有条款和条件以及确定其余条款和条件的机制载入封闭式框架协议本身。这一保障措施将确保整个程序期间采购条款和条件充分披露并且前后一致。因此，框架协议将载有可适用于框架协议程序第二阶段的条款和条件，其中包括将如何确立第一阶段未确定的条款和条件。为了支持上述保障措施，《公共采购示范法》要求以书面形式订立封闭式框架协议，并应当列明以下内容：

① 框架协议期限。

框架协议期限，不应超过采购条例确定的最长期限。考虑到框架协议抑制竞争的潜在效应会随着协议期限的延长而增加，颁布国采购条例应规定法定最长期限。需要注意的是，该限期为最长期限，而不是会随着市场情况变化而有所不同的平均期限或适当期限，并且应反映相关采购的性质、预算拨款等财务问题以及一国国内或国际之间的地区差或发展水平差距。

② 采购条款和条件。

在封闭式框架协议中载入的采购条款和条件，包括采购标的说明、评审标准及确立框架协议时已经确定的其他所有采购条款和条件。如果在程序之初无法充分准确确定采购条款和条件的，在已知范围内对此种条款和条件做出估计。这些估计，如预期采购的时间、频度和数量以及合同价格等，通常都将通过第二阶段竞争加以细化或确立，凡是已做出估计的都必须载明。如果无法做出确定承诺，提供当时能做出的最佳估计也将有助于参与。框架协议的最高总值或最低值凡已确定的，均应在协议中披露，否则应载明估计数。

③ 是否使用第二阶段竞争。

框架协议应指明是否将使用第二阶段竞争以授予框架协议下的采购合同。如果进行第二阶段竞争，还应界定第二阶段竞争的条款和条件。为确保有效竞争，这些规则和程序包括：关于拟通过第二阶段竞争加以确定或细化的采购条款和条件的说明；第二阶段竞争的程序和预期频度，以及第二阶段提交书的预计递交截止时间；第二阶段竞争期间将适用的程序和标准，包括此种标准的相对权重以及适用方式。第二阶段竞争期间可以变更评审标准相对权重的，框架协议应当具体指明可变范围。

第二阶段竞争是否有效，关键因素之一就是设计和适用评审标准，要在两方面求得平衡：一方面，评审标准不灵活，有可能造成第二阶段只剩下一个供应商，结果损害了资金效益和行政效率；另一方面，所使用的评审标准过于宽泛或含糊，就有可能在其相对权重上和评审过程中偏向某些供应商。为此，采购实体应在程序的第一阶段披露拟在第二阶段竞争期间对评审标准适用的相对权重。如果允许第二阶段竞争期间可以变更评审标准相对权重，则应在框架协议中具体指明可变范围或幅度，也应遵守“框架协议运作期间，不允许对采购标的说明做任何改动。对于其他采购条款和条件，包括预期采购合同的授标标准和程序，只能在框架协议明文允许的范围内加以改动”的规定。该项要求考虑到框架协议的运作特点，赋予在第二阶段竞争期间对某些采购条款和条件加以细化的灵活性，但禁止对采购标的说明做任何改动以防进行新的采购程序。

④ 框架协议下授予采购合同的标准。

框架协议中应说明，框架协议下的采购合同是授予价格最低的提交书还是授予最有利的提交书。授予合同的依据通常与第一阶段的要求相同，但也有例外。例如，采购实体可能决定，在根据最有利提交书选出的第一阶段排序最高的供应商当中，考虑的是符合参加第二阶段邀请书确切条款的价格最低提交书。

除上述要求列明的信息外，框架协议还应当包含框架协议有效运作所必需的一切信息。这一做法也意在确保程序的透明度和可预测性。这类信息可包括如何查取该协议和该协议下即将授予采购合同的通知，也可包括各种技术问题，如框架协议以电子方式运行的网站链接要求，以及对特定软件、技术性能和相关容量的要求等。

通常而言，与不止一个供应商订立封闭式框架协议，应当视为所有当事人之间订立了一项协议。但允许采购实体有一定的灵活性，与已加入框架协议的个别供应商订立单独协议。透明度、公平和公正待遇原则意味着，每个供应商均应遵守相同的条款和条件。因此，上述例外情形限于细微差异，且只涉及那些订立单独协议所依据的规定，如需要保护知识产权，考虑不同的许可证发放条款，或者供应商仅就采购的某一部分递交了提交书等。采购实体应将订立单独协议所依据的理由和情形的说明载入采购记录。

2. 开放式框架协议

(1) 协议的确立。

在开放式框架协议程序第一阶段，特别要求采购实体应在网上确立和维持开放式框架协议。《公共采购示范法》向来主张保持技术中立，上述要求则是一种少有的例外。如果以传统的纸质方式运作一项开放式框架协议，将无从实现作为开放式框架协议程序核心的行政效率，因为该行政效率有赖于使用以互联网为基础的电子通信手段。开放式框架协议程序是为网上长期登出的采购机会设计的，供应商或采购商可以随时查看以决定是否参加相关采购，而不必因为向这些采购商或承包商单独提供信息而造成行政负担，并因此而造成答复时间延误。无论是参加开放式框架协议的请求，还是对递交第二阶段提交书邀请的答复，唯有网上采购才能满足提交和审议此种请求和答复的时限要求。与授予封闭式框架协议不同，开放式框架协议程序本身是一个自成一体的程序，主要涉及以下内容的规范：

① 邀请参加协议。

采购实体邀请参加开放式框架协议程序，适用公开招标办法的规定。特别是开放式框架协议邀请书，应遵从对公开招标程序中投标邀请书的要求，同时考虑到开放式框架协议的条件而有一些必要的偏离。具体而言，加入开放式框架协议邀请书应包括下列内容：

一是确立和维持开放式框架协议的采购实体名称和地址，以及将有权授予框架协议下采购合同的其他任何采购实体名称和地址。出于透明度和可预测性考虑，凡是可以使用框架协议的采购实体，其名称和地址都必须列入加入开放式框架协议邀请书中。上述规定既灵活又有限制：一方面为保证适当透明并有利于实现资金效益，允许采购实体组合起来以实现议价能力的最大化，也允许利用集中采购机构；另一方面，考虑到各国有关合同订立的要求会有差异，有些国家可能不允许采购实体未经更新合同等重大行政程序而加入框架协议，所以框架协议并不对新的采购人开放。

二是采购将作为框架协议程序进行，由此产生开放式框架协议。

三是开放式框架协议所使用的一种或几种语言，以及关于该协议运作的所有信息，其中包括如何查取该协议和该协议下即将授予采购合同的通知，还有关于连接的适当信息。为增进透明度，采购实体应在邀请书中说明框架协议所使用的语言，以及框架协议订立后便于查取的其他措施。在电子采购中，切实保证透明度的一般要求是方便查找开放式框架协议所在的网站。

四是接受供应商加入开放式框架协议的条款和条件。这些条款包括普遍适用和仅涉及框架协议程序的条款：根据“供应商参与”条款做出的声明，如是否基于国籍对加入框架协议做出限制；对加入开放式框架协议的供应商规定最高限数的，确定的最高限数以及选定最高限数所应遵循的标准和程序。考虑到开放式框架协议是在整个运作期间始终对新的供应商开放，如果规定加入供应商最高数目实际上可能使该框架协议变成封闭式协议。因此，采购实体只能因通信系统能力局限性的原因对加入的供应商规定最高限数，并以非歧视方式挑选可加入协议的供应商。关于编写和递交加入开放式框架协议所必需的临时提交书的说明，包括拟使用的一种或几种货币和一种或几种语言，以及用以确定供应商资格的标准和程序及供应商证明其资质必须提交的任何书面证据或其他资料。该项涉及递交和评估加入框架协议申请书的方式。关于供应商可以在框架协议运作期间随时通过递交临时提交书的方式申请加入框架协议的明确声明，前提是不超出可能规定的供应商最高限数并依据“供应商参与”条款做出的声明。该项规定体现出开放式框架协议的特点，即框架协议在整个存续期内始终保持开放，新的供应商可以加入，除非超出了规定的供应商最高限数或根据“供应商参与”条款将潜在供应商排除在外。

五是开放式框架协议的其他条款和条件。采购实体应在邀请书中载明开放式框架协议的所有条款和条件，包括采购标的说明、评审标准以及其他条款。

六是对法律、采购条例和与采购程序直接相关的其他法律条例的提及，包括对涉及机密信息采购所适用的法律条例的提及，以及这些法律条例的出处。

七是在没有中间人介入的情况下，采购实体负责就采购程序与供应商直接通信并接收供应商来信的一名或多名官员或雇员的姓名、职称和地址。

② 审查临时提交书。

开放式框架协议的一个关键特征就是在整个框架协议运作期间对新供应商开放。供应商可以按照加入开放式框架协议邀请书的要求，在框架协议运作期间随时通过向采购实体递交临时提交书的方式申请加入开放式框架协议。“临时提交书”表明开放式框架协议下始终存在第二阶段竞争，第一阶段基本上不存在价格竞争，确保第二阶段进行真正的竞争至关重要。

针对网上开放式框架协议的特征，《公共采购示范法》要求采购实体及时评估收到的临时提交书，以便框架协议切实对新的加入者开放。采购实体应当按照加入开放式框架协议邀请书中列明的程序，在颁布国法律规定的最长期限内审查在框架协议运作期间收到的所有临时提交书。开放式框架协议虽然对供应商资格进行评估并比照相关说明对其提交书加以审查以评估响应性，但不对临时提交书进行评审。

③ 订立框架协议。

采购实体应当与所有递交了提交书的合格供应商订立框架协议，除非根据加入开放式框架协议邀请书中列明的理由否决了其提交书。根据该项规定，递交具响应性提交书的所有供应商在符合条件的前提下都有资格加入框架协议。

为保证决策过程的透明，使供应商能对框架协议程序中不接受供应商的决定提出质疑，采购实体应当迅速通知供应商是否已能加入框架协议，以及未能加入框架协议者的临时提交书被否决的理由。就开放式框架协议而言，有关停顿期通知的保障措施不适用于临时提交书，仅适用于为响应根据框架协议发出的具体采购订单而递交的提交书。因此，供应商必须知道其是否为协议的当事方，否则无法了解根据协议而发出的采购订单，也就无法递交第二阶段提交书。但就质疑采购实体的决定而言，如果涉及开放式框架协议，对于推迟签署采购合同以便提出有效质疑或允许继续执行采购合同的考虑，都有别于一般情况，通常认为允许开放式框架协议中有限的部分采购合同得以进行下去所带来的利益要大于推迟供应商参与所造成的损害。

（2）协议的要求。

与封闭式框架协议相对应，开放式框架协议的要求涉及开放式框架协议的条款和条件以及该框架协议下合同的授予。

① 协议下授予采购合同。

《公共采购示范法》提出了通过框架协议程序第二阶段竞争授予开放式框架协议下采购合同的要求。

一是框架协议期限。开放式框架协议在整个运作期间对新的供应商开放，降低了抑制竞争的风险。因此，与封闭式框架协议不同，开放式框架协议不必提及在采购条例下规定的任何最高期限。但考虑到新的技术和解决办法，并避免陈旧过时，开放式框架协议的期限不应定得过长，并应参照采购标的类型加以评估。

二是采购标的说明及其他条款。开放式框架协议应载明采购标的说明以及确立协议时已知的其他所有采购条款和条件。鉴于采购标的性质，并不要求在第二阶段确立采购的任何条款和条件，而只是对既有条款和条件加以细化，例如，在标的交付数量、地点和时限方面。虽然开放式框架协议的性质允许对采购的说明通常从功能角度进行宽泛说明，以便允许在第二阶段对采购实体需求加以细化说明，但该说明不应过于宽泛，以至于开放式框架协议与供应商清单没什么区别。

三是第二阶段竞争的条款和程序。第二阶段竞争的条款和程序包括以下内容：可以通过第二阶段竞争加以细化的任何采购条款和条件；第二阶段竞争的程序和预期频度；框架协议下的采购合同将授予价格最低的提交书还是最有利的提交书；第二阶段竞争期间将适用的程序和标准，包括评审标准的相对权重以及适用这些标准的方式。第二阶段竞争期间可以变更评审标准相对权重的，框架协议应当具体指明可变范围。

② 重新登载加入协议邀请书。

在开放式框架协议整个运作期间，采购实体应当至少每年重新登载加入开放式框架协议邀请书，并应确保对框架协议条款和条件以及与框架协议运作有关的其他任何必要信息可以不受限制、直接和充分查取。《公共采购示范法》要求定期重新登载加入开放式框架协议邀请书，该邀请书必须每年至少在与公布初始邀请书相同的地点公布一次。以电子方式运作开放式框架协议意味着完全在网上公布，从而可以将公布费用保持在合理水平。邀请书必须载列框架协议运作所必需的所有信息，包括相关网站以及辅助技术信息。

（二）第二阶段程序

《公共采购示范法》规范了封闭式和开放式框架协议下的第二阶段程序，其中涉及在无第二阶段竞争的封闭式框架协议下授予采购合同，也涉及有第二阶段竞争的框架协议下授予采购合同。

1. 授予合同的基本要求

在框架协议下授予采购合同均应遵守基本要求，而不论第二阶段是否存在竞争。

（1）授予标准和程序。

采购实体应当根据框架协议的条款和条件以及第二阶段的规定，授予框架协议下的任何采购合同。《公共采购示范法》要求授标标准和程序本身应完全透明，所以在“框架协议”条款列明了框架协议下授予采购合同的实质性标准和某些程序，“框架协议程序第二阶段”条款也列明了授标程序的其他要素。这些程序意在允许在程序第二阶段展开有效竞争，同时避免提出过分和费时的各种要求，致使框架协议程序的效率无从实现。这些考虑在开放式框架协议中尤为重要，因为这类协议第一阶段的提交书为临时提交书，对这些提交书只进行了审查而没有评审。

（2）合同授予对象。

框架协议下的任何采购合同只可授予加入该框架协议的供应商。也就是说，采购合同的授予对象必须是加入框架协议的供应商。对于封闭式框架协议，这一点不言自明。但对于开放式框架协议，则突出说明了应当对加入框架协议的申请迅速进行审查，以及在有活力的竞争性市场上进行相对频繁且规模合理的第二阶段竞争。实践中的做法是，在登载开放式框架协议的网站上公布第二阶段竞争，并对在第二阶段竞争中递交最后提交书设定较短期限。

新的加入者应及时递交临时提交书，以便被入选第二阶段竞争，但也许只能参加以后的竞争。在开放式框架协议的操作过程中，应当认真评估递交最后提交书截止时间、审查临时提交书所需时间以及第二阶段竞争的频度和规模之间的相互关系。

2. 授予合同的程序要求

根据是否涉及第二阶段竞争，框架协议下授予合同的具体程序而有所不同。

（1）无第二阶段竞争。

在无第二阶段竞争的封闭式框架协议下，授予采购合同应遵守“接受中选提交书和采购合同生效”条款的规定，但不适用有关停顿期通知的要求。

（2）第二阶段竞争。

在有第二阶段竞争的封闭式及开放式框架协议下，授予采购合同应遵守第二阶段竞争的程序要求。

① 发出竞争邀请书。

递交提交书的邀请书应包括以下内容：一是对拟列入预期采购合同的框架协议

现有条款和条件的重新申明、对第二阶段须确定的采购条款和条件的说明，以及这些条款和条件必要的更具体内容。作为透明度的关键要求，邀请书中应列入确定第二阶段竞争范围的信息，以及将在竞争中涉及的具体采购条款和条件。二是对预期采购合同的授标标准和程序的重新申明。为提高透明度，采购实体应重新申明框架协议最初载明的提交书评审程序和标准，应结合允许在框架协议所确定的范围内变更评审标准的相对权重的规定来理解。要想实现有效竞争、客观性和透明度，第二阶段中的适当评审标准和程序至关重要。三是重复了关于招标文件内容的规定。如提交书编写说明，提交书的递交方式、地点和截止时间，对招标条款提出质疑的权利等。

采购实体应向框架协议的所有当事人或只限于当时有能力满足采购实体对采购标的需要的框架协议的当事人同时发出递交提交书的书面邀请。对于后者，条件是同时向框架协议的所有当事人发出第二阶段竞争通知以使其有机会参加竞争，既可避免出现将合同授予所偏袒供应商的舞弊或滥用行为，又可将范围限于有履行能力者递交的提交书以提高效率。为避免受影响的供应商质疑对其能力做出的评估，采购实体应根据框架协议的条款和条件以及初步或临时提交书的条款和条件确定“有能力满足需要”的供应商。

② 评审标准和程序。

采购实体应当按照递交提交书邀请书中列明的评审标准和程序，评审所有收到的提交书并确定中选提交书。采购实体对提交书的评审应客观、透明，禁止在评审期间适用以前未披露的任何标准或程序。

③ 接受中选提交书。

采购实体应遵守“接受中选提交书和采购合同生效”条款中关于在接受中选提交书时有关通知和相关程序的要求。通知方面的条款要求向递交第二阶段提交书的供应商披露每项采购的价格，以便未中选供应商提出质疑。向框架协议未中选当事方发送通知并对提交书未中选的原因做出解释或通报是一种良好做法，可使适用框架协议的重复采购获益于提交书的改进。

第九章 《公共采购示范法》质疑程序

公共采购制度的一个关键特点是设有能够监测采购制度各项规则得到遵守并在必要时强制执行的各种机制，其中就包括质疑程序，赋予供应商对采购实体不遵守相关采购立法的决定和行动提出质疑的权利。质疑机制是确保采购制度良好运行的基本要素，不仅为供应商监测采购实体遵守《公共采购示范法》各项规定提供了有效途径，有助于使采购示范法具有很强的监督和强制执行功能，而且质疑机制具有震慑作用的功能也能够阻止明知故犯的违法行动或决定，有助于增强整个采购制度的公信度。此外，《联合国反腐败公约》也要求采购制度纳入有效的质疑机制，以确保在公约所要求的规则或程序未得到遵守时提供法律追诉和救济。基于此，《公共采购示范法》要求颁布国提供此类有效质疑机制所必需的权利和程序。

虽然多数国家具备了质疑机制和程序，但各国在强制执行方面存在较大差异。《联合国反腐败公约》和《公共采购示范法》均主张以符合颁布国法律传统的形式就质疑程序立法。为了能够与各国法律和行政制度有所差异的理论和结构框架相兼容，《公共采购示范法》第八章阐明了构建有效质疑机制所应遵循的原则和主要程序，并鼓励各颁布国在本国法律制度允许的范围内纳入该章的所有规定，其中包括提出质疑和上诉的一般权利，请采购实体重新审议采购决定的任选性请求，独立机构复议以及向法院提出申请。按照作为一般法律框架的总体思路，《公共采购示范法》并没有就质疑机制的具体结构做出硬性规定，需要颁布国采购条例和程序规则加以补充，在供应商利益与采购实体需要之间达到适当平衡，以确保质疑机制的运作有效、迅捷并具有成本效益。

第一节 质疑基本要求

质疑程序应遵循的基本要求，涉及对质疑和上诉权、质疑受理机构以及参与方的规范。

一、质疑和上述权

《公共采购示范法》赋予权益受损的供应商提出质疑和上诉的权利，并明确了质疑的效力。

（一）质疑和上诉权

有关质疑和上诉权的规范，确立了供应商对采购实体在有关采购程序中的行动或决定提出质疑的基本权利，以及对质疑程序结论提出上诉的权利。这些要求意在遵守《联合国反腐败公约》要求必须具备复议机制和上诉机制两级制度的规定，在采购规则和程序未得到遵守的情况下提供适当的法律追诉和救济。

1. 提起质疑的权利

《公共采购示范法》赋予供应商对采购实体的行动或决定提出质疑的权利，供应商声称由于所指称的采购实体不遵守法律规定的决定或行动而遭受了损失或损害或者可能遭受损失或损害的，可以质疑有关的决定或行动。1994 年《货物、工程和服务采购示范法》中有免于质疑的例外规定，而《公共采购示范法》主张采购程序中没有任何行动或决定可免于适用该机制，反映出可对范围更大的决定和行动提起质疑和上诉程序。

质疑权基于供应商声称由于《公共采购示范法》未得到遵守而遭受损失或损害。有效质疑机制的一个重要特点是能够达到适当平衡，一方面需维护供应商的利益并保持采购程序的公正性，另一方面需限制对采购程序造成不必要的干扰。因此，提起质疑的权利仅赋予供应商，包括潜在供应商，而不赋予一般公众成员。分包商也被排除在所规定的质疑权范围之外。这些限制意在确保质疑与采购实体在特定采购程序中的决定或行动有关，并避免基于政策问题、臆测性问题或基于轻微违规而提出质疑，从而对采购程序造成过度干扰，同时也反映出质疑机制并非可以利用的唯一监督机制。

2. 提起上诉的权利

质疑机制的另一个特点是足够灵活，能够加以调整以适应任何法律和行政制度，同时不损害质疑制度本身的实质内容或效用。例如，质疑程序的某些重要方面涉及每个国家法律制度和国家行政制度的基本理论和结构问题，如受理申请或上诉的机构和可能给予的救济，颁布国可在这方面对质疑程序的规定加以调整。其中，有关上诉权的规范就属于任选内容，供应商不服“采购实体重新审议”或“独立机构复议”的质疑程序中做出的任何决定，可以向法院提出上诉。

《公共采购示范法》赋予上诉权较大的灵活性：颁布国既可以规定仅限于向法院提出上诉申请，通过法院程序提出上诉。考虑到在其他法律中已规定了该权限的情形，该项规定也是任选内容；颁布国也可以规定向独立机构，或既向独立机构又向法院提交此类申请，以反映有关法域的法律制度。如果一国希望规定由独立复议机构受理上诉，因《公共采购示范法》仅赋予其初审权限，就需要对该条款加以修改以赋予独立复议机构上诉管辖权。《公共采购示范法》并不规范法院程序，未述及这种先后顺序问题，也不鼓励启动平行程序。但颁布国应当确保相关规定与其法律和行政结构相一致，并通过执行方面的详细指导意见补充该框架性规定。

（二）质疑效力

质疑所具有的效力，就是在质疑或上诉仍未解决时，禁止采购合同或框架协议生效。这将确保采购实体不能通过将授标变成既成事实而使质疑或上诉无效。采购实体的权力止于合同生效之时，在合同生效后能够要求采取的纠正措施十分有限。因此，采购合同生效后不能向采购实体提出重新审查申请。将采购实体的权力限制于订立合同前的争议，也可避免赋予采购实体过多的权力，而且与《公共采购示范法》不涉及合同管理阶段的做法也是一致的。合同订立期间过后，质疑程序将属于独立机构或司法复议机构的权限范围。《公共采购示范法》主要就禁止采购合同生效的条件、期限和例外情形进行了规范。

1. 禁止条件

采购实体在规定的期限内收到了重新审查申请书，收到了独立机构发来的复议申请通知书，或者收到了法院发来的申请通知书或上诉通知书，有上述情形之一的，采购实体不得采取任何步骤，使有关采购程序中的采购合同或框架协议生效。所谓“采取任何步骤，使采购合同生效”是一种宽泛的提法，以避免暗示只有签署合同或发送授标通知涵盖在内。因此，采购实体收到重新审查申请书，或者收到独立机构或法院在处理一项质疑或上诉通知的，不得采取使采购合同或框架协议生效的任何步骤。

2. 禁止期限

在采购实体、独立机构或法院的决定发给申请人或上诉人、采购实体和质疑程序中的其他所有参与方之后的期限内，上述禁止规定即告失效。为了让不服决定的当事方能够向上一级机构提出上诉，在就质疑或上诉做出决定并且各参与方得到通知之后的较短期限内，禁止采购合同或框架协议生效的规定继续有效。颁布国应按照本国情况确定这种期限，在允许范围内应尽可能短，以避免对采购程序造成过度干扰。

所谓“质疑程序中的参与方”，仅包括采购实体和提出质疑的供应商，酌情包括其利益受到或可能受到质疑申请影响的审批机关等政府主管部门。一般而言，质疑程序中的参与方范围比采购程序中的参与方范围要小一些，但也可能有更多供应商根据赋予的参与方权利寻求加入质疑程序，或者自行提出质疑，声称因为相同情形而遭受损失或损害。《公共采购示范法》规定广泛参与质疑程序的可能性，是因为尽早将质疑公之于众并掌握相关信息符合采购实体的利益。

3. 例外情形

贸易法委员会认为，建立有效质疑机制的必要性应当与保护紧迫公共利益的考虑相平衡，既要确保供应商对采购实体的行动或决定提出质疑的权利，也要确保采购实体有机会以紧迫公共利益考虑为由订立采购合同或框架协议。在不能及时解决采购争议时，特别是颁布国法院制度不允许提供强制性临时救济和采取简易程序的法域，这一点尤为重要。基于此，《公共采购示范法》对采购合同或框架协议的禁止规定并不是绝对的，允许存在例外情形。

在采购中可能存在保护紧迫公共利益的需要，表明适合的行动方针是即使质疑仍然悬而未决，也应允许采购程序继续进行和允许采购合同或框架协议生效。因此，采购实体可以随时以紧迫公共利益考虑要求订立采购合同或框架协议为由，请求独立机构或法院授权采购实体订立采购合同或框架协议。颁布国应制定明确的独立机构运作程序，说明采购实体提出相关申请时需要就紧迫公共利益考虑提出的理由和佐证，以及如何提交允许采购继续进行的申请。同时，《公共采购示范法》也提供了任择条款，使颁布国可以授权独立机构在采购实体未提出请求的情况下就此问题做出决定。如果独立机构认定紧迫公共利益考虑要求订立采购合同或框架协议，可以在审查此种请求时或者自行提议，授权采购实体订立采购合同或框架协议。独立机构的决定及其理由应成为采购程序记录的一部分，并迅速告知采购实体、申请人、质疑程序的其他所有参与方以及采购程序的其他所有参与方。该规定意在确保在独立机构裁定不允许采购合同或框架协议生效时，采购实体也应有机会请求主管法院允许采购实体以紧迫公共利益考虑为由订立采购合同或框架协议。由于申请涉及紧迫公共利益的性质，可能需要保护机密信息，此种信息的公开披露将受质疑程序保密规定的限制。但是，这一规定并不能使独立机构免于承担将其决定通知所有相关方并提供相关理由的义务，任何机密信息均须按照法律要求的程度和方式排除在外。

二、质疑受理机构

1994 年《货物、工程和服务采购示范法》要求受影响的供应商在合同尚未生效时先向采购实体提出申请，而《公共采购示范法》则允许受影响的供应商进行选择，既可向采购实体申请，也可向独立机构或法院申请。与之相应，受理质疑的机构如下：

1. 采购实体

第一种选择是可以向采购实体本身提出质疑，前提是采购合同尚未授标。该程序的目的是允许采购实体纠正有缺陷的行动、决定或程序。重要的是，这种制度对供应商而言是一项选择，而不是质疑程序中具有强制性的第一步。

公共采购质疑机制的一个优势特征是无须花费大量时间和成本就能够迅速给予救济。而向采购实体提出质疑就是一种快捷、简便和相对低成本的程序，可以避免给其他受理机构造成不必要的负担，由当事各方在较早且干扰较少的阶段以较低费用解决争议，其所具有的有利因素有利于实现质疑机制的上述特征。采购实体掌握与相关采购程序有关的事实并控制着采购程序，可能愿意并且能够纠正自身也许没有注意到的程序性错误，这些有利因素不仅对于提出质疑的供应商是重要的，对于最大限度地减少对整个采购程序的干扰也非常重要。这种自愿性制度还可以降低因法律程序而损害未来业务的预期风险。因此，《公共采购示范法》鼓励颁布国纳入这种程序，供应商可以向采购实体提出重新审议申请。当然，采购实体对这种请求置之不理的情况也时有发生，提出这种请求实际上只会延误在另一个受理机构提出正式申请，颁布国应采取措施确保这种制度在实践中发挥作用。

2. 独立机构

第二种选择是对于供应商指称的采购实体违法决定或行动进行独立的第三方复议。在公共采购法律制度中，指望采购实体对自身行为和决定的重新审查始终公正和有效是不切实际的，这时尤其需要一个独立机制。这种独立机构复议可以作为行政程序进行，在采购合同或框架协议生效之后也可以提出质疑，其范围比上述平级制度更广。通过传统的法院程序解决争议需要较长时间，而独立机构掌握的专业知识能够带来潜在益处，在接到质疑后可准予多种救济，这些救济是采购制度的重要特征。因此，《公共采购示范法》鼓励颁布国建立独立机构复议制度，前提是确保独立复议制度与诉诸法院的同等机制协调一致。

颁布国在独立复议机制中需要确定可被赋予复议职能的适当机构，不论是现有机构还是新设立的机构。例如，该机构可以是对本国采购事务行使总体监管和控制权的机构；可以是权限不限于采购事务的相关机构，如对政府和公共行政的运作进行财务控制和监督的机构；也可以是仅限于解决采购事项争议的专门行政机构。在公共采购质疑机制中，哪些机构可以对特定机关或实体的行动行使复议职能，在很大程度上取决于国家的行政结构。有些法律制度规定，对行政机关和其他公共实体行动的质疑或复议，由对该机关或实体行使上下级权力或控制的行政机构受理。由于行政机构的权限是审批采购实体的某些行为或决定、所遵循的程序，或者就程序事宜向采购实体提出建议。因此，这种行政机构并非《公共采购示范法》要求意义上的独立机构，不符合独立性的要求。对于受理复议的独立机构，其“独立性”是指独立于采购实体而不是独立于整个政府，并使其免受政治压力。从实务角度来看，独立性也非常重要。如果复议程序中做出的决定缺乏独立性，就有可能导致向法院提出进一步质疑，从而造成对采购程序的长期干扰。颁布国应在其国家制度范围内向独立机构提供尽可能多的行动自主权和独立性，不受行政和立法部门干预，以避免政治影响并确保独立机构做出决定的严格性。

3. 法院

第三种选择是对于供应商指称的采购实体违法决定或行动向主管法院提出申请。《公共采购示范法》并没有规定这种诉讼的程序，相关程序受适用的国内法管辖。

至于向法院申请的制度，许多国家的法律制度规定可以对行政机关和公共实体的行为进行司法复议，要么是司法复议与上述独立机构并存，要么是以司法复议取代上述独立机构的职能。在行政复议与司法复议并存的某些法律制度中，只有在用尽其他质疑机会之后才能寻求司法复议。颁布国如果规定对采购实体的决定只进行司法复议，必须建立有效的初审申请和上诉制度，确保按照《联合国反腐败公约》的要求，在采购规则和程序未得到遵守的情况下提供适当的法律追诉和救济。关于受理上诉的机构，颁布国可以规定仅限于向法院提出此类申请，也可以规定向独立机构或者既向法院又向独立机构提交此类申请，以反映有关国家的法律制度。

《公共采购示范法》并未提及通过仲裁或替代性机构解决争议的可能性，但不禁止采购实体和供应商在适当情形下将有关争议付诸仲裁，特别是将采购周期合同管理阶段的争议付诸仲裁。质疑机制的启动条件是，只有供应商提出申请的情况下才能够对违反规则和程序的情形提出质疑。这就意味着其他监督机制也应当到位，以便处理发生违规而供应商选择不采取行动的情形，如供应商认为合同价值低不值得提出质疑，承受不起质疑所需时间和费用，因失败风险较高而不愿提出质疑并可能担心提出质疑会损害今后与采购实体的关系等。

三、参与方权利和义务

为确保质疑程序遵守正当程序，《公共采购示范法》明确了质疑程序参与方的范围，并规定了参与方的权利和义务。

（一）参与方范围

凡是参加该申请所涉采购程序的供应商，以及凡是其利益受到或可能受到该申请影响的政府主管部门，均应当有权参加质疑程序。这种提法确立了不限于申请人对质疑程序的广泛参与权，只要供应商或其他潜在参与方能够证明其利益可能受到质疑程序的影响，即允许其参与程序，意在有效进行质疑程序和避免过度干扰之间取得适当平衡。

“质疑程序参与方”可包括参与方的各种组合，视质疑程序的时间以及质疑的事由而定。凡是参加该申请所涉采购程序的供应商，均可以参加质疑程序。参加采购程序的供应商包括所有仍留在相关程序内的供应商，但将那些在资格预审中或在程序早期采取的类似步骤中被淘汰的供应商排除在外，除非该步骤正是质疑所涉及的采购实体的行动或决定。质疑程序参与方也可以包括政府主管部门，主要指可能属于采购实体定义范围内的任何实体，如相关采购的任何审批机关，有权操作或使用框架协议的公共机构。对于接到质疑程序正式通知的供应商而言，如果该供应商未参加此种程序的，其后也不得就该申请所涉事项做出的决定或采取的行动提出质疑。此外，《公共采购示范法》也强调了采购实体参加由独立机构处理的质疑程序的权利。

（二）参与方权利和义务

质疑程序参与方所享有的基本权利包括：有权在相应质疑程序期间的所有审理中出庭、委托代表出庭或在陪同下出庭；有权做出申述；有权出示证据，包括提出证人；有权请求公开举行任何审理；有权在不违反保密规定的情形下寻求查取质疑程序记录。在上述权利中，最重要的是做出申述、参加整个程序和出示证据的权利。这些权利属于各参与方，但不属于可能出席公开举行审理的其他任何人，如新闻工作者。程序参与方可以查阅质疑程序记录，但需证明所要查阅的文件与其有利害关系并要服从保密规定，这项措施意在使独立机构有效控制程序并防止供应商查遍所有文件。

此外，质疑程序参与方也需遵守质疑程序的保密规定，尤其是在独立机构处理的复议程序中。无论是在质疑程序中披露信息，还是举行程序规定的公开审理，凡是将不利于保护国家基本安全利益、将违反法律、妨碍执法、损害供应商正当商业权益，或者将妨碍公平竞争的，一律不得进行此种披露，也不得举行此种公开审理。

第二节 质疑主要程序

在质疑机制中，供应商可以采取的救济途径包括向采购实体提出重新审议申请，向独立机构提出复议申请或向法院提出申请。基于法院程序适用于颁布国国内法的原则，《公共采购示范法》主要对采购实体重新审议和独立机构复议这两个主要程序进行了规范。

一、采购实体重新审议

采购实体重新审议程序，主要涉及提出审议申请、受理审议申请和审议决定等内容。

（一）提出审议申请

供应商如果想质疑采购实体在采购程序中做出的决定或采取的行动，可以向采购实体提出重新审议申请。这种申请是可选的，因为其有效性将根据相关质疑的性质以及采购实体是否愿意重新考虑自身在采购程序中采取的步骤而变化。作为可选的质疑机制，采购实体重新审议程序可以促进及早解决争议，提高效率并增进采购实体与供应商之间的长期关系。重新审议申请是一种正规程序，必须从一开始就明确界定申请及其所提出问题的范围，既确保问题切实得到考虑，也避免在该程序中提出其他问题。一般做法是供应商采用书面形式先提交申请书，然后再提交佐证，但这种做法可能不利于实现要求采购实体迅速就申请采取行动的目的。所以，颁布国应鼓励供应商及早提交所有可以取得的证据，以证明进行重新审议或采取纠正行动的必要性。

为确保供应商所受侵害迅速得到申诉，避免对采购程序造成不必要的延误和干扰，以及在以后阶段再处理有关行动或决定，供应商应根据采购所处阶段不同，在下列期限内以书面方式向采购实体提交重新审议申请：

1. 提交书递交截止时间前

对招标条款和资格预审或预选程序的质疑，这类质疑必须在提交书递交截止时间之前提交申请书。“招标、资格预审或预选条款”包括提交书递交截止时间之前采购程序中出现的所有问题，包括资格预审或预选中出现的问题，如采购方法或招标方法的选择，以及对参加采购程序的限制等，但不包括提交书审查和评审中出现的问题。而“提交书递交截止时间之前”取其广义，目的是允许颁布国在采购条例中规定提出质疑的截止时间。该期限应当是在提交书递交截止时间之前，明确划定而且时间较短，可以防止在递交截止时间临近时提交干扰性很大的质疑。

2. 采购合同生效前

这类质疑可能与采购合同或框架协议的授标或拟议授标有某种关系，此种质疑的主要目的是确保在已签署合同或正在执行的框架协议出现更多复杂问题之前使质疑得到处理。重新审议申请涉及采购实体在采购程序中做出的其他决定或采取的其他行动的，应当在适用的停顿期内提交申请书，未适用任何停顿期的，应当在采购合同或框架协议生效之前提交申请书。此类问题通常发生在提交书的审查和评审中，还可以包括供应商的资格评估。提出这类质疑的最后期限视情况而定，可以是所适用的停顿期到期，也可以是采购合同或框架协议生效。该项规定中提及采购合同生效而不是接受通知书送达，是因为考虑到必须签署书面采购合同或得到另一机构批准采购合同方能生效的情形。

虽然取消采购的决定原则上与采购程序中的其他决定并无不同，但《公共采购示范法》认为，由一个独立机构审查而不是由采购实体审查有关问题可能更合适，可由颁布国决定提交独立机构，或适当时仅提交法院。对于逾期提出的申请，采购实体无权处理，应当根据规定驳回申请。在适用停顿期并且采购合同生效需要另一机关批准的情形中，停顿期到期之后而合同得到批准之前提出的质疑也属于逾期申请。

（二）受理审议申请

审议采购实体在收到重新审议申请后，应按规定的程序决定是否受理申请。

1. 登载和通知

为了维护采购程序参与方的合法权益，在供应商提出重新审议申请后，采购实体应采取的第一个步骤，就是在收到申请之后必须迅速登载该申请的通知，并将申请内容及时通知程序参与方。登载和通知的目的是让供应商等参与方知悉有人就其参加过的采购程序或正在参加的采购程序提出了一项申请，以使其能够采取步骤保护自身利益。

为确保采购程序的所有参与方都知悉提交申请之事，《公共采购示范法》对登载申请通知这一步骤没有规定固定时限，什么时间合适取决于登载的方式以及相关媒介是否可用，主要看采购实体是否知道参与方的详细联系方式。例如，在电子环境中，最容易产生效果的登载处是登载最初采购通知的网站。除上述登载要求外，采购实体必须在收到申请后3个工作日内，将提交申请之事以及申请书内容通知该申请所涉采购程序的参与方。

2. 做出受理决定

采购实体在收到申请后3个工作日内必须采取进一步的步骤，主要是对重新审议申请进行初步审查，以决定受理还是驳回该申请。

（1）驳回申请。

采购实体可以在认定该申请明显不值得审议、申请书不是在规定的截止时间内提交，或者申请人不具备资格的情形下，决定不受理申请。基于此，采购实体将审议的问题包括：申请书是否在规定时限内提交；申请人是否有资格提交申请书，如分包商和一般公众成员没有这种资格，而潜在供应商则不同；申请是否基于对事实或适用法律和条例明显错误的理解，或申请是否属于轻率行事或无理纠缠等。如果有规定情形的，采购实体可以驳回该申请。此种驳回构成就该申请做出的决定。采购实体及早驳回供应商提出的重新审议申请，对于尽量减少对采购程序的干扰并降低各相关方的费用非常重要。

（2）受理申请。

采购实体经过初步审议后，决定受理申请的，必须考虑是否暂停采购程序以及暂停情况下所需要的暂停期。虽然《公共采购示范法》规定在申请得到处理之前禁止采购合同生效，但可能还是有必要暂停采购程序，通过禁止采购程序中的所有行动，使申请人的利益在程序未决期间得以维护。实行停顿期的目的是要求在确定中选提交书和授予采购合同或框架协议之间有短暂的停顿，以便能够处理对拟议授标提出的任何质疑，从而避免因处置已签署的合同而带来更多复杂的问题和成本。

贸易法委员会注意到自动暂停是一种烦琐而严厉的做法，可能导致供应商频繁或不当地使用质疑机制，从而对采购程序造成干扰和延误，并可能带来严重损害。因此，《公共采购示范法》赋予采购实体就是否暂停采购程序做出决定的自由裁量权，意在实现两方面的平衡：一方面是供应商要求对一项质疑进行审议的权利，另一方面是采购实体经济、高效地订立合同，不使采购程序受到不当干扰和延误的需要。采购实体应根据质疑的性质和时间以及所涉采购的事实和情况做出暂停的决定。例如，在程序早期对某些招标条款提出质疑，即使最终需要采取轻微的纠正行动，所产生的影响可能无须暂停；而对一些条款的质疑，需要采取的纠正行动会产生撤销已进行的步骤和造成成本浪费的严重影响，在此情形下可能需要暂停。有关供应商负有证明为何应当准予暂停的责任，如果供应商没有掌握采购程序的完整记录，可能只会就所涉问题进行大致说明。

为确保及时做出决定，采购实体最迟在收到申请后3个工作日内将其受理或驳回该申请的决定通知申请人以及采购程序其他所有参与方。受理该申请的，采购实体还应当通知是否暂停采购程序以及暂停情况下的暂停期。驳回该申请的，或者不暂停采购程序的，采购实体还应当将其决定的理由通知申请人。

（三）审议决定

在就所受理的申请做出决定时，采购实体可以推翻、纠正、更改或维持该申请所涉及的，在采购程序中做出的任何决定或采取的任何行动。《公共采购示范法》对采购实体就申请做出决定赋予了广泛的自由裁量权，可以采取的纠正措施包括：调整采购程序使之符合采购法、采购条例或其他适用规则；如果事实表明不应接受最初选定的提交书而应接受另一提交书，则不向最初选定的供应商发出接受通知，而是接受该另一提交书；取消采购程序，启动新的程序。同时，采购实体应在颁布国列明期限内下达审议申请所做决定，通常为收到申请书后……个工作日内[①]，既要彻底审议有关问题，又要迅速处理使采购程序能够继续进行。采购实体随即应当将该决定告知申请人、质疑程序的其他所有参与方以及采购程序的其他所有参与方。

就重新审议程序而言，《公共采购示范法》规定了相应的透明度机制，以防止采购实体滥用权力。采购实体根据重新审议程序做出的所有决定，均应采用书面形式，并列明所采取的行动及其理由，连同采购实体收到的申请书迅速成为采购程序记录的一部分。为增进理解防止进一步的争议，也可便利提出进一步的质疑或上诉，采购实体的所有决定必须做书面记录，指明所采取的行动并列明理由。

二、独立机构复议

《公共采购示范法》也就独立机构复议程序进行了规范，允许供应商就质疑事项向独立机构提出复议申请。根据各国的法律传统，颁布国采购条例也需要就独立机构的运作程序提供指导意见，应当特别重视证据、保密和审理问题，以确保程序各当事方充分知悉自身在这方面的权利和义务，确保所有程序的一致性，并允许对独立机构的决定提出有效和高效的上诉。

（一）提出复议申请

向独立机构提起复议申请的规范，主要涉及提出申请的理由和时限。

1. 提起申请的理由

供应商可以向独立机构提出复议申请的情形：就采购实体在采购程序中做出的决定或采取的行动，或者就采购实体未在重新审议程序规定的期限内做出决定。为

① 没有明确规定，由颁布国决定。

确保独立机构拥有广泛权限，受影响的供应商可以就采购实体在采购程序中做出的决定和采取的行动直接向独立机构提出复议申请，而不必先进行采购实体重新审议程序；也可因不服采购实体做出的重新审议决定，或者采购实体未按规定下达决定的，供应商可以向独立机构提起新的程序。如果采购实体不能及时处理申请或申请人不服决定，则独立机构复议或司法复议可能是更适当的途径。因此，独立机构复议程序是落实《联合国反腐败公约》关于有效复议制度包括上诉机制要求的关键条款之一。

2. 提交申请的时限

根据提出复议申请的不同情形，供应商也应在规定的期限内以书面形式向独立机构提交复议申请书。

（1）就质疑事项直接提出复议。

供应商可以就采购实体在采购程序中做出的决定或采取的行动直接提出复议，具体包括以下时限要求：

一是涉及对招标条款和提交前事项的质疑，应在提交书递交截止时间之前提交申请。复议申请涉及招标条款、资格预审或预选的，或者涉及采购实体在资格预审程序或预选程序中做出的决定或采取的行动的，应当在提交书递交截止时间之前提交申请书。

二是涉及对采购程序中做出的其他决定或行动的质疑，应根据是否适用停顿期而适用不同时限要求。在采购实体适用停顿期的情形下，供应商应在规定的停顿期内提交复议申请。虽有上述规定，但也允许供应商以复议申请涉及重大公共利益考虑为由，如发现欺诈性违规行为或腐败情形，请求独立机构受理停顿期期满后提出的复议申请。颁布国应确定提交这类逾期申请的最后截止日期，不得迟于采购合同或框架协议生效之后，或者取消采购的决定之后个……工作日①。独立机构有权决定重大公共利益考虑是否确实存在，以及这类考虑是否构成受理逾期申请的理由；在采购实体未适用停顿期的情形下，如依据规定不适用停顿期，或者未遵守有关停顿期的要求，应自供应商意识到或理应意识到有关情况之时起，必须在规定的工作日天数内提出质疑。为了避免此种情况下提交复议申请期限的不确定性，平衡兼顾供应商要求维护程序廉正性的权利与不受干扰继续进行采购合同的必要性，《公共采购示范法》还提及了以采购合同生效作为参照点的最长期限，即不得在采购合同或框架协议生效后多少工作日时再提出申请。对于取消采购提出的质疑，鉴于有可

① 没有明确规定，由颁布国自己决定。

能提出涉及公共利益的问题，有些法律制度规定仅限于向法院提出，可由颁布国选择是否赋予独立机构审议对取消采购提出质疑的权限。

（2）就采购实体处理审议申请提出复议。

为避免采购实体行事拖拉，供应商可以就采购实体处理审议申请提出复议。如果采购实体没有在规定期限内或未按透明度要求通知申请人是否受理申请或审议申请的决定，申请人随即有权向独立机构或法院提起程序。此种程序提起时，采购实体受理该申请的权限即告终止。颁布国应确定提交复议申请的时限，不得迟于采购实体向申请人告知其决定之后多少工作日内。

（二）初步审查申请

为减少复议申请可能造成的干扰，独立机构应对所提交的申请书进行初步审查，意在允许独立机构在表面证据基础上迅速对申请进行评估，以确定是否应当受理申请。

1. 决定是否暂停采购程序

暂停对采购程序造成的干扰较小，可以避免在推翻或纠正采购实体决定的情况下不得不撤销采购程序中已经采取的步骤，还可确保为供应商提出质疑提供适度的鼓励。在独立机构复议申请中，暂停属于一种推定措施而非自动措施。因为独立机构可以因紧迫公共利益考虑决定继续履行采购合同或框架协议，包括自然灾害、紧急情况和不履行合同可能对采购实体或其他有关方造成较大损害的情形。独立机构收到复议申请书时，应当根据要求决定是否暂停采购程序，或履行采购合同。

（1）必须暂停采购程序。

必须暂停采购程序的情形，主要是指对采购程序的廉正性构成严重风险的情形，包括以下两种：

① 在提交书递交截止时间之前收到申请。

此种情形下提交的申请可能涉及采购条款，或涉及在资格预审程序中将某一供应商排除在外。申请书在提交书递交截止时间之前收到的，独立机构应当下令暂停采购程序，暂停期 10 个工作日。这样做的理由是在很大程度上确保这类质疑在收到提交书之前得到处理，此时采取纠正行动比较容易。在此情况下，独立机构不妨采取延长提交投标书的截止时间等步骤，并纠正与招标条款、资格预审或预选有关的其他行动。

② 未适用停顿期并在提交书递交截止时间之后收到申请。

通过暂停采购程序可以阻止供应商或采购实体继续违规而浪费时间和成本，有助于防止可能存在舞弊的授标，是对质疑未决情况下禁止采购合同或框架协议生效规定的补充。因此，申请书在提交书递交截止时间之后收到，且没有适用暂停期的，独立机构应当下令暂停采购程序，或视情况暂停履行采购合同或者暂停执行框架协议。考虑到不同情形可能适合不同期限，该情形只是规定提交书递交截止时间之后，而没有规定固定的期限。由于采购合同生效之后也可能受到质疑，独立机构也可根据情况自由裁量是否暂停履行采购合同或暂停执行框架协议。

（2）裁定暂停采购程序。

《公共采购示范法》也赋予独立机构下令暂停采购程序的一般裁量权。收到复议申请书后，独立机构为保护申请人所需，可在采购合同生效之前随时下令暂停采购程序，并且下令暂停履行已生效的采购合同或执行已生效的框架协议，除非独立机构决定紧迫公共利益考虑要求继续进行采购程序或继续履行采购合同。独立机构也可以根据上述考虑，下令延长或取消任何已适用的暂停。独立机构这种裁量权应服从上述必须暂停采购程序的要求，只要认为下令暂停是保护提出复议申请的供应商利益所必需的，就可以下令暂停。独立机构也可以取消或延长以这种方式准许的暂停，而且这些权力可以在独立机构处理质疑程序期间随时行使。在有些法律制度中，独立机构对于已生效采购合同或框架协议的权力可能是有限的，所以有关暂停执行生效的采购合同或框架协议是任选性的规定。

独立机构必须就暂停做出决定，并将此决定通知该申请所涉采购程序的所有已确认参与方。如果独立机构决定暂停采购程序或视情况暂停采购合同履行、框架协议执行的，还应当具体规定暂停期；如果独立机构决定不做上述暂停的，应当向申请人以及采购实体提供其决定的理由，以便利申请人对该决定提出上诉。

2. 通知和登载

独立机构收到申请书时，应当迅速按要求将申请及申请书内容通知采购实体以及该申请所涉采购程序的所有已确认参与方，并登载该申请的通知。《公共采购示范法》要求独立机构将申请复议之事及其内容迅速通知采购实体以及知道其身份的采购程序所有参与方。该款规定并不要求通知该申请可能影响其利益的其他实体，但要求登载该申请的通知以便这类实体可以酌情采取步骤保护自身利益。这些步骤可以包括根据“参与方权利”条款介入质疑程序，要求取消一项已经适用的暂停，以及相关条例或程序规则可能规定的其他措施。

3. 驳回申请的条件

在对复议申请进行初步审查后，独立机构认定存在下列情况的，可以驳回该申请并应取消已适用的暂停：一是该申请明显不值得审查；二是申请书未按照规定的截止时间提交；三是申请人不具备资格。独立机构应当将驳回及其理由迅速通知申请人、采购实体以及采购程序的其他所有参与方，并通知其任何生效的暂停已被取消。此种驳回构成就该申请做出的决定。

与采购实体重新审查程序一样，独立机构初步审查申请的通知也必须在收到申请书后3个工作日内向申请人、采购实体以及采购程序其他参与方发出。通知的后果随所涉决定的不同而不同，主要是独立机构可能要求采购实体暂停采购程序。同时，采购实体收到申请及申请书内容的通知时，应当以适合具体情形的方式，迅速向独立机构提供其掌握的与采购程序有关的一切文件的有效查阅办法。这项义务须服从保密规定，尤其是对披露某些信息的限制。

（三）复议决定

为确保独立机构就申请做出适当的决定，并对适用的暂停进行撤销或延长处理，《公共采购示范法》赋予独立机构就其受理的申请做出决定的权限，可以宣布对该申请所涉事项的管辖法律规则或原则，应当处理任何生效的暂停，并应酌情采取行动。如果独立机构认为复议申请事项不成立或不属实，可以确认采购实体做出的决定，或驳回该申请。如果独立机构认为复议申请事项成立，造成了对申请人的损害，则可以提供准予采取的救济措施。

各国行使准司法复议职能的机构有权批准的救济性质有所差异，《公共采购示范法》鼓励各国法律制度颁布独立机构可提供的所有救济，以确保按照《联合国反腐败公约》的要求建立有效的复议制度。在就所受理的申请做出决定时，独立机构可根据规定驳回该申请，或确认采购实体做出的决定，或酌情采取下列一种或几种行动：

1. 禁止措施

禁止措施是指独立机构不准许采购实体采取行动、做出决定或实施程序。禁止措施主要包括两种情形：一是在违法行为发生前可以采取的救济措施，通常不影响采购程序的继续进行。例如，禁止采购实体采取不符合法律规定的行动、做出不符合法律规定的决定或者实施不符合法律规定的程序；二是违法行为严重导致采购程序无法进行。例如，下令终止采购程序，独立机构可以根据质疑事项的性质或影响要求采购实体停止采购程序，并不再继续进行。

2. 纠正措施

纠正措施是指独立机构为消除已发现的采购实体违法行为所采取的措施。作为主要和最可取的救济措施，纠正行动通过及早解决争议降低经济赔偿的必要性，这种做法也反映在世界贸易组织《政府采购协议》中。鉴于各国法律理念不同，有些制度赋予独立机构推翻、确认或修订采购实体的所有或某些行动或决定的权力，对于已生效的采购合同或框架协议，则赋予独立机构废标的权力；而在有些制度中，此种权力则可能仅限于法院。因此，在纠正措施中，有些规定放在方括号中，表明了颁布国可根据情况进行选择，以及对其做出调整的可能性。具体而言，独立机构可以采取的纠正措施包括：

（1）采购实体纠正非法行动或决定。

采购实体已经以不符合法律规定的方式采取行动或者实施程序的，要求其以符合法律规定的方式采取行动、做出决定或者实施程序。该款要求违法的采购实体按照《公共采购示范法》的规定自己采取纠正措施，使其行动或决定合法。

（2）修正采购实体非法决定。

修正采购实体不符合法律规定的决定，（但不包括使采购合同或框架协议生效的任何行动或决定）。该款规定独立机构可以纠正采购实体的非法决定或以自己做出的决定取代该决定。

（3）废止采购实体非法行动或决定。

[全部或部分废止采购实体不符合法律规定的行动或决定，[但不包括使采购合同或框架协议生效的任何行动或决定]；或 [采购合同或框架协议已经以不符合法律规定的方式生效的，废标。已经发布采购合同或框架协议授标公告的，下令发布废标公告]。这两款规定允许独立机构废止采购实体的行动和决定，包括废止采购合同的授标。在有些情况下应取消已经生效的采购合同，如由于欺诈而将合同授予某个供应商，但是取消采购合同会严重打乱采购进程，也许并不符合公共利益。因此，《公共采购示范法》将这两款规定作为可选性内容，可由颁布国根据情况选择是否适用。

3. 赔偿措施

经济赔偿可能是特定案件中适当救济的组成部分，例如，在合同已经生效但又不宜干预合同的情况下。如果救济制度不就经济赔偿做出规定，就有可能无法在所有情况下提供适当救济。因此，在从更广泛的角度实行有效救济制度时，应当将经济赔偿问题作为其中的一部分。为此，颁布国可考虑就经济赔偿做出以下规定：要求赔付提出申请的供应商由于采购实体在采购程序中采取不符合法律规定的行动、做出不符合法律规定的决定或者实施不符合法律规定的程序而支付的任何合理费用，并且赔付所遭受的任何损失或损害，[赔付额限于提交书编写费、限于相关申请费，或者限于这两项费用]。

上述赔偿措施包括两种备选方案：第一种方案，采购实体可赔付供应商损失的类型较为广泛，可以酌情包括收益损失。颁布国应考虑法律制度如何处理纯经济损失，以确保整个相关法域采用一致的经济赔偿标准，包括经济赔偿在多大程度上取决于投诉人能够证明由于采购实体不遵守法律规定而导致其丧失采购合同，也要考虑获得经济赔偿的可能性会助长投机性申请并干扰采购程序的风险。第二种方案，独立机构可以要求采购实体向供应商赔付因非法行为、决定或程序而提交与采购程序有关的投诉所涉及的任何合理费用。这些费用不包括由于提出投诉的供应商的投标、建议、报盘或报价未获接受而损失的利润。

为确保复议程序有效以及受影响供应商必要时可在法院采取进一步行动，独立机构应在颁布国规定的期限内及时就受理的复议申请做出决定，并将此种决定迅速通知采购实体、申请人、复议申请的其他所有参与方以及采购程序的其他所有参与方。同时，独立机构均应当以书面形式做出所有决定，并列明所采取的行动及其理由，连同收到的申请书成为采购程序记录的一部分。

第三部分

世界银行《贷款采购规则》

招标采购国际化是指国际组织以项目形式推动采购原则和规则在国际范围内的普及和推广，主要是指世界银行等开发银行为监管贷款资金制定的采购规则。世界银行集团，也称世界银行，由国际复兴开发银行和国际开发协会等机构组成，向全世界发展中国家提供低息贷款、无息信贷和赠款。为保证贷款资金的有效利用和管理借款国的政府采购行为，世界银行制定了《国际复兴开发银行贷款和国际开发协会贷款采购指南》（Guidelines Procurement under IBRD Loans and IDA Credits），并于2016年更名为《世界银行投资项目贷款（IPF）借款人采购规则》（以下简称《贷款采购规则》）。

《贷款采购规则》通过制定完善的招标采购规则，特别是国际竞争性招标规则，构建了世界银行采购规则体系的核心内容，规范了借款人的采购行为、强化了对招标采购的严密监管，不仅促进了公共资金的有效利用，也在成员方范围内促进了政府采购的实践工作，对于包括我国在内的发展中国家和转型国家公共采购制度建设发挥了重要作用。通过对《贷款采购规则》历史沿革、采购政策、采购方式和程序、监督管理等内容的介绍，可以全面了解世界银行贷款项目的运作和采购规则的历史背景，熟悉采购原则和采购政策，全面把握招标采购国际规则的内容。

第十章 《贷款采购规则》历史沿革

《贷款采购规则》是世界银行为保证贷款资金的有效利用，规范借款国的采购行为而制定的招标采购国际规则。了解世界银行及其贷款项目的运作和《贷款采购规则》的历史沿革，可以全面地理解采购规则的建立背景和发展历程，为进一步掌握《贷款采购规则》的内容打下坚实的基础。

第一节 世界银行概述

世界银行集团（the World Bank Group，WBG），也称世界银行，成立于1944年，是联合国组织中经营国际金融业务的机构，与国际货币基金组织和世界贸易组织并称为协调国际经济事务的三大国际经济组织。世界银行的基本情况、贷款业务以及项目运作等内容，是我们学习和研究世界银行《贷款采购规则》的基础。

一、世界银行构成和组织机构

（一）集团构成

作为全球最大的发展援助机构，世界银行集团的使命是与贫困做斗争，通过向其发展中及转轨成员方提供贷款、技术援助和咨询等广泛和客户化的服务，帮助发展中国家实现可持续和均等的增长，提高人民的生活水平。世界银行集团由国际复兴开发银行（IBRD）、国际开发协会（IDA）、国际金融公司（IFC）、多边投资担保机构（MIGA）、国际投资争端解决中心（ICSID）五个机构组成，共有189个成员。其中，国际复兴开发银行向中等收入国家政府和信誉良好的低收入国家政府提供贷款，国际开发协会向最贫困国家的政府提供无息贷款和赠款，国际金融公司是专注于私营部门的全球最大发展机构，多边投资担保机构主要是促进发展中国家的外国直接投资以支持经济增长、减少贫困和改善人民生活，国际投资争端解决中心提供针对国际投资争端的调解和仲裁机制。

通常意义上的世界银行主要指国际复兴开发银行和国际开发协会这两个国际金

融机构。1945 年 12 月在布雷顿森林会议上成立的国际复兴开发银行，与国际货币基金组织在作用上互为补充，目前已成为拥有固定资本最多、向发展中国家提供中长期贷款最多的国际金融机构。1960 年 9 月根据银行创始成员方签署的“国际开发协会章程”而成立的国际开发协会，其贷款条件比国际复兴开发银行更为优惠，从而进一步实现银行的开发目标并补充其活动。

（二）组织机构

国际复兴开发银行和国际开发协会采取相同的组织形式，由同一批人员管理，设有理事会、执行董事会和以行长为首的办事机构，负责办理银行业务和行政管理工作。

1. 理事会

世界银行的最高权力机构是理事会，由每个成员方任命的一名理事和副理事组成。所有理事是世界银行的最终决策者，一般为成员方的财政部长或发展部长，任期 5 年，期满可以连任。理事会推选一名理事为主席，每年在世界银行集团和国际货币基金组织理事会年会期间集中一次。

世界银行规定，理事会一般委托执行董事会代行具体职责，但下列事项必须由其行使职权：接受成员和中止成员方资格，增加或减少核定股本，决定世界银行净收入的分配，裁决执行董事在解释《协议条款》①时所产生的异议，做出同其他国际组织合作的正式和全面安排，终止世界银行业务，增加当选执行董事人数，审批《协议条款》修正案。

2. 执行董事会

世界银行负责组织日常业务的机构是执行董事会，行使由理事会授予的职权。执行董事会成员包括世界银行行长和 25 名执行董事。行长主持执行董事会会议，通常无表决权，但在赞成票和反对票持平的情况下有决定性的一票。未经执行董事会明确授权，执行董事不能单独行使任何权力，也不能单独做出承诺或代表世界银行。此外，高级顾问和顾问协助执行董事开展工作，可以顾问身份和副执行董事一起出席大部分执行董事会会议，但无表决权。

按照世界银行章程规定，美国、日本、德国、法国和英国这 5 个世界银行最大的股东国各委派一名执行董事，其他成员则由 20 名当选的执行董事代表。通常，执行董事每周至少开两次会，对世界业务进行监督，其职责还包括审批贷款和赠款、

---

① 每个世界银行集团机构根据其协议条款或等效的管理文件规定的程序进行操作。这些文件概述了成员的条件，组织、管理和运营的一般原则。

新政策、管理预算、国别援助战略以及借款和财务决策。

3. 办事机构

世界银行在行长、高层管理人员以及主管全球发展实践、跨部门解决方案、各地区和职能机构的副行长的领导和指导下开展日常工作。行长由执行董事会选举产生，是银行行政管理机构的首脑，在执行董事会的方针政策指导下负责银行的总体管理工作，任免银行高级职员和工作人员。行长、官员和工作人员，在执行其任务时，应完全对世界银行负责，而不对其他成员方当局负责，各成员方应尊重其工作职责的国际性和独立性，不得干涉业务工作。世界银行集团有 189 个成员方，员工来自 170 多个国家，在 130 多个地方设有办事处。

（三）业务简介

作为全世界发展中国家获得资金与技术援助的重要来源，世界银行不是一家普通意义上的银行，而是一种致力于减少贫困与支持发展的独特伙伴关系。世界银行为全世界设定了 2030 年要实现的两大目标：终结极度贫困，将日均生活费低于 1.9 美元的人口比例降低到 3% 以下；促进共享繁荣，促进每个国家底层 40% 人口的收入增长。

世界银行的业务主要涉及两个方面：一是金融产品与服务。世界银行向发展中国家提供低息贷款、无息贷款和赠款，用于支持对教育、卫生、公共管理、基础设施、金融和私营部门发展、农业以及环境和自然资源管理等诸多领域的投资。部分世界银行项目由政府、其他多边机构、商业银行、出口信贷机构和私营部门投资者联合融资。二是创新型知识分享。世界银行通过政策建议、分析研究和技术援助等方式向发展中国家提供支持，致力于推进客户国开展能力建设。世界银行的分析工作不仅为其融资决策提供依据，也为广大发展中国家的投资活动提供借鉴。

二、世界银行贷款种类和对象

世界银行的资金主要来源于成员方缴纳的股金，以及在国际金融市场上的筹资和贷款收益。世界银行贷款一般遵循以下原则：非政治化贷款原则，只考虑经济因素而不管申请国的政治条件和制度；特定项目使用原则，必须用于借款国的特定项目而不是交给成员方政府；贷款总额限制原则，不得超过足额认缴股本和准备金之和；没有资金来源原则，不能以合理条件从其他来源得到资金时才考虑给予贷款；有偿还能力原则，只贷款给有能力偿还的成员方而不是无偿赠款。

（一）贷款种类

世界银行贷款主要用于发展中国家发展生产、开发资源提供融资便利，贷款主要是与世界银行审定批准的特定项目相结合，实行专款专用，并接受世界银行的监督。

1. 项目贷款

项目贷款又称特定投资贷款，指用于资助成员方某个具体工程建设项目的贷款，通常用于发展中国家经济和社会发展的基础设施，以及大型生产性投资。项目贷款占世界银行提供贷款的一半以上，是世界银行贷款业务的主要组成部分。世界银行在农业和农村发展、教育、能源、工业、交通、城市发展和供水等方面的大部分贷款属于这一类，由世界银行工作人员负责评估和监督完成。

2. 部门贷款

部门贷款包括部门投资贷款、金融中介贷款和部门调整贷款三种，其中部门投资贷款用于改善部门政策和投资重点，以及增强借款国制订和执行投资计划的能力；金融中介贷款指世界银行将资金贷放给借款国的金融开发公司或农业信贷机构等中间金融机构，由中间金融机构转贷给该国的分项目，使用前提是双方必须就转贷对象的选择标准、转贷利率和加强组织机构的具体措施达成协议；部门调整贷款是专门为支持某一具体部门进行全面政策和体制改革的贷款，涉及的范围比较窄。

3. 技术援助贷款

技术援助贷款旨在支持借款国有关制定和执行政策、参与经济发展战略规划的机构，或为大型投资项目准备实施和管理的机构用于咨询服务、研究课题和人员培训。这类贷款占世界银行贷款的3%左右，一般用款周期为2~5年。

4. 结构调整贷款

结构调整贷款，旨在支持和帮助借款国在宏观经济、部门经济和机构体制方面进行全面的调整和改革，以克服经济困难，特别是在国际收支不平衡时使用。若借款国未能按预定的条件执行，第二批贷款就停止支付。这类贷款执行期短，一般为1~2年。

5. 应急性贷款

为帮助借款国应付自然灾害或其他灾难，应急性贷款用于灾后的重建工作，以恢复生产、安定人民生活。世界银行对因龙卷风、干旱、地震、水灾等突发事件遭受巨大损失的成员方提供资金支持，其目的不是救济，而是不至于使成员方因突发事件而影响经济的正常运转。

（二）贷款对象和用途

世界银行的贷款对象包括成员方政府本身、政府机构、国有企业和私营企业，若借款人不是政府，则要政府担保。世界银行的项目贷款不仅仅为项目提供建设资金，还同时帮助借款国引进技术，并通过提供咨询和培训服务，帮助改善项目和机构管理。世界银行贷款还有一个最重要的特点，即贷款必须用来促进借款国的经济发展和社会进步，其贷款投向应当是一国国民经济中最优先考虑和发展的部门。根据这一宗旨和原则，世界银行的贷款用途多为项目贷款，银行只提供项目建设总投资的20%～50%，其余部分由借款国自己筹措，即我们通常所说的国内配套资金。银行借款必须专款专用，借款国必须接受银行监督。

三、世界银行贷款项目周期和采购

世界银行贷款项目周期是指从贷款项目提出开始直至建设完成所需经历的一个完整周期，也就是贷款项目的实施过程。项目周期的每个阶段之间紧密相连，从项目鉴别至贷款谈判一般约两年，贷款项目实施一般约4～5年。世界银行贷款项目和招标采购各有其相对固定的周期与程序，为了保证项目生效执行与招标采购的合同实施顺利衔接，采购安排必须与项目周期协调配合，同步进行。否则，项目生效后，由于采购跟不上，会影响项目进度。项目的采购工作开始于项目最初的选定阶段，并贯穿于整个项目周期过程中。

（一）项目选定阶段

项目选定是在广泛收集原始资料和数据的基础上，进行技术、经济的综合分析，选择有助于某国家或地区的发展，并符合世界银行贷款原则的项目。选项就是确定那些需要优先考虑，适合世界银行提供资金，而世界银行、政府和借款人有兴趣考虑的项目。在立项阶段，世界银行将派遣项目鉴别团到当地与相关政府部门、项目办公室以及各设计单位一起了解项目的基本情况，确保项目能符合世界银行方面的要求。在项目确定之后，世界银行就将其列入对每个国家多年度的贷款规划，成为世界银行在这个国家今后工作的基础。

在项目选定阶段，借款人要探讨为实现项目目标需安排哪些项目活动，相应就需要讨论项目中要采购些什么内容，如何进行采购以辅助项目实施。

（二）项目准备阶段

项目进入规划就标志着进入了项目管道，接下来的准备工作直接决定了该项目能否通过世界银行的评估。借款人负有项目准备的正式责任，世界银行专家一般不会参与准备的相关工作，以免影响世界银行评估的客观性。在项目准备阶段，借款人需要考虑技术、经济、服务、社会和组织机构等各方面问题，提出一个发展构想的项目设计方案。项目准备阶段需要有可行性的研究，准备各种可供选择的技术及机构方面的初步设计方案，根据相对成本和效益进行方案比较，再对具有优势的方案进行详细调查，直到最后找出实现项目目标的最佳方法。

在项目准备阶段，借款人应根据确定的项目目标和框架，准备一个初步的采购计划，供评估阶段进一步讨论。

（三）项目评估

业主完成项目准备后，世界银行对其建议书的技术、经济、财务和组织机构等方面进行综合审查和全面评估。世界银行评估工作组要准备评估报告，说明调查结果并提出有关贷款条件的建议。这份报告在世界银行管理当局批准贷款和借款人谈判以前受到仔细审查。由于世界银行密切参与了项目的确定和准备工作，因此，在评估阶段很少有否定项目的情况，但有可能对项目进行修改或重新设计以改正其缺点。

1. 技术方面

世界银行在技术方面的评估内容：一是研究可供选择的技术方案、拟议中的解决办法以及预期效果，包括设施的具体规划、布局和位置问题，使用的技术，提供服务所采用的方法，执行计划的现实性，达到预期产量的可能性等。二是审查已提出来的采购安排，务必使这些安排符合世界银行的要求。技术评估要审查项目设施的运转和劳务的费用以及取得必要的原材料或其他投入物的可能性。取得工程、建筑或其他专业劳动的程序也要审查。三是检查项目对人和自然环境的潜在影响，务必使消极影响得以控制和尽量缩小。

2. 机构方面

“机构建设”是世界银行贷款的重要目的之一。尽管资金的转移调拨以及物质设施的建造很有价值，但从长远来看，终究不如建立一套健全而有生命力的当地“机构”更为重要。从最广泛的意义来解释，“机构建设”不仅包括借款人本身，机构、管理、人事、政策和工作程序，而且还包括政府整个一系列使机构得以运转工作的政策。经验表明，对项目的机构方面重视不够就会在执行运转过程中发生问题。

3. 经济方面

世界银行评估标准要求所有项目都必须具有令人满意的经济利益，这一标准既符合国家的最高利益也符合世界银行的最高利益。对可供选择的项目设计方案进行成本效益分析，选择达到国家开发目标的最佳方案。这种分析一般是在项目准备期间各阶段进行的，但评估则是最后审查和估计。经济评估要研究项目的部门背景，对这个部门的投资计划、部门各机构的优缺点以及政府的重要政策都要加以考察。只要目前技术状况许可，就要详细分析项目所花费的成本和为国家带来的好处，核算的结果通常用经济回收率来表示。

4. 财务方面

财务评估的重要目的就是保证有充分的资金以解决执行项目所发生的费用。世界银行只为项目外汇费用提供资金而不提供全部，由借款人或政府解决国内费用的部分或全部。一方面，财务评估要保证有一个能获得资金、使项目按日程进行的资金提供计划；另一方面，财务评估也关心从项目受益人回收投资和经营费用的问题。世界银行政策要在以下方面求得平衡：需要有效地使用不多的资金，公平合理以及需要产生出更多资金，使这个项目能反复进行下去，让更多的可能受益人得到好处。

项目评估阶段是采购安排的重要阶段，项目实施机构要编制详细的采购计划，确定采购方式，讨论采购的组织管理等问题。项目实施机构应在贷款谈判前向世界银行提交采购计划供世界银行批准。

（四）项目谈判

评估报告完成并经过审查后，世界银行与借款方就贷款协议举行谈判，内容除贷款额、期限及偿还方式外，更重要的是为保证项目顺利执行所采取的措施。谈判是世界银行和借款人为保证项目成功，力求就所采取的必要措施达成协议的阶段。谈判以后，把经过修正用以反映达成协议的评估报告，连同行长的报告和贷款文件，一并提交世界银行执行董事会。如果执行董事会批准这项任务，贷款协议就在简单仪式中签订。这标志着项目周期中一个阶段的结束及另一个阶段的开始。

在项目谈判阶段，主要是对采购计划和采购方式达成最后协议，并以文字形式体现在项目评估报告和法律文本中，便于随后遵照执行。贷款谈判后，银行应在外部网站上公布其同意的采购计划及其后续更新内容。

（五）项目实施与监督

项目的下一个阶段就是建设及后续业务活动的实施时期。项目实施是借款人的责任，内容包括建立管理机构、制定技术措施、招标和签订合同、聘请专家、人员培训等。世界银行的作用就是在项目实施中进行监督，包括对采购过程的监督。世界银行可以根据协议给予诸如组织方式研究、人员培训、派遣管理人员和顾问帮助监督建设等方面的援助。监督主要在于保证项目能达到开发目的，特别是世界银行和借款人一起明确并处理在实施期间所产生的问题。因此，监督主要是为了解决共同的问题。近年来，监督也用于改进的目的，通过对整个监督工作进行总结以找出实施方面的重大问题，反馈到为未来项目的设计和准备中去，并提出建议对世界银行的政策或程序做适当修改。

项目执行阶段即采购实施阶段，所有事先商定的采购计划均应在此阶段得以实施。借款人负责准备各种技术规格和招标文件以及评定投标，世界银行需按合同支付资金。采购快慢直接影响支付进度，而支付又是衡量项目执行快慢的重要指标之一。项目监督的一个重要内容涉及用贷款采购商品和工程，世界银行的作用是使借款人遵守贷款协议的指导方针并准确地进行工作，以保证能用最有效和最经济的方式采购到所需的商品和工程。在多数情况下，达到这个目标的最好办法是通过对世界银行全体成员方中有资格的承包商或制造商开放的国际竞争性招标。

（六）项目评价

在项目贷款账户关闭后的一定时间内，世界银行要对该项目进行总结，即项目的后评价。所有由世界银行提供资金的项目都要受到事后的审核，通过对完工项目执行清款、进行回顾，总结项目前几个周期过程中得出的经验和教训，评价项目预期受益的实现程度。为了保证审核的独立性和客观性，它由“业务评价局”负责。作为监督的最后一步，项目工作人员在支付末期为每个项目准备完成报告并要受到业务评价局的检查，业务评价局再提出自己的评价报告。两份报告通常都送交执行董事会。

在项目评价阶段，要对采购工作的整体执行情况进行总结评定，回顾当初制订的采购计划和采购方式是否符合实际情况，为其他项目采购提供经验和教训。

采购周期与项目周期的有机结合是关系到采购能否顺利实施的关键。世界银行的经验表明，80%以上的项目采购延误都是由于采购周期与项目周期安排上的脱节造成的。解决这一问题最好的办法，是在项目准备和评估阶段就要着手准备招标文件，在贷款生效之前，就要完成开标评标工作，等贷款协议一生效就可以签订合同。实践证明，这样做既可以避免因采购前期准备不充分而影响采购如期进行，从项目自身效益来说，也不至于因采购延误、市场行情变化而导致项目成本加大或影响项目效益。

第二节 《贷款采购规则》的诞生和发展

为实现贷款目标，世界银行对利用其资金的项目采购进行了规范，制定了以招标采购为主的国际规则，并根据世界银行业务变化和采购发展需要进行了修订和完善。

一、采购规则的诞生

世界银行的主要职能是为发展项目提供资金，为借款的成员方提供技术援助。因此，项目贷款是世界银行的主要活动。世界银行的资金来自各成员方的股本以及从国际资本市场的借贷资金，鉴于各成员方对世界银行借出并负责管理的资金都拥有自己的利益，世界银行章程要求“确保任何一笔贷款资金只能用于提供该贷款的既定目的上，并充分注意资金的经济性与效率性，而不应涉及政治的或其他非经济因素的影响或考虑”①。这表明，世界银行发放贷款只服从将贷款用于既定贷款目标的政策，不论成员方任何的政治变化和非经济方面的影响都不能动摇这一政策，也不能改变贷款的用途或影响到成员方及其借款人的还款义务。

为了履行这一责任，杜绝采购中的腐败行为、有效控制项目预算和建设成本，世界银行从 1951 年开始在其贷款项目采购中引入国际竞争性招标的采购方式，于 1961 年制定了项目采购规则，到 1964 年正式将采购规则变成了《国际复兴开发银行和国际开发协会信贷采购指南》（以下简称《贷款采购指南》）。世界银行不仅要求借款国政府和项目实施单位在贷款协议中承诺遵守采购指南中的所有规定和要求，还对整个采购过程进行严格的监管。世界银行通过制定《贷款采购指南》，明确采购方式、采购条件、供应商资格审查等程序的标准化，不仅为借款方的采购提供必要的政策和指导，也加强了对贷款资金的监督管理，使得世界银行的贷款项目都能够按规定执行，实现贷款的目标和要求。《贷款采购指南》的主要内容包括指南概述、国际竞争性招标、其他采购方式及指南附录 4 个部分。

二、采购规则的发展

针对全球业务环境变化和客户需求多元化，世界银行为促进发展而推出各种不同的业务和工具，不断推进现代化议程和投资贷款改革。为适应世界银行业务变化

---

① 参见《国际复兴开发银行章程》第三条第 5 节(b)款和《国际开发协会章程》第五条第 1 节(g)款。

和改革要求，《贷款采购指南》先后进行了多次修订，以反映世界银行在总的政策、全球知识、公共采购经验、最佳国际采购实践、与利益相关方和其他捐赠方等方面的发展趋势，已成为具有代表性的国际公共采购规则。《贷款采购指南》的修订既有微调，如1965年引入国内优惠的概念，1975年增加国内竞争性招标和有限国际招标的采购方式，也有一些重大调整，如2004年提出一致性、简单化和现代化的要求，取消了对国家或地区合格性的限制并引进了电子采购，2011年改革了制裁政策、加强了与其他多边发展银行的融合，修订现有条款以反映实践经验等。

尽管上述修订构成了采购政策的重要演变，符合借款人的需求，但历年来不断增加的条款使世界银行的政策和做法变得耗时而且复杂，面临着落后于现代信息技术发展、无法满足采购多样化需要以及采购管理方式不足等诸多挑战，需要进行全面提升和改革以适应现代化的需求。2012年，世界银行启动了对其贷款采购政策全面系统的审议和改革工作。2013年11月，世界银行完成了第一阶段审议，制定了总体框架和指导原则，并在此基础上开展了第二阶段具体政策框架文件的起草和修订工作，2014年8月，就新的采购政策框架文件与借款国等利益相关方开展全球磋商。2015年7月，世界银行执行董事会批准《投资项目贷款（IPF）借款人采购规则》，并于2016年7月1日起生效。

（一）主要修改内容

世界银行采购改革的目的在于使新建立的采购框架文件具有明确的责任、变得更加透明、提供更有益的指导，以确保世界银行采购系统更加贴近当今日益复杂和多变的运营环境。《贷款采购规则》强调公共采购在各国发展中的战略地位，主要在以下5个方面进行了改革：

1. 提出愿景，引入“物有所值”核心原则

全球公共采购的趋势趋向于创新和实践，如物有所值、适用为佳、对环境和社会负责的采购、提高采购效率的技术等。世界银行认为采购具有两大作用，即借款人的能力建设和对资源使用的信托担保作用。为实现信托担保责任和积极发展成果之间的优化平衡，《贷款采购规则》提出了“贷款项目的采购支持借款人在可持续发展过程中以诚信为本实现物有所值”的愿景，这是整个采购体系的总体基调和战略性基础，也符合公共采购领域新发展的要求。

为实现愿景，《贷款采购规则》确定了清晰的指导原则，将“物有所值”作为一项核心采购原则引入新的采购政策中，要求在采购中应优先遵循核心原则，给借款人留有应用更加现代化采购规程的余地，可以平衡风险和采购改革、设计和合同管理的关系。

2. 支持借款国采购能力建设和政策完善

世界银行不仅对贷款项目的采购过程进行严格的信托监督，还通过项目层面的采购活动作为切入点支持借款国的能力建设和采购改革。世界银行通过协助各借款国实施采购项目发展战略，加强了对借款国国内采购系统建设的支持力度，不仅可以帮助借款国选择最佳的采购方式，而且可以评估特定借款国所需要的技术援助类别。对于采购能力较低的借款国，世界银行将提供技术援助和人员培训，以帮助其适应新的采购政策。此外，世界银行还将进一步推进国际公共采购的专业化和统一的全球公共采购标准的发展。

世界银行认识到，帮助借款国更有效地发挥政府采购的作用来促进中小型企业的发展，可以实现重要的企业发展与财富投入的共赢。而《贷款采购规则》既是用以支持一系列广泛的经济和社会发展目标的发展手段，也是一项策略性的政策工具，可以帮助各成员方完善国内采购政策，实现可持续发展目标。

3. 借款人采购程序的现代化

新的采购政策旨在建立一套与时俱进、反映采购实践以及重视采购核心理念的采购程序。采购程序的改革主要体现在以下几个方面：首先，采用物有所值的决策来确定最佳中标人或候选人，将超越已有的最低评标价的方式，使得借款人为其采购方面的投资获得最佳效益。其次，引入现代采购方式，以便借款人可以选择恰当的采购方式从市场中获得高性价比的投标。为更好地应对借款人需求，反映不同的市场环境，《贷款采购规则》为借款国提供了更加灵活的采购方式选择，如竞争性对话、谈判、最佳及最终报价和战略性供应商协约等。为实现“符合目标”的采购原则，世界银行也允许借款国制定单独的采购办法和采取替代性的采购方式。最后，评标时考虑投标人在以往合同中的履约表现能力。《贷款采购规则》强调世界银行将强化履约管理，尤其是针对其中的大型项目。根据项目采取的采购方式，世界银行将对合同的实际执行情况分指标进行打分并做出评价，其中重大项目的评价结果还要提交执行董事会进行审议。

4. 减少事前审查，聚集高风险和高价值项目

长期以来，世界银行采购管理方式的一个重要方面是其员工对采购流程的事前审查，以确保与《贷款采购指南》相一致，并能够控制采购相关风险。采购流程中的事前审查会造成采购活动中止，因为世界银行员工在事前审查完成后必须出具“无反对意见”的函，借款人方可继续采购程序。许多利益相关方对世界银行采购流程所需时间提出了质疑，并对事前审查造成的采购活动中断表达了不满。《贷款采购规则》主张逐步弱化事前审查，鼓励来自借款国监管部门和社会第三方的事后

审查。世界银行将采取更有效率的事前审查方式，即加强对于高风险或高价值项目的事前审查，大量减少对低风险、低价值或非关键合同等其他合同的事前审查。如果需要采用事前审查，必须有明确的针对性和目的性。

5. 利用信息技术系统，跟踪项目进展

在采购中应用信息技术，可以进行数据采集和分析，并能够减少欺诈和腐败，获得时间、费用和透明度上的附加效益。因此，世界银行开发了新的电子采购跟踪和合同管理系统，跟踪投资项目进展情况并定期向委员会汇报项目活动进展、评价标准和绩效指标等情况。通过采购跟踪系统，世界银行旨在进一步加快推进采购项目的实施进度，防止采购时间过长影响采购效率。

（二）采购规则构成

世界银行《贷款采购规则》是一整套体系，包含政策、导则、程序和在投资项目中管理采购的指导要点。

表 10－1　《贷款采购规则》

前言和术语
正文
第一章　引言
第二章　一般考虑
第三章　治理
第四章　项目发展采购战略和采购计划
第五章　采购条款
第六章　批准的选择方法：货物、工程和非咨询服务
第七章　批准的选择方法：咨询服务
附录
附录一　物有所值
附录二　采购监督
附录三　有关采购的投诉
附录四　欺诈和腐败
附录五　项目发展采购战略
附录六　国内优惠
附录七　可持续采购
附录八　合同类型
附录九　国际竞争性采购的合同条件
附录十　评审标准
附录十一　合同管理
附录十二　选择方法
附录十三　竞争性对话
附录十四　公私合作模式
附录十五　框架协议

如表10－1[1]所示，《贷款采购规则》包括前言和术语、正文、附录三部分。其中，在前言和术语部分，主要提出了愿景，对制定《贷款采购规则》的背景及应用条件进行了说明，并介绍了采购规则中使用的缩写和术语定义；正文部分包括引言、治理、采购战略和计划、采购条款和选择的采购方法共七章；附录部分包括采购监督、有关采购的投诉、欺诈和腐败、国内优惠、可持续采购、合同管理、公私合作模式和框架协议等15项内容。

① 根据2016年《贷款采购规则》整理。

第十一章 《贷款采购规则》的性质和原则

世界银行《贷款采购规则》作为招标采购国际习惯法，不仅要实现世界银行的信托担保责任，也专注于借款国的能力建设。因此，世界银行提出了“贷款项目的采购支持借款人在可持续发展过程中以诚信为本实现物有所值”的愿景，并以此为基础提出了核心采购原则和采购策略。

第一节 法律性质

世界银行《贷款采购规则》主要规范利用其贷款资金进行采购的行为，不具有完整意义上的政府采购国际协议性质，属于招标采购国际习惯法。

一、采购性质

在判断《贷款采购规则》的法律性质之前，首先我们应明确世界银行贷款项目的采购性质，这直接关系到采购原则的价值取向，也会影响具体的采购程序。世界银行致力于寻求在发展中国家减少贫困和建立共享繁荣的可持续之道，作为援助工具之一的投资项目贷款（Investment Project Financing，IPF）是对减贫和可持续发展的投资项目的贷款。投资项目贷款通常支持既定发展目标、活动和成果的项目，通过借款国政府向选定的项目提供基本建设、技术改造和政策改革资金，由借款国政府提供还款担保，成为借款国的主权债务，其资金的使用属于借款国财政资金的范畴。因此，世界银行贷款项目的采购属于公共采购，也可称为广义的政府采购，是指政府控制或指导的公共部门利用公共资金所进行的采购，包括政府投资或贷款的采购，也包括公共企业投资或贷款的采购。[①]不同于私营部门采购，公共采购使用公共资金，在透明度、公平和责任方面有更高的要求，采购程序复杂和费时，需要对公众负责，接受政府的管理和监督。世界银行贷款项目的采购性质决定了《贷款采购规

① 杨大伟. 公共采购、政府采购和私营部门采购[J]. 中国招标,2001(6).

则》的定位就是规范贷款协议范围内的公共采购行为，确立了物有所值、经济效率、公平竞争和公开透明等采购原则，并形成以招标采购规则为主的国际采购规则。

在我国，世界银行等国际金融组织的贷款通常是由我国政府有关部门作为对外借款的“窗口”单位，由国家实行统借统还，或者由国家财政承担还款担保责任。我国从 1986 年开始将这类国际金融组织和外国政府的贷款，全部纳入了财政预算管理，属于财政性资金。各级国家机关、事业单位和团体组织使用国际组织贷款进行的采购，应当按照《政府采购法》的规定执行，或者与国家投资、融资的建设项目一样，被纳入法定强制招投标的范围，适用《招标投标法》的有关规定。我国《招标投标法》规定，使用国际组织或者外国政府贷款、援助资金的项目进行招标，贷款方、资金提供方对招标投标的具体条件和程序有不同规定的，可以适用其规定，但违背中华人民共和国的社会公共利益的除外；《政府采购法》也规定，使用国际组织和外国政府贷款进行的政府采购，贷款方、资金提供方与中方达成的协议对采购的具体条件另有规定的，可以适用其规定，但不得损害国家利益和社会公共利益。根据上述法律规定，我国将国际组织或外国政府贷款项目的采购纳入公共采购法律的管辖范围，原则上应适用我国《招标投标法》或《政府采购法》。但如果贷款方、援助方对采购规则有不同规定的，应适用贷款方的采购规则，如世界银行《贷款采购规则》。

二、法律性质

根据 1969 年《维也纳条约法公约》和 1986 年《关于国家和国际组织间或国际组织相互间条约法的维也纳公约》的规定，条约是指国际法主体之间按照国际法所缔结的确定其相互间权利和义务关系的书面协议。从上述定义来看，世界银行执行董事会通过的《贷款采购规则》不是具有多边条约性质的法律文件。《贷款采购规则》虽然不是招标采购的国际协议，但也不是可供成员方自由选择适用的采购示范法，其法律性质究竟如何？可以从两个方面进行分析：

（一）批准机构性质

世界银行执行董事会是代表全体成员方负责执行贷款政策和批准贷款的常务领导机构，该机构通过的采购规则是为了实现世界银行目标所必需的，理应为各成员方一致遵循。[①]

① 袁晓勇．世界银行的采购规则及其对国际招投标法律制度的影响[J]．广西社会科学，2006(8)．

（二）贷款协议性质

世界银行《贷款采购规则》适用于按贷款协议规定在项目中对货物、工程和服务的采购。贷款协议是指世界银行和借款人双方就借贷事宜达成的、明确各自权利和义务的基本法律文件，确定了借款人和世界银行之间的法律关系。虽然世界银行在正式文件中没有明确贷款协议的法律适用问题，但通过非正式途径对其贷款协议的法律适用问题发表了意见。曾长期担任世界银行法律顾问的 Aron Broches 认为，“世界银行与其成员方签订的贷款协议的法律性质是受国际法约束的国际协议。世界银行具备国际法人的缔约能力，有资格成为国际协议的当事方。这些协议从国际法角度来说，依照其条款的广泛含义应该是条约”①。世界银行前法律总顾问 Shihata 也认为，“世界银行与其成员方的贷款和担保协议也是典型的国际条约，为解决当事人之间的争端提供了国际法规则下具有约束力的仲裁”②。世界银行与各成员方签订的贷款协议是具有双边条约性质的法律文件，而这些具体的贷款协议均规定借款人使用世界银行贷款要遵循《贷款采购规则》的规定。为此，世界银行成员方也会相应地在其国内相关立法中规定在世界银行贷款项下的采购中应遵循这些规则。例如，我国《招标投标法》规定，“使用国际组织或者外国政府贷款、援助资金的项目进行招标，贷款方、资金提供方对招标投标的具体条件和程序有不同规定的，可以适用其规定”。

根据《国际法院规约》规定，国际习惯法是国际法渊源之一。一般认为，国际习惯法是各国重复类似的行为而具有法律约束力的行为规则，由物质因素和心理因素两个要件构成。物质因素是指有各国共同或相近的行为或做法，也可以说有“通例”存在；心理因素是指被各国接受为法律，也就是说存在“法律确信”。在对批准机构和贷款协议进行分析的基础上，参照国际习惯法的构成要件，《贷款采购规则》的法律性质可以说是一种由世界银行各成员方普遍确认其效力的国际习惯法。

第二节　核心采购原则

《贷款采购规则》专注于借款人能力建设和信托担保的双重作用，其目的是帮助各国优化利用公共支出，发挥采购在提升发展效益中的战略性作用，使世界银行

① Aron Broches. *Selected Essays: World Bank, ICSID, and Other Subjects of Public and Private International Law* [M]. Hague: Martinus NijhofF Publishers, 1994.

② Ibrahim F. l. Shihata. *The World Bank Legal Papers* [M]. Publisher: Springer, 2000.

能够更好地回应借款国的需求，同时在整个世界银行贷款项目中坚持严格的采购标准。“贷款项目的采购支持借款人在可持续发展过程中以诚信为本实现物有所值”的采购愿景，确立了采购体系的总体基调。与之相应，物有所值、经济效率、诚信、符合目标、透明度和公平成为核心采购原则，要求借款人保证用性价比最高的方法采购项目所需的货物、工程和服务，提高发展成效。尽管每个项目所遵循的具体采购规则和程序取决于各项目的具体情况，但这些核心采购原则普遍适用于指导世界银行在采购规则范畴内的决定。

一、物有所值

越来越多的国家把公共采购视为国家的一项战略功能和公共部门管理工具而不仅仅是为合规而设定的行政程序，更加注重绩效和“物有所值”。从全球近年的发展来看，无论是国际政府采购规则还是各国公共采购的实践，都趋向于把“物有所值”（Value for Money，VFM）作为公共采购所追求的共同目标。世界银行认识到应超越单一目标的最低评标价评审方法，加强物有所值理念在合同签署决策中的关键作用。因此，在制定新的采购框架时，将“物有所值”作为一项核心采购原则引入新的采购政策中，作为选择所有货物、工程和服务的指导原则。

“物有所值”的核心是管理学上的“3E”，即经济性（Economy）、效率性（Efficiency）和有效性（Effectiveness），意味着有效、高效和经济地使用资源。在采购中始终考虑“物有所值”对于实现世界银行项目的发展目标来说至关重要。单纯的采购价格或许不能够完全代表整个采购的相关成本，也就不一定能够实现采购的物有所值。世界银行原有的评标方法是最低评标价法，其前提是投标满足设定的最低要求且所有成本都可以量化，此时合同授予响应的最低评标价。这种方法很好地满足了世界银行及其借款国的需要，并在很多情况下适用。但是如果不是每一个评标规则都可以量化或需要投标人在投标时提出创新或高新技术方案时这种评标方法会显示出其局限性。因此，世界银行管理层认为，采购中为了实现“物有所值”必须比较整个生命周期内的相关收益和成本，同时评估风险和非价格属性或适当时评估生命周期成本。根据《贷款采购规则》，“物有所值”原则可贯穿于采购过程的所有阶段，包括项目发展采购战略、合同类型、评审标准、合同管理和选择方法等，通过确保整个采购过程诚信，明确说明需求和采购目标，采购路径和方法与采购的风险、价值、周围环境、性质以及复杂性匹配，适当要求的规范或规格，选择适当的合同安排，合适的评审标准，选择最好满足需要和采购目标的公司，确保合同成功实施、按合同约定交付成果的有效合同管理的应用而实现。

二、经济效率

“经济和效率”作为世界银行贷款项目采购应遵循的核心原则之一，体现了世界银行章程在采购环节中的贯彻和落实。世界银行贷款项目的金额都比较高，其中绝大部分用于货物或工程的采购。作为贷款项目实施的关键环节之一，采购直接关系到世界银行贷款资金能否实现节约和效益的目标。如果不能经济高效地进行采购，很可能会造成贷款项目资金的浪费、增大采购成本，推迟项目的及时建成，使项目效益难以实现。这样，不仅会使借款人遭受损失，也会损害世界银行的利益。

就贷款项目采购而言，经济，是指考虑可持续性、质量、非价格属性和全生命周期成本等支持物有所值的因素，在借款人同意的情况下将经济、环境和社会考虑融入采购过程中，还允许增加确定的可持续性标准和具体标准以支持借款人自己的可持续采购政策。基于贷款资金的性质，采购机构必须谨慎合理地使用资金购买项目所需的标的。而采购效率是与采购经济性紧密相连的，采购的效率如何直接关系到采购资金的节约或浪费。效率低下的采购，如周期过长、延误采购等，会直接带来损失。采购程序如果过于烦琐，也会使投标报价升高。因此，《贷款采购规则》要求贷款项目采购在具有经济性的同时，还强调更有效率的采购。效率是指项目采购安排应体现物有所值，规范和流程与采购的价值和风险成正比。借款人要在合理的时间内完成采购任务以满足项目工期的要求，努力避免延误，并反映出特定采购的需求。虽然世界银行在项目采购中发挥了重要作用，但也存在着效率不高、反应不及时，只注重合规性而不注重结果等问题。新的采购框架要求提高公共支出效率，确保公共资源的有效使用。为此，世界银行改变了过去“一刀切”的管理模式，而是根据项目实际情况采取不同采购政策，如根据项目性质和合同价值简化了审核流程，并要求借款机构在采购中更多地利用技术手段。

三、诚信

鉴于公共采购领域容易发生欺诈和腐败行为，各成员方对廉洁诚信必要性的认识不断提高。《贷款采购规则》在采购愿景中明确提出要确保借款人符合诚信标准。在世界银行的采购活动中，“诚信”原则至关重要，既是对采购愿景的落实，也是贯穿整个采购程序的关键要素之一。“诚信”原则是指根据预定目的以了解的方式使用资金、资源、资产和权力，既要符合公共利益，也要符合更广泛的善治原则。

世界银行要求借款人、转借款人和其他融资受益者，投标人、供应商、承包商、分包商和顾问，任何代理以及其他有关人员，在采购和执行世界银行贷款合同时应遵守最高的道德标准，强调采购程序的廉洁性，要求所有利益相关者应当恪守诚信，防止在采购过程中发生欺诈和贪污腐败行为。世界银行不仅帮助公共部门的机构加强采购安排的治理，还要和所有参与采购的利益相关者以令人满意的方式监测、识别、确定和管理利益冲突。

在世界银行贷款项目的执行中，主要是通过清晰透明的权责划分和明确认定责任主体的方式对采购功能加以管控。在《贷款采购规则》中，世界银行的反腐败政策将继续适用，以防范欺诈和腐败风险。在认同制定的诚信管理方案的同时，管理层建议将世界银行的关注度和资源放在对风险最高和价值最高的采购活动管理上。如果需要，管理层将增加干预的广度和深度，例如，加大采购事前审查的范围和深度，以包含项目前期的采购策略制定、授标后的合同管理和中标人履约表现的监控。这一方案将聚焦诚信管理并按照需要增加世界银行对投资项目中大型合同的监管，从而减少信托风险和提升项目执行绩效。

四、符合目标

针对全球经营环境变化、客户多元化需求以及世界银行为促进发展而推出的不同业务和工具，世界银行从2012年开始对采购制度进行全面改革，目标是从“一刀切”的政策转向适合特定目标的政策。世界银行的采购制度影响着172个国家1800多个项目约420亿美元的贷款业务①。面对多元化的地区、具有挑战性的业务环境和大规模的贷款业务，世界银行重新定位采购使其符合具体情况，摒弃了简单的“一刀切”模式，提出“符合目标”原则以保证使用适合的采购方法而实现预期的成果。

所谓“符合目标”（Fit for Purpose），是指产品符合目标或者服务足以满足消费者选择该项产品或服务的要求。就贷款项目采购而言，“符合目标”是指针对项目和市场的实际情况确定合适的采购方法，以实现发展目标和项目成果。世界银行为更好地响应借款国需求，支持更具创新性的采购，扩大了采购工具的种类范围，赋予公共采购方式灵活性，使其能更好地适合不同的国情和客户需求。对于借款国而言，可以充分考虑风险和能力因素，根据项目所处的环境和具体发展目标采取现代

---

① 世界银行：“世界银行新采购框架获得批准”，http://www.shihang.org/zh/news/press-release/2015/07/21/world-bank-procurement-framework，2015-7-22.

化和敏捷的采购方式，制定合适的项目采购程序，以确保项目产生最大的发展效应。这些采购程序应考虑项目和借款人的需求、机会、风险和市场成熟度。

五、透明度

透明度原则是公共采购规则中的一项重要原则，要求有关公共采购的法律、政策、程序和采购活动都要公开，可以保证采购环境的稳定性和可预见性，还有助于防止公共部门做出随意的或不正当的采购行为或决定。世界银行认为，除采用最佳的采购方式外，透明度原则是促进竞争的保证，也是与腐败斗争的最有力方式。为了排除采购竞争中的歧视行为，世界银行特别强调采购应确保过程透明，不仅可以保证采购程序的公开、公正和公平，促进采购各项政策目标的实现，而且对于防止采购中出现腐败有极其重要的作用。透明度原则要求通过适当的文件和信息披露，使借款人和世界银行能够对采购活动进行适当审查，包括所有感兴趣的各方可从广泛传播的媒介中及时获取公开的采购信息，对采购活动的适当报告，以及有正当理由时才可以使用合同中的保密条款等。

在世界银行原有的采购框架中，透明度要求包括：在世界银行网站以及项目评估文件中公布采购计划；发布采购公告，邀请有意向的所有供应商参与采购；通常情况下采用公开的竞争性招标方式；使用标准的招标文件和合同文件；在招标文件中提前公布采购有关信息；进行公开开标；投诉机制；中标结果公示；事后情况说明等。而《贷款采购规则》强调更大的透明度，从界定需要到招标、评标和实施，将透明度扩展到整个采购周期。世界银行也采取措施提高采购项目的透明度、公开性和包容性，如提供更多有关审核和评标、投标人、合同授予等方面的信息，加强投诉处理，应用电子采购技术等，特别是引入采购规划和跟踪工具，在加快采购过程的同时增进透明度与问责制。

六、公平

“公平竞争”作为公共采购的一项基本原则，保证不同的供应商在同一规定程序下公平地参与采购竞争。只有通过充分、公平的竞争，才能有效降低市场交易的信息成本，实现资金使用的高效率和高效益。公共采购具有不同于其他市场交易行为的特点，其资金来源为公共资金，更注重公平性和资金的使用效益。公共采购的这种特点，决定了公平竞争是公共采购的内在必然要求，通过供应商之间最大程度的竞争来实现公共采购经济有效的目标。而只有建立在公平基础上的竞争才能发挥其作用，保证那些有实力和能力提供所需产品和服务的供应商获得公共采购合同。招标采购方法充分体现了平等、正当合法的现代竞争规范，是一种有组织、公开和规范性的竞争。因此，在公共采购中，招标采购方法通常是首选的采购方式，以实现充分的公平竞争。

为实现贷款资金节约和效益的目标，世界银行要求在贷款项目中给予所有符合条件的个人和法律实体以平等的竞争机会。竞争是经济性和效益性采购的基础，借款人应为具体采购选择最合适的方式。作为一项主要原则，世界银行倾向于使用那些竞争性强的采购方式，《贷款采购规则》规定公开的国际竞争性招标是国际竞争式采购的首选方法，适合采购复杂、高风险或高价值项目。只有借款人证明合理的情形下才可以使用除公开竞争之外的其他方式。在采购过程中，必须确保投标人、建议人和咨询顾问获得平等的机会和待遇，公平分配借款人和承包商、供应商以及顾问之间的权利和义务，通过可靠的机制以解决采购相关投诉和提供资源。

第三节　适用范围

世界银行《贷款采购规则》规定了借款人在世界银行投资项目中获得工程、货物和服务的方式，以及在这一过程中世界银行和借款人扮演的角色及承担的责任。《贷款采购规则》的适用范围可以从资金来源、采购主体和采购项目三方面来确定。

一、资金来源

项目贷款协议是界定借款人与世界银行之间关系的法律协议，其中规定《贷款采购规则》适用于世界银行投资项目贷款的采购。因此，《贷款采购规则》所概述的原则、规定和程序适用于全部或部分使用世界银行贷款进行采购的行为。需要注意的是，世界银行提供资金的采购也有不适用《贷款采购规则》的情形，包括世界银行提供银行担保的项目和通过合格的金融中介机构为私营部门提供贷款，主要是考虑金融中介机构和私营部门转贷款人均有义务还贷，可以确保全面、经济且高效地实施合格的项目。

在适当情况下，世界银行认可并同意在其贷款项目中安排可接受的替代性采购活动，但需要应借款人要求，并满足世界银行政策和规则以及受托责任和贷款业务要求的前提条件。这种替代性采购安排是指依靠和采用其他多边或双边机构或组织的采购规则和程序，并可以同意其他机构在提供实施支持和采购活动监督方面起主导作用，以及依靠和采用借款人的机构或实体的采购规则和程序。例如，由其他的多边开发银行和《政府采购协议》成员方进行的采购。世界银行主张应用替代性采购方案时，要以合理的识别和支持良好实践为准则。

对于不是由世界银行资助但包括在一个世界银行资助项目范围内的采购，借款人可采用其他的规则和程序。在这种情况下，借款人应使世界银行相信其所采用的其他规则和程序能满足借款人尽职、高效地履行项目义务，其所要采购的货物、工程和服务在质量上符合要求、能与项目的其他部分兼容并符合项目目标，能及时交付或完工，以及价格不会对项目的经济性和财务的可行性造成不利影响。

二、采购主体

贷款协议是世界银行与借款人就投资项目借贷事宜达成的、明确相互间权利和义务的基本法律文件。除法律协议方外，其他任何一方都不得获取任何权利或对贷款资金提出任何要求。世界银行批准的贷款项目，其规划、设计和实施均由借款人负责，这意味着借款人也应是执行项目采购的主体，负责依照《贷款采购规则》实施世界银行资助的采购活动，包括规划、运筹、寻求和评审申请书、报价、投标书或建议书，并授予和管理合同。

借款人是指投资项目贷款的借款人、接受人以及参与投资贷款项目实施的任何其他实体。在有些情况下，借款人只起一个中介作用，而项目是由另一个机构或实体负责实施的，因此借款人也包括这些机构和实体以及转贷情况下的子借款人。借款人和货物、工程和服务提供商在签订的合同中确定双方的权利和义务。

三、采购项目

《贷款采购规则》管辖投资贷款项目中全部或部分使用世界银行资金的货物、工程和服务的采购。采购的范围从高度复杂的基础设施、前沿的咨询服务、主要的成套设备、高科技的信息技术、研究及开发和关键的供应到简单常规的货物和服务。

（一）货物

货物，指项目采购的一类特定物品，包括按技术或功能标准交货的成品。货物包括商品、原材料、机械、设备、车辆和工业成套设备，以及相关的服务，如运输、保险、安装、调试，培训和初期维护等。

（二）工程

工程，指项目采购的一类特定基础设施、建筑物和施工，包括土木工程结构的施工、修复改建、拆除、重建、维护，以及相关的服务，如运输、保险、安装、调试和培训。一般工程要求在特定地点、特定时段进行施工，包括提供完整的技术技能，劳力、施工和管理，如港口建设、公路、学校、医院、住宅、铁路、桥梁、灌溉工程、内河航运、供水设施、污水处理厂、水力和火力发电站等。

（三）服务

世界银行将服务分为咨询服务和非咨询服务两类，在原有的采购框架中，制定了不同的采购指南和标准招标文件，采用了不同的评标方法。借款人采购咨询服务适用《选择和聘用咨询顾问指南》，采购非咨询服务与工程和货物采购一样，适用《贷款采购指南》。在新的采购制度改革中，借款人无论采购咨询服务，还是非咨询服务，都统一适用《贷款采购规则》。

1. 咨询服务

咨询服务，是指咨询顾问提供的顾问或专业性质咨询方面的一系列服务，其特点是以知识和智能为主，通常包括提供管理顾问、政策顾问或通信顾问等专家或战略咨询。提供顾问或专业服务的机构包括各种私营和公共实体、联营体或个人，如咨询公司、管理公司、商检服务提供商、审计师事务所、投资和证券银行和研究机构等。若是个人咨询顾问，则要求不是借款人聘用的雇员。顾问和项目相关咨询服务包括可行性研究，项目管理，设计、施工监理等工程服务，财务和会计服务，培训和开发等。

2. 非咨询服务

非咨询服务，是指不是咨询服务类的服务，主要是物质方面占主导地位的服务，其特点是以实物为主，通常根据可计量的有形产品的完成情况而进行招标和签订合同，且完成情况的判定标准可明确确定并始终适用。非咨询服务包括钻探、航拍、卫星成像、测绘和类似的业务。

第十二章 《贷款采购规则》治理

世界银行的关键目标之一是帮助借款国改进采购制度和提高能力建设，实现对政府采购的良性治理，推动借款国的经济发展，并确保更好的受托管理以及反腐败。《贷款采购规则》主张对投资贷款项目的采购治理应通过清晰和透明的问责制，并明确定义各方的角色和职责进行管理。

第一节 角色和职责

《贷款采购规则》明确了借款人、世界银行以及公司和个人的角色定位，并对各方应承担的职责提出了要求。

一、借款人

根据世界银行和借款人签订的贷款协议，借款人应负责按照《贷款采购规则》实施世界银行资助项目的采购活动。特别是，借款人只能将资金用于其融资而确定的目的。

（一）借款人职责

借款人的职责包括规划、运筹、寻求和评审报价、授予和管理合同，具体涉及计划采购，准备采购战略，从市场寻求申请书、报价、投标书、建议书，评审报价并决定最具优势投标书或建议书，授予、签订和管理合同。借款人应按照法律协议规定保留由世界银行资助项目的所有采购文件和记录。

借款人宜聘请独立的诚信监督方参与采购过程的不同阶段，包括与公司接触或讨论、开启投标书或建议书、评审投标书或建议书、谈判、合同授予决定、合同履行。所谓诚信监督方，是指在采购过程中提供实时专业诚信监督服务的独立第三方。如果世界银行要求借款人指定诚信监督方，借款人应该获得世界银行对诚信监督方的选择和指定表示同意。

（二）借款人义务

借款人有义务接受和配合世界银行对采购活动进行的监督和审查，也有义务遵守世界银行的制裁政策和程序。

1. 接受和配合采购审查

采购审查的目的是确定借款人的采购活动是否符合贷款协议的要求，借款人有义务按照世界银行的要求提交并保存需要审查的文件。

（1）事前审查。

对于已确定为需要事前审查的采购，借款人应将下列文件提交给世界银行进行事前审查和获得不反对意见：

① 采购公告。

根据需要，借款人应在发布采购公告之前，将总采购公告和具体采购公告的草稿报送世界银行。

② 资格预审文件。

如果采购需要进行资格预审或初步选择，借款人应在发出资格预审邀请之前，将拟使用的文件草本，包括资格预审邀请书或初步选择邀请书，资格预审文件或初步选择文件及其任何修改，一起报送世界银行。借款人在将资格预审结果通知申请人之前，应把资格预审或初步选择的评审报告、建议通过的申请人名单及其满足资格预审要求的具体情况、申请人未通过资格预审理由一起报送世界银行征求其意见，并在世界银行提出合理要求时对该名单进行增删或修改。对于咨询服务，需报送意向书征询函，包括完整的任务大纲以及短名单评审报告。

③ 招标文件。

在发出投标邀请或征求建议前，借款人应将投标书或建议书征询文件草稿，包括投标邀请，评标依据和授标标准等的投标人须知，以及工程、供货或设备安装等的合同条款和技术规格，连同招标拟采用的刊登公告程序，一并报送世界银行征求意见。在世界银行提出合理要求时，借款人应对该文件做相应的修改。其后对招标文件做出的任何进一步修改，在向潜在投标人发出之前均应征得世界银行的不反对意见。

④ 延长投标有效期。

借款人为了完成评标、内部审批程序、世界银行的不反对意见以及授予合同，可能需要延长投标或建议有效期。借款人第一次要求投标人、建议人或咨询顾问延长投标或建议有效期超过4周时，应事先获得世界银行的不反对意见，并且对于以后的所有延期，不论延长期限的长短都应事前征得世界银行的同意。

⑤ 评审报告和授予建议。

借款人应在评审之后、做出授标决定之前，将投标书、建议书评审报告和授予合同建议，包括任何采购投诉已经解决，达到世界银行满意程度的证明文件一起报送世界银行。对于双信封或多阶段选择过程，在进行采购过程的下一阶段之前，借款人应将每个信封或阶段的投标书或建议书评审报告提交世界银行进行事前审查和给出不反对意见。如果采用最佳和最终报盘，在要求最佳和最终报盘之前的评审报告和在合同授予之前的最终评审报告也要报送世界银行。

世界银行如果认定授予合同建议不符合贷款协议或采购计划的规定，应立即通知借款人并说明做出该认定的理由。反之，世界银行应对授予合同建议发出不反对意见。在世界银行的事前审查和不反对意见后，如果对投诉的分析导致借款人改变授予合同的建议，应将做出这一决定的原因和修改后的评审报告提交世界银行以获得不反对意见。

⑥ 取消采购和重新招标。

如果要求取消采购过程或重新招标，借款人需将取消采购过程、重新招标或重新邀请建议书的报告提交世界银行。

⑦ 采购涉及谈判。

如果需要对采用直接选择方式授予的合同进行事前审查，借款人在要求公司进行谈判之前，应将充分详细的采购方式合理性理由提交给世界银行审查以获得不反对意见。合理性的理由应该说明不采用竞争性的采购程序而直接选择的原因和推荐这个直接选择的公司的基础。

凡是采购过程涉及借款人和投标人、建议人、咨询顾问谈判，借款人应将谈判后的谈判记录和双方草签的合同草案提交给世界银行进行事前审查。如果要求诚信审计，谈判纪要与诚信审计报告应同时递交。

⑧ 合同管理计划。

如果世界银行要求，借款人应提交合同管理计划，包括关键绩效指标，基于同意的关键绩效指标的现行进度报告。

没有获得世界银行的事前审查和不反对意见，合同的条款和条件不得与征询投标书和建议书、邀请资格预审或初步选择时的规定有实质上的不同。一份签字确认的合同、预付款保证金以及要求的履约保证金应在签字之后和申请第一次支付之前及时递交给世界银行。如果对已签订的合同进行修改，借款人应在同意下述事项之前征得世界银行的不反对意见：对项目的计划完成时间有影响的单个合同执行期的延长；工程、货物、非咨询服务或咨询服务的工作范围的任何实质性修改，或合同条件和条款有实质性的变化；除非在极端紧急的情况下，任何变更指令或合同修订，包括由于时间延长，当单独或与之前的所有变更或修改相结合使原始合同金额增加超过15%以上；借款人建议终止合同。如果世界银行确定借款人任何这样的修改与法律协议或采购计划的规定不一致，世界银行会通知借款人并说明如此决定的原因。借款人应提供所有合同修改的副本给世界银行备录。

借款人应根据法律协议的要求，保留每项采购的所有文件。这些文件包括但不限于：原始投标书或建议书；与合同采购和实施有关的所有文件和通信记录，包括评审投标书或建议书的支持文件和向世界银行递交的合同授予建议；每一个签字的原始合同和随后所有的修改或补遗；支付发票或凭证，以及货物、工程和非咨询服务检验、交付、竣工、验收的证书；对于直接采购的合同，存档文件应包括使用直接采购的合理性的报告，该公司的技术和财务能力，以及合同签署的原始文件。借款人应按照世界银行或其咨询顾问、审计师的要求递交这些文件给世界银行。

（2）事后审查。

借款人应根据法律协议的要求保留所有的文件，对于每个事后审查的合同，按要求递交这些文件给世界银行。这些文件应包括但不限于：投诉，签署的合同原件和随后所有的修改或补充；投标书或建议书的评审报告，合同授予建议；货物、工程和非咨询服务的支付发票或凭证、检验、交付、竣工、验收证书，以备世界银行或其聘请的咨询顾问、审计师审查。

事后审查的采购文件不用报世界银行，保存在项目单位。对于事后审查的合同，借款人可按贷款协议的规定自行采购，只要保存好采购文件，待世界银行项目检查团检查时随机抽样审查。

2. 遵守制裁政策和程序

借款人应遵守世界银行的制裁政策和程序，主要包括：

（1）检查投标人的合格性。

借款人在评审投标书或建议书时，应从公布在世界银行的外部网站、客户联络网站或其他提供世界银行暂停或取消投标的公司和个人名单的信息中检查投标人、建议人和咨询顾问的合格性。

（2）监测不具合格性投标人执行的合同。

借款人应额外尽职密切监督和监测正在进行的合同，而不论其是事前审查或事后审查合同，执行这些合同的公司或个人是在合同签署后才被世界银行制裁的。未经世界银行事前审查和获得其不反对意见，借款人从暂停或取消这些公司或个人投标生效之日起，不得与这些公司或个人签署任何新合同，也不得对正在实施的合同签署任何合同修改，包括任何完成时间的延长和变更。

（3）遵守资助额外费用的要求。

世界银行资助的额外费用必须在合同原始完工日期之前发生，或者在修改后的合同完工日期之前发生。对于事前审查合同，修改已得到世界银行的不反对意见；对于事后审查合同，修改发生在暂停或取消生效日期之前签署的。如果新合同或现有合同的实质性变更或延长是在世界银行暂停或取消生效日期之后签署的，世界银行不资助这种新合同和对现有合同的实质性变更或延长。

二、世界银行

为了确保资金仅用于为其融资而确定的目的，世界银行通过支持、监督和基于风险的采购审查履行自己的采购职能。

（一）采购审查

世界银行为履行其章程要求的托管责任而承担采购监督职能。世界银行的采购监督主要是通过基于风险的方法对借款人的采购活动进行事前审查、事后审查和适当时的独立采购审查。替代性采购安排的采购监督在相应的法律协议中约定。借款人在项目准备过程中编制项目发展采购战略和采购计划，世界银行在贷款谈判完成之前审查和批准。采购计划应规定一个采购属于事前审查还是事后审查。世界银行依据具体项目和具体合同的采购风险确定对采购过程进行事前审查或是事后审查，并在项目准备期间评估这些风险，在项目实施期间进行监督并再次评估风险和风险缓解措施。在必要和适当时，世界银行将要求借款人修改采购计划中的事前或事后审查要求。

1. 审查机构

世界银行成员方分为借款国和非借款国两类，世界银行的组织机构按借款国分为六大地区管理，地区下设专业处和国家局，在主要借款国和成员方设有管理该国贷款项目和其他业务的国家代表处或办公室。世界银行对采购的监督和管理分为三个层次。①

（1）跨地区的中心服务部门。

最高层次为世界银行跨地区的中心服务部门，主要负责制定世界银行贷款项目的采购政策和程序，包括起草和修订《贷款采购规则》和标准招标文件。

① 何曼青，马仁珍编著．列国志：世界银行集团［M］．北京：社会科学文献出版社，2004.

（2）地区采购顾问。

第二层次为世界银行地区采购顾问。世界银行在六大地区有采购顾问办公室，负责管理本地区的采购人员和采购审查活动，批准对大合同的审查。例如，世界银行东亚和太平洋地区内部的审查批准程序为1500万美元以上的土建工程合同、750万美元以上的货物合同和200万美元以上的咨询服务合同由项目经理组织审查，报地区采购顾问批准。其中2500万美元以上的土建工程和货物合同和1000万美元以上的咨询服务合同的评标报告要报世界银行贷款采购审查委员会批准。采购审查委员会是非常设机构，由中心采购组的负责人、法律顾问和6大地区的地区采购顾问组成，负责审查超过规定价值的高价值、高风险的货物、工程、非咨询服务和咨询服务采购合同。

（3）采购人员。

第三层次为各国家局、办公室或专业处的采购人员或采购组，负责具体的采购文件审查工作和其他采购监督活动。经过地区采购顾问的批准，有资格的贷款项目经理可以自己审查或批准借款人的采购文件。世界银行贷款项目实行项目经理责任制，一切贷款业务均由项目经理负责，对借款人的采购活动的监督包括对采购文件的审查均由项目经理组织安排，是否需要找外部咨询专家帮助审查采购文件也由项目经理决定。世界银行东亚和太平洋地区内部的审查批准程序为1500万美元以下的土建工程合同、750万美元以下的货物合同和200万美元以下的咨询服务合同由项目经理和/或世界银行采购人员审查和批准。

世界银行从1997年起逐步加强了世界银行驻借款国的代表处或办公室的力量和权力，大的国家局局长都已到借款国办公，采购审查权力也逐步下放到世界银行设在借款国的办公室，加快了借款人与世界银行的交流，缩短了审批时间。目前，中国世界银行贷款项目国内招标采购文件已全部下放到世界银行驻中国代表处审查，国际招标则由项目经理决定，一部分在北京审查，另一部分在世界银行总部或其他地方审查。特别是项目经理在北京的项目，大部分国际招标均在北京审查。中国世界银行贷款项目事前审查的采购文件一般先报国内有关机构审查同意后，最后才报世界银行审查。

2. 审查方式

世界银行对借款人采购活动的审查主要包括事前审查和事后审查两种方式。如果根据风险评估结果决定有必要进行独立的采购审查，世界银行将任命独立的第三方进行独立的采购审查，即采购审计。借款人应该与这类第三方合作，为其进行审计提供所有必要的便利。独立采购审查适用于事前审查和事后审查的合同。

（1）事前审查。

事前审查，指在采购活动之前进行的审查，是世界银行对借款人超过某一规定限额合同的资格预审、招标决策和有关文件的强制性审查。事前审查的合同只有获得世界银行的不反对意见才能进行下一步的采购工作，否则可能被宣布为错误采购而得不到贷款。在原有采购框架中，世界银行对很多低风险、低价值和非关键合同进行了事前审查，采购活动中断拖延了采购进度，这些低附加值的活动也造成了世界银行资源的浪费。针对上述问题，世界银行将采取更有效率的事前审查方式，将资源集中用于对高风险或高价值合同进行事前审查。风险导向的事前审查将允许项目经理和采购员工将注意力更多地集中在战略性采购、加强借款人采购能力、支持并帮助借款人实现发展效益的最大化。

①审查范围。

世界银行根据项目采购风险水平设定进行事前审查的强制性门槛限额，该限额是用货币表示的合同总价，包括合同应支付的所有税费和关税。根据评估的风险确定审查标准，采购计划对各种采购方式的事前审查限额做出具体规定。为应对通货膨胀以及为更好地针对不同类型的采购合同，该项制度进行了调整，从而确保世界银行的采购审查更加合理，分工更明确。2008 年世界银行对其贷款项目采购合同审批制度的限额进行了调整①，将实施机构采购风险划分为“高级”“较高级”“适度”和“低级”。根据最新的世界银行程序②，采购事前审查的必审限额如表 12－1 所示。这些限额适用于所有采购活动，而不管它们的采购或选择方法。认证的采购专家、认证的采购经理和采购审查委员会根据其权限适用不同的审查限额。

表 12－1　世界银行事前审查限额　　单位：百万美元

采购类型	高风险	较高风险	适度风险	低风险
工程（包括交钥匙，工厂和设备的供应和安装，以及公私合作）	5	10	15	20
货物，信息技术，非咨询服务	1.5	2	4	6
咨询服务：公司	0.5	1	2	4
咨询服务：个人	0.2	0.3	0.4	0.5

① http://gjs.mof.gov.cn/pindaoliebiao/zhengcefabu/200903/t20090310_120597.html,2015－9－25.

② Bank Procedure,“Procurement in IPF and OtherOperational Procurement Matters”。

作为例外，如果世界银行确定活动或合同的采购安排有固有的风险，如在货物、工程和非咨询服务的竞争性采购过程中使用谈判，最佳和最终报盘，竞争性对话和应用可持续采购，即使低于强制性审查限额的活动或合同也须经事前审查；而如果活动或合同评估的风险等级为“适度”或“低级”，世界银行可确定即使高于适用限额的采购也可只做事后审查，并列入采购计划，使用世界银行的标准采购文件进行采购。

② 审查内容。

世界银行监督管理的手段之一就是对其贷款项目的采购文件进行审查，通过审查借款人的采购程序、招标文件、评标报告、授标建议和签署的合同，以确保采购过程按照贷款协议的要求进行。对于已确定为需要事前审查的采购，世界银行应对借款人有关采购公告、资格预审文件、投标书或建议书征询文件、延长投标或建议有效期、评审报告和授予合同建议、取消采购和重新招标、采购谈判、合同管理计划和修改已签订合同等采购文件进行事前审查，并提出意见。

（2）事后审查

事后审查，是指在采购活动完成之后进行的审查，是世界银行对低于规定限额合同的授标和有关采购文件的审查，主要审查国内招标、询价采购和单一来源采购的合同。世界银行对借款人的采购过程进行事后审查，以确定其是否符合法律协议的要求。

① 审查主体。

对借款人采购事后审查的主体包括：一是世界银行采用抽样方法进行事后审查。世界银行将在抽样基础上更好地应用事后审查，如对未被事前审查的文件以抽样方式进行事后审查。二是采用第三方进行事后审计。世界银行也可能会使用第三方，如世界银行可接受的最高审计机关，进行事后审查。任何此类第三方将按照世界银行提供给它的任务大纲进行事后审查。

②审查目的。

采购事后审查的目的包括以下内容：一是核实借款人的采购程序遵循法律协议；二是确认借款人继续遵守约定的采购安排，包括及时和有效地执行商定的风险缓解或管理计划；三是核实继续遵守合同，包括技术方面的符合性；四是指出欺诈和腐败的明显迹象和报告任何证据给世界银行的廉政局；五是确定弥补采购缺陷的应对措施，并推荐给借款人。

如果世界银行确定借款人未遵守法律协议列明的采购要求，除有关法律协议中列明的法律救济措施之外，还可采取其他适当的措施，包括宣布其为错误采购。错误采购是指借款人没有按照贷款协议或《贷款采购规则》的规定采购货物、工程、非咨询服务或咨询服务。世界银行认定属于错误采购的情况包括：未按贷款协议中所约定的条款和世界银行批准的采购计划进一步明确的程序和方法进行采购；由于借款人的故意拖延或其他行为造成的不合理延误，从而使符合条件且最具响应性投标人未能中标或者其投标有效期失效；借款人的代表或贷款资金的受益人参与了欺诈和腐败行为；借款人未能按照适当的要求处理投诉等。在这些情况下，世界银行可以宣布其为错误采购，并将这种决定的理由及时通知借款人。针对错误采购，世界银行将不支付采购货物、工程、非咨询服务或咨询服务所发生的费用，而且世界银行的政策要求取消分配给发生错误采购的贷款额。

即使在借款人获得世界银行不反对意见后已经授予合同的情况下，如果世界银行认为不反对意见或满意解决通知的结论是由于借款人提供了不完整、不准确或误导性信息的基础上发布的，或者合同的条款和条件在没有获得其不反对意见的情况下进行了实质性修改，无论该项目是否已经关闭，世界银行仍可采取适当的行动或行使法律救济措施。

（二）手把手实施支持

在原有的采购框架下，世界银行采购工作人员在必要时为借款人提供了大量实践操作的支持，特别是在脆弱性和能力不足的环境中。在新的采购改革中，该策略正成为主要趋势，世界银行会配备资源为有需求的国家提供培训和建议等手把手的实施支持（Hands - on Expanded Implementation Support，HEIS），协助其做好世界银行贷款项目的采购工作。

根据《贷款采购规则》，如果世界银行认为借款人和受益人，或适当时成员方有以下情况时，世界银行可同意向借款人的采购活动提供更广泛的、手把手地实施支持：由于自然和人为的灾难或冲突而紧急需要援助时，或因为小国家等脆弱性或特定不足而导致经验能力受限。世界银行根据各个项目的具体情况确定支持的范围和性质。这种手把手地实施支持不会导致世界银行代表借款人进行采购活动。项目执行仍是借款人的责任。

三、公司和个人

高品质公司和个人的有效参与和履约是通过整个采购过程获得有效竞争和物有所值的关键。参与世界银行投资贷款项目采购的公司和个人有责任满足采购文件和与借款人签订合同的规定。《贷款采购规则》有关合格性和利益冲突的规定，将决定公司和个人能否参与世界银行贷款项目采购，以及是否具有被授予合同的资格。

（一）合格性

为了获得参与采购的机会，潜在投标人或建议人必须具有合格性。世界银行有严格的规则来管理合格性。世界银行对公司和个人的合格性进行了规范，明确了其参与采购的基本原则，并对例外情形进行了规范。

1. 基本原则

一般国际金融组织贷款项目均要求投标人必须来自合格货源国，世界银行也曾规定贷款项目只有来自世界银行成员方和瑞士的投标人才合格。为了促进竞争，世界银行现在允许所有国家合格的公司和个人为贷款项目提供货物、工程、非咨询服务和咨询服务。对于任何由世界银行全部或部分出资的采购，世界银行不允许借款人以任何与成功履行合同的能力和资源，或与规定的利益冲突情况无关的原因拒绝投标人、建议人或咨询顾问参与或中标。《贷款采购规则》在“合格性”条款中确立了公司和个人参与采购的基本原则，即所有国家的公司和个人均可参与世界银行贷款项目采购的竞争，任何限制参与竞争的条件只能限于投标人履行该合同能力的保证条件。

世界银行也允许联营体投标，并对其进行了规范。参与世界银行资助合同的公司可与国内或国外公司组成联营体，以提高他们的资格和能力。联营体可以是长期的，不以某次特定采购为目的，或是为某次特定采购专门成立的。联营体中的所有成员应当为整个合同承担连带责任。世界银行不接受强制性要求在采购过程中组成联营体或公司间其他强制联合形式作为参与的条件。

2. 例外规定

借款人可在限定的例外情形下将公司和个人排除在世界银行贷款项目采购之外。

（1）执行法律规定或国际决议。

第一种例外情形是指借款人为执行法律规定或国际决议而将某个国家的公司或个人、制造的货物排除在外。具体而言，借款人可在以下情形下排除某个国家的公司或个人，或在某个国家制造的商品：

一是根据法律或官方规定的事项，借款国禁止与该国有商业往来，前提是世界银行认为这种排除不会妨碍货物、工程和非咨询服务供应，或咨询服务采购的有效竞争。当采购跨越国家辖区实施，也就是不止一个国家参与采购，如果世界银行和参与采购的所有借款人同意，一个国家基于上述原因对某个公司或个人的排除，可以适用于采购跨辖区的其他国家。

二是为遵守联合国安理会根据联合国宪章第七章所做决议采取的行动，借款国禁止从某个特定的国家、个人或实体进口任何货物或向其付款。当借款国为遵守该项决议，禁止向某个特定公司或特定货物付款时，那么该公司可被排除在外。

（2）借款国国有企业或机构。

第二种例外情形是将借款国不符合条件的国有企业或机构排除在外。国有企业是指由政府投资或参与控制的企业，根据功能目标可划分公益性和商业性两类。公益类是指以实现社会效益和完成政府任务为主要目标、以国家调控为主要手段的国有企业，因其受政府控制、影响或补贴等，要比市场竞争中的一般企业更具有优势；商业类是以经济效益和资本保值增值为主要目标、以市场调控为主要手段的国有企业，依法独立自主开展生产经营活动，按照市场化要求实行商业化运作。为了实现公平竞争，借款国商业类国有企业或机构具有参与采购的合格性，而公益类国有企业因与政府的天然联系而被排除在借款国采购之外。世界银行要求借款国国有企业或国有机构应以世界银行接受的方式满足在法律和财务上独立、按照商业法运作和不受与其签约机构监管的条件时，才有资格在借款国参与竞争并被授予合同。国有企业或机构要成为合格的中标人，应通过提供所有相关文件，包括企业章程和其他世界银行可能要求的信息，证明其：是与政府分离的法人实体；目前政府对其没有实质上的补贴或财政预算拨款；与商业企业一样运行，可以自行获得权利并承担责任，可以自行借款并偿还债务，可以被宣布破产，特别是没有义务将经营盈余转给政府；与其签约的机构不是根据相关法律或规定需要国有企业向其报告或受其监管的政府部门，也不是能对该国有企业或机构施加影响或控制的政府部门。

作为上述规定的例外，因为缺乏合适的私营部门来替代，或者因为监管框架的原因，或者是因为国有企业、国有大学、研究中心或机构的参与对项目的实施至关重要，世界银行可根据具体情况逐案同意与该国有公司、国有大学、研究中心或机构签订合同提供这些特殊的和例外的货物、工程、非咨询服务或咨询服务。在逐案同意的基础上，世界银行也可以同意借款国在咨询服务合同中聘请该国的政府官员和公务员，无论是作为个人还是作为咨询公司提出的专家团队成员，其前提条件是借款国政府官员和公务员提供的服务具有独有和特殊的性质，或者他们的参与对项目实施十分关键，聘请他们不会产生利益冲突，也不会与借款人的任何法律、法规或政策相抵触。

（3）受到世界银行处罚或制裁。

第三种例外情形是将受到世界银行处罚或制裁的公司和个人排除在外。根据世界银行反腐败指南和世界银行集团制裁框架制定的现行制裁政策和程序，公司或个人受到制裁并被宣布为不合格，在确定的期限内将不能参与世界银行贷款项目采购的竞争。一些公司和个人会因腐败、贿赂、欺诈、串通等行为而在世界银行有不良记录。世界银行网站上有世界银行宣布为不合格承包商或供货商的名单、时间和不合格原因等信息，但世界银行贷款国际招标项目一般不轻易接受招标人根据自己的黑名单宣布投标人不合格。

世界银行应借款人要求，可以同意在其资助合同的投标书或建议书征询文件中说明，借款国适当的司法或行政部门根据有关法律对某个公司或个人做出取消其授标资格的制裁，则该公司或个人也没有资格被授予世界银行资助的合同，前提是取消资格的制裁涉及欺诈或腐败行为，遵循了可为该公司或个人提供充分正当程序的司法或行政程序，并使世界银行满意。

（二）利益冲突

世界银行要求参与贷款项目采购的公司或个人不得存在利益冲突，任何发现存在利益冲突的公司都不具备被授标的资格。

1. 货物、工程和非咨询服务

就货物、工程和非咨询服务而言，一家公司如有下列情况，将被视为在采购过程中存在利益冲突：

（1）与咨询服务采购的冲突。

这种情形指的是货物、工程和非咨询服务与咨询服务采购的冲突。该公司提供的货物、工程或非咨询服务源于这家公司或其关联公司为某个项目准备或实施所提供的咨询服务，或与该咨询服务直接相关。关联公司，是指直接或间接由该公司控制，或者与该公司属于同一母公司控制。根据世界银行规定，如果一公司已为某项目的准备或实施提供了咨询服务，则该公司及其关联公司将无资格为同一项目提供与该咨询任务直接相关的货物、工程或非咨询服务。上述规定不适用于交钥匙或设计施工合同项下共同承担承包人义务的各种公司，如咨询公司、承包商或供应商。

（2）与借款人工作人员的关系。

这种情形指的是公司或个人与借款人工作人员的关系。该公司，包括其人员，与借款人、项目执行机构、部分贷款受益人、代表借款人或代其行事的其他方的专业人员有密切的业务或家庭关系，而该专业人员直接或间接参与采购文件、合同规格的准备或该合同的评审过程，或将参与该合同的执行或监督，除非由此种关系产生的利益冲突在整个采购和合同履行过程中以世界银行可以接受的方式得到解决。考虑到利益冲突会影响招标、评审和监督的公正性，世界银行要求借款人不得选择与其参与采购程序或执行监督的专业人员有工作或家庭关系的公司。

（3）标准招标文件的规定。

这种情形指的是世界银行标准采购文件所规定的其他利益冲突。这种情形取决于具体采购中所使用的世界银行标准采购文件的规定。公司之间的利益冲突范围广泛，不仅包括隶属关系、同一个法定代表人、同一个控股股东等直接的利益冲突情形，还包括一些间接的利益冲突情形，这些都是世界银行标准采购文件中认定的利益冲突情形。例如，世界银行《土建工程标准招标文件范本》在“投标人须知”中对利益冲突进行了规范。根据该规则，投标人之间不应该有利益冲突，所有被发现有利益冲突的投标人将被宣布为不合格。如果存在以下情况，投标人将被视为与其他的一方或多方具有利益冲突：一是具有共同的控股股东，彼此之间具有直接或间接的隶属关系；二是彼此之间直接或间接地接受或收到补贴；三是本次投标的法人代表相同；四是彼此之间具有直接或间接的关系，或者通过共同的第三方有关系，使其有条件获得影响其他投标人的信息，或影响本次招标买方的决定；五是在招标阶段，一个投标人进行了多于一个合同标段的投标；六是投标人一旦作为咨询公司参与本招标阶段工程的设计及技术准备，将被认为有利益冲突；七是投标人不应与业主或借款人为合同雇佣的或可能被雇佣的拟担任工程师的公司或实体有关系。

2. 咨询服务

就咨询服务而言，世界银行要求咨询顾问提供专业、客观和公正的意见，始终保持借款人的利益至上而不考虑未来的工作，以及在提供建议时避免与其他任务和自己公司利益发生冲突。咨询顾问是指提供顾问或专业服务的各种私营机构、联营体或个人，不得受聘从事那些与其以前或目前对其他客户承担的义务相冲突的任务，或者那些可能使其无法为借款人的最大利益执行任务。在不限制上述一般性的前提下，借款人不得在以下情形下聘请某个公司和个人做其咨询顾问：

（1）与货物、工程或非咨询服务采购的冲突。

这种情形指的是咨询活动与货物、工程或非咨询服务采购之间发生冲突。借款人聘请为项目提供货物、工程或非咨询服务的公司，或其直接或间接控制的关联公司，均无资格提供由这些货物、工程或非咨询服务产生或与之直接相关的咨询服务。相反，为项目准备和实施提供咨询服务的公司，或其直接或间接控制的关联公司，均无资格随后提供由该咨询服务产生或与之直接相关的货物、工程或非咨询服务。上述规定不适用于交钥匙或设计施工合同项下共同承担承包人义务的各种公司，如咨询公司、承包商或供应商。

（2）咨询任务之间发生冲突。

这种情形指的是咨询任务之间发生冲突。不论是咨询顾问，包括其人员和分包咨询顾问，还是其直接或间接控制，或与其属于同一母公司控制的关联公司，均不能被聘请从事任何在性质上可能与咨询顾问的另一项任务有利益冲突的咨询任务。例如，协助客户编制公共资产私有化方案的咨询顾问，既不能购买该资产，也不能向该资产的购买者提供建议。同样，被聘请为某咨询任务编制任务大纲的咨询顾问不应被聘请从事该项咨询任务。

（3）与借款人工作人员的关系。

这种情形指的是公司或个人与借款人工作人员的关系。咨询顾问，包括其专家、其他人员和分包咨询顾问，与借款人、项目执行机构、部分贷款受益人、代表借款人或代其行事的其他方的专业人员有密切的业务或家庭关系，而该专业人员又直接或间接地参与了项目任务大纲的编制工作，合同的选择工作，或合同的监督工作，这项合同便不能授予该咨询顾问，除非由这种关系产生的冲突已经通过世界银行可接受的方式在选择过程和合同履行的过程中得以解决。

（三）不公平竞争优势

选择过程的公平与透明要求咨询顾问或其附属公司在为具体咨询任务竞争时，不会从其已提供的与该任务有关的咨询服务中获得竞争优势。为此，借款人应使所有短名单上的咨询顾问，在获得建议书征询文件的同时取得那些可能会给某个咨询顾问带来竞争优势的全部信息。

为了实现公平竞争，世界银行也禁止一标多投。就货物、工程和非咨询服务而言，一家公司不得单独或作为另一个投标人或建议人组成的联营体成员而提交一份以上的投标书或建议书，但允许备选方案的投标书或建议书除外。提交或参与多个投标书或建议书会导致该公司参与的所有投标书或建议书均不合格。这并不限制一个公司作为分包商参与一份以上的投标书或建议书。但是，对于某些特定类型的采购，当适用于此类采购的世界银行标准采购文件允许时，一个投标人或建议人才可作为另一个投标书或建议书的分包商参与。就咨询服务而言，咨询顾问不应单独地或作为联营体的成员递交多于一份的建议书。如果一个咨询顾问，包括联营体的一个成员，递交多于一份的建议书，其所递交的所有建议书均不合格。但在合理的情况和建议书征询文件允许的情况下，咨询顾问可作为分包咨询顾问或个人作为团队成员参与递交多于一份的建议书。

第二节 反腐败

腐败是制约经济及社会发展的一大障碍，已经成为国际社会的共识。世界银行一直致力于反腐败活动，并在《贷款采购规则》中得到了充分体现。

一、反腐败背景

欺诈和腐败对发展的各个方面都有阻碍作用，会降低发展效能。通过欺诈、腐败、勾结、胁迫或妨碍等手段从发展项目截留资金会削弱政府、捐赠机构和世界银行实现减贫、吸引投资和鼓励良政目标的能力。回扣或贿赂的资金必然是来源于项目经费，一般情况下都是以价格上升以及质量或性能下降作为代价，这意味着项目效能和发展效益的降低。不合格投标人通过串标和其他反竞争手段取得合同，合格投标人丧失对制度的信心，不再参加投标。根深蒂固的腐败不仅会降低公众对政府机构的信任，导致公共服务和基础设施不合标准，还会打击人们举报欺诈和腐败的积极性，使人民无法充分享受项目原本可以产生的发展效益。世界银行认识到要有效解决发展援助中的腐败问题，各借款国、世界银行及其他发展伙伴应开展协作，借款人、贷款资金接受方①以及世界银行在加强制度架构的同时继续加大工作力度，帮助防范欺诈与腐败。

为了防止采购中出现腐败交易，1996 年世界银行修订了《贷款采购指南》，为制裁在采购和合同执行过程中从事欺诈或腐败活动的公司和个人提供了指导方针，明确规定如果借款国不采取适当措施打击采购中的腐败和欺诈行为，那么世界银行将会取消援助合同。1997 年，世界银行增补了《贷款采购指南》，允许借款国要求潜在投标人签署一份“诚实公约”，并强调如果这种做法成为一个更广泛的反腐败项目的一部分，能够最终适用于所有的公共采购项目，那么世界银行将予以批准。1999 年以来，世界银行已经对在世界银行资助项目中从事欺诈和腐败的 330 多个公司和个人进行了制裁。② 2006 年，世界银行对制裁制度进行了一系列的改革，旨在协助保证世界银行在世界各地资助的项目在所有方面均统一遵守最高的道德标准。

---

① 贷款资金接受方是指除借款人外其他与贷款资金相关的个人或实体，包括其他所有出于自身用途而接收贷款资金的个人或实体，如最终使用人；负责寄放或转移贷款资金的个人或实体，如财政机构，无论其是否系此等资金的受益人，以及做出或影响贷款资金使用决策的个人或实体。

② 世界银行《反腐败使用者指南》，http://siteresources.worldbank.org/PROJECTS/Resources/40940 - 1173795340221/Chinese112907.pdf，2015 - 12 - 1.

这些标准将有助于为所有参与世界银行资助项目的个人和实体提供公平的竞争环境。2012 年，世界银行开始对投资项目采购制度进行重大改革。在新采购框架文件下，世界银行将坚持不懈地进行反欺诈和反腐败，深入开展治理和反腐败工作，遵守《联合国反腐败公约》和《联合国信托原则协议》这两项国际协议，并在采购过程中给予支持。世界银行的反腐败指南将继续适用所有世界银行资助的采购，并将重点放在风险最高或价值最高的采购中。世界银行将通过提高透明度、开放数据、合同披露、供应商履约管理以及改进投诉监管机制等方法进一步加强反腐败措施。经过不断修改和完善，世界银行形成了完善的反腐败政策和措施。

二、反腐败措施

世界银行要求参与采购进程的所有各方，包括但不限于借款人及贷款受益人，投标人或建议人、咨询顾问、承包商和供应商，任何分包商、分包咨询顾问、服务提供商或供应商，不论是否披露的任何代理人及其任何工作人员，在世界银行资助合同的采购过程、选择和合同执行中遵守最高的道德标准，并避免欺诈和腐败。根据这项政策，上述个人和实体任何影响采购过程和合同执行以寻求获得不当利益的行为均为不适当，有违最高道德标准。

（一）欺诈和腐败行为界定

为了执行反腐败政策，世界银行对欺诈和腐败行为做出了明确定义：

1. 腐败行为

腐败行为是指直接或间接地提供、给予、收受或索要任何有价值的物品，从而不正当地影响另一方的行为。所谓“另一方”指与采购过程或合同执行相关的公务人员，包括采购决策和审查采购决策的世界银行员工和其他机构的人员。

实践案例：公司通过行贿或支付回扣的方式从政府取得世界银行资助的合同。回扣一般是指一个公司获得合同后，向安排将合同授予该公司的部门官员“返还”金钱。通常情况下，回扣是按合同价值的百分比来计算，在存在系统性腐败的国家，所有投标人在对合同进行投标时，都在成本内考虑了这个回扣的百分比。大多数情况下，贿赂或回扣的资金来源于项目经费，从而降低了项目的发展效益。

2. 欺诈行为

欺诈行为是指为了获得财务利益、其他利益或者避免某种义务，有意地或轻率地误导或企图误导一方的包括虚假陈述在内的任何行为或疏漏。所谓“一方”指公务人员，“利益”和“义务”与采购过程或合同执行相关，“任何行为或疏漏”指有意影响采购过程或合同执行的行为。

实践案例：在某个项目的实施过程中，一个关键的咨询公司表现很差，使人怀疑在该公司能力和资质方面可能存在弄虚作假的情况。调查后发现，为了满足投标方的中标条件，在该咨询公司合伙人的经验和资质证书以及该咨询公司的资质和资格认证方面都存在弄虚作假的情况。

3. 串通行为

串通行为是指为了达到不正当目的，包括为了不正当地影响另一方的行为，由双方或多方有目的设计的一种安排。“各方”指在采购过程的参与者，包括公务人员。串通行为包括本人企图或企图通过其他不参与采购过程的人造成竞争假象，将投标价定在人为、非竞争水平上，或暗中互相泄漏投标价或其他信息等。

实践案例：某借款政府逮捕负责实施世界银行资助项目的某机构官员，罪名是有财务不当行为。根据这一逮捕事实和某承包商后来提供的信息，对相关合同进行了调查，发现该官员安排了一个“共谋圈”，将大量合同授予自己的公司和熟人的公司。为了实施该共谋活动，该官员对参与合同授予的地方官员施加了影响。

4. 施加压力

施加压力是指直接或间接地损害或伤害，或者威胁将损害或伤害任何一方或其财产，以不正当地影响该方的行为。所谓“一方”是指参与采购过程和合同执行的参与者。

实践案例：在世界银行资助的两条公路项目采购中，有人恐吓其他投标人。调查发现，有一个采取内外串通手段被内定为中标方的公司，一方面对竞争对手的未来商业利益及其工作人员生命财产进行威胁，另一方面向“落选”的投标人支付好处费，以保证其他投标人投出价格超高的废标。某公司的代表还曾胁迫其他投标人的工作人员，迫使竞争对手错过投标截止日期。内外串通的结果是中标价格远远高于真正的竞争性投标应有的价格。这一做法削弱了项目的开发效益，严重动摇了人们对世界银行采购制度的信心。

5. 妨碍行为

妨碍行为是指故意破坏、伪造、修改或隐瞒调查所需的证据或向调查人员提供虚假材料，严重妨碍世界银行对被指控的腐败、欺诈、施加压力或串通行为进行调查，或威胁、骚扰或胁迫任何一方，使其不得透露与调查相关的所知信息或不得参与调查；或企图严重妨碍世界银行进行调查和行使《贷款采购规则》所赋予其审计权利的行为。该行为必须是故意犯下的具体行为，意图是严重妨碍世界银行对欺诈和腐败行为指控进行调查。如果是短暂推迟或仅仅办事效率低，则不构成“妨碍行为”。世界银行通过将妨碍调查认定为单独的应制裁行为，可鼓励公司采取负责任的行动，并可防止公司销毁证据、骚扰证人或以其他方式妨碍世界银行的调查。这项规定有利于加强世界银行的第三方权利，并可阻止公司在没有契约性权利时或契约性权利已失效时采取不合作态度。

实践案例：根据举报的腐败线索，调查人员与一家获得世界银行资助项目采购合同的公司进行了接触，对财务记录进行审计。尽管该公司根据合同有义务允许调阅财务记录，但是该公司拒绝这么做。世界银行仅凭该公司拒绝调阅记录，就可取消其以后参与世界银行合同投标的资格。

上述“实践案例”均来自世界银行2006年10月15日颁布的《反腐败使用者指南》。该指南以非技术性的语言阐述了《世界银行关于预防和打击国际复兴开发银行贷款和国际开发协会信贷及赠款资助项目中腐败行为的指导方针》（以下简称《反腐败指导方针》），以供借款人和世界银行其他贷款资金接受者参考使用并理解上述指导方针。《反腐败指导方针》并未规定上述违规行为必须已完成或达到其目的才构成应制裁行为。例如，提出向另一方支付腐败款项即构成腐败行为，无论对方是否接受或贿赂是否达到了其目的，均可加以制裁。

（二）反腐败措施

世界银行要求使用和遵守其反腐败指南，包括但不限于世界银行实施制裁，进行检查和开展审计的权利。针对采购中的欺诈和腐败行为，世界银行可以采取以下反腐败措施：

1. 实施制裁

制裁制度是指世界银行对参与世界银行资助项目、从事符合定义形式的腐败、欺诈、串通、施加压力或妨碍行为的个人和实体进行制裁的安排。世界银行廉政局负责对被指控的公司或个人的腐败行为进行调查，如果有充足证据证明该公司或个人存在应予制裁的行为，廉政局将向资格暂停与取消主管（以下简称暂停主管）提交“指控声明及证据”。暂停主管审核提交的证据，如果确定欺诈或腐败指控成立，则向调查对象发出“制裁审理通知”，通知包括指控、证据和建议的制裁措施。在发布最终制裁结果之前，暂停主管还可暂时取消公司或个人参与世界银行资助合同投标的资格。如果调查对象对指控或建议的制裁措施提出异议，则案件交由世界银行制裁委员会重新审理，通过审核所有证据，听取相关公司或个人的答辩，对案件做出最终决定。具体而言，世界银行对于欺诈和腐败行为可实施以下制裁：

（1）拒绝授标。

如果世界银行确定被推荐授予合同的投标人，或者投标人的员工，或其代理人，或其分包咨询顾问、分包商，服务提供商、供应商或其雇员在为该合同进行的竞标中直接或间接参与了腐败、欺诈、串通、施加压力的活动或存在妨碍行为，世界银行将拒绝授标建议。

（2）宣布错误采购。

如果世界银行在任何时候确定借款人的代表或任何贷款受益人的代表在采购或履行某合同的过程中参与了腐败、欺诈、串通、施加压力的活动或存在妨碍行为，而借款人又没有在这些行为发生时及时采取适当的、令世界银行满意的行动，包括未能在获悉这些行为后及时告知世界银行，来消除这些行为。除贷款协议中的法律补救措施之外，世界银行可以采取其他适当的措施，包括宣布错误采购并取消已分配给该合同的贷款额。

（3）处罚。

世界银行在任何时候如果确定任何公司或个人在其资助合同的采购过程、选择或执行中实施了欺诈和腐败行为，可根据反腐败指南和世界银行集团制裁框架制定的现行制裁政策和程序对该公司或个人进行处罚。在贷款项目中，一旦确定某公司或个人有欺诈或腐败行为，世界银行将把这些公司列入黑名单，并对其进行处罚，包括公开宣布该公司或个人无限期或在规定的期限内：一是没有资格被授予世界银行贷款的合同。这种情形可能包括世界银行根据自己的制裁程序或与其他国际金融机构达成的联合制裁，以及世界银行采购制裁程序，对某公司或者个人实施制裁，也包括由于正式制裁尚未生效，暂停某公司或者个人中标资格的情形。二是如果其他合格的公司被授予世界银行贷款的合同，该被制裁的公司或者个人没有资格作为这些合同下的指定分包商、咨询顾问分包商、供货分包商，或服务提供分包商。所谓指定分包商是指因为将提供特别和关键的经验和专业知识而被投标人在其资格预审申请或投标书中指定的，或由借款人指定的分包商。

2. 检查和审计

为了有效实施反腐败措施，世界银行有进行检查和开展审计的权利。世界银行要求在投标书或建议书征询文件和世界银行贷款资助的合同中包含以下条款，即要求投标人、申请人或建议人，咨询顾问、承包商和供应商，及其分包商、分包咨询顾问、代理商、员工、服务提供商或供应商必须允许世界银行检查与采购程序、选择或合同执行有关的所有账户，记录和其他文件，并由世界银行指定的审计师对其进行审计。

对于世界银行资助项目利用其同意的国内采购安排和公私合作模式执行采购，世界银行要求提交投标书或建议书的投标人、申请人或建议人，及咨询顾问在采购过程、选择或合同执行中接受适用和同意遵守反腐败指南，包括世界银行的制裁权和世界银行的检查和审计权。借款人应查阅并应用世界银行集团暂停或取消资格的公司和个人名单。如果借款人与被世界银行集团暂停或取消资格的公司或个人签订合同，世界银行不会为相关支出提供资金，并可能采取其他补救措施。

3. 支持全球性反腐败活动

腐败有显著的国际性，任何单个政府很难控制腐败，各国的努力在反对这些领域的腐败中起着重要作用。世界银行对这些国际反腐败活动给予了大力支持，并积极参与其中。在借款人根据《贷款采购规则》的规定与联合国机构之间签订协议选择联合国机构提供货物、工程、非咨询服务和技术援助服务时，世界银行要求上述有关对欺诈或腐败制裁的规定完全适用于与联合国机构签订合同的所有承包商、咨询顾问、分包商、分包咨询咨询顾问、服务提供商、供应商及其员工。作为上述规定的例外，根据制裁程序取消资格和赋予世界银行检查权力不适用于联合国机构及其员工，赋予世界银行检查权力也不适用于联合国机构与其供应商和服务提供商之间签订的合同。在这种情况下，联合国机构将根据世界银行与该机构所达成协议的条款和条件运用自己的规则和规章对欺诈或腐败的指控进行调查，包括有义务定期通知世界银行其做出的决定和采取的行动。世界银行保留要求借款人采取暂停或终止合同等救济措施的权利。联合国机构应该随时查阅世界银行有关暂停或取消其资格的公司和个人名单。如果联合国机构与被世界银行集团暂停或取消资格的公司和个人签订合同或订单，世界银行不会为相关支出提供资金，并将根据具体情况采取其他补救措施。

与世界银行签订具体协议后，借款人可在世界银行资助合同中的投标书或建议书征询文件中介绍并要求投标人或咨询顾问，包括在投标书或建议书中，承诺在采购过程中遵守国内反欺诈和腐败（包括贿赂）的法律，这样的法律已在投标书或建议书征询文件中被确认。如果世界银行认可对这一事项的安排，可在借款人的要求下，接受引入此种承诺的做法。

第三节　投诉处理

投诉处理与采购人、供应商和中介代理的利益息息相关，世界银行将强化对采购投诉的处理。因世界银行并非合同签署方，所以它在与采购有关投诉中的作用仅限于授标。授标之后，采购要服从借款人的本国法律和策略。世界银行管理层负责监督采购相关投诉，并向世界银行项目经理和业务部门提供更多的帮助，包括制定处理投诉的标准程序和投诉追踪措施。尽管不是合同缔结的当事人，但世界银行仍会进一步强化在投诉处理环节中的监督地位，从而保证投诉处理的可信度和公正性。为此，世界银行将采取一系列措施提高投诉处理的效率和质量，包括委派世界银行工作人员协助投诉处理、要求借款国提交所有的投诉处理报告以及任命争议处理审核专家等。

《贷款采购规则》规定了世界银行投资贷款项目如何处理采购投诉，主要涉及与采用世界银行标准采购文件而授予的合同、替代采购安排的合同以及采用国家采购程序的合同等有关的投诉。这些投诉的处理方式受限于具体采购过程中适用的采购规则和程序，借款人应按照世界银行同意的投诉审查规则进行处理：第一种，采用世界银行标准采购文件而授予的合同有关的投诉，也被称为与采购有关的投诉。世界银行标准采购文件（Standard Procurement Documents，SPDs）包括由世界银行发布供投资贷款项目借款人使用的总采购通告、具体采购通告、意向书征询函、标准资格预审文件、初步选择文件、投标书征询文件和建议书征询文件。对于这些合同，项目的采购计划应规定借款人必须使用世界银行的标准采购文件。《贷款采购规则》主要就如何管理和处理这类与采购有关的投诉进行了规范。第二种，与替代采购安排的合同有关的投诉，主要适用世界银行可依赖并在采购活动中起主导作用的多边或双边机构或组织，或借款人执行采购的机构或实体的采购规则和程序。第三种，与国家采购程序有关的合同的投诉，受制于不同的规则和程序。借款人必须有一个有效的投诉机制，以便能够使用自己的程序进行世界银行资助的国内公开竞争性采购。为了避免采购作为其一部分的项目产生不必要延误和中断，及时提交采购投诉及其解决方案至关重要。以下有关采购投诉的处理，主要是针对使用世界银行标准采购文件的合同有关的投诉。

一、投诉提起

采购方面的投诉通常由企业界的利益相关方及其支持者提起，与借款人在采购过程中及其后采取或未采取的措施有关。如果一方要提起与采购相关的投诉，应满足世界银行有关投诉主体、投诉范围、投诉时限和投诉内容的基本要求。只有符合要求的采购投诉，借款人才可以及时、公正地考虑投诉。

（一）投诉主体

有关投诉主体的规定，解决的是谁能投诉的问题。寻求投诉的一方必须具备规定的资格才能提起投诉。对于需要使用世界银行标准采购文件的采购，只有利益相关方才能进行采购相关投诉。利益相关方包括：

1. 采购机会的潜在参与者

潜在参与者是指有兴趣参与采购机会的公司或个人，但尚未对采购机会做出回应。例如，在资格预审、初步选择、征询投标书或建议书的申请过程中有意提交申请、投标书或建议书的潜在申请人、投标人、建议人或咨询顾问，但还尚未提交。

2. 实际参与者

实际参与者是指寻求获得合同的实际投标人、建议人或咨询顾问，也包括投诉其资格不合格的资格预审或初步选择申请人。针对合同机会，这些公司或个人已提交申请书、投标书或建议书。例如，已提交申请资格预审、被初步选择的申请人，或已提交投标书或建议书的投标人，建议人或咨询顾问。

利益相关方是潜在参与者还是实际参与者，将取决于采购过程在采购相关投诉发生时处于哪个阶段，以及利益相关方采取了哪些行动。

（二）投诉范围

有关投诉范围的规定，解决的是可以就什么事项投诉的问题。寻求投诉的一方只能就与采购相关的事项提起投诉，具体包括：

1. 采购文件

第一种情况是对采购文件的质疑。在这种情况下，申诉人可能会质疑采购文件的条款。这意味着申诉人可以就其对资格预审文件、初步选择文件、投标书或建议书征询文件及其补遗等文件存在的疑惑或问题提起投诉。

2. 排除决定

第二种情况是对合同授予前的排除决定的质疑。在这种情况下，申请人、投标人、建议人或咨询顾问可就借款人在合同授予之前做出的将其从采购过程中排除在外的任何决定提起投诉。例如，资格预审不符合，初审没有选中，或在多阶段采购程序中被排除等。

3. 合同授予决定

第三种情况是对合同授予决定的质疑。借款人发送合同授予意向通知给未中标的投标人、建议人或咨询顾问后决定授予合同。在这种情况下，申诉人可就借款人授予合同的决定提起投诉。这类采购投诉只能在投诉人收到借款人合同授予通知书后才能提出。

（三）投诉时限

有关投诉时限的规定，解决的是何时投诉的问题。采购相关投诉必须及时提交给借款人。根据不同的投诉事项，申诉人应遵守以下投诉时限的要求：

1. 采购文件

质疑资格预审文件或初步选择文件，投标书或建议书征询文件，以及借款人征询投标书、建议书、申请书的任何其他文件条款的投诉，应在递交申请书、投标书或建议书截止日期前至少10个工作日，或发布任何修改的条款和条件后至少5个工作日提交给借款人，以较晚者为准。

2. 排除决定

质疑在合同授予前将其从采购过程中排除的投诉，应在借款人向利益方发送此类排除通知后10个工作日内提交给借款人。

3. 合同授予决定

在发送合同授予意向通知或签订框架协议意向通知之后的投诉，应在停顿期间内提交给借款人。

（四）投诉内容

有关投诉内容的规定，解决的是提供什么信息的问题。申诉人向借款人提出投诉时，必须以书面形式提供所有必需的信息，包括：

1. 申诉人身份和联系方式

申诉人首先应表明身份，即“利益相关方”的名称，包括潜在或实际的申请人、投标人、建议人或咨询顾问。其次，申诉人也应提供如何联系的详细信息和地址，包括投诉人的电话号码、电子邮件地址和邮寄地址。对于实际申请人、投标人、建议人或咨询顾问，还要写明申请、投标或建议中所述的授权代表姓名。

2. 说明投诉主体资格

申诉人应具体说明具有投诉主体资格，属于具有资格的“利益相关方”。这意味着确定投诉人在采购中的利益，澄清该申诉人是否是采购机会的潜在或实际参与者。

3. 确定具体项目和采购阶段

申诉人应确定具体的项目、采购参考编号、采购过程的当前阶段和任何其他相关信息。具体而言，申诉人应明确采购投诉涉及的具体采购合同或活动，写明借款人的采购文件或采购通知中出现的名字和参考号，并说明采购过程当前达到的阶段，例如，资格预审邀请已经发布并将于某日到期，或合同授予意向通知书已于某日发出等。

4. 先前来往通信情况

投诉人应指明其与借款人之间关于投诉问题先前的交流，有必要提醒借款人参照之前就投诉内容和投诉方的相关沟通，包括所有以前沟通的详细信息，可能是一封电子邮件、信件、会面或情况说明会，在可能的情况下提供通信的副本。

5. 采购投诉的性质和依据

申诉人应阐述采购投诉的性质和预测的负面影响，包括导致投诉的原因及投诉函中所述的已造成的不满、问题、关切或负面影响。在说明采购投诉的依据时，申诉人应说明违反采购文件或采购规则的相关章节、段落或附录，或与之不一致的地方。

就采购所涉及的投诉而言，申请人、投标人、建议人或咨询顾问的作用和职责主要包括：一是要符合有关投诉内容和时限的要求。二是熟悉资格预审文件或初步选择文件、投标书或建议书征询文件或其他文件，以及世界银行采购规则的规定，以了解采购程序的规则。三是如有需要，及时申请召开情况说明会。四是在规定的时限内向资格预审文件、初步选择文件、投标书或建议书征询文件中指定的实体或官员提交投诉。为确保在规定期限内及时提交投诉，投诉人必须将其直接提交给借款人。向世界银行发送的采购投诉将被转交给借款人。在转发采购投诉时，世界银行不负责确保在期限内收到。投诉人应以书面形式提交采购投诉，并通过信件、电子邮件、传真或适用时通过借款人的电子采购系统以最快的方式进行。五是确保提交的任何投诉应具体和准确地解释投标人、建议人或咨询顾问的问题或疑虑，以及涉嫌违反适用的采购规则或采购文件。

二、投诉处理

投诉提交之后，借款人应及时和公平地考虑符合要求的每份投诉。如果投诉不符合所有要求，借款人应在合理的时间内处理。如果此类投诉涉及需要世界银行事前审查的合同，则借款人应当与世界银行共享这些信息，以确定适当的行动。

（一）处理时限

如果与采购有关的投诉符合所有基本要求，借款人应在规定的时间内进行审查和解决。

1. 采购文件

有关资格预审文件或初步选择文件，投标书或建议书征询文件，以及借款人征询投标书、建议书、申请书的任何其他文件条款的投诉，借款人应在3个工作日内书面确认收到投诉，并自收到投诉之日起不迟于7个工作日内审查和回复投诉。

2. 排除决定

有关在合同授予前将其从采购过程排除的投诉，借款人应在3个工作日内书面确认收到投诉，并自收到投诉之日起不迟于7个工作日内审查和回复投诉。

3. 合同授予决定

在发送合同授予意向通知或签订框架协议意向通知之后的投诉，借款人应在3个工作日内书面确认收到投诉，并自收到投诉之日起不迟于15个工作日内审查和回复投诉。

（二）解决投诉

在处理采购投诉时，借款人应确保对所有相关文件、事实以及与之有关的情况进行及时和有意义的审查。借款人对投诉的回复应提供充分的信息，并满足《贷款采购规则》有关信息保密的规定，还可能包括应申请人、投标人、建议人或咨询顾问在其申请书、投标书或建议书中的要求，为其商业、财务信息和行业秘密等机密和专属信息保密。借款人对投诉的回复应至少包括以下内容：

1. 问题陈述

借款人首先应确定需要解决的投诉问题，需要对投诉人提出需要解决的问题进行清晰简明的陈述。

2. 事实和证据

借款人应确认投诉事实和证据，需要清晰简明地陈述其认为与解决采购投诉有关的事实和证据。这些事实和证据应该围绕投诉问题组织和陈述。

3. 决定及其依据

借款人应准确陈述做出的决定，并说明决定是基于审查而做出的。此外，借款人还要说明做出决定的依据，例如，借款人对事实的理解，或引用具体采购规则、受质疑合同的标准采购文件规定的规则等。在提及具体决策依据时，答复应尽可能准确。

4. 分析

借款人应解释所做决定的理由，说明为什么投诉所提出的事实、情况和证据支持该决定。该分析可简短，只要清楚并确定为了得出结论而回答了必须回答的每个问题。

5. 结论

借款人应明确说明采购投诉的解决方案，并说明将要采取的下一步行动。当确认采购投诉时，借款人通常会采取以下一项或多项行动：一是针对采购文件的投诉。如果作为借款人审查投诉的结果，借款人决定修改资格预审文件或初步选择文件、投标书或建议书征询文件或其他文件，应以补遗方式发布修改。在必要时，借款人可延长申请书、投标书或建议书提交截止日期，以给予有意参与的各方充足的时间考虑修改的文件和准备响应。二是针对排除决定的投诉。如果作为借款人审查投诉的结果，借款人改变了采购过程中较早步骤或阶段的结果，借款人应及时将修改的评审结论通知所有相关方，并建议下一步的行动。三是针对合同授予决定的投诉。如果作为借款人审查投诉的结果，借款人改变了合同授予建议，应将修改的合同授予意向通知所有以前通知的投标人、建议人或咨询顾问，并按修改通知授予合同。

对于需要事前审查的合同，还需要世界银行与借款人之间的附加流程：借款人应及时将收到的任何投诉通知世界银行，并应为世界银行的审查提供所有相关资料和文件，若有的话，还包括对投诉回复的草稿。如果借款人审查投诉的结果是修改资格预审文件或初步选择文件、投标书或建议书征询文件或其他文件，改变其排除申请人、投标人、建议人或咨询顾问决定，或改变其授予合同的建议，借款人应在世界银行确认对投诉解决满意的基础上发布补遗，如有必要，延长递交申请书、投标书或建议书的截止日期，或及时将修改后的评审报告递交世界银行。借款人在没有收到世界银行确认对投诉解决方案满意的情况下，不得进行采购过程的下一步骤或阶段，包括合同授予。尽管有上述要求，对于资格预审文件或初步选择文件、投标书或建议书征询文件或其他此类文件的投诉，或质疑合同授予前被排除的投诉，借款人应与世界银行协商在考虑投诉时，如果有的话，在采购过程中可适当进行的步骤。此外，对于欺诈和腐败的投诉，世界银行要使用和遵守反腐败指南。涉及欺诈或腐败指控的采购投诉可能需要特别处理，借款人和世界银行必须进行磋商以确定可能需要采取哪些其他措施。

就采购所涉及的投诉而言，借款人的作用和职责包括：一是向申请人、投标人、建议人或咨询顾问提供及时和充分的信息，包括合同授予意向通知书和情况说明会中提供的信息，使申请人、投标人、建议人或咨询顾问了解借款人决定的基础，并就是否提出质疑该决定的投诉做出明智决定；及时确认已收到的采购投诉；及时、公正地解决采购投诉；按照投标人、建议人或咨询顾问在其投标书或建议书中的要求对其专有信息保密，包括其商业和财务信息及商业机密；借款人应按照世界银行和借款人之间的约定，在适当的跟踪和监测系统中记录所有采购相关的投诉，并保存所有情况说明和投诉的完整记录，包括每个投诉的解决方案；对于需要事前审查的合同，及时通知世界银行提交的任何投诉并向其提供所有相关文件和资料的副本，以及在整个投诉审查和解决过程中，及时和直接地与世界银行协商。

就采购所涉及的投诉而言，世界银行的作用和职责包括：一是确保任何提交给世界银行的投诉及时转发给借款人进行审查和解决。但需要注意的是，投诉人有责任及时将其投诉直接提交给借款人。二是在事前审查合同的情况下，及时考虑借款人提出的任何行动，包括但不限于召开情况说明否定投诉，或采取行动纠正在投诉中确定的不当行为。三是除确认收到投诉外，直到发布合同授予公告，在评审和审核过程中不与任何申请人、投标人、建议人或咨询顾问进行讨论或交流。

第十三章　《贷款采购规则》采购程序

在全球化背景下，传统的标准化采购方案和方法不再是实现项目目标的最佳选择。而根据不同的外部环境和项目所需，制定更合适的采购方式非常必要，采购过程中也需要世界银行员工做出更多的专业判断，给借款人提供清晰的采购程序和指导。世界银行采购政策旨在建立一套与时俱进，体现良好实践，重视采购核心理念的采购程序，以便取得更好的发展成果。借款人的采购程序规定了借款人和实施世界银行资助项目的各方必须遵循的强制性采购程序。

第一节　导则

导则是借款人在贷款项目采购中普遍适用或不适宜安排在其他部分的规则，包括特殊事项说明、采购技术和基本要求等内容。

一、特殊事项说明

《贷款采购规则》对一些特殊事项进行了规范，包括借款人提前签订合同、采用国内采购程序和特殊采购形式等内容。

（一）提前签订合同与追溯贷款

借款人可能希望在签署法律协议之前开始进行采购过程。在这种情况下，如果最终的合同有资格获得世界银行的投资项目贷款，则采购程序包括广告，应符合《贷款采购规则》中有关引言、一般考虑和治理的规定。借款人自己承担此类提前采购的风险，并且世界银行对程序、文件或授标建议做出的任何同意并不意味着世界银行承诺对该项目提供资金。

如果合同已经签订，世界银行偿还借款人在签订法律协议之前按合同规定支付的任何款项，称为追溯贷款，并且只允许在法律协议规定的限额内提供。

（二）国内采购程序

有些借款国的采购程序具有稳定性，不仅能提高效率，还可避免管理过多的平行程序。但依赖借款国采购程序可能增加欺诈腐败风险、减少竞争并降低效率，应重视风险和风险管理。世界银行主张采购遵循“符合目标”原则，在适用情况下可以采用借款国的采购程序（Use of Country Systems，UCS）。借款国的采购程序指的是采用借款国现有公共采购系统中的采购程序和方法，是否采用取决于借款国的采购能力以及风险评估和缓解措施，世界银行将进一步探索采用借款国的采购程序和国际协调的可能性。

如果采购计划同意，当采购面向国内市场时，可使用借款国的采购程序。对国内公开竞争性采购的要求包括：采购机会在全国范围内公开广告；采购向任何国家合格的公司开放；投标书或建议书征询文件应要求递交投标书、建议书的投标人或建议人在投标时出具签字的承诺函，确认适用和遵循世界银行的反腐败指南，包括不限制世界银行实施制裁、进行检查和开展审计的权利，该承诺函将包括在之后的采购合同中；在合同中适当地分配责任、风险和义务；公布合同授予信息；世界银行审查采购文件和活动的权力；具有有效的投诉机制；保留采购过程的记录。除国内公开竞争性采购之外，借款人使用的其他国内采购安排，如有限或限制性的竞争性招标、询价、直接签订合同，必须符合世界银行的核心采购原则和保证在法律协议中规定适用世界银行反腐败指南和制裁框架以及合同补救措施。在所有情况下，使用国内采购程序必须注意质量方面的问题。

借款人在紧急需要援助和能力受限制时，也可使用借款国的采购安排。当世界银行认为借款人或贷款受益人，或在适当时成员方因为自然和人为的灾难或冲突而紧急需要援助时，或因为小国家等脆弱性或特定不足而导致经验能力受限，世界银行可接受按照《贷款采购规则》的有关规定使用借款国的采购安排。

（三）特殊采购形式

特殊采购形式主要涉及对租赁资产和采购二手货物的规范。

1. 租赁资产

当租赁对借款人产生经济或经营效益时，如降低融资成本、税收优惠、资产使用时间短暂或减少废弃的风险等，采用租赁的形式可能是适当的。如果世界银行同意，并在采购计划中规定，借款人可采用租赁的方式。适当的风险缓解措施也应征得世界银行同意。

2. 采购二手货物

如果采购二手货物是实现项目发展目标的经济和有效的手段，并在采购计划规定和征得世界银行同意，借款人可购买二手货物，但需要满足以下要求：应在项目发展采购战略中反映可能必要的任何风险缓解措施；采购二手货物应与采购新货物分开；技术要求或规格应描述二手货物必须满足的最低要求，包括年代和状况；规定适当的质量保证条款。

二、采购技术和政策

面对全球公共采购趋向于创新和新实践的发展，世界银行在新的采购框架中提出了对环境和社会负责的采购，使用提高采购效率的技术等主张。

（一）采购技术

1. 电子采购

电子采购及其他科技的应用，可以加强和加快处理流程，有助于节省时间、提高效率并增加透明度；还可进行数据采集和分析，有助于投标人和借款人之间的双向沟通，并能够减少欺诈和腐败。世界银行希望通过采用新工具和电子采购平台，加快借款人的采购流程，使其获得在全球大市场才能实现的收益。就世界银行贷款项目采购而言，电子手段主要涉及两个方面：

（1）电子采购系统。

借款人可使用电子采购系统进行采购过程，包括发布采购文件和补遗、接收申请书、报价书、投标书或建议书，并进行其他采购行动，前提是世界银行对该系统的可靠性，包括它的可访问性、安全性和诚信、保密性和审计跟踪功能是满意的。世界银行可以在帮助发展标准平台，提供能力建设，推动本地公司使用电子平台等方面发挥作用。

（2）采购规划和跟踪工具。

世界银行认为应在银行范围内对采购活动进行追踪，并设置指标以提高效益。世界银行开发了信息技术系统来跟踪世界银行和借款人的采购行为并报告服务水平或响应次数。除非世界银行同意在法律协议中另有约定，借款人应使用世界银行的在线采购规划和跟踪工具编制、完成并更新其采购计划，并进行投资贷款项目中所有的采购交易活动。采购规划和跟踪工具将获得反映采购工作进展情况和识别所有瓶颈问题的基本数据，将对所有经过世界银行前审的采购活动进行系统性的支持。这些数据将被用于反映工作效益的指标体系的设置，同时与能力建设和制度强化活动一起被计入采购活动综合评价卡之中。

2. 价值工程

价值工程（ValueEngineering，VE），也称价值分析，是指以产品或作业的功能分析为核心，以提高产品或作业的价值为目的，力求以最低寿命周期成本实现产品或作业使用所要求的必要功能的一项有组织的创造性活动。价值工程涉及价值、功能和寿命周期成本三个基本要素。价值是对象所具有的功能与获得该功能的全部费用之比，即效用或功能与费用之比，公式为 $V=F/C$；F 为功能，是产品或劳务的性能或用途；C 为成本，是产品或劳务在全寿命周期内所花费的全部费用。

价值工程是用一个系统的、有组织的方法，以最佳成本来提供项目所需的功能。价值工程促进时间的减少或替换材料、方法，或者更便宜的替代方案，前提是不牺牲所需的功能、寿命或可靠性。价值工程通常应提高性能、可靠性、质量、安全性、耐用性、有效性或其他需要的特性。投标书或建议书征询文件可允许使用价值工程。合同执行过程中采用价值工程的机制应在合同文件中规定。

（二）采购政策

世界银行提出了"贷款项目的采购支持借款人在可持续发展过程中以诚信为本实现物有所值"的采购愿景，并建立了一套健全的采购原则，反映出政府采购领域的新概念，支持有效发展、物有所值、诚信和可持续发展。作为经济性原则的内在组成部分，可持续采购应着眼于整个生命周期总成本，为招标人带来收益和经济性，同时减少对环境的破坏，这与借款人自己的采购政策具有一致性。在土建工程、设施维护和发电领域，可持续性尤其重要，并被应用于稀缺资源及环境和社会经济因素之中。因为运用可持续性采购可能需要一定的资金投入，属于世界银行所建立的环境和社会等其他政策之外的要求，世界银行不会强制要求借款人运用可持续性采购，但鼓励借款人在贷款项目中鉴别并使用可持续性采购标准，通过考虑生命周期内的全部成本，确保采购实现最佳的性价比。如果世界银行同意，借款人可在采购过程中提出额外的可持续发展要求，包括他们自己的可持续采购政策的要求，只要可持续采购的应用方式与世界银行的核心采购原则相一致。根据《贷款采购规则》，借款人实施可持续采购应遵守以下要求：

1. 确定可持续需求

如果在采购过程中提出可持续性需求，借款人应在项目发展采购战略的计划阶段加以确定。首先要确定采购方法将解决的关键可持续性影响和问题。对于任何真正可持续的方法，它应该处理经济、环境和社会三个支柱。借款人需要在项目层面确定可持续的机会和风险。一旦确定了这些，优先考虑它们的过程有助于衡量它们的相对重要性和权重。可持续性优先事项可能缘于下列情况：

（1）借款人经济、社会和环境可持续性的政策。

考虑到借款人政策已经实施的情况，这些政策可能涉及中小企业的发展，新兴市场，一般或特定的可持续性政策，如就业平等、健康和安全要求、车辆排放标准、包装和处置等。这些要求，如劳动法、资源效率或社会健康和安全的标准通常也在环境和社会评估中确定。

（2）环境和社会影响评估。

借款人通过分析市场或业务以及运营环境确定风险和机遇。对于采购过程管理的可持续性风险和机会，借款人也可以通过环境和社会影响评估确定。

按照与借款人的约定，对于风险高或价值大的项目，在项目准备过程中就应确定具体的可持续性采购的要求，将其作为项目采购策略的一部分。必要时，世界银行和借款人将鉴别具体的可持续性采购的风险和机遇，包括项目中某些特定内容可能会涉及的采购问题，作为世界银行项目环境和社会风险评估的组成部分。借款人将在采购过程中适时对这些可持续性采购的风险和机遇加以关注，例如，在供应商选择、技术规范、评标规则和中标人履约表现监测等方面引入具体的可持续性采购标准。可持续标准来自借款人本国在可持续采购方面的政策，可包括产品的能源效能、化学废料的处理、危险物品管理、联合体的组成、培训需求等。

（3）社区的需求和期望。

随着经济、环境和社会资源的变化，社区经常由于消耗和破坏而面临着巨大的挑战。可持续采购为解决这些问题和实现复苏提供了机会。了解当地背景和社区需求和关注对于实现有效的可持续采购至关重要。

（4）自然产生的环境风险。

极端天气和气候影响正变得越来越普遍，并带来巨大的经济、环境和社会影响。采购项目中可能有机会通过可持续采购来解决这些问题。

2. 分析可持续需求

采购过程的第二阶段侧重于研究和分析供应市场以及准备项目发展采购战略，涉及选择适当的采购方法和市场方式。借款人需要分析确定的可持续性需求并将其纳入项目发展采购战略。采购战略分析有助于实践者制定适当的采购策略，以支持可持续成果的实现。通常，采购策略专注于为采购实体、经济和社会带来收益，同时最大限度地减少对环境破坏的行动。

3. 制定可持续性要求和评审方法

世界银行的采购规则允许在公司的资格预审或初步选择、功能或详细的技术规格、评审标准、合同条款和条件、合同的执行监督等不同阶段运用可持续采购。将项目发展采购战略中确定的可持续性优先事项纳入采购过程的设计以及规格和评审方法中至关重要。这有助于确保将适当的可持续优先事项纳入采购决策。

在制定技术规格时，不仅要参考项目发展采购战略，还要注意以下内容：规格必须符合当地法律法规；为提高合规投标或建议的可能性，进行市场分析和供应商咨询以确定市场是否准备好满足可持续性需求；可持续性优先事项应该透明和有效地传达给潜在供应商。可持续采购要求应基于支持数据等证据，以及现有社会标签标准、生态标签标准，或从工业界、民间社会和国际发展机构的利益攸关方收集的信息。除非世界银行认可，借款人不应要求可持续采购是专有的，或只有一家公司可提供的产品或服务。

4. 选择供应商和授予合同

借款人应根据可持续标准确定最具优势的投标书或建议书并授予合同。重要的是，采购文件应明确描述可持续性评审标准，以便供应商了解如何评审其提议。借款人要求可持续采购，应在投标书或建议书征询文件中规定适当的评审和资格标准，以便从可持续采购方面评审投标书或建议书。只要它们符合世界银行的核心采购原则，借款人可采用涵盖范围广泛的产品和服务的国际可持续发展标准。国际公认的证书或认证可用于证明公司实施环境管理措施的能力。这种证书和认证包括 ISO 14001 或有关认证和环境管理的国际标准的其他系统，公司还应能够证明即使没有证书，也要实施同等程度的可持续性管理措施。

借款人可根据采购的性质、规模和复杂程度组织标前说明会，目的是为潜在供应商提前通知采购机会，并告知他们所要求的可持续性优先事项的具体细节。这是一个了解商机、促进竞争和积极影响供应商的机会，借款人可应供应商要求解释和回答问题，商业预期以及项目可持续性需求的问题。

5. 管理合同执行

只要符合世界银行政策，借款人可在合同中包含经济、环境和社会方面的因素。借款人应该主动管理合同以确保按照约定实现可持续性优先事项。至关重要的是合同授予不是可持续采购过程的终结，而是实际提供可持续性需求过程的开始。

管理合同执行以及与供应商关系的最佳方式是制订全面的合同管理计划。合同管理计划可以最终确定，并共同商定绩效目标和措施。如果合同中包含可持续采购要求，关键绩效指标应包括关键的可持续采购方面，以便能够监测要求。将可持续发展目标与合同管理计划联系起来，有助于保持重点和动力，实现可持续性成果。在整个计划和选择阶段，合同经理和供应商应重新审视既定的可持续采购风险状况。通过这样做，可以保持供应商的支持、一致性以及对关键可持续采购风险和机会的持续关注。在合同期间，必须进行持续的绩效监控，以确保供应商继续按照规范、合同条款、绩效指标或单独的行动计划交付。

6. 合同后实施检查

在合同结束之后，借款人要检查和审查交付情况并评估是否实现了可持续性成果和优先事项，以及实现成果的影响。物有所值实现了吗？未来的可持续性采购有哪些经验教训？这个部分可能涉及向供应商和关键利益相关者说明哪些进展顺利和可以改进的地方，吸取了哪些经验教训以及如何让所有相关方共享这些经验教训。

如果将来要重复采用这种类型的采购，那么编制任务报告文件以提供给下一个项目发展采购战略是有用的。该文件至少可包含：对可持续性需求，目标或优先事项的执行概述；是否实现了可持续性方面；他们是否按预期交付；交付产生了哪些影响，包括正面和负面的影响；分析关键成功的因素以及如何将这些因素纳入下一个可持续采购。世界银行和借款人的经验教训应该相互分享。通过分享经验，世界银行工作人员和借款人将有机会学习成功和不成功的经验，以实现可持续的采购成果。

三、基本要求

针对贷款项目采购中涉及的语言、保密和通信等普遍问题，《贷款采购规则》进行了规范。

（一）语言

1. 借款人使用的语言

国际竞争性采购的所有采购文件应使用英语、法语或西班牙语，由借款人选择。借款人也可以用另一种语言发布这些文件的翻译版本，这些语言应该是借款人本国语言，可以是借款人的国家语言，或世界银行表示认可的、借款人所在国广泛使用的商业交易语言。对于需要事前审查的国际竞争性采购，借款人有责任使用在投标书或建议书征询文件中规定的国际语言即英语、法语或西班牙语，向世界银行递交准确翻译的资格预审、短名单、投标书或建议书的评审报告、合同草案以及与其一致的签字确认的合同副本。借款人还应向世界银行提供对此类合同的后续修改的准确翻译。借款人应对将文件翻译成借款人本国语言的正确性负全部责任。如果有任何差异，以英语、法语或西班牙语的文本为准。

对于国内采购，采购文件可用国家语言。当采购文件使用国家语言时，世界银行可要求借款人提供英语、法语或西班牙语的准确翻译，供其审查。

2. 投标人使用的语言

如果资格预审文件、投标书或建议书征询文件用两种语言编写，潜在的申请人、投标人、建议人或咨询顾问可用两种语言中的一种提交他们的申请书、投标书或建议书。在这种情形下，借款人与中选的投标人、建议人或咨询顾问签订的合同应始终采用提交的投标书或建议书使用的语言，这也是主导借款人和中选的投标人、建议人或咨询顾问之间合同关系的语言。合同不得以一种以上的语言签署。

（二）保密

在不损害《贷款采购规则》规定的透明度原则和其他义务，特别是有关发布合同授予公告和给落选的投标人、建议人或咨询顾问举行情况说明的规定，借款人不得透露申请人、投标人、建议人或咨询顾问在其申请书、投标书或建议书中提供的被标记为机密的信息。这可能包括专有信息、商业秘密以及商业或财务方面的敏感信息。

此外，借款人也不得泄露评审信息。按照适用的采购文件的程序，在通知申请书、投标书或建议书的评审结果之前，借款人应该避免将其处理审查、澄清和评审申请书、投标书或建议书的信息内容泄露给任何其他参与选择过程的投标人、建议人和咨询顾问，或未经授权访问此类信息的任何其他人。

（三）通信

借款人与申请人、投标人、建议人或咨询顾问之间在采购过程中的不同阶段的通信，应该为书面且带签收证明。借款人应该保留书面的会议记录，例如，前期的市场接触、竞争性对话，以及调查会或澄清会会议的书面记录。

第二节　采购过程

采购过程是指从确定需求开始，计划、编制规格或要求、预算考虑、选择、合同授予和合同管理的持续过程，结束于质量保证期的最后一天。世界银行采购政策覆盖整个采购周期，包括项目设计、采购规划、招标、合同管理和实施，将在招投标阶段遵循具体采购规定与更加关注质量、成果和绩效之间进行平衡。

借款人应按照法律协议的要求保存采购过程的所有记录。

一、采购战略和计划

公共采购可以成为经济积极增长的主要贡献者之一，特别是通过促进性的措施为中小型企业获得合同机会，在发展中国家拉动当地就业，帮助实现共同富裕。因此，提高客户采购能力对于促进发展成果来说非常必要。世界银行《贷款采购规则》要求借款人制订项目发展采购战略和采购计划，以支持项目发展目标和实现物有所值。

（一）项目发展采购战略

项目发展采购战略（Project Procurement Strategy for Development，PPSD）是一种用于确定最佳采购方案以实现正确采购结果的方法，要求考虑市场情况、业务背景、以前的经验和存在的风险，通过设计正确的采购方案，影响后续采购步骤和项目实施，获得市场的正确响应。通过项目发展采购战略优化采购过程设计是获得物有所值的第一步，主要决定如何支付分配的资金，以产生最大的价值。世界银行要求借款人为每个项目编制发展采购战略，以便可以实施具体的采购行为满足特定项目的需要。

1. 采购战略准备和项目周期

借款人在贷款项目准备过程中编制项目发展采购战略，世界银行在贷款谈判完成之前审查项目发展采购战略，与借款人就采购计划达成一致。如果借款人更新采购计划，则应在项目发展采购战略中阐述采购计划更新的依据和理由。项目发展采购战略总结与项目准备有关的所有活动，是项目评估的一部分。世界银行将项目发展采购战略摘要作为整个项目评估文件的一部分，并确定整个文件是否可以批准。

（1）选择采购战略方法和模式。

项目发展采购战略的细节和分析程度应该与项目采购的风险、金额和复杂性相匹配。如表 13 - 1 所示，世界银行根据采购或合同的类型，采购风险和合同价值确定了借款人何时可以使用简化版项目发展采购战略。在借款人和世界银行同意采购风险评级时，如果项目的采购范围没有超过下表中合同门槛值，则通常只需准备一个简化版的项目发展采购战略。在世界银行认可的因为自然灾害和人为灾难或冲突而需要紧急援助时，借款人可编制概括的、简化版的项目发展采购战略，前提条件是采购战略中简化的采购安排与世界银行的核心采购原则相一致。

表 13 - 1 项目发展采购战略简化版使用条件

采购/合同类别	合同预估成本（百万美元）			
工程	<200	<115	<75	<50
IT 供货和非咨询服务	<125	<75	<50	<30
咨询服务	<40	<30	<20	<15
采购风险	低	一般	显著	高

（2）采购战略准备和项目周期。

在一个项目周期中，项目发展采购战略的编制应尽可能早地在项目概念阶段开始。项目发展采购战略为准备采购计划提供依据，其中包括采购合同的描述、采购风险、合同价值、进入市场的方式和选择方法。借款人应为项目所需的全部合同准备一个单独的项目发展采购战略，详细描述采购方法，以便在项目前的至少18个月内对所有项目采购进行详细说明，并应随着获得的重要信息对其余采购进行更新。

供应定位是一项采购技术，根据具体项目的各自供应风险和项目价值对采购进行分类，可用于在准备项目发展采购战略时确定研究和分析的重点及后续更新。供应定位应在项目层面进行，然后根据以下供应风险因素对项目内的每项合同进行评估：借款人的能力和以前在采购和管理这类合同方面的经验、确定合同或项目及其独特性的难度、市场竞争情况和市场潜在供应商数量、合同执行风险、对项目交付和项目开发目标合同的关键重要性。供应风险因素的综合评估应分类，并按从高到低的顺序进行评级和排名。然后，在供应定位模型的 y 轴上，绘制每个合同的供应风险，在 x 轴上绘制每个合同的相对成本估算。合同的相对成本是根据其占整个项目采购成本的比例计算而得，通常将那些项目采购成本估计总额1%以上的合同确定为高成本。如果项目中的合同属于战术获得型，这表明供应风险水平相对较低，只需要相对应的较少研究和分析；如果属于战略安全或战略关键型，这表明供应风险相对较高，需要更高水平的分析，尽职调查和更多的投入。在供应定位评估完成后，借款人应使用其判断，确保模型上的合同安排是可行的。

2. 采购战略内容

项目发展采购战略应说明采购活动将如何支持项目的发展目标和在基于风险的方法下实现物有所值，借款人通过一系列关键阶段，形成采购方案设计，以制定“符合目标”的采购安排。项目发展采购战略应涵盖确定具体的项目需求，评估项目运行环境及其对采购的潜在影响，评审执行机构的能力、资源和以前采购本类型活动的经验，评价市场响应采购的适当性、行为和能力，以及根据市场分析、风险和运行环境以及项目具体情况证明采购安排的合理性等领域。项目发展采购战略提供了借款人编制采购计划和合同管理计划的基础，具体包括以下几个部分：

（1）项目概述。

项目发展采购战略在这一部分主要是描述项目的基本情况，其目的是简要总结项目的规模和要求。对于每个合同或分包合同，项目概述应简要说明包括成本估算在内的供应商所需内容，包括项目说明、项目发展目标、主要成果指标；说明任何特定的法律或政策的要求，包括任何可持续的采购需求和使用替代采购安排的建议；概述拟议的采购活动等。

（2）运行环境和借款人能力战略评估。

项目发展采购战略的这一部分评估了环境和能力两方面内容。

① 运行环境评估。

项目发展采购战略应分析和考虑运行环境因素，影响采购方法、投标人参与动力和后续合同成功，包括以下内容：

一是治理方面。影响安全的脆弱性、冲突和违约情况；国家对特殊经济部门的参与，如接受政府补贴的国有企业，规范市场和投标人的立法程序；总体法律框架；紧急情况。

二是经济方面。可能导致竞争不足或难以吸引国际投标人的小经济体；高通货膨胀率要求使用其他货币或通货膨胀时保护投标人的机制，使得投标人有动力参与竞争；推动国内企业参与的国内优惠，但又不利于国际竞争；向供应商准时付款的跟踪记录，以及汇率波动。

三是技术方面。技术变革速度；需要信息传递和安全，以便不会对投标人持续依赖；互联网接入和限制；移动电话接入和覆盖范围；用于履行项目的技术机会和技术依赖。

四是可持续性方面。可持续采购的要求，如使用能源或水效率目标等政府环境标准；与敏感环境中工作相关的社会影响；劳工输入和劳工标准。

② 借款人能力评估。

借款人能力评估的目的是确定可能对项目实施和正在制定的采购方式产生影响的任何已知因素，包括推动因素和制约因素。这一评估是世界银行对借款人能力的评估，还应帮助确定有针对性的早期干预措施，例如，借款人从世界银行或其他来源获得培训或增加支持。

借款人在评估其执行采购所需资源时应考虑以下因素：实施从采购计划到合同管理等采购过程的采购能力，实施类似项目的经验、成功的记录和取得的教训，合同管理能力和投诉管理系统。

（3）市场研究和分析。

市场研究和分析的目标，是对贷款项目所需的货物，服务或工程的市场领域进行适当了解，以确保最终采购方案能最大限度地吸引投标人参与，且能选择到合适的投标人、建议人和咨询顾问。

项目发展采购战略的这一部分应说明市场如何运营及其对借款人市场方法的影响，应从借款人和在该市场经营的供应商角度看待市场，以确定何种方式会激励合适的供应商参与采购。借款人分析这些信息、设计采购方案，确保有针对性地对待正确的市场和供应商，以便采购方法能够使市场利益最大化。例如，价值高或比例高的采购并不总是合适供应商参与投标的动力。市场研究和分析评估市场有关的风险和机会，这将影响到首选的市场方式战略，通过将市场研究和分析整合为一个结论表，用以在项目合同所处市场中选择符合目标的方法。

（4）风险管理。

采购风险分析是一个识别和将可能发生的风险最小化的过程，从而尽量减少对项目的影响。项目发展采购战略分析了风险管理计划，而风险管理计划则涵盖所有主要的风险，通过实施采购安排实现明确的需要。风险与运行环境、市场状况、执行机构的能力和采购的复杂性有关。

整个项目周期中应该评估每个风险的可能性及其影响，开发和维护划分优先级的风险缓解计划。管理在采购过程中所识别的采购风险和机会，包括采购安排、技术规范或规格、合同条款和条件、评审标准和合同管理。

（5）采购安排。

借款人应为项目每个合同阐述优先的采购安排，说明为什么这种安排符合目标。

① 市场方式选项。

涉及公开、有限或直接，国际或国内，资格预审或后审，单或多阶段，单或双信封、谈判、最佳和最终报盘。为实现物有所值，借款人需要明确的市场方式选项，考虑的要素包括：最有可能从市场吸引更多有竞争力的响应和适合的投标人或建议人的选择方法和安排，适当选用以详细的技术规范或规格为基础的要求、绩效或功能为基础的要求，价格、生命周期成本、定性或打分法等最能让投标人或建议人证明其能够提供价值的评审标准，标准、技术规范或规格，最适合于特定采购的合同类型等。

② 选择方法。

在确定选择方法和市场方案时，需要就选择方法、选择安排和市场方案做出决定。在确定采购安排的正确组合以设计市场方式时，对选择方法类型的确定主要基于市场竞争程度，有能力供应商数量，特殊性的要求以及实施工作中涉及的固有风险。这些信息应来自市场分析，包括由供应位置模型确定的合同成本和复杂性，市场参与方式和采购风险分析。

③ 合同战略。

用于确定合同类型、价格和成本模式以及所需要的持续供应商关系，以在合同期限内取得正确的结果。合同类型是适当的合同格式、条款和条件的选择，应基于规范的类型、采购风险评估、市场分析以及借款人的能力等信息来确定。

作为项目发展采购战略的一部分，所有已进行的分析和研究都需要汇总，以设计可用于实现采购目标和项目发展目标的不同采购方法。

（6）合同管理。

借款人应考虑活动的性质、风险和复杂性，符合目标，优化配置风险和责任，以及合同各方的角色和责任，确定合适的合同类型和合同条款。

对于项目发展采购战略确定的合同而言，要有效地管理一个合同，借款人应制订该合同的管理计划，使用关键绩效指标和里程碑事件。借款人应按照合同管理计划监督合同的履行和进展情况，并及时提供合同管理报告给世界银行。世界银行可使用收集的信息来评估合同的履行情况。

（二）采购计划

借款人需要制订采购计划（Procurement Plan），一种描述采购活动并列出日期的详细行动计划。采购计划属于项目贷款协议中由借款人准备的文件，在贷款谈判中世界银行批准的采购计划对借款人具有法律约束力。作为贷款项目准备过程的一部分，采购计划是顺利执行项目的一个前提条件。如果采购计划不充分可能会造成项目延误、分包打捆不合理、采购成本增高，以及无法履行规定程序等问题。而合理周详的采购计划可以减少违反程序和腐败，增大透明度和可预见性，并作为监测项目采购进度的依据。

1. 计划内容

借款人应根据项目发展采购战略分析编制贷款项目采购计划，如果更新采购计划，则应在项目发展采购战略中阐述更新的依据和理由。初步的采购计划一般应至少涵盖项目实施前18个月的采购活动，每12个月或更早更新一次。在紧急情况下，简化的采购计划可在实施阶段完成。

借款人编制的采购计划应汇总项目每个合同的采购安排。具体而言，采购计划及其更新至少应包括：活动或合同的简要描述，对采购的货物、工程或服务的简要说明；适用的选择方法，借款人建议且为贷款协议所允许的采购方式；成本估算；时间安排，从开始采购到工程完工或设备到货所需的时间，制定主要采购的时间表；世界银行的审查要求和限额；世界银行合理要求的任何其他有关采购的信息。

2. 计划审查

切实可行的采购计划对项目的成功实施和监管至关重要，世界银行应根据规定对借款人编制的采购计划及其更新进行审查，既作为项目评估的一部分，也是保证采购计划与项目整体实施计划、贷款协议以及《贷款采购规则》相一致。

在贷款协议谈判前，借款人应向世界银行提交采购计划供世界银行批准。在贷款协议谈判阶段，借款人与世界银行应就采购计划达成一致。在贷款协议谈判之后，世界银行将在其外部网站上公示双方同意的原始采购计划。借款人应在整个项目实施期间至少每年更新一次采购计划，将已经授予的合同以及下一年内将要采购的合同反映在采购计划中。所有采购计划及其更新或修改需通过世界银行的事前审查并得到不反对意见后才能实施，世界银行将在其外部网站上公示更新的采购计划。

二、邀请出价

在邀请出价环节，主要涉及对发布采购机会和采购文件的规范。

（一）发布采购机会

在竞争性采购中，借款人及时向市场通知采购机会很重要。借款人可以通过发布公告邀请投标或提交申请。

1. 总采购公告

总采购公告（General Procurement Notice，GPN）是世界银行和其他国际金融组织对其贷款项目特有的公告要求。世界银行资助项目中，涉及公开的国际竞争性招标（除涉及进口计划的业务外）的所有采购均需发布总采购公告。在项目任何采购活动开始之前，借款人应准备一份总采购公告，并提交给世界银行。世界银行将把该总采购公告在线刊登在联合国出版物发展商业报网站（UNDB online）和世界银行的外部网站（www. worldbank. org）上。潜在的投标人可以从总采购公告中得知贷款项目下需要通过国际招标采购的工程、货物和服务的信息以及招标单位的通信地址，与招标单位建立联系。

总采购公告的内容应包括：借款人或预期的借款人名称，贷款目的和金额，采购计划中采购的范围，借款人负责采购的实施单位名称、电话或传真号码和地址，适用时随后刊登具体采购公告可免费访问的网站地址，以及已知的具体采购机会的日期。

2. 具体采购公告

借款人应在借款国至少一份全国发行的报纸或官方公报，或可以免费访问的网站等媒体上刊登具体采购公告（Specific Procurement Notice，SPN）。

对于公开的国际竞争性采购，借款人还应在 UNDB Online 上公布具体采购公告，如果可能的话，在一份广泛发行的国际报纸上公布具体采购公告。世界银行将把由借款人准备好的具体采购公告在其外部网站上同时公布。

（二）采购文件

采购文件是公共采购中非常重要的文件，确定了借款人与项目所需货物、工程和服务供应商之间的权利与义务。世界银行强制要求借款人在贷款项目中采用其在外部网站 www. worldbank. org/procurement/standard document 上刊登的标准采购文件进行国际竞争性采购。借款人可使用世界银行接受的借款人自己的采购文件进行国内竞争性采购。以世界银行标准招标文件为例，主要内容为招标文件的商务部分，如投标须知、合同条款和各种格式等，这是因为商务部分有较大的共性，可以统一规定。而技术部分，如技术规范、技术规格、工程量清单、报价表等因专业和具体项目不同而有较大差别，需要分行业部门来编制和完善。世界银行可接受借款人根据项目具体情况对标准招标文件在最小范围内做出必要的修改。任何此类修改只能放在投标资料表或放在合同专用条款中，而不得对标准招标文件中的标准文字进行修改。《贷款采购规则》主要对采购文件的关键组成部分进行了规范，具体包括：

1. 技术标准和规格

采购文件应允许和鼓励国际竞争，并且应清楚准确地描述标准和技术规格。

(1) 技术标准。

投标书或建议书征询文件中的标准和技术规格应尽可能地促进广泛的竞争性，同时确保性能或其他采购要求。对于国际竞争性采购，借款人应尽可能规定使用国际上公认的标准，如国际标准组织所发布的标准，设备、材料或工艺应该符合这些标准。如果没有这些国际标准或者使用这些标准不合适，可以规定使用借款人本国的标准。在任何情况下，采购文件还应规定只要能保证所采购货物或工程实际使用或运行的关键性能或其他要求，符合其他标准和技术规范的设备、材料或工艺也是可以接受的。

(2) 品牌的使用。

采购文件应根据相关的技术特性或性能要求制定规范或技术规格，应避免引用具体的品牌名称、产品目录号或类似的分类号。如果为了完整地说明技术规范而必须引用具体制造商的品牌或产品目录号，则应在引用之后加上“或相当于”的字样。世界银行允许接受至少基本上等同于规定特征和性能的其他货物。

2. 出价须知

《贷款采购规则》主要就报价、投标保证金和有效期，以及评审标准等内容进行了规范。

(1) 报价。

投标书或建议书征询文件应当明确投标或建议的价格将固定，或是价格将做出调整，以反映合同主要成本部分的变化，如劳动力、设备、材料和燃料等价格上涨或下跌的任何变化。贷款项目进行国际竞争性采购货物时，投标书或建议书征询文件应规定适用的国际贸易术语解释通则的版本。

采购文件应说明投标人用于报价的一种或几种货币，给来自汇率风险较大国家的投标人提供选择，使其可以使用汇率风险较小的货币投标，从而为其投标报价提供一个更坚实的基础。世界银行要求在国际竞争性采购中，采购文件应说明投标人、建议人或咨询顾问可用任何货币表示投标价格或建议价格。投标人、建议人或咨询顾问可用当地货币和/或不超过三种不同外币表示投标或建议价格的总金额。借款人还可以要求投标人、建议人或咨询顾问说明投标或建议价格中用借款国货币或当地货币表示在借款国国内发生费用的比例。合同价格的付款货币是投标人、建议人或咨询顾问在投标书或建议书中要求的用于支付的一种或多种货币。

（2）投标保证金和有效期。

① 投标保证金。

对于货物、工程或非咨询服务采购，借款人可以要求提交投标或建议的保证金。如果要求提交保证金，应在投标书或建议书征询文件中规定保证金的金额和格式，并应在投标或建议有效期期满后的一段时间，通常为 4 周内保持有效，以使借款人在需要没收保证金时有充足的时间采取行动。投标或建议保证金应当由投标人或建议人选择的任何合格来源国有信誉的银行，或保险公司、债券公司或担保公司等非银行金融机构出具。如果投标或建议保证金是在借款国之外的非银行金融机构出具，而且在借款国也无法强制执行，则该金融机构应在借款国有一家代理金融机构以确保该投标保证金可以强制执行。借款人应允许投标人或建议人提交由他们选择的任何合格来源国的银行直接出具的银行保函形式的投标或建议保证金。一旦与中选的投标人或建议人签订了合同，借款人应及时退还落选的投标人或建议人的投标保证金。

作为投标或建议保证金的替代，借款人也可要求投标人或建议人签署投标保证声明，表示接受：如果他们在投标有效期内撤回或修改其投标书或建议书，或者在被授予合同之后未能与借款人签订合同，或不能在投标书或建议书征询文件规定的截止日期前向借款人提交履约保证金，则该投标人或建议人在投标书或建议书征询文件规定的一段时间内没有资格参与该采购人邀请投标或建议的任何合同的投标。

② 投标有效期。

投标书或建议书征询文件中规定的投标书或建议书的有效期应使借款人有充足的时间完成投标书或建议书的比较和评审，完成借款人内部所有必要的审批程序，按照采购计划要求允许世界银行进行事前审查，以及授予合同。

借款人应尽量在原投标有效期内完成评标和授标工作，如有意外情况必须延长投标有效期，应在投标有效期截止日之前以书面形式要求所有投标人延长投标有效期。延长期应为完成评标工作、获得必要的不反对意见以及授予合同所需的最短时间。

（3）评审标准。

投标书或建议书征询文件中应详细规定评审标准和方法。评审标准和方法应适用于所采购的类型、性质、市场环境以及复杂性。对于国际竞争性采购而言，世界银行对提交投标或建议价格的格式、结构和细节，以及比较和评审投标或建议价格方法的要求，包括借款国为采购货物、工程、非咨询服务和咨询服务征收税费的处理等，在适用的世界银行标准采购文件中有详细的描述。

世界银行作为一个国际开发机构，通过为其借款国的政府提供贷款和技术援助促进各借款国发展本国经济。世界银行采购政策也秉承了这一宗旨，鼓励在采购中促进借款国的承包业和制造业的发展，允许在公开的国际竞争性采购评审过程中对借款国制造的货物或建设的工程给予国内优惠，但该优惠政策不适用于国际竞争性招标之外的其他采购方式。借款人在采购计划同意，并在投标书或建议书征询文件中说明时，才能使用国内优惠。通过公开的国际竞争性采购货物或工程时，可在下列投标书或建议书的评审中提供一定幅度的国内优惠：一是与国外制造的货物相比，借款国制造的货物可获得的优惠，该优惠是国外制造货物的 CIP 价（运费和保险费付至指定目的地）加上 15%；二是对于人均国民总收入低于世界银行每年规定限额的成员方工程，在与来自国外公司的投标书或建议书比较时，符合条件的借款国国内公司可获得的优惠。该优惠是国外公司提出的价格加上 7.5%。目前，中国的工程承包商已经不能享受世界银行贷款项目的评标优惠，但中国制造的产品还可以享受国内优惠。国内优惠包括货物和工程两种，但不适用于成套设备。借款人必须对采用的国内优惠条款提出申请，并在采购文件中加以说明。

3. 合同类型和条件

（1）合同类型和安排。

借款人应考虑采购的性质、风险和复杂性，符合目标，优化配置风险和责任，以及合同各方的角色和责任，确定合适的合同类型和合同条款。根据物有所值原则确定合同类型后，借款人应在投标书或建议书征询文件中明确说明将要签订的合同类型，并提供相应的合同条款。

① 合同类型。

根据付款方式的不同，最常见的合同类型主要有以下几种：

一是总价包干合同。在总价包干合同下，承包商或咨询顾问同意按照固定的合同金额执行服务范围内的工作。付款的百分比或金额与合同里程碑的完成挂钩，或确定为要完成的工作价值的百分比。总价包干合同可适用于：可清楚和准确地规定采购活动的范围，并且可与选择时的里程碑付款挂钩，如简单的土建工程，可明确识别交付成果的咨询服务等；承包商负责交付已完成的工程、成套设备或预建的信息技术解决方案，如交钥匙合同，并可按合同里程碑以总价包干支付。

二是基于绩效的合同。基于绩效的合同付款不依据投入而依据在质量、数量和可靠性方面满足功能需求的可计量产出。基于绩效的合同适用于承包商在规定的期限内修复、运行和维护道路，在产出支付的基础上提供非咨询服务，以及以功能性运行为支付基础的设施运行。

三是计量合同。计量合同是基于单价的合同，此类合同是以每个具体项目的估计数量和合同单价为基础，并根据实际完成的数量和合同单价支付。这种类型的合同适用于明确规定性质的工程，但在施工前无法以合理的准确度确定其数量，如道路或水坝。对于货物和非咨询服务，当已知所需数量并要求投标人提供单价时，此类合同也是适合的。

四是基于时间的合同。基于时间合同的付款是根据商定的费率和所花费的时间再加上合理发生的可报销费用的开支。这种类型的合同安排适用于紧急情况及修理和维护工作，复杂研究、施工监理或顾问服务等难以确定或固定服务范围和持续时间的咨询服务。这种类型的合同不适用于货物或成套设备。

五是费用报销合同。费用报销合同付款涵盖所有实际开支成本，加上事先同意的支付管理费和利润的间接费。对紧急修复和维护工作，此类型的合同适用。但应通过承包商保存所有的记录和账户以供借款人或商定的中立第三方检查，以及合同包含适当的激励措施来限制成本等方法，最大限度地减少借款人的风险。

② 合同安排。

除了上述合同类型，还涉及其他类型的合同安排，主要包括：

一是框架协议。在固定期限内提供的固定或可变数量的产品或服务的合同安排。

二是公私合作模式。对于公私合作模式，有几个可能的合同安排，如建造—拥有—运营，建造—运营—移交，建造—拥有—运营—移交等。

（2）合同条件。

世界银行资助采购的合同条件，应在考虑成本和风险分配激励措施的基础上，通过分析哪一方能最有效地管理风险后再适当地分配权利和义务、风险和责任。合同条件应明确规定需要完成的工作范围，所需供应的货物、工程、非咨询服务或咨询服务，合同各方的权利和义务以及其他适当的条件。如合同中应明确规定保护版权和专利权的适当条款，应用和遵守世界银行反腐败指南，变更订单或合同变更的程序等内容。

世界银行贷款项目进行国际竞争性采购货物、工程和非咨询服务时，借款人应使用相应的标准投标书或建议书征询文件，且只进行世界银行可接受的最小修改，作为项目特定的合同条件。如果世界银行没有发布适用的货物、工程和非咨询服务的标准投标书或建议书征询文件，则借款人可使用世界银行可接受的其他在国际公认的标准合同条件和合同格式。如果上述标准文件都没有，借款人的合同条件应至少包括下列最低限度的内容：

① 履约保证金。

工程和成套设备合同应要求承包商提供在其违约情况下能为借款人提供充分保障的履约保证金。此保证金应按照借款人在投标书或建议书征询文件中规定的适当金额提供。履约保证金的金额可能会有所不同，取决于所提交的保证金类型以及工程或设施的性质和规模。通常情况下，银行保函金额不应超过合同价格的10%，除非该行业的商业惯例建议采用不同的比例。该保证金的一部分在工程或设施竣工日之后应继续保持有效，直到借款人最终验收，以覆盖缺陷责任期或养护期。履约保证金应以借款人在投标书或建议书征询文件中规定的世界银行可接受的适当形式提供，应允许投标人或建议人选择的合格来源国信誉良好的银行，或保险公司、债券公司或担保公司等金融机构直接出具履约保证金。但是，如果出具履约保证金的金融机构在借款国境外，且在借款国内不可强制执行，该金融机构应在借款国有代理金融机构，以使其能够被强制执行。

在货物供应合同中，是否需要履约保证金取决于该特定货物的市场情况和商业惯例。为防止不履行合同，借款人在投标书或建议书征询文件中可要求供货商提供适当和合理金额的保证金。

② 价格和支付。

一是价格及调整。合同应明确合同价是固定的，或者合同价将进行调整，以反映劳动力和材料等合同主要成本组成部分的任何变化。对于在18个月内交货的货物或完成的工程和非咨询服务的简单合同，价格调整条款通常没有必要，但期限超过18个月的合同应包含该条款。在本地或国外的通胀率预期较高时，少于18个月这种较短期限的合同也可能包括类似的价格调整条款。价格使用适用的官方价格指数进行调整。如果没有此类指数，也可以从适当的文件来源获得。合同中应明确规定调价公式、适用的价格指数及申请的基准日期。合同还应有适当的条款来处理投标书或建议书提交截止之日起28天后，借款国法律法规变化对合同的影响，随后影响合同完工期、交付日期或合同价格。货物合同应规定使用国际贸易术语解释通则的合适版本。对于复杂或高价值的合同，条款可以包括允许的价值工程，即承包商有关降低成本、提高性能、改进完成时间或为借款人创造其他利益的提议。该提案是根据承包商的成本编制的，是否采纳该提案取决于借款人。合同应规定各方如何分享提案所产生的任何利益。

二是支付。合同支付条款应符合具体货物、工程和非咨询服务通用的国际商业惯例。供货合同应在合同货物交货或验收后付清全部货款，对于涉及安装和调试的合同，可保留一部分款项待承包商履行合同项下的全部义务后再行支付。世界银行通常要求使用信用证方式以保证向承包商及时付款。对较大的设备和成套设备合同，应规定适当的预付款；对于执行期较长的合同，应规定在制造或装配期间根据进度付款。在适当的情况下，工程合同应提供动员预付款、承包商设备和材料预付款、定期进度付款以及在承包商按照合同履行全部义务后再行支付的合理保留金。对货物、工程和非咨询服务合同，合同签字后支付的任何动员预付款及类似费用的金额应按照对这些预付款或类似费用的测算金额确定，并应在投标书或建议书征询文件中予以规定。对其他预付款的支付金额和时间，如为已交运到现场将用于工程的材料所支付的材料预付款，也应有明确规定。投标书或建议书征询文件应规定预付款保证金的安排。

③ 保险和税费。

合同应包括承包人要提供的保险类型和条件。对所有合同，通常应规定投保一切险。对货物和单一责任合同，运输保险的赔偿应至少为要进口货物 CIP 价的 110%，并以合同货币或可自由兑换货币支付，以便及时替换遗失或损坏的货物。如果借款人不希望合同中包含保险，而是希望做出自己的安排或把保险留给本国公司或其他指定来源，借款人应向世界银行提供满意的证据说明：这些资源可以用合同支付货币中可自由兑换的货币及时支付更换丢失或损坏的货物和工程所需的赔偿金，以及各种风险已得到充分的规避。

合同也应规定如何处理税收、关税和收费，包括合同各方的责任。

④ 违约和争议解决。

一是违约。合同包括暂停和终止等条款，以解决任何一方的合同违约。合同条件应规定，合同的当事人若因出现合同条款中定义的不可抗力事件而不能履行其合同义务，不应被视作违约。借款人应规定合同完工时间或交货期，针对货物交付延迟、工程竣工时间延误、提供的货物、工程和或非咨询服务未能满足性能要求从而给借款人增加了额外成本、收入或者其他利益受到损失，合同条款中应规定适当金额的罚款或类似的处罚。如果供货商或承包商的交货或完工时间早于合同中规定的时间，而该提前交货或完工将给借款人带来效益，也可规定向这些供货商或承包商支付奖金。

二是争议解决。进行国际竞争性采购的合同条件应包括适用的法律和争端解决的机制。所有国际竞争性的采购合同都必须包括适当的独立争议解决机制，争议审查专家或争议审查委员会。在中立地点的国际商务仲裁比其他争端解决方法更具有实际优势，因此世界银行要求借款人在合同中采用这种仲裁方式。除非有合理的理由，如借款国有世界银行可接受的、等效于国际仲裁的国家法规和仲裁程序，或合同授予了借款国的投标人、建议人或咨询顾问等，世界银行可能同意放弃这一要求。借款人不应把世界银行指定为仲裁员，也不应要求世界银行指定仲裁员。但是，国际投资争端解决中心的官员可作为中心官员自由提名仲裁员。

潜在的申请人、投标人、建议人或咨询顾问可以书面形式要求澄清借款人已发布的采购文件。借款人对要求澄清的回复不得泄露可能带来不公平优势的信息。对资格预审文件、初步选择文件、投标书或建议书征询文件的全部澄清和补遗，应以书面形式同时发送给每个原始文件的收件人和记录的所有潜在申请人、投标人、建议人或咨询顾问，并给予足够的时间使他们能够采取适当的行动。对已经发出的采购文件的修改，应当以补遗的形式书面发出。如有必要，递交申请书、投标书或建议书的截止期限应适当延长。

三、开启和评审出价

在开启和评审出价环节，主要涉及对接收和开启出价、评审出价等内容的规范。

（一）接收和开启出价

1. 投标书或建议书准备时间

借款人应该让市场有足够的时间审查要求并准备和提交出价，在确定投标书或建议书的准备和提交时间时，应充分考虑项目的具体情况和合同规模、风险和采购的复杂程度。除非世界银行另外同意，公开的国际竞争性采购允许准备投标书或建议书的最短期限为30个工作日。对于复杂的采购，借款人可安排标前会，潜在投标人、建议人或咨询顾问可与借款人的代表见面以澄清问题。借款人还应为潜在投标人、建议人或咨询顾问进入项目现场提供适当的便利。接收投标书或建议书的截止时间和地点应在具体采购公告和投标书或建议书征询文件中规定。潜在的投标人、建议人或咨询顾问可通过邮寄或亲自提交投标书或建议书。如果世界银行对借款人的电子系统感到满意，借款人还可根据规定使用电子系统。

投标人一旦收到资格预审文件、投标书或建议书征询文件，应认真地进行研究，以确定自己是否能满足技术、商务和合同条件。如果能够满足，就可以着手准备投标书或建议书。而且，投标人、建议人或咨询顾问应着重审查投标书或建议书征询文件中是否有含糊不清、遗漏或自相矛盾的地方，或者有不明确或带有歧视性或限制性的技术规范或其他条件。如果有的话，投标人、建议人或咨询顾问应要求借款人以书面形式在采购文件规定的时间内予以澄清，以保证提交完全响应和符合要求的投标书或建议书。

2. 开启出价

投标书或建议书的开启日期和时间应与收到投标书或建议书的截止日期和时间相同或紧随其后。投标书或建议书开启的时间和地点应在投标书或建议书征询文件或具体采购公告中公布。在一阶段双信封的过程中，打开第二个信封的日期，时间和地点也应适当地宣布。一般情况下，借款人应公开开启投标书或建议书。但在将进行最佳最终报价或谈判，或在竞争性对话中的情况下，通常不公开开启投标书或建议书，而是需要有世界银行可接受的诚信监督方在场。在开启投标书或建议书时，借款人不应讨论任何投标书或建议书的优点，也不应拒绝已按时收到任何投标书或建议书。在截止日期和时间后收到的投标书或建议书，以及开启仪式上没有拆封并宣读的投标书或建议书均不予考虑。具体而言，开启出价的程序如下：

在一阶段单信封的程序中，借款人应公开开启在截止期限前收到的所有投标书或建议书，大声朗读并记录提交投标书或建议书的每个投标人、建议人或咨询顾问的名称，每份投标书或建议书的总金额、任何折扣、要求的投标保证金或投标保证声明，以及要求或允许提供的投标书或建议书的任何替代方案。

在一阶段双信封的程序中，如果不进行最佳最终报价或谈判，或者不是竞争性对话过程的情况，借款人应公开开启在递交截止期限前收到的装有技术投标书或建议书的第一个信封，大声朗读并记录提交投标书或建议书的每个投标人、建议人或咨询顾问的名称，是否提交了装有价格投标书或建议书的密封信封，是否有要求的投标保证金或投标保证声明以及任何其他合适的信息。对于提交的财务建议书，应未开封并保存在安全的地方。借款人确定了能够满足其技术要求的投标人、建议人或咨询顾问后，应公开开启他们装有财务投标书或建议书的第二个信封，大声朗读并记录每个提交投标书或建议书的投标人、建议人或咨询顾问的名称，适用的技术分，每份投标书或建议书的总金额以及任何折扣。合同签订后，那些技术投标书或建议书没有满足技术要求或者被认为不具响应性的，其未开封的财务投标书或建议书将全部退回。对于第一阶段提交不包括价格的多阶段程序而言，需要宣读的信息与一阶段双信封程序相同。在多阶段和双信封的程序中，借款人如果将进行最佳最终报价或谈判，或在竞争性对话过程中，通常不公开开启投标书或建议书，而是需要世界银行可接受的诚信监督方在场。

投标书或建议书开启记录的副本应立即送交所有投标书或建议书被开启的投标人、建议人或咨询顾问，如果需要事前审查，该记录还应报送世界银行。没有公开开启投标书或建议书，但是有诚信监督方在场的信息应包括在诚信监督方的诚信报告中。借款人应把诚信报告提交给世界银行，并与合同授予意向通知一起送给所有的投标人、建议人或咨询顾问。

（二）评审出价

世界银行采购政策主要对评审标准和方法、国内优惠和投标书处理等进行了规范。

1. 评审标准和方法

在世界银行资助的采购活动中，应遵守其规定的投标书或建议书的评审原则。评审标准在项目发展采购战略中有规定，以确保评审标准适合于采购的性质和复杂程度，借款人可达到最佳的物有所值。

（1）评审标准。

评审标准的设计应使借款人实现贷款项目下的发展目标和成果。

① 基本要求。

投标书或建议书的评审标准应符合以下要求：一是评审标准应与所采购的类型、性质、市场环境、复杂性、风险、价值和目标等相称并合适；二是在切实可行的范围内，评审标准应该量化，如转换为货币表示的评审标准；三是投标书或建议书征询文件应包括完整的评审标准及其应用的具体方式；四是只用且全部使用在投标书或建议书征询文件中列出的评审标准；五是在投标书或建议书征询文件发出之后，评审标准的任何变化都应通过投标书或建议书征询文件的修改或补遗做出；六是对所有提交的投标书或建议书使用一致的评审标准。

② 考虑因素。

为实现物有所值，评审标准可考虑如下因素：一是费用。使用与采购性质适合的费用评审方法，包括调整后的投标价格，或调整后的投标价格加上资产在使用寿命期间的运行或经常性成本的净现值，即“生命周期成本”。二是质量。使用确定在何种程度上货物、工程、非咨询服务或咨询服务达到或超过质量要求的评审方法。三是风险。降低有关风险的评审标准。四是可持续性。考虑到支持项目目标规定的经济、环境和社会效益方面的标准，可能包括提议的灵活性，以适应整个生命周期中可能发生的变化。五是创新。对于设计或交付货物、工程、非咨询服务或咨询服务，允许评审创新的标准，并使投标人或建议人有机会在其投标书或建议书中酌情包括超出要求的解决方案，或提供更好的实现物有所值的替代方案。

（2）评审方法。

根据贷款项目采购的类别，可采用不同的评审方法：

① 货物、工程和非咨询服务。

资格标准是投标书或建议书征询文件中规定的最低要求，通常以合格或不合格的方法评审。在评审投标书或建议书时可以采用以下方法：

一是打分法。打分法是对非价格属性的优点打分，在利益无法量化或评审标准不能用货币化来表示，以及与打分法相关联的利益预计因不同的投标书或建议书而有所不同时采用。打分法标准和适用的子标准根据其对达到预期成果的相对重要性进行优先排序，分配评价分数。子标准的数量应保持在最低限度。打分法评审可包括但不限于方法和工作计划的质量，性能、容量或功能特征，以及可持续采购等相关特征。

二是费用评审法。按照投标书或建议书征询文件的规定，费用评审的基础包括调整的投标价或生命周期成本。投标价的调整包括算术校正、任何折扣和在投标书或建议书征询文件为评审目的而规定的其他调整，包括对交付或实施时间表的偏差或付款条件的偏差，轻微偏差或遗漏等进行的调整。当货物或工程在规定的寿命期间的运行和/或维护成本与初始成本相比相当可观，并且可能因不同的投标书或建议书而异时，应尽可能采用以净现值成本为基础的生命周期成本评审法。当使用生命周期成本评审时，借款人应在投标书或建议书征询文件中规定以下信息：决定生命周期成本的使用年限；计算在上述生命周期中未来成本折算为净现值成本的百分比折现率；用于计算运行、维护和剩余价值成本的因素和方法，包括投标人或建议人在投标书或建议书中提供的信息。

三是打分法和费用法的组合。投标书或建议书的财务得分与其价格成反比。投标书或建议书征询文件中应规定组合打分法和费用法分数的权重，以确定最具优势的投标书或建议书。分配给打分法标准的相对权重一般不应超过30%，但为了实现物有所值，该权重最高可设定为50%。

② 咨询服务。

一是技术评审。咨询服务的技术建议书通过使用方法和工作计划的充分性，关键人员的相关经验和资格，以及公司的相关经验等标准的打分法进行评审。此外，根据不同的性质和任务的需要，知识转让和关键人员中的借款国人员参与程度也可被纳入标准。具体标准和相应的得分范围参见表 13 –2。如果有正当理由，并通过世界银行的事前审查，分数范围可调整。例如，当知识转让是咨询任务的主要目标，它可能被分配更高的权重，以反映其重要性。在规定的范围内，每项标准的得分取决于任务的性质和复杂性。例如，当通过创新的建议来实现物有所值，被分配到"方法"这一标准的得分可在该范围的较高端。借款人通常把这些标准再分为子标准，然后每个标准的总分再分配给它的子标准，子标准的数量应保持至最低限度。建议书征询文件应规定总体最低技术分数。最低技术分数通常在 70% ~85% 的范围内，具体取决于任务的性质和复杂程度。

表 13 –2 建议书质量的得分范围

打分法标准	得分范围
方法	20% ~50%
关键人员的相关经验和资格	30% ~60%
公司的相关经验	0 ~10%
知识转让	0 ~10%
关键人员中的借款国人员 （反映关键人员中的借款国人员的参与，而无论国外或借款国公司提出，以借款国专家的时间占全部关键专家的时间比例计算）	0 ~10%

二是财务评审。所报的总价包括咨询顾问的所有报酬和其他可报销及杂项费用。为了评审的目的，所报的价格均不包括对合同征收的当地可识别的间接税，如销售额、增值税和消费税以及类似的税费，以及针对咨询公司的非借款国专家和其他人员在借款国提供服务所获报酬征收的所得税。在特殊情况下，借款人在评审财务建议书时不能完全确定间接税，世界银行可能会同意，仅为评审的目的，价格可能包括支付给借款国的所有税款。对于基于时间的合同，要修正计算上的错误，调整不能反映技术建议书所有投入的价格。按照上述规定，财务建议书所报的总价减去间接税，即是所报的评审价格。对于总价包干合同，该咨询顾问被视为已在其财务建议书的价格中包含了所有的费用，所以既不进行算术修正，也不对价格做出调整。对于基于质量和费用的选择（Quality and Cost – Based Selection，QCBS），给予最低的总报价建议书 100% 的财务分，其他建议书的财务分与他们的报价成反比。建议书征询文件中应规定所使用的方法。

三是质量分和财务分组合。对于基于 QCBS，用质量得分和财务得分的加权合计确定最具优势建议书。质量和财务得分的加权取决于咨询任务的性质和复杂性。

除了世界银行事先审查的正当理由，质量和财务加权评分的权重范围一般如表13－3所示。

表13－3 QCBS质量和财务组合

说明	质量分/财务分权重（%）
高度复杂／下游后果／专业任务（或可能使用基于质量的选择方法）	90／10
中度复杂性	70～80／30～20
标准或常规性质的任务（或可使用基于最低费用的选择）	60～50/40～50

2. 国内优惠

经世界银行同意，借款人可在公开的国际竞争性采购评审过程中对国内制造的货物和工程适用国内优惠。

（1）货物的国内优惠。

招标文件应明确写明将对国内制造货物给予的任何优惠，以及享受该优惠所需的投标合格性信息。制造商或供应商的国籍不是该合格性的条件，在评审和比较投标书或建议书时，应遵循以下方法和步骤：

① 投标书分类。

为便于比较，应将具有响应性的投标书或建议书分为下列三组：A组：只提供借款国国内制造货物的投标书或建议书，而且投标人已向借款人和世界银行证明来自借款国国内的劳务、原材料和部件，包括国内运输和保险，将占该产品出厂价的30%以上，以及将要制造或组装该货物的生产设施至少从提交投标书之日起已开始制造或组装该类货物；B组：提供借款国国内制造货物的所有其他投标书或建议书；C组：提供已进口或将直接进口的国外制造货物的投标书或建议书。

A组和B组投标书或建议书的货物报价中应包括在国内市场上购买或进口的基本材料或零部件已付或应付的所有关税和其他税费，但不包括对制成品征收的销售税和类似的其他税；C组投标书或建议书的货物报价中应是CIP价，不包括已付或将要付的关税和其他进口税，这些税费由借款人负责支付。

② 评审步骤。

首先，应对每组所有投标书或建议书进行比较，以确定各组最具优势的投标书或建议书。然后将这些最具优势投标书或建议书进行相互比较，如果比较的结果是A组或B组的某个投标书或建议书最优，则应选择将合同授予这个投标人或建议人。

如果最具优势投标书或建议书来自C组，为了做进一步的比较，应在C组所有投标书或建议书提供的已进口和将要进口货物的评审价格基础上，加上货物 CIP 价的 15%，然后将 C 组中所有投标再与 A 组中最具优势投标书或建议书进行比较。两组价格都应该包括无条件折扣并应进行计算错误的修正。如果 A 组的投标书或建议书最优，应向其授予合同。反之，则应选择 C 组最具优势的投标书或建议书。

（2）工程的国内优惠。

投标书或建议书征询文件应清楚说明国内承包商享受的国内优惠，以及合格享受这种优惠的投标书或建议书所需提供的信息，并遵守以下规定：

① 确定资格。

应要求申请享受国内优惠的投标人或建议人提供包括所有权在内的有关详细资料，作为其资格文件的一部分。根据借款人制定并为世界银行所接受的分类方法，这些资料将用来确定一个特定的投标人或建议人或一组投标人或建议人是否有资格享受国内优惠。投标书或建议书征询文件应明确规定国内优惠是否适用，以及在对投标书或建议书进行评审和比较时给予国内优惠的方法。

借款人接受和审查投标书或建议书后，应将具有响应性的投标书或建议书分成两组：A 组：有资格享受国内优惠的国内投标人或建议人提交的投标书或建议书；B 组：其他投标人或建议人提交的投标书或建议书。

② 评审步骤。

作为第一步评审步骤，应评审各组所有投标书或建议书，确定各组最具优势的投标书或建议书。然后将两组最具优势投标书或建议书进行比较，如果 A 组的是最具优势投标书或建议书，应将其选定授予合同。

如果 B 组的投标书或建议书是最具优势投标书或建议书，作为评审的第二个步骤，B 组全部投标书或建议书应与 A 组最具优势投标书或建议书进行比较。为了做进一步的比较，B 组每个投标书或建议书中提供的已评审价格，加上各自投标或建议价的 7.5%，该投标价应经算术错误修正，包括无条件折扣但不包括暂定金和适用的计日工。如果 A 组的是最具优势投标书或建议书，应将其选定授予合同。否则，在第一步评审步骤时确定的 B 组最具优势投标书或建议书应获选。

3. 投标书处理

根据投标书或建议书的不同情况，有以下几种处理结果：

（1）拒绝所有投标书。

在世界银行贷款项目采购中，可根据规定拒绝所有投标书或建议书。

① 货物工程和非咨询服务。

世界银行规定，借款人可在以下任一情形时拒绝所有投标书或建议书。对于需要事前审查的合同，还要有世界银行的不反对意见。

一是缺乏有效竞争。需要注意的是，缺乏竞争不得仅以投标人或建议人的数量为基础来确定。即使只递交了一份投标书或建议书，如果刊登了令人满意的采购公告，资格标准没有不当限制，以及与市场价相比价格合理，招标过程也可认为是有效的。

二是所有投标书或建议书未实质性响应采购文件的要求。

三是投标书或建议书的价格远高于更新的成本估算或可用预算。

四是没有任何技术建议书符合最低技术资格分数。

如果借款人拒绝了所有投标书或建议书，应审查拒绝所有投标书或建议书的原因和理由，适当修改项目发展采购战略，并在邀请新的投标书或建议书前适当地修改投标书或建议书征询文件。借款人不得仅为获得更低价格而拒绝所有投标书或建议书，并使用相同的投标书或建议书征询文件邀请新的投标书或建议书。如果最具优势投标书或建议书大幅超出借款人更新后的成本估算，借款人应分析差异产生的原因，并考虑征询新的投标书或建议书。此外作为替代选择，借款人也可与最具优势投标人或建议人进行谈判，通过减少合同范围和/或重新分配风险和责任来降低合同价格，获得满意的合同。但是，大幅减少合同范围或修改合同文件可能需要重新招标。

② 咨询服务。

借款人可在以下任一情形时拒绝所有建议书。对于需要事前审查的合同，还要有世界银行的不反对意见。

一是所有建议书未响应任务大纲的重要内容，或者在满足任务大纲的要求方面存在重大缺陷。

二是所有建议书未能达到最低技术及格分。

三是中选建议书的报价远高于可用预算或最近更新的成本估算。在此情况下，借款人在与世界银行协商后，应与咨询顾问探讨增加预算或缩减服务范围的可能性，而不是重新邀请新的建议书。但是，任何大幅减少服务范围则需要重新邀请新的建议书。如果基于时间的合同在建议书评审时，成本是一个评审因素，咨询顾问提出的人－月数可以协商，条件是人－月数的改变不得影响质量或对咨询任务产生不利的影响。

（2）严重不平衡或支付前置的投标书。

对于工程和成套设备来说，如果借款人认为最低评审成本或最优评审建议中的投标或建议严重不平衡或支付前置，借款人可要求投标人或建议人提供书面澄清，包括详细的价格分析以证明报价与工程范围，提出的方法和时间表相一致。在评审详细的价格分析后，对于需要事前审查的合同，还要获得世界银行的不反对意见，借款人可根据情况接受该投标书或建议书，或要求投标人或建议人将履约保证金总金额提高到不超过合同价格的20%，费用由投标人或建议人承担，或拒绝该投标书或建议书。

（3）异常低价的投标书。

就货物、工程和非咨询服务而言，异常低价的投标书或建议书是指其投标书或建议书所报出的价格，与投标书或建议书的其他因素结合，明显偏低，使借款人对投标人或建议人以其所报价格履行合同的能力产生了重大关切。

如果借款人发现潜在的异常低价投标书或建议书，借款人应要求该投标人或建议人进行书面澄清，包括对合同标的物有关的投标或建议价的详细价格分析、工作范围、实施方法、时间表、风险和责任分配，以及投标书或建议书征询文件的任何其他要求。在评审价格分析后，如果借款人确定投标人或建议人未能证明其具有以其报价履行合同的能力，借款人应拒绝其投标书或建议书。

（4）最具优势投标书。

借款人应按照适用的选择方法将合同授予提交最具优势投标书或建议书的投标人、建议人或咨询顾问。

对于货物、工程和非咨询服务而言，使用打分法时，最具优势投标书或建议书是指符合资格标准的投标人或建议人提交的投标书或建议书，该投标书或建议书被确定为实质性响应投标书或建议书征询文件，且投标或建议排名最高；不使用打分法时，最具优势投标书或建议书是符合资格标准的投标人或建议人提交的投标书或建议书，该投标书或建议书被确定为实质性响应投标书或建议书征询文件，且为最低评审价；对于咨询服务而言，最具优势建议书是评审的最佳建议书。

四、合同授予

一旦借款人确定了最具优势的投标或建议，就会进入合同授予阶段。在合同授予环节，借款人不能简单地与中选的投标人或建议人签订合同，必须要完成合同授予意向通知、停顿期和合同授予公告等步骤，以确保透明度和问责制。

（一）合同授予意向通知

1. 货物、工程和非咨询服务

在决定授予合同之后，或在框架协议的情况下决定要签订框架协议之后，借款人应以可行的最快方式，并按照投标书或建议书征询文件中的进一步规定，提供借款人打算将合同授予中选投标人或建议人的书面通知，或在框架协议情况下的签订框架协议意向通知。此类通知应及时和同时发送给提交投标书或建议书的每个投标人或建议人，除非投标人或建议人之前在采购过程过渡阶段已收到将其从过程中被排除的通知。对于世界银行事前审查的合同，根据采购监督的要求，借款人只有在收到世界银行对评审报告的不反对意见后，才能发出合同授予意向通知，或框架协议情况下的订立框架协议意向通知。在框架协议的情况下，在收到世界银行对评审报告的不反对意见后，才能将订立框架协议的书面意向通知提供给投标人或建议人。

根据有关的选择方法，并在相关的投标书或建议书征询文件中进一步明确，借款人提供给每个接收者的合同授予意向通知至少应包括以下信息：一是中选的投标人或建议人的名称和地址。二是合同价格，或者中选投标或建议基于打分法评审，即价格和技术因素打分，合同价格和中选投标或建议得分合并后的综合得分。三是提交投标书或建议书的所有投标人或建议人的名称，及其唱出的投标或建议价格和评审后的价格。四是关于接收者的投标或建议未中选的原因说明，除非上述价格信息已经揭示了未中选的原因。借款人不得泄露任何其他投标人或建议人的机密或专有信息，如成本明细、商业秘密、制造工艺和技术或者其他机密的商业或财务信息。五是按照投标书或建议书征询文件和有关采购投诉的规定，如何在停顿期内要求情况说明和/或递交投诉。六是停顿期结束的日期。

2. 咨询服务

在与中选咨询顾问初步完成谈判合同草案之后，借款人应及时和同时向财务建议书被打开的每个咨询顾问发出向中选咨询顾问授予合同的意向通知，借款人已经与之成功地进行了合同谈判。在框架协议情况下，如果决定订立框架协议，应向各咨询顾问及时提供订立框架协议意向的书面通知。对于需要事前审查的合同，合同授予意向通知或订立框架协议意向通知，应在收到世界银行对与中选咨询顾问初步达成的合同草案的不反对意见之后及时发出，或者在框架协议的情况下，在收到世界银行对评审报告的不反对意见之后及时发出。

根据相关的选择方法，并在建议书征询文件中进一步明确，借款人提供给每个接收者的合同授予意向通知至少应包括以下信息：一是借款人与之成功进行合同谈判的咨询顾问名称和地址，以及合同价格。二是包括短名单中的所有咨询顾问名称，说明哪些咨询顾问提交了建议书。三是在选择方法要求时，唱出和评审的每个咨询顾问的价格。四是总体技术分数，以及分配给各咨询顾问的每个标准和子标准的分数。五是咨询顾问的最终综合得分和最终排名。六是关于接收者的建议未中选的原因说明，除非上述综合得分已经揭示了未中选的原因。借款人不得泄露任何其他咨询顾问的机密或专有信息，如成本明细、商业秘密、方法或者其他机密的商业或财务信息。七是根据建议书征询文件和采购投诉的规定，在停顿期内如何要求情况说明和/或提交投诉的说明。八是停顿期结束日期。

（二）停顿期

1. 停顿期开始

停顿期给投标人、建议人或咨询顾问时间来检查合同授予意向通知，并评估提出投诉是否合适。通常情况下，都应适用停顿期。但在公开的竞争过程中只提交了一份投标书或建议书，直接选择，向签订框架协议的公司下采购订单的过程，以及世界银行认可的紧急情况等情形下不适用停顿期的要求。

停顿期从借款人合同授予意向通知，或在框架协议下订立框架协议意向通知发出开始。除根据规定延长之外，停顿期应自合同授予意向通知发出之日起至10个工作日止，不得在停顿期之前或在停顿期内授予合同。

2. 借款人情况说明

在收到借款人有关货物、工程、非咨询服务或咨询服务的合同授予意向通知后，落选的投标人、建议人或咨询顾问有3个工作日可书面要求借款人举行情况说明。借款人应向在此截止期限内收到其要求的所有落选投标人、建议人或咨询顾问提供情况说明。在截止期限内收到情况说明要求后，借款人需在5个工作日内提供情况说明，除非借款人有正当理由决定在此时间要求之外提供情况说明。在这种情况下，停顿期应自动延长，直到提供情况说明之后的5个工作日。如果有超过一次的情况说明被延迟，则停顿期不得早于最后的情况说明发生后5个工作日终止。借款人应以可行的最快方式将延长的停顿期及时通知所有投标人、建议人或咨询顾问。对于需要事前审查的合同，借款人应同时将延长停顿期的信息发送给世界银行。如果借款人在规定的3个工作日之后收到情况说明，借款人应尽快提供情况说明，通常不迟于合同授予公告发布之日起15个工作日。在截止期限之后收到的情况说明要求，不导致停顿期的延长。

对落选投标人、建议人或咨询顾问的情况说明，可用书面或口头形式来完成。借款人不应施加过度的正式要求，限制投标人、建议人或咨询顾问收到及时和有意义的情况说明的能力。投标人、建议人或咨询顾问应自行承担其参加情况说明会的费用。情况说明应至少重复合同授予意向通知中的信息，并回答落选投标人、建议人或咨询顾问提出的任何相关问题。情况说明不应包括逐一与其他投标人、建议人或咨询顾问的投标书或建议书进行比较，以及其他投标人、建议人或咨询顾问的机密或商业敏感信息。每一个情况说明的书面摘要应包括在官方的采购记录中，需要事前审查的合同应抄送世界银行。

3. 停顿期结束

在停顿期结束后，如果借款人没有收到落选投标人、建议人或咨询顾问的任何投诉，借款人应按照其在合同授予意向通知中传达的信息授予合同。对于需要事前审查的合同，如果在停顿期内借款人没有收到投诉，借款人应按照先前收到的世界银行不反对意见授予合同，并在授予合同后的 3 个工作日内通知世界银行。借款人应将授予通知发送给中选的投标人、建议人或咨询顾问，或在框架协议下通知与其选定的投标人、建议人或咨询顾问签订框架协议，以及投标书或建议书征询文件就合同规定的其他文件。

如果借款人在停顿期内收到了落选投标人、建议人或咨询顾问的投诉，根据与采购有关投诉的规定，借款人在投诉解决之前不得授予合同或签订框架协议。对于需要世界银行事前审查的合同，在没有收到世界银行对投诉解决满意的确认之前，借款人不得授予合同。

（三）合同授予公告

对于所有合同，无论属于世界银行事前审查还是事后审查，借款人应从合同授予通知中选投标人、建议人或咨询顾问的 10 个工作日内，发布合同授予公告。在按规定签订框架协议的情况下，发布的要求只适用于签订框架协议，而不适用于框架协议下授予采购订单。

合同授予公告应至少包括与每种选择方法相关且适用的以下信息：借款人项目实施单位承担采购的名称和地址，如果不同，则是借款人的缔约代理；被授予合同的名称和参考编号，以及使用的选择方法；提交投标书或建议书的所有投标人、建议人或咨询顾问的名称，及在开启出价时宣读的其投标或建议价格和评审后的价格；投标书或建议书被拒绝的所有投标人、建议人或咨询顾问的名称和被拒绝的理由，包括未响应或不符合资格标准，或没有进行评审而被拒绝；中选投标人、建议人或咨询顾问的名称，最终的合同总价、合同期限和合同范围的摘要；如采购计划所示，这些合同的中选投标人、建议人或咨询顾问的受益所有权披露表，采购文件要求的形式等。合同授予公告应在借款人可免费访问的网站上公示，或者没有网站，至少在借款国国内发行的一种报纸或官方公报公示。在国际竞争性采购的情况下，合同授予公告还应由借款人在 UNDB Online 上公布。对于世界银行事前审查的合同，世界银行从借款人处收到签署合同的合格副本后，将安排在世界银行的外部网站上公布。

在合同授予通知发布后，如果投标人、建议人或咨询顾问没有从借款人那里收到其投标书或建议书令人满意的落选解释，该投标人、建议人或咨询顾问可要求与世界银行开情况说明会。这样的要求应该提交给负责该借款国的认证实践经理，其将安排适当级别的会议并邀请相关工作人员参加。此类会议的目的不是讨论竞争对手的投标书或建议书，或者在事前审查合同的情况下讨论已传达给借款人的世界银行的立场。

五、合同管理

世界银行在上游发挥的作用包括对技术规格、质量控制标准以及采购规划提供咨询意见。在下游监督资助合同的实施方面，重点从监督授予合同阶段合规性转向监督成果和问责制上面。因此，世界银行在新的采购改革中主张加强合同管理。合同管理的目的是确保各方履行其义务，借款人应在全部合同期内积极主动地进行有效管理，使用关键绩效指标，以确保承包商的表现令人满意，合同的要求得到满足，以及利益相关方充分知情和对合同项下提供的货物、工程、非咨询服务和咨询服务满意。合同履行的评审应在合同完成后进行，以评审绩效，并在适用时为未来合同取得经验和教训。

对于项目发展采购战略确定的合同而言，要有效地管理一个合同，借款人应制订该合同的管理计划与关键绩效指标和里程碑事件。借款人应按照合同管理计划监督合同的履行和进展情况，并及时提供合同管理报告给世界银行。世界银行可使用收集的信息来标志合同的履行进程。

（一）合同管理计划

投资贷款项目通过合同管理计划进行合同管理和监控的要求。有效的合同管理需要系统和有效地计划、执行、监测和评审，以优化运行，同时管理风险，以确保双方履行各自的合同义务，取得物有所值和预期结果的最终目标。借款人在采购过程中尽可能早地开始建立合同。按照这些采购规则的要求，具体采购过程的投标书或建议书征询文件要求包括合同条件，合同条件的详细程度取决于合同的风险和复杂性。合同条款及条件应符合目标的宗旨，合理分配各方的风险、义务、角色和责任。合同管理计划是在合同创建过程中建立的，并在合同签订时完成。

对于项目发展采购战略确定的合同，合同管理计划通常应包含以下详细摘要：一是识别的潜在风险，如承包商进入现场的权利被延误、付款延迟以及借款人对合同义务的其他违约可能导致合同纠纷，及其缓解措施；二是主要联系人以及各方的角色和职责：各方主要联系人的名字和详细联系方式，以及确保各方在合同开始时就为其人员建立必要的授权和委托，这是确保所有合同决定有效和可执行的重要前提；三是沟通和报告程序；四是关键合同条款和条件；五是合同的里程碑，包括关键路径，识别里程碑以确保早期发现和缓解问题，以及支付程序与合同规定相一致；六是关键合同可交付成果，已确定并正确描述，并在合同执行期间更新以记录变更单；七是关键绩效指标及其衡量过程的描述；八是合同变更或变更控制机制；九是记录备案要求。

（二）合同监控

在合同执行期，借款人使用合同和合同管理计划，以确保合同双方都能满足合同规定。为了确定是否实现了物有所值，借款人监控合同以确保至少以下几个方面：一是风险在发生之前得到管理或减轻；二是合同在预算范围内按时完成；三是合同变更有适当的合理的理由；四是合同的成果符合在开始设定的目标；五是借款人的技术和商业要求均在预算内达到或超出；六是最后的合同价格与可比较的基准相比是令人满意的。

第三节　批准的采购方法

世界银行采购组合极具多样性，在大约100多个不同环境的国家中，有不同类型的世界银行项目进行采购活动，而这些国家的借款人和供应商能力水平各异。为应对这种多样性，世界银行长期以来在采购中使用标准化政策，所有借款国，从大到小，包括中等收入国家和脆弱的、受冲突影响的国家在内，均遵循《贷款采购指南》的形式。但在今天全球化的背景下，传统的标准化方式不再是实现项目目标的最佳选择，而根据不同的外部环境和项目所需，制定更好或更合适的采购方式非常必要。例如，脆弱的和受冲突影响的国家和小型经济体，因其市场欠发达、能力较弱，在经济体规模和竞争力方面的选择有限，因情况而异的定制式采购方式可使其发展成果最大化。

一、货物、工程和非咨询服务

世界银行为贷款项目采购货物、工程和非咨询服务提供了经批准的选择方法和安排，以及市场方式选项，借款人可根据具体项目从批准的选择方法和安排中确定最符合需求和实现物有所值的方法。

（一）批准的选择方法和安排

1. 批准的选择方法

世界银行为采购货物、工程和非咨询服务规定了批准的选择方法，包括征询建议书、征询投标书、询价和直接选择。

（1）征询建议书。

征询建议书（Request for Proposals，RFP）是一种征询建议书的竞争性方法，适用于以下情况：由于要采购的货物、工程或非咨询服务的性质和复杂性，通过允许建议人提供可能在方式上有所不同的定制解决方案或建议书，来满足或超过建议书征询文件的要求，从而更好地适应借款人的业务需求。征询建议书包括初步选择后的两阶段、简化流程和竞争性对话三种模式。具体而言，征询建议书一般采用多阶段程序：

① 初步选择。

使用征询建议书方法采购货物、工程或非咨询服务时，需要初步选择。初步选择在三个模式的征询建议书之前进行。借款人遵循以下步骤进行初步选择过程：

一是初步选择文件。使用适用的世界银行标准初步选择文件编制具体项目的初步选择文件。

二是具体采购公告。采用世界银行适用的具体采购公告模板编制具体项目初步选择的具体采购公告，邀请申请人。当初步选择的文件准备好分发时，依照规定发布具体采购公告，应给申请人足够的时间申请获取初步选择文件并准备和递交他们的申请。

三是澄清和修改。书面回复任何潜在申请人的澄清要求，并将回复转发给所有潜在的申请人。借款人认为因作为附加或修改的信息，或因澄清的结果而有必要修改初步选择文件，应采用书面形式并书面通知所有潜在的申请人。

四是初步选择申请递交和开启。申请书应在截止日期前递交，但在初步选择文件中另有规定时，借款人可接受在递交申请书截止日期后收到的申请。借款人准备申请书开启过程的记录，并将记录副本分发给所有申请人。

五是评审申请。基于初步选择文件中规定的评审标准，评审参与初步选择的申请。首先，按照资格标准评审申请人。所有符合资格标准的申请人都按照打分标准进行评审和排序。按照初步选择文件规定的程序选择排名最靠前的申请人，邀请其参加下一阶段的采购。

六是初步选择结果沟通。通知所有申请人初步选择过程的结果。

② 不同模式的程序。

对于初步选择后两阶段模式，借款人应按以下步骤进行采购：一是初步选择。使用规定的程序来确定排名靠前的建议人，即通过初步选择参与第一阶段选择过程的申请人。二是第一阶段征询和评审技术建议书。在这一阶段，借款人与每个有能力细化业务或功能性运行要求的初步选定建议人召开"探索"会议，并与所有建议人同时共享细化后的要求。建议人有机会提交基于这些细化要求而修改的建议书。首先，使用世界银行标准建议书征询文件编制具体项目的建议书征询文件；发布邀请建议人只递交技术建议书的建议书征询文件，并将其发送给所有初始选定的建议人；按照采购文件澄清的要求，提供澄清和修改；技术建议书递交截止期限和开启；按照建议书征询文件中的评审标准对建议书进行评审；根据建议书征询文件的要求确定建议书是否具有响应性；探索阶段，包括会议，澄清和更改的补遗。借款人审查技术建议书，书面要求建议人澄清。借款人与每个建议人召开一对一的探索会议，探讨、质疑和澄清建议人所提出的技术方案。在一对一的会议之后，借款人将编制修改建议书征询文件的补遗，并按照要求发补遗给所有建议人。如果合适的话，借款人也可编制对个别建议书的修改备忘录，并将此修改备忘录发给相关的建议人。之后，向所有第一阶段资格合格的具响应性建议人发布递交第二阶段技术和财务建议书的邀请。三是第二阶段征询和评审完整的技术和财务建议书。技术和财务建议书应符合建议书提交截止时间和开启的要求。建议书应在截止时间前提交。公开开启技术建议书并宣读细节，而不开启财务建议书。在技术建议书评审之后，采用公开方式开启财务建议书，并根据建议书征询文件中规定的评审标准对财务建议书进行评审。借款人确定最具优势建议书。四是合同授予意向通知和停顿期。借款人向落选建议人发出合同授予意向通知，同时开始停顿期。如果适用，借款人提供情况说明，并处理收到的涉及合同授予决定的任何投诉。五是授予合同和合同授予公告。停顿期满后借款人可授予合同，并按规定发布合同授予公告。在两阶段模式中，最佳和最终报盘或谈判是可选的。以上步骤不涉及最佳和最终报盘或谈判过程。如果适用最佳和最终报盘或谈判，上述程序要进行适当调整。最佳和最终报盘与谈判是相互排斥的，借款人应遵循各自的要求。采用最佳和最终报盘或谈判，应指定一名世界银行接受的审计师等诚信监督方，监督采购过程的诚信，特别是监督最佳和最终报盘或谈判进行的过程。诚信审计师应该获得世界银行批准。对于第二阶段开启装有财务建议书的第二个信封，该信封不进行公共开启，而是在诚信审计师在场时开启，以及借款人应准备由诚信审计师签字的财务信封开启记录。借款人做出授予合同决定后，诚信审计师应当编制诚信报告。该报告将提供给借款人并将副本送到世界银行。为了确保透明度和问责，借款人应将诚信审计师的报告发给所有建议人，即每个提交了第二阶段建议书的建议人而不管他们是否被邀请提交最佳和最终报盘或谈判，并在借款人网站上公布。诚信报告应与合同授予意向通知同时传递。

对于简化流程模式，借款人在初步选择后，应遵循编制建议书征询文件、发出建议书征询文件、澄清和修改、建议书递交截止日期和开启、建议书评审和资格后审、合同授予意向通知和停顿期、授予合同和公布合同授予信息等步骤进行使用征询建议书选择方法的采购。如果适用最佳和最终报盘或谈判，上述程序要进行适当调整。

对于竞争性对话模式，参见图 13－1，关键步骤应遵循竞争性对话中的相关规定。

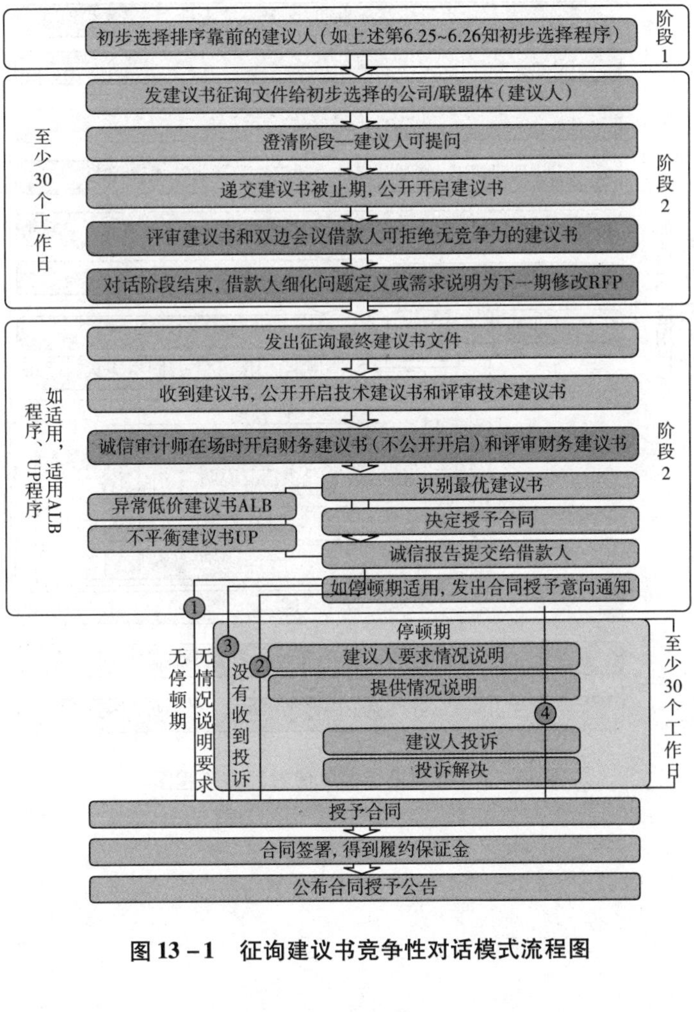

图 13－1　征询建议书竞争性对话模式流程图

（2）征询投标书。

征询投标书（Request for Bids，RFB）是一种征询投标书的竞争性方法，经常应用于根据所要提供的货物、工程或非咨询服务的性质，借款人能够详细规定其要求，供投标人在投标时响应的情形。征询投标书方法采用一阶段程序，一般采用合格标准评审投标书，通常不采用打分法。对于资格预审，借款人使用适用的世界银行标准资格预审文件；对于招投标过程，参见图 13－2 和图 13－3 的单信封和双信封程序。

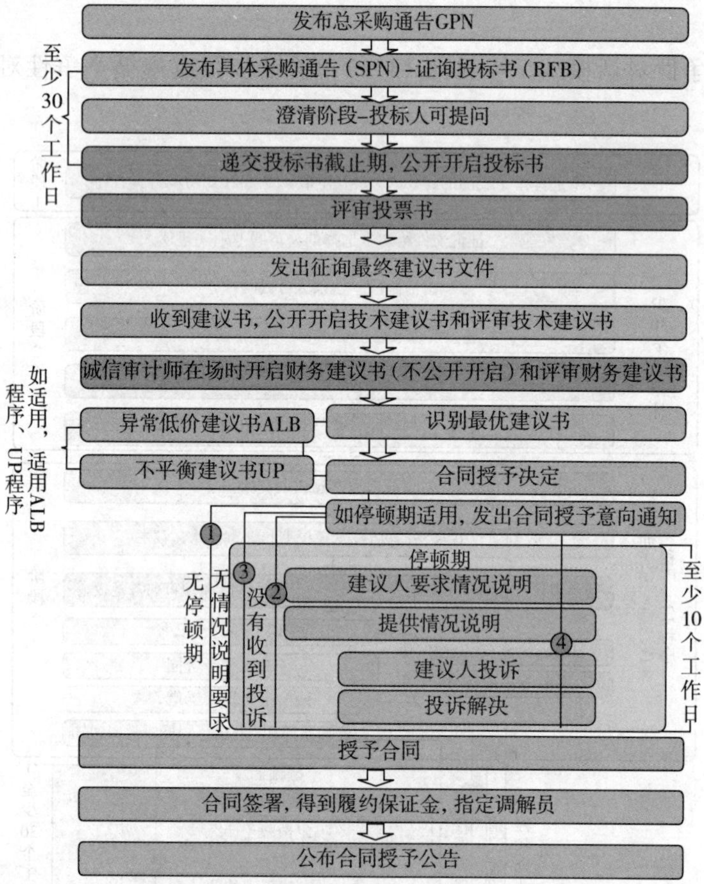

图 13－2 征询投标书单信封程序流程图

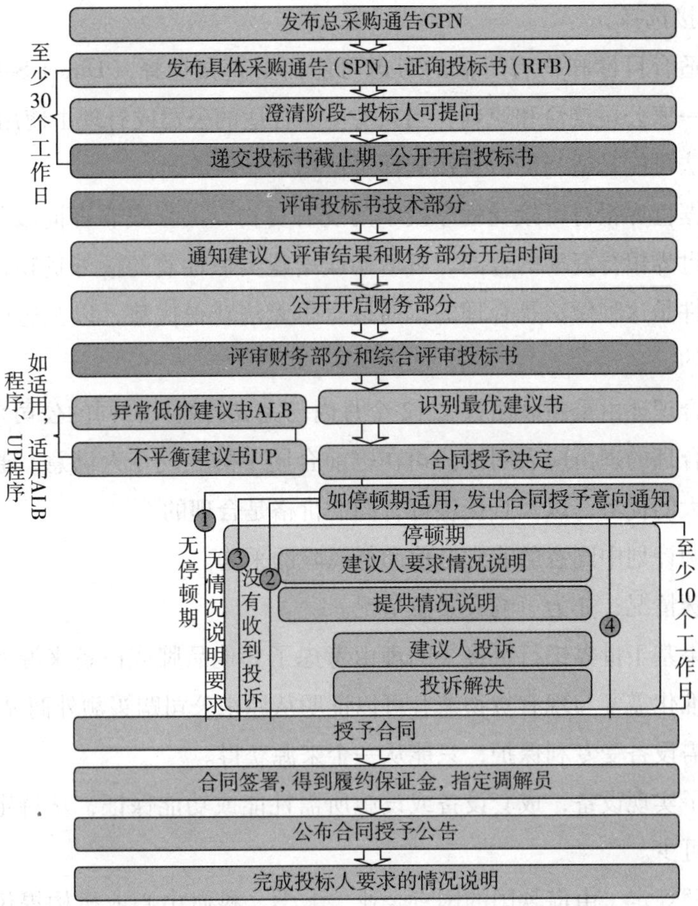

图 13－3　征询投标书双信封招标程序流程图

（3）询价。

询价（Request for Quotation，RFQ）是一种比较公司报价的竞争性方法。在采购有限数量的现成货架商品或非咨询服务，标准规格的商品，或金额小且简单工程时，使用这种方法可能比复杂的方法更有效率。

报价应通过刊登广告获得，或者在有限竞争合理时通过向有限数量的公司询价获得。为了确保竞争，借款人一般应向不少于 3 家的公司询价，并给予这些公司足够的时间编制和提交报价。询价文件应包括货物、工程和非咨询服务的说明、数量、交付期限和地点，适当时包括任何安装要求。要求还应指明提交报价的截止日期，并说明报价可以通过信函，传真或电子方式提交。报价单的评审和合同授予应根据询价文件中规定的标准进行。接受报价的条款应纳入具有合同约束力的文件中。借款人应保留关于询价所有过程的记录。

（4）直接选择。

匹配、适合目标和物有所值的考虑可能需要直接选择（Direct Selection）的方法：即仅与一家公司接洽和谈判。当只有一家合适的公司或有理由使用首选公司时，这种选择方法可能是适当的。直接选择可适用于下列情况：

一是根据世界银行可接受程序授予的现有货物、工程或非咨询服务合同，包括最初不是由世界银行资助的合同，可增购或增建类似性质的额外货物，工程或非咨询服务，条件是这种做法是合理的，通过竞争无法获得优势，以及这种续签合同的价格是合理的。

二是有合理理由重新聘用过去12个月内已完成借款人合同的公司来履行类似的合同，这个合理的理由应表明该公司在以前合同中的表现令人满意，通过竞争无法获得比其更大的优势，以及直接签订合同的价格是合理的。

三是采购计划中同意的非常低值和低风险的采购。

四是特殊情况，如为了响应紧急情况。

五是如果基于世界银行可接受的理由考虑了其他品牌或设备来源的优缺点，那么货物的标准化需要与现有货物兼容可以证明从原来公司购买额外商品的合理性。

六是所需设备受专利保护，只能从一个来源获得。

七是为了实现设备，成套设备或设施所需性能或功能保证，从特定公司采购某些货物必不可少。

八是按照规定，由借款国的国有企业、大学、科研中心或机构提供的货物、工程或非咨询服务具有独特的和特殊的性质。

九是根据规定直接选择联合国机构。

在所有直接选择的情况下，借款人应保证与同类性质项目的市场价格相比，该价格是合理的和一致的，以及所需的货物、工程或非咨询服务没有为了避免竞争性过程而被拆分成更小规模的采购。

2. 批准的选择安排

世界银行为采购货物、工程和非咨询服务规定了批准的特定类型选择安排，包括竞争性对话、公私合作模式、商业惯例、联合国机构、电子逆向拍卖、进口方案、商品的采购、社区主导发展和自营工程。

（1）竞争性对话。

竞争性对话（Competitive Dialogue）是一个互动的多阶段的选择安排，与建议人动态交流。借款人应在项目发展采购战略中说明使用竞争性对话的合理性。竞争性对话只能用于复杂或创新采购，具体适用于两种情形：一是满足借款人要求的方案可能有多种，详细的技术和商务安排要求各方通过讨论和发展来支持这些方案；二是由于采购的性质和复杂性，借款人不能客观地适当定义技术规格或功能范围以满足其要求，和/或不能全面地规定采购的法律或财务安排。在竞争性对话中，借款人与初始选定的公司或联营体进行对话，目的是在邀请公司递交最后建议书之前，更好地识别和定义最能满足借款人要求的方法和路径。

为了保证透明和问责，借款人应确定世界银行接受的独立诚信监督方。诚信审计师应在采购开始时指定，在合同签署之前审计采购过程，其职责是独立地彻底审查采购程序、采购决定过程、借款人与每个建议人进行的对话，特别是最佳和最终报盘或谈判。在借款人决定合同授予之后，传递合同授予意向通知之前，诚信审计师将提交诚信报告给借款人，世界银行将获得一份副本。每个竞争性对话都需要精心设计，以获得程序的最大实施效果。竞争性对话采购过程中通常包括几个阶段：

① 初步选择。

首先，应发布初步选择文件；其次，收到并开启初步选择的申请书；最后，评审初步选择申请书，确定初步选定的公司或联营体，并邀请他们参加下一阶段对话的过程。初步选定的公司或联营体的名单应包括足够的数量，一般不少于 3 家和不超过 6 家。一般情况下，这可使得竞争性对话的过程有足够的竞争性。如果没有足够的合格公司或联营体对合同表示有兴趣，世界银行可能同意初步选择名单包括较少数目的公司或联营体。

② 征询初步建议和对话。

第一，按照世界银行标准采购文件向初步选定的公司或联营体发布建议书征询文件。通常这个阶段使用单信封过程，可以根据要求做出澄清和补遗。第二，建议人提交中期建议书，对借款人在建议书征询文件中的问题定义、需求声明或业务要求提供解决方案。中期建议书在公众出席的场合公开开启。第三，借款人按照建议书征询文件中说明的评审标准对中期建议书进行初步评审。第四，各方进入对话期。借款人与每个建议人轮流地举行对话会议，讨论建议书的所有方面。对话会议可能集中在解决方案、商业交易和法律方面，以及借款人认为有关的其他问题。双边对话会议的轮流可能重复，直至借款人对讨论的成果感到满意。借款人应该在建议书征询文件中指出计划进行的对话轮次数。按照建议书征询文件中所述的评审标准和方法评审建议书初步解决方案，借款人可能逐步淘汰排除建议人。在对话期结束时，留下的建议人一般不少于 3 家。每个建议人都应有同样的机会参与每一轮对话，除非他们在过程中被淘汰。第五，借款人可通过要求和评审“最终建议书草案”测试建议人递交符合要求的最终建议书的程度，这是最终建议书的初稿。当借款人满意至少可收到一份符合要求的最终建议书，可结束对话期。如果要求进行进一步的工作以产生至少一份符合要求的最终建议书，对话应该继续进行。第六，对话期正式结束。借款人宣布关闭对话，对话关闭后不允许进行进一步的讨论。借款人细化问题定义、需求声明或业务要求，并编制建议书征询文件补遗，将补遗转换为最后阶段的建议书征询文件。

对话涉及与初步选定的建议人召开机密的澄清会议，商讨提交的建议书的所有方面，包括解决方案的细节、商务交易、价格、法律方面以及借款人认为相关的其他特征。对话程序和考虑因素包括：一是参加对话阶段的邀请要重申需要和要求，说明对话过程，并提出最终建议书的授予标准。二是对话会议的目的是为借款人与每个建议人进入澄清过程，以确定适当的技术方面或商业条款和条件。对话会议的结果可能被纳入将为最后提交建议书而发布的最终建议书征询文件的补遗中。三是中期建议书：确认和测试每个建议人对借款人问题定义、需求声明或业务要求的理解，并微调建议书或最后阶段的建议书征询文件。四是与每个建议人召开会议的次数由借款人根据澄清每份建议书信息的需要确定。借款人应确定是否需要与建议人召开进一步的会议，并将此决定告知建议人。五是借款人不得以歧视的方式提供信息，这可能会使某些建议人比其他建议人更具优势。六是建议人应指出其建议书中属于其专有，必须视为商业机密的部分。七是借款人在未经建议人事先书面同意的情况下，不得向其他建议人披露该建议人在其建议书中以及在对话阶段所披露的建议解决方案或任何商业机密信息。八是借款人不得使用建议书中的商业机密信息来增强其他建议书。九是对话会议必须有借款人选择及世界银行接受的诚信监督方出席，以保证竞争性过程和对话会议没有给任何公司或联营体不正当的好处。十是借款人应准备与每个建议人召开对话会议的保密会议记录，并将其作为邀请提交最终建议书的一部分通知各自的建议人。会议记录不应成为最终建议书征询文件的一部分。

③ 要求最终建议书。

第一，根据世界银行标准采购文件的要求，将修改更新的建议书征询文件发给在第二阶段没有被淘汰的建议人。双信封过程通常用在这一阶段。第二，收到和公开开启最终建议书。这时只开启技术建议书，财务建议书仍然密封。第三，借款人按照建议书征询文件中的评审标准评审技术建议书。不需要向建议人澄清，对话期已经结束，不允许进一步讨论。第四，借款人在诚信审计师在场时开启财务建议书，一般不公开开启财务建议书。借款人按照建议书征询文件中的评审标准评审财务建议书。第五，评审完成后，借款人根据建议书征询文件规定的标准选择最具优势建议书授予合同。第六，一旦选定了最具优势建议书，借款人与选定的建议人将完成解决方案的细节。这个过程只允许澄清和确认，不允许实质上偏离借款人决定选择的最终建议书。第七，在这个步骤中，诚信审计师应编制一份诚信报告。该报告将提供给借款人并将副本送到世界银行。为了确保透明度和问责，诚信审计师的审计报告应由借款人提供给进入对话阶段的所有建议人（不包括所有机密信息），并在借款人网站上公布。诚信报告应与合同授予意向通知同时传递。第八，合同授予意向通知和停顿期：借款人向建议人发送合同授予意向通知，同时启动停顿期。如果适用，借款人提供情况说明和处理收到的与合同授予决定有关的任何投诉。第九，在停顿期满后，借款人授予合同和发布合同授予公告。

（2）公私合作模式。

公私合作模式（Public – Private Partnerships，PPPs）是私营方与政府实体之间为提供公共资产或服务达成的长期合同，其中私营方承担主要的风险和管理责任，薪酬与绩效挂钩。作为公共基础设施中的一种项目融资模式，公私合作模式鼓励私营企业、民营资本与政府进行合作，参与公共基础设施的建设。世界银行在借款人选择私营伙伴符合要求时可资助在公私合作模式安排下的项目或采购合同的费用，如建造—拥有—运营、建造—运营—移交、建造—拥有—运营—移交、特许经营或类似的私营部门安排采购的合同。按照《贷款采购规则》选定的私人合作伙伴使用自己的程序从合格来源采购建设设施所需的货物、工程、非咨询服务或咨询服务。

在世界银行资助的公私合作模式安排下，借款人负责项目评估、项目构建、选择私营伙伴和合同管理等项目阶段，其应证明具有足够的机构能力准备、构建、采购和管理公私合作模式项目。

① 项目评估。

在项目评估阶段，借款人主要进行业务案例的鉴别，并考虑可行性的要求。首先，含有建议公私合作模式部分的项目应被确定为公共投资项目的优先项目，或列入经批准的国家基础设施投资计划或部门计划。在可行性考虑事项方面，借款人应进行适当的经济和财务分析，以确认：

一是考虑有关的技术、法律、财务和环境的限制，不论作为公私合作模式实施或通过其他公共部门采购实施，在健全和量化的经济分析基础上，确认支持公私合作模式的项目实现最好的物有所值是否充分合理，即成本效益合理和获得效益的方法是否合理。

二是该项目的整体收入要求是否在用户、公共管理当局，或双方为基础设施提供服务支付的能力之内。

三是该项目的风险已经过识别和评审，并考虑了缓解措施，而且剩余的财务风险不会危及财务可持续性。

四是所选择的公私合作模式，即风险分配矩阵，支付和绩效机制，是在比较了其他替代的公私合作模式方案和采购方案选项之后得出的。

五是商业可行性，也就是说，该项目是否有可能提供稳健和合理的财务回报，以吸引优质的赞助商和贷款人。

借款人应保证上述信息能够为进行独立审查以及确保项目的投入、假设和结果的第三方所用。

② 项目构建。

在项目构建阶段，借款人需要确定公私合作模式的结构要求：

一是产出规范。借款人应确保结构要求中包括以下产出规范：明确的绩效目标和产出要求，这些要求应具体、可衡量、可实现、务实和有时限；如何监测绩效，包括政府的合同管理团队、私营伙伴、外部监测机构、监管者和用户的作用；明确规定不能达到所需绩效指标的后果，并可强制执行。

二是风险分配。根据合同规定，借款人应向世界银行提交风险分配矩阵，详尽列出项目风险以及如何有效地在合同各方或第三方之间合理分配风险。

三是绩效报酬机制。借款人应建立一个支付和绩效机制，设定基于绩效的支付原则。该原则以在约定的服务水平和服务时间表内满足合同资产和服务规定为基础。

③ 选择私营伙伴。

借款人选择私营伙伴需要满足以下要求：

一是公开的竞争性方法是世界银行首选的采购方法。在特殊情况下，世界银行可能会同意一个非竞争性的选择过程。借款人在选择私营伙伴时，应与世界银行核心采购原则一致、适用世界银行反腐败指南，并视具体情况与《贷款采购规则》要求一致。

二是如果世界银行对项目论证、可行性、公私合作模式结构要求、合同安排，以及私营伙伴的选择过程与世界银行核心采购原则和采购规则的引言、一般考虑和治理条款的一致性及遵守世界银行反腐败指南表示满意的话，可为采购过程已经启动或合同已经授予的公私合作模式活动提供资助。

世界银行可同意为主动提供建议而产生的公私合作项目提供资金。在主动提供提议的所有情况下，借款人应明确定义评审和确定用最符合目标和物有所值方法授予一个主动建议所产生合同的过程。当一个主动建议要服从竞争性的选择过程，借款人可使用以下方法之一，允许主动提交建议的公司参与：借款人在这个过程中没有给予公司参与竞争任何优势。如果借款人适用的监管框架允许，借款人可以单独补偿该公司，或在选择过程中给予该公司竞争优势，如在评审中有奖励的点数，或保证可进入两阶段过程的第二阶段。这种优势将在投标书或建议书征询文件中披露，并以不妨碍有效竞争的方式加以定义。

④ 合同管理，

世界银行要求借款人提交合同管理计划。

（3）商业惯例。

商业惯例（Commercial Practices）是指使用私营部门所用的完善采购安排进行货物、工程或非咨询服务的采购，其中私营部门是指通常不受借款人公共采购法律管辖的实体。商业惯例也用于私营部门实体承担的进口方案。世界银行核心采购原则是确定商业惯例是否可接受的标准。

（4）联合国机构。

在世界银行同意时，借款人可在联合国机构的专业知识或快速动员至关重要，特别是在急需援助或能力受限的情况下，直接选择联合国机构。在与联合国机构签订合同时，借款人应使用借款人与联合国机构之间的标准协议形式或世界银行批准的专用模板。在世界银行和联合国机构建立了框架协议的情况下，借款人可根据框架协议与该联合国机构签订合同。

（5）电子逆向拍卖。

电子逆向拍卖（Electronic Reverse Auctions）是一种预定的在线活动，由通过资格预审或注册的公司在线相互竞争价格，在借款人要求明确且公司之间充分竞争时可使用电子逆向拍卖。电子逆向拍卖是询价的特定应用，在经过资格预审或注册且符合最低资格标准的公司获得以下信息后的合理时间内开始：在电子逆向拍卖过程中采用投标人排序的自动评审方法，以及电子逆向拍卖如何进行的任何其他相关信息，包括如何访问和参加拍卖的明确指示。然后，公司提供货物或者非咨询服务的报价。在拍卖结束时，投标价最低的公司被授标。

（6）进口方案。

进口方案（Program of Imports）是私营或公共部门实体按照借款人和世界银行同意的清单进口合格基本货物的方案。世界银行贷款项目应按规定的采购安排为进口方案融资。如果世界银行贷款为借款人公共部门实体处理的进口计划提供融资，则采用简化广告和货币条款的征询投标书选择方法可用于采购计划中定义的大额合同。通知的简化规定不要求刊登总采购公告。除在 UNDB Online 和世界银行的外部网站上刊登之外，具体采购公告还应在借款国国内发行的至少一种报纸或适用的官方公报上做广告，或在国内和国际都可广泛使用并能免费访问的网站或者电子门户上做广告。允许提交投标书的期限可从具体采购公告在 UNDB Online 发布之日起减少到 20 个工作日。投标和付款可被限制为国际贸易中广泛使用的一种货币。对于采购计划确定的较小合同，借款人公共部门实体可使用世界银行接受的该公共部门实体的适用程序来采购项目下的进口。当私营部门实体处理进口采购时，可以适用商业惯例的规定。

装运前检验和进口认证是借款国的风险缓解措施之一，特别是对于大型进口计划。检验和认证通常包括质量、数量和合理的价格。使用征询投标书选择方法进行进口采购可能不需要进行价格验证，只需要验证质量和数量。但是，采用竞争性比征询投标书低的方法采购进口产品可能还需要进行价格验证，还可以包括实物检验服务。

（7）商品的采购。

商品采购是指采购商品，如粮食、饲料、食用油、肥料和金属。商品的采购往往涉及多次授予部分数量，以保证供应安全。在一段时间内多次购买，可充分利用有利的市场条件，并保持低库存。就商品采购而言，可建立框架安排，并制定投标人名单，定期向其发出竞标邀请。投标人可被邀请对货物发货时或之前与市场价格挂钩的报价。投标有效期应尽可能短。在投标书征询文件中规定的该商品通常在市场上定价的一种货币可用于投标和支付，应使用符合市场惯例的标准合同条款和格式。如果借款人要求明确并在公司之间有充分竞争，电子逆向拍卖可用于从通过资格预审或注册登记的公司采购商品。

（8）社区主导发展。

社区主导发展（Community - driven Development，CDD），是指为了项目的可持续性利益或为实现项目某些特定的社会目标，采购安排、技术规范和合同打包应该采用世界银行可接受的合适方式。在选择项目组成部分时，希望呼吁当地社区和/或非政府组织参与土建工程和提供非咨询服务，增加对当地专有技术、商品或材料的使用，或采用劳动密集型和其他适当的技术。

社区主导发展项目通常含有大量货物和非咨询及咨询服务的小合同，还有大量分布在偏远地区的小工程。通常采用的采购程序包括：询价采购，邀请本社区或周边社区潜在的货物与工程参加竞争性招标；小额货物、工程和非咨询服务的直接采购，以及使用社区劳动力和资源。法律协议中应概述拟由社区参与进行的安排和项目活动，并在世界银行批准的相关项目实施文件或手册中进一步阐述，而借款人应公示这些信息。

(9) 自营工程。

自营（Force Accounts），是指借款国的政府部门使用自己的人员和设备进行工程施工、设备安装和提供非咨询服务。在特殊情况下，这可能是唯一可行的采购方法。实施自营工程的单位是指在管理、法律和财务上非自主经营和独立核算的政府所有的施工单位。“自营工程”也称作“直接劳务”“部门自营”或“直接工程”。自营的使用要求借款人采用与授予第三方合同同样的方式进行严格的质量检查和检验。

在获得世界银行的不反对意见后，仅在以下任一情况下使用自营工程是合理的：一是无法事先确定所涉及的施工和安装的工程量；二是施工和安装工程金额小而且分散，或位于偏远地区，有资格的公司不大可能以合理的价格投标；三是要求在对日常运营不造成干扰的情况下进行施工和安装；四是实施过程中外来干扰不可避免，其风险由借款人承担要比由承包商承担更合适；五是根据借款国的法律或官方规定，在诸如国家安全，航空测量和绘图等特定的非咨询服务等领域，只能由政府的专门部门来实施；六是为防止工程的毁坏进一步扩大而实施的紧急修复、需要予以立即关注的工程，或者私营部门可能不感兴趣的在冲突地区实施的工程。项目可能涉及与非雇员的个人签订合同以提供非咨询服务。经过世界银行审查并认可，可由借款人根据其人事聘用程序进行选择。当提供此类服务的个人由公司提供时，应采用《贷款采购规则》规定的适当选择方法和程序来选择这些公司。

（二）市场方式选择

实现物有所值需要采用明确、突出重点的市场方法来实现采购目标，并考虑以下要素：最有可能吸引市场和适合的投标人或建议人竞争性响应的选择方法和安排；适当选用以详细技术规格、性能或功能要求为基础的要求；最能让投标人或建议人证明他们提供价值的评审标准，包括价格、生命周期成本、定性（合格或不合格）以及在适当时使用打分法；符合规定的标准和技术规格；最适合于具体采购的合同类型。推荐的市场方式选项应是合理的，并在项目发展采购战略中说明和记录。具体而言，市场方式主要涉及以下方面的选择：

1. 公开竞争和有限竞争

公开竞争的市场方式是世界银行的首选，因为它为所有符合条件的潜在投标人或建议人及时和充分地提供了有关借款人要求的广告，以及对所需货物、工程或非咨询服务进行投标或提议的平等机会。除公开竞争外的任何方法均应由借款人证明其合理性，并在采购计划中说明。

有限竞争的市场方式只能通过邀请，没有广告。如果只有数量有限的公司，或能证明有理由不采用公开竞争性采购方法的其他特殊原因，有限竞争的市场方式可能是一种适当的选择方法。

2. 国际市场和国内市场

当外国公司的参与将增加竞争性，并可确保实现最佳的物有所值和符合目标的结果时，国际竞争性采购是适当的。公开的国际竞争性采购根据《贷款采购规则》需要刊登国际公告，是复杂、高风险或高价值合同的首选方法。世界银行为此目的已设定了具体的门槛金额。在新的采购框架中，国际竞争性采购仍是达到门槛的高风险和高价值活动的首选采购方式，采用统一的标准化招标文件，议定的标准化国际模板，根据风险和金额对借款人在关键阶段采购行为的事前审查，以及依据风险的审查程序。

如果采购计划同意，当采购因市场的规模和条件，合同价值，地点分散、工期过长或劳动密集型的活动，或借款人当地的货物、工程或非咨询服务价格低于国际市场价格等原因不太可能吸引外国竞争时，选择国内市场的方式可能是合适的。当所涉及的行政或财务负担明显超过国际市场方式的优势时，国内市场方式也可能是合适的。如果国外公司希望参加公开的国内竞争性采购，应根据适用于国内公司的条款和条件允许他们参加采购。在国内市场采购时，可以按照规定使用借款国自己的采购程序。

3. 资格预审和资格后审

就货物、工程和非咨询服务而言，资格预审或初步选择是在采购时将申请人列入短名单的过程。这些过程确保仅邀请那些具有适当和充分体量、能力和资源的投标人或建议人递交投标书或建议书。借款人应使用世界银行标准资格预审文件或初步选择文件进行资格预审或初步选择。资格预审或初步选择适用于大型或复杂的合同，或准备详细的投标书或建议书成本过高可能会妨碍竞争的情况，例如，为用户专门设计的设备、工业成套设备、专业化服务、某些复杂的信息和技术、交钥匙合同、设计和施工合同、总承包管理合同等比较适合采用资格预审的方式。除资格预审文件或初步选择文件允许的专业分包商之外，对申请人资格的评审不应考虑其他公司的资格，例如，子公司、母公司、附属公司、分包商或任何不同于提交资格预审或初步选择申请公司的其他公司。当借款人确定通过资格预审或初步选择的公司名单和发出投标书或建议书征询文件的时间间隔超过 12 个月时，世界银行可能要求重新刊登公告进行新的资格预审或初步选择过程。

资格预审通常用于征询投标书的程序，并且根据货物、工程或非咨询服务的性质和复杂程度是可选的。在资格预审中，通常是根据合格性、经验、技术能力和财务资源等标准进行评审，以合格或不合格作为是否满足最低要求的基础。资格预审应完全以潜在合格投标人具有令人满意地履行合同所需要的能力和资源为基础，应考虑客观和可衡量的因素，包括：相关的一般经验和专业经验，在给定时间段内令人满意地履行并成功完成类似的合同，在适用情况下的施工和/或生产能力，财务状况以及合格性。实质上满足最低资格标准的全部申请人均应准许提交投标书。资格预审过程结束时，借款人应将资格预审的结果通知所有申请人，并应在提交投标邀请中包括所有通过资格预审的申请人名称；初步选择一般用于征询建议书程序和全部竞争性对话过程，它使借款人只邀请排名最高的申请人提交建议书。初步选择包括两步：第一步类似于上述的资格预审过程，首先建立申请人长名单，然后用打分法评审长名单的申请人，在对综合的打分标准得分进行排序后，借款人选择排名最高的申请人提交建议书。借款人应在初步选择文件中说明可能最初选择的申请人范围。初步选择过程结束时，借款人应告知所有申请人初步选择的结果。在邀请初步选择的申请人提交建议书时，应包括所有通过初步选择的申请人名称。

就资格后审而言，如果投标人或建议人未经资格预审或初步选择，借款人应在投标书或建议书征询文件中规定适当的资格要求，以核实将被推荐授予合同的投标人或建议人有能力和资源来有效地执行合同。除投标书或建议书征询文件允许的专业分包商之外，对公司资格的评审不应考虑其他公司的资格，如子公司、母公司、附属公司、分包商或任何不同于提交投标书或建议书公司的其他公司。

4. 一阶段和多阶段

就一阶段采购而言，当技术规格和要求足以使投标人提交完整的投标书或建议书时，一阶段采购是最合适的。一阶段单信封采购需要在一个信封中提交技术和财务投标书或建议书。如果合适，双信封过程可在一阶段采购时使用。第一个信封包含资格和技术部分，第二个信封包括财务，也就是价格部分，两个信封依次打开并评审。

就多阶段采购而言，通常用于提前准备完整的，技术规格不切实际的采购情形，包括大型复杂成套设施的设计和建造的交钥匙合同，复杂和特殊性质的工程，或受快速技术进步影响的复杂信息和通信技术。

5. 最佳和最终报盘及谈判

在需要事前审查的国际竞争性采购中，世界银行可同意借款人使用最佳和最终报盘（Best and Final Offer，BAFO）。最佳和最终报盘是一种选择，根据该选项，借款人邀请提交了实质性响应投标书或建议书的投标人或建议人，以提交他们的最佳和最终报价。当采购过程受益于投标人或建议人有一个最后机会改进其投标书或建议书，包括降低价格、澄清或修改其投标书或建议书，或提供额外信息时，这样的过程可能是适当的。借款人应在投标书或建议书征询文件中告知投标人或建议人是否要使用最佳和最终报盘，投标人或建议人没有义务提交最佳和最终报盘，以及在最佳和最终报盘之后将没有谈判。如果要采用最佳和最终报盘，借款人应当聘请诚信监督方，并征得世界银行同意。

在需要事前审查的国际竞争性采购中，世界银行可同意借款人在投标书或建议书评审之后和最终合同授予之前使用谈判。任何谈判都应按照投标书或建议书征询文件的要求。谈判要在一个世界银行同意的诚信监督方出席的地点举行。只要不改变投标书或建议书的最低要求，谈判可以涉及合同条款和条件，价格，或社会、环境和创新等方面。借款人应首先与提交最具优势投标书或建议书的投标人或建议人谈判。如果结果不满意或不能达成协议，借款人可再与下一个最具优势投标书或建议书的提交人进行谈判，直到获得满意的结果为止。

此外，市场方式选择还涉及使用打分法评审标准。打分法标准是根据优点打分评审的标准，因为这些优点不能以货币形式进行全面评审。分配的优点通常基于建议书满足或超过投标书或建议书征询文件中详述要求的程度。

（三）特定类型的合同安排

1. 框架协议

框架协议（Framework Agreements，FA），是指与一个或多个公司达成的协议，该协议设定了在协议期限内授予任何合同（下订单）的条款和条件，通常包括费用、收费费率或定价机制。借款人可以在特定的时间内根据需要为预期的货物、工程、非咨询服务或咨询服务采购建立框架协议，但不承诺任何一方采购或供应。对于相同的货物、工程、非咨询服务或咨询服务，框架协议可与一家提供商或多个提供商签订。多供应商的框架协议允许借款人从众多公司中进行选择，有助于确保每次采购都可获得最佳的物有所值。授予框架协议的公司数目应该与期望的需要成比例，使得全部签订框架协议的公司有机会被授予买断合同，借款人应根据市场条件及其要求决定适当的策略。框架协议应仅在借款人的采购实体和框架协议公司之间使用，当多个采购实体共同建立一个框架协议时，指定一个牵头实体代表该组实体行事。在进入市场时，在投标书或建议书征询文件中要指出小组中的每一个实体。每一个采购实体应在每个买断合同中明确规定。框架协议建立后，为随后采购货物、工程或非咨询服务提供了快速且有效的渠道。

框架协议可以是贷款项目运作前已存在，或是贷款项目运作下新建的协议。借款人要在投资贷款项目中应用框架协议，世界银行应对以前存在的借款人框架协议符合世界银行核心采购原则感到满意，或借款人建立的新框架协议应满足《贷款采购规则》的要求。在下列情况下，框架协议可能适合采购货物、工程或非咨询服务：基于相同或相似的要求，或一套规格频繁地重新订货；借款人的不同实体采购相同的货物、工程或非咨询服务，汇总需求可能获得批量折扣；为紧急情况所做规划；没有单一的公司被认为具有足够的能力。

（1）建立框架协议。

为了建立框架协议，借款人应用适当的投标书或建议书征询文件进行公开的竞争性采购。一旦建立框架协议，借款人就不需要为以后个别买断合同的授予机会公开发布广告。投标书或建议书征询文件至少应包括以下其他信息：

一是框架协议拟涵盖的货物、工程、非咨询或咨询服务的描述。

二是买断合同可能要求提供的货物、工程、非咨询服务或咨询服务总量或范围的估计，并尽可能地确定框架协议下授予买断合同的数量、范围和频率。

三是资格和评审标准，以及评审方法。

四是框架协议下买断合同适用的条款和条件应包括下述信息：声明与每个公司达成的在框架协议期限内有效的费用、收费率或定价机制，及任何其他相关费用；解释借款人将按要求通过买断合同聘用框架协议公司的声明；声明框架协议是封闭的小组（通常是这种情况），小组的构成在框架协议期间保持不变，除将公司从小组中除名之外，不得增加额外或替代公司，或声明框架协议是开放的小组，列出选择小组成员的过程；声明不保证获得买断合同，并且不会就可能的货物、工程、非咨询服务或咨询服务数量做出承诺；声明框架协议不是独家协议，借款人保留从非框架协议公司采购相同或类似货物、工程、非咨询服务或咨询服务的权利；说明可能导致公司从框架协议中除名的情况，以及用于确保除名的过程。

五是借款人用于买断过程选择公司的第二次采购方法。

六是借款人用于确保买断合同的合同方法，如工作说明书或采购订单。

七是框架协议的期限，包括任何延长的选择。框架协议订立最长期限为 3 年，如果初始合作令人满意，可以选择延长最多 2 年。

借款人应发布签订框架协议意向通知和框架协议建立适用的停顿期，这应列出已包括在框架协议中的所有公司名称。

（2）买断合同。

对于框架协议下的每次采购，应使用第二次采购过程或按照框架协议规定的其中一个过程从小组中选择一家公司。买断过程的第二次采购应采用以下形式之一，或作为一种选择，选取两者。

一是基于框架协议中所述客观标准进行买断合同的小范围竞争。例如，基于最低评审费用的竞争性报价，向某些或所有小组成员询价；基于经验、建议方案和物有所值的竞争性投标或建议，向某些或所有小组成员征询投标书或征询建议书；

二是基于框架协议中所述客观标准进行买断合同的直接选择。如位置：根据其所在地以及货物、工程、非咨询服务或咨询服务的交付地点，向位置最能够交付的公司授予买断合同；在供货、范围或任务之间的平衡分配：在固定上限值时，当某个公司达到上限值时轮流授予买断合同。

作为买断过程的一部分，应向公司说明要求他们提供的供应或任务的范围，发出的工作说明书和采购订单应规定目标、任务、成果、时限和价格或定价机制。个别买断合同的价格应以框架协议中详细规定的费用、收费率或定价机制为基础。

2. 基于绩效的合同

基于绩效的合同（Performance - based Contracts），是指合同关系中的支付是依据可计量的产出（绩效指标），而非传统的投入。产出的目标是在质量、数量和可靠性方面满足功能需要。支付是根据交付的产出数量进行的，但要按照所要求的质量水平交付。如果结果或产出达到了要求的质量，就依据完成的数量进行支付；如果结果或产出未达到要求的质量，可以减少支付或保留款额；在某些情况下，对高质量的产出可以给予奖励。承包商基于其成熟和经过充分验证的经验，可自由地提出最适当的解决方案，并证明这样的方案可以满足投标书或建议书征询文件中规定的质量水平。

基于绩效的采购可包括：以产出为基础进行支付的非咨询服务；借款人负责运营设施的设计、供应、施工（改造），以及调试；设施的设计、供应、施工（改造）和调试，以及在调试后的一定时期内提供运营和维护的非咨询服务。

二、咨询服务

世界银行为贷款项目采购咨询服务提供了经批准的选择方法和安排，以及市场方式选项，借款人可根据具体项目确定最符合需求和实现物有所值的方法。

（一）批准的选择方法和安排

1. 批准的选择方法和程序

世界银行为采购咨询服务规定了批准的选择方法，包括基于质量和费用的选择、基于固定预算的选择、基于最低费用的选择、基于质量的选择、基于咨询顾问资格的选择和直接选择。

（1）批准的选择方法。

① 基于质量和费用的选择。

基于质量和费用的选择（Quality and Cost - based Selection，QCBS），是进入短名单的咨询公司之间的竞争过程，选择中选公司应考虑建议书的质量和服务的费用。建议书征询文件应规定技术建议书合格的最低分数。赋予质量和费用的相对权重取决于任务的性质。在响应建议书征询文件的要求且技术合格的建议书中，获得质量和费用方面综合得分最高的建议书被认为是最具优势建议书。

② 基于固定预算的选择。

基于固定预算的选择（Fixed Budget - based Selection，FBS），是基于固定预算建议书评审咨询顾问的选择方法。与基于质量和费用的选择类似，基于固定预算的选择是进入短名单的咨询公司之间的竞争过程，选择中选公司应考虑建议书的质量和服务的费用。在建议书征询文件中，服务费用指定为一个不得超出的固定预算。

当所需的咨询服务类型简单可准确地定义、合理估计和设定预算，以及该预算足以让公司完成任务时，适用于基于固定预算的选择方法。建议书征询文件规定预算和技术建议合格的最低分数，满足固定预算要求的最高技术得分的建议书被认为是最具优势建议书。

③ 基于最低费用的选择。

基于最低费用的选择（Least - cost - based Selection，LCS），是基于最低价格评审咨询顾问的选择方法。与基于质量和费用的选择类似，基于最低费用的选择是进入短名单的咨询公司之间的竞争过程，选择中选公司应考虑建议书的质量和服务的费用。

基于最低费用的选择通常适用于标准或常规性质的任务，如非复杂工程的工程设计，而这类任务一般都有公认的惯例和标准。建议书征询文件规定技术建议书合格的最低分数，在得分高于最低技术分数的建议书中，评审的最低费用建议书被认为是最具优势建议书。

④ 基于质量的选择。

基于质量的选择（Quality - based Selection ，QBS），指只以建议书的质量而不使用成本作为评审标准。如果建议书征询文件要求提交技术建议书和财务建议书，则只打开和评审技术资格排名最高的公司的财务建议书，以确定最具优势建议书。但是，如果建议书征询文件仅要求提交技术建议书，则邀请技术建议书排名最高的公司提交其财务建议书进行谈判。

基于质量的选择适用于下列类型的任务：复杂或高度专业化的任务，难以确定精确的任务大纲和公司所需的投入，借款人希望咨询公司在建议书中展示创新的建议；对下游工作影响大的任务；可以采用完全不同的方式执行的任务，所以建议书将不具有可比性。

⑤ 基于咨询顾问资格的选择。

对于基于咨询顾问资格的选择（Consultant's Qualification - based Selection，CQS），借款人应刊登附带任务大纲的意向书征询函。意向书征询函（Request for Expressions of Interest，REOI）应要求至少3家合格公司提交有关其经验和资格的信息。借款人从已经提交了意向书的咨询公司中选择具有最优资格和相关经验的公司，并邀请其提交技术和财务建议书进行谈判。意向书征询函的广告不是强制性的。

基于咨询顾问资格的选择适用于小型任务或紧急情况，在这些情形下准备和评审竞争性建议书是不合理的。

⑥ 直接选择。

匹配、适合目标和物有所值的考虑可能需要对单一来源或唯一来源直接选择的方法：即仅与一家公司接洽和谈判。当只有一家公司合格，一家公司具有咨询任务的特殊经验价值，或有理由使用首选公司时，这种选择方法可能是适当的。直接选择可适用于下列情况：

一是根据世界银行可接受程序授予的现有咨询服务合同，包括最初不是由世界银行资助的合同，可增购类似性质的额外咨询服务，条件是这种做法是合理的，通过竞争无法获得优势，以及这种续签合同的价格是合理的。

二是咨询任务是咨询顾问在过去12个月内承担的以前工作的自然延续。在该咨询顾问以前的任务表现令人满意时，技术方法的连续性、获得的经验以及同一顾问的持续专业责任可能使继续聘用原来的咨询顾问优于新的竞争。

三是有合理理由重新聘用已完成借款人合同的公司来履行类似的咨询服务，这个合理的理由应表明该公司在以前合同中的表现令人满意，通过竞争无法获得优势，以及价格合理。

四是采购计划中同意的非常低值和低风险的采购。

五是特殊情况，如为了响应紧急情况。

六是只有一家公司合格，或者一个公司具有特殊的经验价值。

七是按照规定，由借款国的国有企业、大学、科研中心或机构在借款国提供的咨询服务具有独特的和特殊的性质。

八是根据规定直接选择联合国机构。

在所有直接选择的情况下，借款人应保证公平和公正，并有适当的程序确保价格合理并与类似性质的服务市场价格相一致，以及所需的咨询服务没有为了避免竞争性过程而被拆分成更小规模的采购。

（2）选择咨询公司程序。

选择咨询公司程序主要涉及短名单，以及批准采购方法的程序。

① 短名单。

除了基于咨询顾问资格的选择和直接选择之外，所有的选择方法都必须准备短名单来选择咨询公司提供咨询服务。借款人应准备短名单，选择感兴趣并具有与咨询任务有关的经验及管理和组织能力的咨询公司进入短名单。短名单应包括不少于5家和不超过8家的合格公司。当没有足够的合格公司对咨询任务表示感兴趣，无法确定足够的合格公司，或者合同规模或任务性质不能证明有更广泛的竞争时，世界银行可以同意由较少公司组成的短名单。联合国机构，非商业运作的国有企业或机构以及非政府组织和大学等非营利组织通常不会与私营部门公司一起列入同一短名单中。如果这样的实体被包括在短名单中，通常应使用基于质量或基于咨询顾问资格的选择方法，短名单也不应包括个人咨询顾问。

借款人应按照以下步骤开展短名单的过程：一是职权范围：为咨询任务编制完整的任务大纲。任务大纲应明确规定咨询任务的目标、目的和任务范围，提供背景信息以方便编制建议书，并与预算相匹配。二是要求表达意向：按照世界银行外部网站上提供的模板和标准采购文件的规定编制包括完整的任务大纲的意向书征询函。三是发布意向书征询函：在完成并准备好分发完整的任务大纲后，根据公布采购机会的规定发布意向书征询函，向感兴趣的公司提供任务大纲。四是意向书征询函的澄清和补遗：应采用书面形式。五是提交意向书：给予公司足够的时间来响应意向书征询函，一般不少于10个工作日。除非借款人已经根据收到的意向书准备了合格公司的短名单，否则延迟提交意向书并不是其被拒绝的原因。六是短名单：评审意向书以确定短名单。用于短名单的标准通常包括：核心业务和业务年限、相关经验、公司的技术和管理能力。在这个阶段不评审关键人员。最终的短名单要传达给所有表达意向的公司，以及要求提供此信息的任何其他公司或实体。邀请进入短名单公司提交建议书，要包括所有进入短名单公司的名称。一旦世界银行对短名单发出不反对意见，借款人不得在没有世界银行新的不反对意见下修改短名单。

② 批准采购方法的程序。

在使用经批准的选择方法时，邀请进入短名单的公司响应建议书征询文件的要求。在确定咨询顾问的正确选择方法时，质量方面尤为关键。仅基于最低价格的选择可能无法提供最佳的物有所值。

第一种，借款人在使用基于质量和费用的选择、基于固定预算的选择和基于最低费用的方法开展选择过程，应遵循以下共同程序：一是建议书征询文件：使用世界银行适用的标准建议书征询文件，编制具体的建议书征询文件。二是建议书准备期：借款人应留出足够的时间让公司根据任务的性质和复杂程度准备其建议书。三是提交建议书的邀请函：借款人应向所有进入短名单的公司发出提交建议书的邀请函和建议书征询文件。如果涉及澄清和补遗，应满足采购文件澄清的要求。四是建议书提交：技术和财务建议书应装在 2 个单独的密封信封内同时提交，并符合投标书或建议书准备期和提交的要求。五是建议书开启：借款人应只开启在提交建议书截止日期之前收到的技术建议书，并符合适用的投标书或建议书开启要求。技术建议书的评审应根据建议书征询文件中规定的评审标准进行。一旦技术建议书的评审完成，借款人应通知所有提交建议书的公司他们的得分及其是否符合建议书征询文件中规定的技术合格最低分数。借款人应同时通知技术建议书符合要求的公司何时开启财务建议书；其后，借款人应按照规定开启财务建议书，财务建议书不得在技术评审结果通知咨询公司的 7 个工作日前开启。财务建议书评审应符合建议书征询文件中所指明的要求。质量和成本综合评审也应满足建议书征询文件规定的要求。六是谈判：应包括讨论任务大纲、方法、借款人的投入和特殊的合同条件。这些讨论不得实质上改变任务大纲或合同条款规定的原有服务范围。七是合同授予意向通知和停顿期：根据规定发出合同授予意向通知，并遵守停顿期的规定。在此基础上，授予合同并发布合同授予公告。八是情况说明：根据规定，借款人做出情况说明。

第二种，借款人使用基于质量的选择方法开展选择过程，应遵循以下程序：一是建议书征询文件：使用世界银行标准建议书征询文件，编制具体的建议书征询文件。二是建议书准备期：借款人应留出足够的时间让公司根据任务的性质和复杂程度准备其建议书。三是提交建议书的邀请函：借款人应向所有进入短名单的公司发出提交建议书的邀请函和建议书征询文件。如果涉及澄清和补遗，应满足采购文件澄清的要求。四是提交建议书：借款人应在两种备选方案中做出选择，其一，技术和财务建议书应装在 2 个单独的密封信封内同时提交；其二，只提交技术建议书，在评审技术建议书之后，借款人应要求技术建议书排名最高的公司提交详细的财务建议书进行谈判。五是建议书开启：如适用，借款人应按要求只开启在建议书提交截止时间之前收到的技术建议书。技术建议书的评审应根据建议书征询文件规定的评审标准进行。借款人应通知技术建议得分最高的咨询公司何时开启或何时提交财务建议书，同时通知提交建议书的其他公司其技术得分及技术建议书未被评为最高排名。在提交技术建议书和财务建议书的情况下，借款人应按规定开启财务建议书，但不得在技术评审结果通知咨询公司的7个工作日前开启财务建议书。借款人应在提交建议书并希望参加的公司在场时开启技术建议书排名最高的咨询公司的财务建议书，准备公开开启的会议记录，并将该记录的副本及时发送给提交建议书的所有咨询公司；如果最初只邀请提交技术建议书，借款人应邀请技术评审排名最高的公司提交财务建议书，但不得早于技术评审结果通知咨询顾问的7个工作日前，并就其提交的财务建议书进行谈判。借款人应评审财务建议书和谈判最终的合同。六是合同授予意向通知和停顿期：根据规定发出合同授予意向通知，并遵守停顿期的规定。七是授予合同并发布合同授予公告。借款人应在可免费访问的网站上或至少在借款国国内发行的一种报纸或适用的官方公报和UNDB Online上发布合同授予信息，并直接通知提交建议书的公司。八是情况说明：根据规定，借款人做出情况说明。

2. 批准的选择安排

世界银行为采购咨询服务规定了批准的特定类型选择安排，包括商业惯例、从联合国机构采购、非营利组织、银行和采购代理。

（1）商业惯例。

适用货物、工程和非咨询服务中有关商业惯例的规定。

（2）从联合国机构采购。

在世界银行同意时，借款人可在联合国机构是唯一或有特殊资格提供其专业领域的技术援助、咨询或技术服务，特别是在急需援助或能力受限的情况下，直接选择联合国机构。在与联合国机构签订合同时，借款人应使用借款人与联合国机构之间的标准协议形式或世界银行批准的专用模板。在世界银行和联合国机构建立了框架协议的情况下，借款人可根据框架协议与该联合国机构签订合同。

（3）非营利组织。

非政府组织等非营利组织可能是唯一有资格协助项目的准备、管理和实施或开展其他项目活动，因为他们参与并了解当地问题和社区需求，或他们的参与式方法。如果这些组织表达了兴趣，并且借款人和世界银行对其资格感到满意，则可以将其列入短名单。对于这些强调参与和要求当地知识的任务，短名单可完全由非政府组织组成。在这种情况下，根据任务的性质、复杂性和规模，采购遵循基于质量和费用的选择、基于固定预算的选择、基于最低费用的选择或基于咨询顾问资格的选择等适当的选择方法，评审标准反映包括当地知识、经营规模和先前的相关经验等非政府组织的独特资格。借款人也可以在单一来源的基础上选择非政府组织，前提是满足直接选择上述咨询公司的标准。

（4）银行。

借款人应使用基于质量和费用的方法选择投资和商业银行、金融公司，及出售资产、发行金融工具和其他公司金融交易的基金经理，特别是在私有化业务中涉及的上述交易。除“聘用费”这种常规的报酬外，报酬还包括“成功费”。此成功费是可以固定的，但通常表示为要出售的资产或其他金融工具价值的一定百分比。建议书征询文件应说明财务评审时是否将考虑成功费，是与雇用费合并考虑，还是单独考虑。

（5）采购代理。

当借款人缺乏必要的组织、资源或经验时，聘请专门从事采购的公司作为其代理人可能是有效和高效的。可使用基于质量和费用的方法或基于最低费用的方法来选择采购代理。采购代理应按照法律协议和采购计划中的所有采购安排代表借款人进行采购。

除法律协议中确定的个人咨询职位之外，经过世界银行审查和认可，借款人可根据其人事聘用程序选择支持项目执行的其他项目实施人员，由借款人分别与他们签订合同。

（二）市场方式选项

1. 公开竞争和有限竞争

公开竞争的市场方式为所有符合条件的潜在公司或个人咨询顾问及时和充分地提供了有关借款人要求的广告，并提供所需咨询服务的平等机会。公开的竞争性采购方法，包括刊登征询意向书的广告，是世界银行资助项目选择咨询顾问的首选方法。

有限竞争是竞争性选择，借款人在没有广告的情况下准备一份短名单。当只有数量有限的合格咨询顾问可承担咨询任务，或其他合理的例外原因时，有限竞争的市场方式可能是适当的。借款人应从潜在咨询顾问名单中寻求意向书，这些咨询顾问的范围应足以确保充分的竞争。

2. 国际市场和国内市场

当外国公司的参与最有可能实现最佳的符合目标和物有所值时，应采用公开的国际竞争性采购或市场选择方法，根据《贷款采购规则》的要求刊登强制性国际公告。

如果采购计划同意，当咨询服务的性质、范围或价值不太可能吸引外国竞争，并有足够的合格国内咨询顾问能够承担咨询任务，则可采用在国内媒体或出版物上刊登广告的方式在国内选择。如果国外咨询顾问希望参加国内选择，应允许他们参加。在国内市场采购时，可以按照规定使用借款国自己的采购程序。

（三）特定类型的合同安排

框架协议是在规定的时间期限内，根据需要与公司、个人咨询顾问或咨询顾问小组建立的协议。框架协议规定了在整个协议期限内可直接或竞争性地提供具体咨询服务（买断合同）的条款和条件。对于重复性选择咨询服务或借款人的不同实体采购同类型咨询服务合并需求时，框架协议可能是适当的方法。

（四）个人咨询顾问选择方法

通常在不要求专家团队，不需要额外的后方办公室专业支持以及个人资格和经验是首要要求的咨询任务中聘请个人咨询顾问。因为个人咨询顾问的数量使得对他们的协调、管理和形成集体责任变得困难时，最好是聘请一家公司。当合格的个人咨询顾问由于与一家公司已有协定而没有时间或不能直接与借款人签订合同，借款人可以邀请公司提供合格的个人咨询顾问来承担任务。在所有情况下，借款人选择聘用的个人咨询顾问应是候选人中经验最丰富、最有资格的人员，并且完全有能力执行任务。评审应基于个人咨询顾问的相关资格和经验。

在公开选择个人咨询顾问时，鼓励刊登意向书征询函，特别是当借款人不掌握有经验和有资格的个人咨询顾问信息或者这些顾问的可用情况，或者服务很复杂，或者大范围广告能带来潜在的好处，或者国家法律规定必须刊登广告。意向书征询函应包括完整的任务大纲。个人咨询顾问应从那些表达有兴趣响应意向书征询函的咨询顾问中选择。

在有限选择个人咨询顾问时，当借款人了解有经验和有资格的个人咨询顾问及其可用性时，可以邀请那些其认为是有资格的个人咨询顾问提供所需的咨询服务，而不发布意向书征询函。完整的任务大纲应与邀请函同时发送。个人咨询顾问应从那些表达有兴趣响应邀请的咨询顾问中选择。

在下列情况，并有足够的正当理由时，借款人可直接选择个人咨询顾问：咨询任务是该咨询顾问以前所承担工作的延续，并且该咨询顾问以前的工作是通过竞争获得的；预计咨询服务期在6个月之内；紧急情况；或当某个人咨询顾问所具有的相关经验和资格对咨询任务有特殊的价值。

参考文献

[1]薛荣久,赵玉焕．世界贸易组织教程[M]．北京:对外经贸大学出版社,2009.

[2]刘慧．世界贸易组织《政府采购协议》导论[M]．北京:中国社会科学出版社,2003.

[3]Tokyo Round Code on Government Procurement. https://www. wto. org/english/docs_e/legal_e/tokyo_gpr_e. pd,1979.

[4]Revised Tokyo Round Code on Government Procurement. https://www. wto. org/english/tratop_e/gproc_e/gpa_rev_text_1988e. pdf,1978.

[5]Agreement on Government Procurement. https://www. wto. org/english/docs_e/legal_e/gpr-94_01_e. htm,1994.

[6]Revised Agreement on Government Procurement. https://www. wto. org/english/docs_e/legal_e/rev-gpr-94_01_e. htm,2012.

[7]孟晔．WTO《政府采购协议》新发展[J]. WTO 经济导刊,2008(3).

[8]AGREEMENT ON GOVERNMENT PROCUREMENT Parties, observers and accessions. https://www. wto. org/english/tratop_e/gproc_e/memobs_e. htm.

[9]孟晔．中国加入 WTO《政府采购协议》谈判分析[J]．世界贸易组织动态与研究,2013(5).

[10]Amrita Narlikar. 权力、政治与 WTO[M]．陈泰锋,薛荣久,译．北京:外语教学与研究出版社,2007.

[11]姚瑶．简析 WTO 原产地规则协议[J]．法制与社会,2006(12).

[12]张照东．政府采购制度比较研究[M]．南昌:江西人民出版社,2007.

[13]史际春,邓峰．经济法总论[M]．北京:法律出版社,1998.

[14]Travis Taylor. Modeling Offset Policy in Government Procurement[J]. *Journal of Policy Modeling*,2003(25).

[15]肖北庚．政府采购之国际规制[M]．北京:法律出版社,2005.

[16]蔡连增．世界贸易组织协定中的特殊和差别待遇[J]．厦门大学学报(哲学社会科学版),2001(2).

[17]宋雅琴．中国加入 WTO《政府采购协议》问题研究[M]．北京:经济科学出版社,2011.

[18]翁燕珍,牛楠,刘晨光．GPA 参加方国有企业出价对中国的借鉴[J]．国际经济合作,2014(3).

[19] WTO. Ukraine to join WTO's Government Procurement Agreement. https://www.wto.org/english/news_e/news15_e/gpro_11nov15_e.htm.

[20]何红峰,焦洪宝．WTO《政府采购协议》合同估价制度[J]．中国政府采购,2003(1).

[21]伯纳德·霍克受,迈克尔·考斯泰墓．世界贸易体制的政治经济学——从关贸总协定到世界贸易组织[M]．刘平,等,译．北京:法律出版社,1999.

[22]Lindsay, Peter. Note: The Ambiguity of GATT Article XXI: Subtle Success or Rampant Failure[J]. *Duke Law Journal*,2003,52.

[23]彭树文．GATS 一般例外条款研究[D]．长沙:湖南师范大学硕士学位论文,2006.

[24]何旦喜．WTO 一般例外条款研究[D]．长沙:湖南师范大学硕士毕业论文,2003.

[25]曹富国,周芬．电子反向拍卖与公共采购法的现代化——基于欧盟视角的观察[J]．中国政府采购,2010(5).

[26]程燎原,王人博．权利及其救济[M]．济南:山东人民出版社,1988.

[27]蒋德恩．世界贸易组织中的争端解决[M]．北京:对外经济贸易大学出版社,1999.

[28][英]施米托夫．国际贸易法文选[M]．赵秀文,译．北京:中国大百科全书出版社,1993.

[29]曾涛．示范法的理论基础及其在中国的运用[J]．法商研究,2002(3).

[30]吴慧．从国际法视角看《贸易法委员会公共采购示范法》的性质和作用[J]．中国政府采购,2009(10).

[31]张宇燕,富景筠．当代美国的腐败——数据、案例与机理[J]．国际经济评论,2006(6).

[32]徐焕东．国际完善政府采购制度的新趋势 ——联合国国际贸易法委员会《采购示范法》修订的方案与思路[J]．经济,2007(12).

[33]袁晓勇．世界银行的采购规则及其对国际招投标法律制度的影响[J]．广西社会科学,2006(8).

[34] Aaron Broches. *Selected Essays: World Bank, ICSID, and Other Subjects of Public and Private International Law*[M]. Hague: Martinus NijhofF Publishers, 1994.

[35] Ibrahim F. I. Shihata. *The world Bank Legal Papers*[M]. Publisher: Springer, 2000.

[36]杨大伟. 公共采购、政府采购和私营部门采购[J]. 中国招标,2001(6).

[37]杨大伟. 世界银行对工程项目供应商的资格审查[N]. 政府采购信息报,2007-11-16.

[38]何曼青,马仁珍. 列国志:世界银行集团[M]. 北京:社会科学文献出版社,2004.

[39]世界银行《反腐败使用者指南》. http://siteresources.worldbank.org/PROJECTS/Resources/40940-1173795340221/Chinese112907.pdf.

[40]杨大卫. 世界银行贷款项目招标采购政策和惯例. http://wenku.baidu.com/view/86671126bcd126fff7050be9.html.

[41]杨大卫. 采购招投标中的相互利益冲突. http://www.chinabidding.com/zxzx-detailMonitoring-2012634.html.

[42]世界银行:第二阶段:建议的采购框架文件.

[43]世界银行:采购政策复审与外部利益相关方磋商的反馈意见.

[44] The World Bank: A beginner's guide for Borrowers, Procurement under World Bank Investment Project Financing.

[45]世界贸易组织、联合国国际贸易法委员会和世界银行网站.